海南旅游知识读本

毛江海 / 编著

东南大学出版社
·南京·

内 容 提 要

本书是2009年由东南大学出版社出版的《海南旅游·基础知识》的修订本。

本书采用"单元＋单元导读＋重要读点＋模块＋要点＋小贴士"的形式,将内容分为海南及其旅游发展、海南自然旅游资源、海南人文旅游资源、海南旅游产品、海南旅游区划主要景区(点)和海南旅游业发展现状与前景6个单元共17个模块,分别介绍了海南的历史与社会、现代旅游、热带海洋与生态环境、海南岛内陆旅游资源、移民文化与历史遗迹、主要传统习俗与特色风情、地方文艺与节庆赛事、旅游项目及旅游线路、特色旅游商品、六大旅游区划(组团)主要景区(点)旅游信息以及海南旅游业发展现状与前景所涉及的旅游知识;同时对海南的自然旅游资源和人文旅游资源的品质以及发生至2016年上半年的海南现代旅游现象作出了简要分析与评价。

本书将有关知识按照其内在逻辑关系逐级模块化、条目化,十分有利于各级在校学生和到海南旅游的国内外游客通读与记忆。同时,本书是各类旅游企业、旅游类职业院校、旅游协会、社会培训机构开展技能培训、知识竞赛活动时的好帮手,也是有关大专院校、学术科研机构研究海南国际旅游岛建设和海南全域旅游建设时的权威性参考资料。

图书在版编目(CIP)数据

海南旅游知识读本 / 毛江海编著. —2版. —南京：东南大学出版社,2017.2(2024.1重印)
 ISBN 978-7-5641-7042-4

Ⅰ.①海… Ⅱ.①毛… Ⅲ.①地方旅游业—基本知识—海南 Ⅳ.①F592.766

中国版本图书馆CIP数据核字(2017)第031946号

海南旅游知识读本　　　　　　　　　　　毛江海　编著

出版发行	东南大学出版社
社　　址	南京市四牌楼2号　　邮编　210096
出 版 人	江建中
网　　址	http://www.seupress.com
电子邮箱	press@seupress.com
经　　销	全国各地新华书店
印　　刷	苏州市古得堡数码印刷有限公司
开　　本	787mm×1092mm　1/16
印　　张	16.25
字　　数	396千
版　　次	2017年2月第2版
印　　次	2024年1月第6次印刷
书　　号	ISBN 978-7-5641-7042-4
定　　价	38.00元

本社图书若有印装质量问题,请直接与营销部联系。电话(传真):025-83791830

再 版 前 言

　　海南是我国第一海洋大省、唯一热带岛屿省,扼"海上丝绸之路"之要冲。2010年,国务院提出建设海南国际旅游岛,规划到2020年,初步将海南建成世界一流的海岛休闲度假旅游胜地。过去5年中,海南旅游基础设施不断完善,旅游产业规模逐步扩大,旅游接待能力持续增强,旅游产业对相关产业经济发展的带动作用越来越明显。以滨海度假、婚庆旅游、热带雨林、邮轮游艇、海南高铁游、海南绿道游、低空飞行、乡村自驾、房车和露营、高尔夫与休闲运动、温泉康体等为主,以会议奖励、中医理疗、免税购物等为辅的海南旅游产业发展格局已初具规模。

　　2009年版的《海南旅游·基础知识》虽然在市场上反映良好,但已无法体现近几年海南发扬经济特区的创新精神以及全面探索国际旅游岛建设的内容。现应在校师生、游客和社会培训机构等的呼吁,我对旧作进行了全面的修订,修订后的《海南旅游知识读本》在内容和形式上做了三个方面的重大调整:

　　1. 重新调整了框架结构从属关系:将原"单元"与"模块"互换,增加了一个单元、减少了三个模块,并以北部、南部、中部、东部、西部和海洋6个组团组成的"旅游区划"取代了原以19个市县纬度高低划分的4个"行政区划";将原属于强调作用的"现场点击"改为起提示提醒和知识补充作用的"小贴士"。

　　2. 规范界定了海南旅游资源的属性和构成:将原"地貌特征""气候特征"和原行政区划内的田园风光、名山奇峰、奇石异洞、河湖瀑布等提取、归入自然旅游资源范畴,并增加了"水文与水体"资源;将原行政区划内文化艺术与民间习俗、历史名人等整理、转入人文旅游资源范畴,并增加了"古文化遗址""古代及近代建筑""节庆赛事"等项目内容;将原"海南文化艺术与民间习俗"内的"海南主要旅游纪念品"和"海南旅游资源与旅游产品"内的"海南特色旅游项目"拆分、合并为一个独立单元。

　　3. 广泛吸收了海南现代旅游史上最新的发展信息和研究成果:更新了海南人口现状、经济社会、土地资源、矿产资源、海岸与海岛、生态环境等方面的统计数据,更改了一部分海南的景区(点)的现时名称以及旅行社、高星级酒店、旅游景区(点)和南海诸岛的相关信息,丰富了海南历史渊源、地方戏曲、民俗风情、华侨概况、历史名人、常规旅游线路、风味佳肴等内容,增加了海南宗教文化、代表性体育赛事、主题旅游线路、旅游娱乐、旅游购物、旅游业态、古人类遗址、传统村落、伴手礼品、全域旅游等项目内容。另外重要的是,对海南现代旅游发展的阶段作了重新划分和界定,并增加、细化和突出了2010～2016年上半年海南开展国际旅游岛建设以来的旅游发展状况以及所取得的成就。

　　为进一步提高《海南旅游知识读本》的质量,本人期待来自各方面的意见和建议,并借本书再版之际,对支持和帮助过我的所有热爱海南旅游事业的朋友们深表谢意!

毛江海
2016年8月·海口桂林洋

目　　录

单元一　海南及其旅游发展 ··· 1

模块 1　历史与社会 ··· 2
 1.1　战略地位 ·· 2
 1.2　历史沿革 ·· 2
 1.3　人口与方言 ·· 4
 1.4　经济与社会 ·· 7

模块 2　海南现代旅游 ··· 9
 2.1　萌发期(1956—1987 年) ·· 9
 2.2　起步期(1988—2000 年) ·· 10
 2.3　创新发展期(2001—2005 年) ······································ 14
 2.4　转型升级期(2006—2010 年) ······································ 18
 2.5　跨越发展期(2011—2016 年上半年) ···························· 21

单元二　海南自然旅游资源 ··· 41

模块 3　热带海洋与生态环境 ·· 42
 3.1　海南岛地貌 ·· 42
 3.2　热带气候 ·· 43
 3.3　海岸与海岛(岛屿) ·· 44
 3.4　生态环境及其建设 ·· 45

模块 4　海南岛内陆旅游资源 ·· 48
 4.1　土地与物产 ·· 48
 4.2　植物与动物 ·· 51
 4.3　山岳与森林 ·· 52
 4.4　水文与水体 ·· 54
 4.5　火山与溶洞 ·· 60

单元三　海南人文旅游资源 ··· 63

模块 5　移民文化与历史遗迹 ·· 64
 5.1　历代移民 ·· 64
 5.2　琼籍华侨 ·· 66
 5.3　历史名人 ·· 66
 5.4　历史遗迹 ·· 76

模块 6　主要传统习俗与特色风情 ·· 92
　　6.1　大众民俗 ·· 92
　　6.2　黎族习俗 ·· 96
　　6.3　宗教文化 ·· 101

模块 7　地方文艺与节庆赛事 ·· 103
　　7.1　地方戏曲与特种器乐 ·· 103
　　7.2　民族歌舞与旅游歌曲 ·· 107
　　7.3　主要旅游文化节庆 ·· 109
　　7.4　最具代表性体育赛事 ·· 113

单元四　海南旅游产品 ·· 116

模块 8　海南旅游项目及旅游线路 ··· 117
　　8.1　传统特色项目 ··· 117
　　8.2　重点专项项目 ··· 118
　　8.3　海口进出线路 ··· 121
　　8.4　三亚进出线路 ··· 123
　　8.5　主题线路 ·· 125

模块 9　海南特色旅游商品 ·· 128
　　9.1　传统工艺品与纪念品 ·· 128
　　9.2　特色名食与佳肴 ··· 134
　　9.3　饮品与热带水果 ··· 144
　　9.4　土特产与伴手礼品 ··· 148

单元五　海南旅游区划主要景区(点) ·· 151

模块 10　北部组团 ··· 152
　　10.1　海口市 ·· 152
　　10.2　文昌市 ·· 159
　　10.3　定安县 ·· 163
　　10.4　澄迈县 ·· 165

模块 11　南部组团 ··· 168
　　11.1　三亚市 ·· 168
　　11.2　陵水黎族自治县 ··· 175
　　11.3　保亭黎族苗族自治县 ·· 178
　　11.4　乐东黎族自治县 ··· 181

模块 12　中部组团 ··· 185
　　12.1　五指山市 ·· 185
　　12.2　琼中黎族苗族自治县 ·· 187
　　12.3　屯昌县 ·· 189

  12.4 白沙黎族自治县 ··· 191

 模块 13 东部组团 ··· 193

  13.1 琼海市 ··· 193

  13.2 万宁市 ··· 198

 模块 14 西部组团 ··· 203

  14.1 儋州市 ··· 203

  14.2 临高县 ··· 206

  14.3 昌江黎族自治县 ··· 208

  14.4 东方市 ··· 211

  14.5 洋浦经济开发区 ··· 214

 模块 15 海洋组团 ··· 217

  15.1 三沙市 ··· 217

  15.2 南海诸岛 ··· 219

单元六 海南旅游业发展现状与前景 ··· 222

 模块 16 发展现状（截止到 2016 年年初） ··· 223

  16.1 旅游交通与旅行社 ··· 223

  16.2 旅游酒店与旅游景区（点） ··· 225

  16.3 旅游娱乐与旅游购物 ··· 226

  16.4 旅游业态与旅游产品 ··· 227

 模块 17 发展前景 ··· 229

  17.1 海南发展优势 ··· 229

  17.2 海南旅游发展主要目标（2016—2020 年）摘要 ··· 231

  17.3 "十三五"期间构建"环南海经济合作圈" ··· 234

  17.4 海南全域旅游建设概况 ··· 235

附录 ··· 241

 附录 1 海南省部分 A 级旅行社名录（2014 年首批） ··· 241

 附录 2 海南省高星级酒店名录 ··· 241

 附录 3 海南高星级旅游景区（点）名录 ··· 245

 附录 4 我国唯一或国内之最的海南旅游资源 ··· 247

 附录 5 海南省高星级休闲农业与乡村旅游示范点名录 ··· 248

参考文献 ··· 250

单元一
海南及其旅游发展

【单元导读】

海南省,简称"琼",其行政区域包括海南岛、西沙群岛、南沙群岛、中沙群岛的岛礁及其海域,海南岛是海南省的陆域主体。历史上海南岛有三种古称:珠崖、儋(dān)耳、琼台。据文献资料,"珠崖"源于"郡在大海崖岸之边,出珍珠",故名"珠崖";"儋耳"源于海南岛古部落的绣面习俗;"琼台"源于"境内白石有琼山,土石皆白而润",宋神宗熙宁年间琼州置琼管安抚都监台,遂称为琼台。随着朝代变更,地名也常有改变,故海南地名有称"崖州""琼州""琼崖"之称;在诗文和题词中,有称"海外""南极""天涯""海角""南天"等。本单元使用两个模块的内容,勾勒出我国唯一的热带海洋岛屿省份——海南省怎样一步一步从信息闭塞、交通落后的孤岛,变成了现代旅游跨越式发展、备受瞩目的国际旅游岛的发展轨迹。

第一模块,从历史与社会的角度,点明了海南重要的战略地位,并从旧石器时代开始,陈述了海南至2010年开始的国际旅游岛建设时期的历史沿革,介绍了海南人口与民族的构成、受教育程度以及城镇人口变化的主要特征,介绍了10余种海南方言的特点和使用情况;同时,介绍了海南经济发展的基本情况,简要阐述了海南社会发展的6个方面的优势。

第二模块,介绍了海南现代旅游发展的轨迹和不同时期的主要特征:(1)从1988年建省办特区到1991年,来海南的客源大部分是商务客、公务客和观光客,3~5日的环岛观光游是占主导地位的旅游产品;(2)1988—2000年,海南旅游发展进入起步期,由于总体经济实力弱,地方财政收入少,海南对旅游业发展在资金上的支持只能维持相对较低的水平;(3)2001—2005年,海南旅游进入创新发展期,不断推出新概念、新产品,引领中国旅游市场;(4)从旅游业成为海南第三产业的龙头产业的2006年开始,到国际旅游岛建设上升为国家战略层面的2010年,海南旅游"大产业、小管理"的被动局面得到一定程度上的改变,旅游发展进入转型升级时期;(5)2011—2015年,海南旅游已从传统观光游逐渐向"观光+休闲度假"的国际化方向转变,海南旅游渐进跨越式发展状态;(6)2016年年初,随着全国旅游工作会议在海口召开,海南开启了全域旅游建设新模式,并取得了初步的成绩。

【重要读点】

1. 海南所处的战略地位。
2. 海南历史沿革线索、人口结构、方言种类及其使用情况。
3. 海南经济社会发展现状和海南发展的优势所在。
4. 海南现代旅游发展5个不同时期的划分、主要成就以及旅游创新项目。

模块 1 历史与社会

1.1 战略地位

要点 1　海南是我国最小陆地省、最大海洋省和最南端的省份

(1)海南省辖域范围有海南岛本岛和西沙、中沙、南沙群岛等南海诸岛的岛礁和海域(东沙群岛属广东省);(2)海南是中国最南端的省份;(3)中国最南端省会海口市北纬20°,中国地理纬度位置最南端城市三沙市北纬16.8°。

要点 2　海南省地处交通要道,有利于海内外联系

(1)北隔琼州海峡与广东省雷州半岛相望;(2)西临北部湾与越南相对;(3)东濒南海与台湾省相望;(4)东南和南边在南海中与菲律宾、文莱和马来西亚为邻。

> **小贴士**　海南地处亚太地区经济环形带的中部,是亚洲大陆与澳、非洲和欧洲之间的交通要道。海南省还是我国的潜艇基地,担负着我国80%潜艇的补给任务,且其所属南沙和西沙群岛时常被东南亚国家所骚扰,一旦发生特殊情况,战机或战舰从海南奔赴南沙和西沙,将大大缩短距离。

1.2 历史沿革

1.2.1 旧石器时代—南北朝时期

> **小贴士**　海南旷野遗址考古发掘的证据证明:海南早期人类依据自身对自然环境的驾驭能力,逐步从遮风避雨的洞穴走向开阔的河谷与台地平原,海南早期文明的发展进程与岭南地区保持着密切联系,开创了人类早期的移民拓荒史。

要点 1　黎族是海南最早的居民

(1)3000年前,百越族的一支"骆越"人从大陆两广和越南北部迁移到海南岛,形成"雕题"和"离耳"两个氏族部落,成为黎族的祖先,也是海南最早的居民;(2)黎族社会内部因方言、习俗、地域分布的差异而存在不同的称呼,主要有"哈黎"(习惯称"侾黎")、"杞黎""润黎"(亦称"本地黎")、"台黎"(旧作多称"赛黎")和"美孚黎"等;(3)"哈黎"人数最多,分布最广,主要集中于乐东、陵水、昌江、白沙、东方、三亚;(4)"黎"是他称,是汉民族对黎族的称呼,黎族在与外族交往时普遍自称为"赛"。

> **小贴士**　"骆越",后称"俚人";"雕题",即文身、绣面之意;"离耳",即佩垂肩耳环之意。据考,黎族一支哈黎祖先是从大陆渡海入琼的,先居海滨,进入五指山区后仍保持居住竹架船形屋,在衣服上刺绣鱼、蚧等原始图腾图案,带有明显的海洋文化印记。

要点 2　秦朝,海南是象郡的边陲

(1)据《琼州府志》记载:秦朝,海南属其遥领的范围,没有任何建制;(2)秦始皇曾设置了南方三郡,即南海郡(在今广东境内)、桂林郡(在今广西境内)和象郡(在今越南北部),海南是象郡的边陲。

要点3　西汉，开始对海南直接管理

(1)《汉书》记载：汉元鼎六年(公元前111年)，由于南越国反叛汉朝，汉武帝命封卫尉路博德为伏波将军、主爵都尉杨仆为楼船将军，率10万大军自合浦徐闻入海南，并与次年冬荡平叛乱；(2)汉武帝元封元年(公元前110年)，朝廷在南越地区开置儋耳、珠崖、南海、苍梧、郁林、合浦、交址、九真、日南9郡；(3)西汉昭帝始元五年(公元前82年)，取消了儋耳郡，并入珠崖郡；(4)西汉元帝初元三年(公元前46年)，又撤销了珠崖郡，改为朱庐县，隶属于合浦郡(今广西境内)。

> **小贴士**　《汉书·贾捐之传》明确记载儋耳、珠崖立郡是元封元年。汉武帝元封元年(公元前110年)建置二郡，是古代封建政权第一次出现在海南岛，这标志着西汉王朝中央政权对海南直接管理的开始。珠崖、儋耳是海南岛最早设置的郡治，二郡共统辖16个县。珠崖郡为现海口市琼山区遵谭镇，儋耳郡为现儋州市三都镇。

要点4　东汉，重建珠崖郡

东汉建武十七年(41年)，光武帝拜时任虎贲中郎将的马援为伏波将军，段志为楼船将军，发长沙、桂阳、零陵、苍梧四郡兵一万余人于南平交址，废止朱庐县，重建珠崖郡，隶属于合浦郡。

> **小贴士**　"伏波将军"只是鉴于个人能力的称号。第一位出任伏波将军的是汉武帝时候的路博德，最著名的伏波将军是东汉光武帝时候的马援。

要点5　三国至西晋，交替撤销与恢复珠崖郡

(1)三国时期，吴国于公元242年恢复珠崖郡(这时的珠崖郡，其郡治所在地设在广东徐闻县，海南岛只是虚设而已)，下设三县：徐闻县、珠官县和朱庐县；(2)西晋统一中国后，于280年撤销珠崖郡，又改朱庐县为玳瑁县，与三国时的珠官县一同隶属于合浦郡。

要点6　南北朝，设置崖州

(1)南齐时(479—502年)，海南岛又恢复朱庐县，隶属于越州(在今广西境内)；(2)至南朝梁大同年间，民族英雄、俚族首领冼夫人，辅佐其时任高凉郡守的丈夫冯宝平定地方叛乱，并奏请朝廷批准设制为州，在儋耳郡设置"崖州"。

> **小贴士**　高凉，即今广东电白、阳江一带。《北史》和《隋书》均书"海南儋耳归附者千余峒"，此为"海南"一词的最早记载。

1.2.2　隋唐—元明清时期

要点1　隋唐至宋朝，郡县分分合合

(1)隋朝，隋炀帝流放宗室邹国公杨纶到珠崖，开流放贬官谪臣到海南岛之先河；(2)隋炀帝大业六年(610年)重设珠崖、儋耳、临振3郡，共辖11县；(3)唐代中期的唐德宗贞元五年(789年)，在海南岛设崖州、儋州、振州、万州、琼州5州22县；(4)五代十国时期，海南岛归属南汉，唐朝时的5州22县被收缩为5州14县；(5)北宋时期，地方行政区划分为路、府(州、军)、县、乡(镇)四级(路最高，逐级而下)；(6)宋朝初年，海南设州或军，隶属于广南西路；(7)北宋中期，宋神宗熙宁六年(1073年)，朝廷改革海南岛的行政区划，分设1州3军10县2镇。

要点 2　元明清时期,中央政令已渗透琼州腹地

(1)元代至治元年(1321年),文宗图帖睦尔以亲王的身份被贬居海南3年,1328年回京登极后,曾将设立不久的定安县升格为南建州;(2)元朝末年,又改由广西行省管辖海南政务;(3)明洪武二年(1369年),海南岛改设琼州,次年,琼州升格为琼州府,辖儋州、崖州、万州3州13县,并将南海诸岛划归崖州管辖;(4)清代基本沿袭明代旧制,雍正八年(1730年),朝廷设琼州府,下设3州10县,至此,封建王朝的中央政令已能渗透到海南岛的腹地,加强了对黎族地区的直接统治。

> **小贴士**　海南简称"琼"源于唐代之琼州。三国以来,"海南"指南海沿岸各地,从宋代开始专指海南岛,南宋王朝将南海诸岛及其海域归万州管辖,正式对其行使主权。海南岛北部的一个渡口,由水军营寨发展为航运小港,被称为"海口浦",今海南省会城市海口因此得名。

1.2.3　民国—建省时期

要点 1　民国时期的"海南特区"

(1)1932年5月,民国政府西南政务委员会公布"琼崖特别区长官公署组织条例",于海南岛设置"琼崖特别行政区";(2)1947年8月,民国政府行政院院务会决议通过把琼崖改为海南特别行政区,隶属行政院;(3)1949年4月,民国政府海南特别行政区(简称"海南特区")正式成立,下辖1市16县。

> **小贴士**　海南在明清时期一直归广东省管辖,至中华民国南京国民政府时期成为特别行政区。

要点 2　建省时期的"海南经济特区"

(1)20世纪前期,中国共产党领导海南人民建立了著名的琼崖革命根据地;(2)1950年5月1日海南岛解放,成立海南军政委员会,实行军政管制;(3)1951年成立广东省人民政府海南行政公署;(4)1955年3月改为广东省海南行政公署;(5)1968年4月成立广东省海南地区革命委员会;(6)1976年10月改称广东省海南行政区革命委员会;(7)1980年1月改称广东省海南行政区公署;(8)1984年成立广东省海南行政区人民政府;(9)1988年4月13日,海南从广东省划出,单独建立海南省并建设中国最大的经济特区,同时撤销海南行政区和海南黎族苗族自治州;(10)2010年1月4日,国务院发布《国务院关于推进海南国际旅游岛建设发展的若干意见》,海南正式步入国际旅游岛建设的正轨;(11)2012年6月21日民政部发布公告,宣布国务院批准撤销海南省西沙群岛、南沙群岛、中沙群岛办事处,设立地级三沙市,下辖西沙、南沙、中沙诸群岛及海域。

> **小贴士**　三沙市的设立,标志着中国继浙江省舟山市之后,出现了第2个以群岛为行政区划设立的地级市;标志着中国对南海及其附属岛屿、岛礁及有关领海的控制有了更为有利的法理依据;更重要的是,三沙市的设立不仅有利于使国家维护南海固有领土主权的阵线向南疆前移,而且有如宝镇南溟,国志弥坚。

1.3　人口与方言

1.3.1　人口现状

> **小贴士**　海南省统计局官方网站2012年2月23日发布的《海南省2010年第六次

人口普查主要数据公报》,对总人数、性别比和受教育程度等方面做了总结;另从人口总量增速、城镇人口及流动人口变化等方面,对截止到2014年年底的海南人口情况做了较为详细的介绍。

要点 1　人口总数与民族构成

第六次人口普查数据:(1)海南省常住人口为867.15万;(2)汉族为722.57万,占总人口的83.33%,少数民族144.58万,占总人口的16.67万,其中黎族人口127.74万,占总人口的14.73%;(3)海南男性为455.99万人,占52.59%,女性为411.16万人,占47.41%;(4)总人口性别比,由2000年第五次人口普查的112.54下降为110.90。

要点 2　受教育程度

(1)海南省每10万人口中拥有各种文化程度的人口分别为:大专及以上文化程度7 728人,高中文化程度14 856人,初中文化程度42 005人,小学文化程度22 589人;(2)与同期全国平均水平相比,拥有大学文化程度人口数少1 202人。

> **小贴士**　据海南省人民政府官方网站2015年3月24日发布的信息:截止到2014年,海南省人口发展显现总量平稳增长、城镇化速度加快、人口老龄化速度加快和省内人口分布地区间差异较大等特点。

要点 3　人口总量低速增长,自然增长率保持平稳

(1)2014年年末,海南省常住人口总量达到903.48万人,比2013年增加8.2万人,与第六次人口普查相比四年间增加34.93万人,年均增长0.99%,人口总量的增长总体上呈现低速增长态势;(2)海南省上一个10年即2000—2010年人口总量年均增长0.98%。

要点 4　城镇人口不断增加,城镇化进程加快

(1)2014年年末,全省常住人口中居住在城镇地区的人口达485.71万人,城镇化率为53.76%,比2013年城镇人口增加13.54万人;(2)与第六次人口普查时期的2010年年末相比,海南城镇人口增加54.13万人,城镇化率上升4.07个百分点。

要点 5　人口老龄化速度加快,总人口抚养比上升

(1)2014年年末,海南省0～14岁少儿人口占常住人口的比重为19.48%,15～64岁劳动适龄人口比重为72.41%,65岁及以上老年人口比重为8.11%;(2)与2013年年末相比,海南少儿人口比重和劳动适龄人口比重同时下降0.01个百分点,老龄人口比重上升了0.02个百分点;(3)老年人口比重上升使得总人口抚养比(即赡养率)达38.10%,比2013年提高了0.02个百分点。

要点 6　省内人口分布地区间差异较大,人口向经济发达地区聚集效应明显

(1)至2014年,海南省常住人口903.48万人,其中东部人口487.86万人,占总人口的54.0%,超过半数;(2)东部地区的海口和三亚两市的常住人口总量占全省比重达32.57%,比2013年提高了0.14个百分点;(3)中部人口115.30万人,仅占12.76%;(4)西部人口300.32万人,占33.24%。

要点 7　流动人口数量与分类

(1)截至2013年年底,海南省流动人口数量已突破100万人;(2)海南的流动人口特征与我国其他地区不同,主要分为四类:一为在海南居住半年型人群,又称为"候鸟"人群;二是外来务工人群;三是高端科研、技术型人才群;四为短期来海南旅游的游客群。

> **小贴士** 海南省除黎、苗、回、汉四个世居民族外,还有蒙古、藏、维吾尔、彝、壮、布依、朝鲜等少数民族,少数民族总人口为128万,占全省人口的18%,全省统一使用汉语言文字。

1.3.2 方言构成

> **小贴士** 海南居民方言种类多,主要使用的方言有10种,其中,军话、海南话、儋州话、澄迈话同为海南汉语四大方言。海南话属汉语闽南方言系统,儋州话跟澄迈话同属汉语粤方言系统,军话则属汉语北方方言西南官话系统。

要点1　海南话

(1)海南话是使用最广泛、使用人数最多的海南方言,全省有500多万居民通用;(2)主要分布在海口、琼山、文昌、琼海、万宁、定安、屯昌、澄迈等市县的大部分地区和陵水、乐东、东方、昌江、三亚等市县的沿海一带地区;(3)在不同地方,海南话语言和声调有所不同,一般以文昌人的语音为标准口音。

要点2　黎话与苗话

(1)黎话属汉藏语系壮侗语族黎语支,有哈黎语、杞黎语、润黎语、美孚黎语和台黎语5种方言,全省黎族人民使用,主要分布在琼中、保亭、陵水、白沙、乐东、昌江等自治县和三亚市、五指山市、东方市;(2)苗话属汉藏语系苗瑶语族苗语支,主要在海南岛的中部、南部地区各市县以及少数其他县,在约5万苗族居民中通用。

要点3　临高话与儋州话

(1)临高话属汉藏语系壮侗语族壮傣语支,比较接近壮语,约有50万居民使用,主要分布在临高县境内和海口市郊西部的长流、荣山、新海、秀英等地区;(2)儋州话属汉藏语系汉语粤语方言系统,有40多万人使用,主要分布在儋州市、东方市和昌江县的沿海一带地区。

要点4　军话与村话

(1)军话属汉藏系汉语北方方言西南官话系统,是古代从大陆充军来海南岛的士兵和仕宦留下来的语言,有50多万人使用,分布在三亚、儋州、东方、临高、昌江等市县的部分地区;(2)村话属汉藏语系壮侗语族,但与黎语较为接近,与黎语同源的词有31%左右,与壮语同源的有28%左右,约6万人使用,主要分布在东方市、昌江县、昌化江下游两岸。

要点5　迈话与回辉话

(1)迈话属粤语方言系统,比较接近广州话,是汉人使用的语言,使用人数不多,分布不广泛,目前多为三亚市郊的崖城和水南一带居民使用;(2)回辉话使用人口主要是在三亚市的回辉、回新两村和白沙县、万宁市境内的少数回族居民中间通行。

> **小贴士** 目前学术界认为回辉话属海南岛语系,是语群中的一个独特语言。据《琼州府志》记载,回辉话是大约在宋、元朝期间从外国迁来的居民使用而流传下来的语言,当时汉人称之为"番语"。

要点6　疍(dàn)家话

(1)"疍家"的定义在学术界有争议,一说是沿海地区渔民的自称,一说是"水上广东人"的自称;(2)疍家话属粤语方言,也是汉人使用的语言;(3)疍家绝大多数经常和附近的本地人频繁交流;(4)海南疍家话往往是三亚港及陵水县一带的汉人使用。

> **小贴士** 除以上10种主要方言外,海南还有三亚市、陵水县等沿海渔民使用的船上

话,港口、铁路、矿场、国有农场工人使用的白话、客家话、潮州话、浙江话、云南话、福建话等。当今东南亚各国讲海南话也比较流行,如泰国初贝岛等地的华裔,还讲以文昌口音为标准的海南话。

1.4 经济与社会

要点 1　海南长时间是我国经济水平低下的落后地区

(1)1988年以前,海南工农业水平低下,经济底子薄弱;(2)各项基础设施建设滞后:交通不便(飞机班次少;机票非常紧张;琼州海峡渡船常常滞留大量旅客,海口市内没有红绿灯和公共汽车;海口至三亚的车程长达6~7小时)、通讯不顺畅(海南长途电话直达电路只有至北京、广州、香港和南宁,至其他省市1条都没有,且线路有限,经常1小时都接不通)、水电供应不足(许多旅店和商店自备大水缸、发电机);(3)1986年,海南人均地区生产总值为744元,约为全国平均893元的83%,全岛约有1/6的人口处于贫困线以下。

小贴士　1988年4月,新中国第31个省份,也是唯一的特区省——海南省成立,同年8月,琼府(1988)22号文《海南省人民政府关于贯彻国务院(1988)26号文件加快海南经济特区开发建设的若干规定》颁布,其主要内容包括:鼓励境内外企业、其他经济组织或个人投资开发海南,兴办各项经济和社会事业;各级政府及有关部门要用好、用活、用足优惠政策,从简、从快办理审批、登记及其他手续。在海南正式建省办经济特区的前后一年中,数以千计的国内外客商蜂拥而至。海南以前所未有的开放,掀起一股新的投资热。

要点 2　建省后海南经济发展实现历史性的突破

(1)全省地区生产总值:1988年77.0亿元,1999年476.67亿元,2005年897.99亿元,2015年3 702.8亿元;(2)从低收入地区一跃跨入中等收入地区行列:2015年按年平均常住人口计算,全省人均地区生产总值40 818元,按现行平均汇率计算为6 554美元,比上年增长6.9%;(3)自我发展财力显著增强:2015年全年全省全口径一般公共预算收入1 009.99亿元,比上年增长7.3%,支撑海南自我发展的财力显著增强。

要点 3　2015年国民经济各行业发展迅速

(1)农林牧渔业:农林牧渔业完成增加值881.69亿元,比上年增长5.5%;(2)工业和建筑业:工业完成增加值485.85亿元,比上年增长5.2%;(3)房地产业:完成增加值306.75亿元,比上年增长5.4%;(4)旅游业:旅游总收入572.49亿元,增长13.0%,全年全省接待国内外游客总人数5 335.66万人次,比上年增长11.4%,其中接待旅游过夜人数4 492.09万人次,增长10.6%;(5)批发零售业:完成增加值446.75亿元,比上年增长8.3%;(6)住宿餐饮业:完成增加值170.07亿元,比上年增长6.6%;(7)交通运输邮政仓储业:实现增加值185.79亿元,比上年增长7.1%;(8)金融业和保险业:金融业完成增加值247.01亿元,比上年增长19.6%,保险保费收入114.25亿元,比上年增长34.2%。

要点 4　2015年人民生活和民生事业

(1)居民收入:全省常住居民人均可支配收入18 979元,比上年增长8.6%,扣除价格因素,实际增长7.5%;(2)就业:全省城镇新增就业人数10.1万人,比上年下降0.2%,但劳动就业规模继续扩大,年末全省从业人员549.40万人,比上年末增长1.2%;(3)教育:全年普通高等学校(18所)在校学生20.68万人,中职(不含技工)在校学生11.71万人,普通初中

(391所)在校学生32.89万人,普通小学(1 619所)在校学生77.32万人;(4)医疗卫生:全年新型农村合作医疗参合率为97.93%,年末全省共有各类卫生机构5 059个,全省卫生机构共有病床位3.75万张,各类卫生技术人员5.36万人;(5)社会救助和社会福利:年末全省城镇各种社区服务设施1 650个,城镇居民最低生活保障人数8.83万人,农村居民最低生活保障人数19.92万人,全年投入救灾救济资金0.57亿元,全省共销售福利彩票17.44亿元,筹集社会福利彩票公益金4.08亿元;(6)保障性住房:全年全省城镇保障性安居工程新开工4.02万套,占年度计划的110.7%。

小贴士 自改革开放以来,海南省围绕各项发展目标、任务,坚持稳中求进工作总基调,全力以赴做好稳增长、促改革、调结构、惠民生、防风险各项工作,全省经济运行整体呈现"稳中有进、稳中向好"态势,民生持续改善,各项社会事业取得新进展。

模块 2　海南现代旅游

2.1　萌发期(1956—1987年)

小贴士　旅游供给和旅游活动包括膳食、住宿、购物和交通等诸多因素。这一时期，海南水陆空交通不便，旅游成本大；经济欠发达，旅游项目开发基础弱；本地人口规模较小，旅游开发能力有限。因此，海南旅游活动相对较少。

要点1　1956—1977年，海南现代旅游业出现萌芽标志

(1)1956年，海南第一家旅行社——海南华侨旅行服务社成立，它为华侨探亲服务，部分体现了现代旅游的功能；(2)1958年，三亚市兴建鹿回头宾馆，为三亚的旅游提供了第一个上档次的接待设施；(3)1960年，海口市兴建华侨大厦，使海口有了一定档次的接待酒店；(4)1963年，海南枫木鹿场在屯昌县建成，后来成为海南首批命名的涉外旅游接待单位；(5)1974年，海南中国旅行社成立(一般观点认为是海南现代旅游业萌芽阶段到来的标志——编者注)，开始有组织地接待华侨和国内外旅游团；(6)1976年前后，陵水南湾猴岛等一批自然保护区的陆续建立，使得海南旅游资源开始扩大。

要点2　1978—1980年，海南旅游资源被再认识

(1)1978年12月中共中央十一届三中全会以后，改革开放为海南旅游业带来了发展机遇，国内外到海南的考察、投资者日益增多；(2)人们在海南从事各类经济活动的同时，对海南得天独厚的区位优势和旅游资源潜力加深了认识，为日后海南现代旅游开发奠定了一定基础。

要点3　1981—1983年，海南旅游有了政府指导下的发展方向

(1)1981年年底，广东省委、省政府决定加快海南岛开发建设，同时海南区旅游工作会议决定将海口和三亚冬泳度假区作为旅游重点先行建设；(2)1983年2月21日，第一个横渡琼州海峡的正式记录诞生；(3)1983年3月，中共中央、国务院批转《加快海南岛开发建设问题讨论纪要》，做出加快海南岛开发建设的决定，指出"海南岛有条件逐步建成国际避寒冬泳和旅游胜地，要把海口古迹、兴隆温泉、陵水猴岛、三亚海滨浴场、通什民族风情、松涛水库、那大热带作物园等旅游点建设好，连成旅游线，使之各有奇景，各具风格，富有吸引力"，使海南现代旅游有了政府指导下的发展方向。

小贴士　通什，即今五指山市；那大即今儋州市；松涛水库，即今松涛天湖(儋州市境内)。

要点4　1984年，定点接待景区(点)开放，旅游管理机构开始设置

(1)1984年1月，邓小平南方谈话之后，中央即决定开放沿海14个城市，比邻香港和深圳的海南理所当然地成为开放的重点区域；(2)同年，天涯海角、大东海、东山岭等首批对外开放的旅游景区(点)，获得国家旅游局颁发的定点许可证，具有了接待涉外旅行团的资质；(3)海南行政区开始设立旅游管理机构，成立各类经营旅游业务的企业，使旅游企业的成长

进入萌发期；(4)1984年，海南开始着手旅游景区(点)的建设，开发旅游基础设施和旅游服务设施，并开始进行有针对性的旅游宣传工作。

要点5 1985年，海南旅游基础设施增加，旅游产值加大

(1)1985年1月，国务院副总理万里视察海南，对海南的旅游资源做了充分的肯定；(2)2月，海口机场经过扩建后恢复通航；(3)8月，红色娘子军纪念雕像在琼海落成；(4)11月，海口宾馆落成，当时因其相对豪华、上档次，被称为海口的"绿岛白宫"；(5)1985年，海南接待国内外游客23.7万人次，国内生产总值43.26亿元，比上一年增长12%，其中第三产业(主要是旅游服务)增长17.0%。

要点6 1986年，海南被列入全国重点旅游区

(1)1986年1月，全国旅游工作会议宣布将海南作为中国7个重点旅游城市和地区之一，海南作为全国的重点旅游区还被列入国家的"七五"计划；(2)到1986年年底，全区旅游饭店已有24家。

要点7 1987年，接待能力与效益凸显

(1)1987年，海南地区生产总值57.28亿元；(2)6月，海南东线环岛高速公路开建，为海南南北两端的旅游交通开启了快速通道；(3)1987年，中央在海南筹备建省和准备兴办中国最大的经济特区，这一重大事件对海南旅游业起到了很大的促进作用，海南接待国内外游客猛增到75万人次，其中，国际游客17.3万人次，一年超过前7年的总和。

> **小贴士** 建省前夕，海南虽然兴建了海口琼苑宾馆、兴隆温泉宾馆、五指山度假村、海口泰华酒店等旅游性质的接待设施，但基本上是政府接待性质。旅游景区(点)虽有五公祠、海瑞墓、火山口、琼台书院、东山岭、南湾猴岛、天涯海角、东坡书院、海南民族博物馆等，但接待规模小、档次低，几乎没有其他旅游配套设施。

2.2 起步期(1988—2000年)

> **小贴士** 建省初期，海南旅游业的发展同海南特区的总体开发建设一样，也遇到了开发建设资金严重不足的困难，各项基础设施和旅游服务设施的条件较差，酒店住宿和进出岛交通紧张轮番成为制约海南旅游发展的因素。但是，在经济特区改革开放和率先实行社会主义市场经济的条件下，旅游发展的制约因素反过来又成为刺激国内外投资者开发旅游的动力。根据旅游发展显现的主要特征，可将这一时期分为两个阶段。

2.2.1 第一阶段(1988—1997年)

> **小贴士** 在这一阶段，海南旅游发展受特区开发高、低潮波动的影响较小，年年都上新台阶，成为海南经济的推动力量和热点。旅游业持续快速发展，由一个微不足道的小行业成为海南经济发展的龙头产业和支柱产业，带动了各相关行业的发展，"度假休闲在海南"开始被人们认同。这个阶段，海南旅游产业规模、接待人数急剧扩张，迅速扩大了旅游的外延，标志着海南旅游业第一次本质上的飞跃。

要点1 1988—1991年主要措施

(1)1988年2月，海南省政府协办了由共青团北京市委组织的北京5名游泳者横渡琼州海峡的活动，在一定程度上扩大了海南适合"冬泳"的影响；(2)1988年，海南省政府委托上海同济大学风景旅游研究中心专家拟定了《海南省旅游发展战略及风景区域规划》，为海

南旅游提供了发展战略与发展方向;(3)由《羊城晚报》"衣食住行"栏目、珠江经济广播电台《星期俱乐部》和广州羊城旅游公司合办的全国最佳旅游线路评选活动中,海南环岛5日游线路位居榜首,荣获1988龙年最佳旅游线路;(4)1991年,海南省政府重新组建省旅游局,体现了省委省政府对旅游业的重视,使旅游部门地位得到显著提升。

要点 2　1988—1991年,旅游创汇高潮不断

(1)1988年海南旅游接待出现了有史以来的第一个高峰,当年接待国内外游客人数一跃而达118.5万人次,其中接待国际游客19.8万人次,旅游创汇4 094万美元;(2)1990年,海南跃上有史以来旅游接待的第二个高峰,接待国内外游客人数再次突破100万大关,达到113.4万人次,其中国际游客18.8万人次,旅游创汇6 159万美元,一年就达到国家旅游局提出的"旅游创汇3年恢复到1988年最高历史水平"的目标;(3)1991年,海南接待国内外游客人数达到140万人次,比上年增长24%。其中,国际游客27.72万人次,旅游创汇6 384万美元,各项旅游主要指标都超额完成年度任务。

> **小贴士**　1991年,海南旅游硬件条件初步得以改观,旅游酒店达65家,进出岛交通紧张的状况也有所缓解。

要点 3　1992年,全社会共办大旅游

(1)1992年,经国务院批准,三亚的亚龙湾成为中国唯一具有热带风情的国家旅游度假区,亚龙湾的开发不仅是海南省当年旅游业的重点项目,更是促进海南经济腾飞的重要一环,因此受到海内外的热切关注;(2)1992年海南省旅游局组织制定了《海南省旅游发展规划大纲》,提出"全社会共办大旅游"的旅游发展方针。

要点 4　1993年,海南逐渐掀起第一波旅游项目开发热潮

(1)江泽民同志在海南视察时亲手写下"碧海连天远,琼崖尽是春"的重要题词,并指出要加快海南的开发建设,必须大力发展旅游业;(2)《海南省旅游发展规划大纲》获省政府通过并颁布,明确了"热带海滨度假休闲"的海南旅游发展主题;(3)海南省旅游局通过《人民日报》《中国旅游报》等报刊,面向全国征集海南旅游主题口号和海南旅游标志,应征"主题口号"达1 000多条,"椰风海韵醉游人"入选,成为海南旅游市场使用频率最高的宣传语;(4)完成海口至广州数字微波、海口至广州海底光缆和海口卫星地球站三大通信工程,通讯装备和网络技术跨入全国先进行列,使游客的通讯往来有了保障;(5)社会各界投资向旅游倾斜,旅游重点建设项目近200项陆续建成开业。

要点 5　1994年,多项措施促进了海南旅游的快速发展

(1)4月,《海南旅游》杂志创刊,海南有了展示旅游形象、助推旅游产业发展的专属期刊;(2)秋季,海南航空股份有限公司先后引进7架"美多"23小型客机,往返于海口、三亚、湛江、广州,为游客提供了交通上的方便;(3)开发了诸如三亚南田国际热带风情旅游城等国内外一流的旅游观光胜地,促进了海南旅游的快速发展。

> **小贴士**　1992至1994年,是海南旅游业发展的所谓"阵痛期"。旅游管理部门结合宏观调控,对盲目性投资、开发进行了遏制,对旅游业进行了调整和规范,使旅游业的发展稳步提升,进入由数量扩张型向结构优化型转变的调整提高阶段。

要点 6　1995年,海南旅游迈向规范化轨道,并开展相应活动

(1)海南省人大通过并颁布实施我国第一部地方性旅游法规《海南省旅游管理条例》,

使海南旅游迈向法制化、规范化的轨道;(2)海南省3类旅行社由审批制改为直接登记制,旅行社数量短期内剧增,据不完全统计最多时达900多家;(3)拟定了《海南省旅游业发展"九五"计划和2010年远景目标纲要》草案,意图将旅游业纳入海南地方经济建设中的法制轨道;(4)海南省旅游局迎接和举办了一系列国际性和全国性的重大旅游活动,如承办"95中国国内旅游交易会",大大提高了海南旅游业在国内外的知名度;(5)1995年前后,为迎接"'96中国度假休闲重点在海南"活动,投建了海口桂林洋滨海旅游区和海南百莱玛度假村等一批旅游设施。

小贴士 1995年建设的海口桂林洋滨海旅游区内设滨海游泳场、国际体育村、泰国花果园、阳光度假村和世界漫步公园,是当时规模较大、较有影响的旅游设施建设项目,但1997年后因种种原因衰落至今。

要点7 **1996年,海南旅游拉开了转型升级的序幕**

(1)"一省两地"发展战略的提出:2月,海南省一届人大四次全会通过的《海南省国民经济和社会发展"九五"计划和2010年远景目标纲要》,明确提出"一省两地"的产业发展战略,从法律上进一步确立了旅游业在海南经济发展中的支柱地位,为海南旅游业的快速发展创造了基本的条件;(2)国家把中国旅游第一次转型升级的重任交给了海南:在海南举办'96中国度假休闲游开幕式,正式拉开了中国旅游从观光向度假休闲转型的序幕,也为海南旅游业在新世纪能够实现跨越式发展打下了坚实基础;(3)8月,我国第一个五星级度假型酒店——三亚凯莱度假酒店在海南亚龙湾开业,开启中国旅游度假酒店发展新时代;(4)在香港国际旅游交易会上,海南获得"最有希望的新的旅游目的地"的称号。

小贴士 "一省两地"的产业发展战略,即要"努力把海南建设成为中国的新兴工业省、中国热带高效农业基地和中国度假休闲旅游胜地"。

要点8 **1997年,全面规范旅游市场,并取得良好成绩**

(1)1997年旅行社之间的竞争开始出现不正当趋势,旅游景点宰客现象逐渐增多,部分景点也开始出现乱收费现象;(2)针对旅游市场无序竞争的情况,海南省人大在征询各方意见的基础上,颁布了《海南省旅游市场管理规定》,对旅行社、景区景点、导游、旅游车司机、旅游业务经营者等均制定了较为详细的规定,全面规范旅游市场;(3)在香港国际旅游交易会上,海南获得"最佳休闲产品奖"的称号;(4)海南旅游接待国内外游客790万人次,超过了全省的人口数,旅游总收入61.52亿元,占全省地区生产总值的14.75%,约占全省第三产业收入的35%,国际游客超过40万人次,旅游外汇收入突破1亿美元。

小贴士 海南旅游发展起步期第一阶段,旅游管理部门加强了对旅行社的整顿和旅游从业者的素质培养,对从业者进行诚信引导,进而建立了一种成熟的诚信机制和体制,加上采取规范市场运作、引进一批素质高的大企业等一系列办法,营造了一个健康的、安全的环境,把海南省旅游业引上可持续发展的轨道,建设热带海岛度假旅游胜地的基本条件已经具备。

2.2.2 第二阶段(1998—2000年)

小贴士 1998—2000年,是海南旅游发展起步期的第二阶段,也是海南旅游在新世纪实现跨越式发展的关键时期。但是,这一阶段出现了"低价格竞争,低质量服务,低素质从业,低水平管理,低效益运营"的"五低"的问题,严重地制约了海南旅游业的健康发展,损害了海南旅游的良好形象,导致海南的优质旅游资源廉价售卖,旅游行业"旺丁不旺财",并由此引发一系列的问题。与此同时,海南省由于总体经济实力弱,地方财政收入少,对旅游业发展在资金上的支持只能维持相对较低的水平。

要点1　1998年,旅游市场管理被正式纳入法制轨道

(1)1998年7月,海南省委常委会和省政府常务会议连续颁布重新修订的《海南省旅游管理条例》和新制定的《海南省旅游市场管理规定》两个旅游法规;(2)海南省旅游局改革管理体制,下放管理权限,试行旅游分级管理;(3)制定了一系列管理规章,加强旅游市场的监督,聘请了新闻监督员,确立了旅游新闻发布会制度;(4)编印了《海南省旅游法规政策汇编》;(5)对旅游管理干部和从业人员开展有针对性的培训;(6)首次编印《海南导游基础知识》《海南省导游员手册》《海南省导游资格等级考试手册》等,并对导游举行有针对性的培训。

小贴士　以上措施,加强了海南旅游宏观管理的力度,整顿和规范了旅游市场价格秩序,有效遏制旅游企业低价竞销、高额回扣等行为。

要点2　1998年,确定了第一批全国优先发展旅游项目

(1)1998年12月,国务院总理朱镕基在海南考察工作时强调,要充分利用海南得天独厚的热带风光,大力发展旅游业;(2)面对东南亚金融危机和国内特大洪涝灾害给旅游业带来的压力,海南省政府突出重点、积极主动地开展多形式的旅游宣传促销,使"冬季到海南来戏水"专题旅游口号深入人心;(3)联合《海南日报》《中国旅游报》,通过游客和全省旅游企业的参与,分别评选出20个优秀景区(点)和20条旅游线路;(4)争取到国家旅游局将三亚亚龙湾、三亚南山、万宁兴隆热带花园、文昌铜鼓岭和琼海博鳌等5个项目确定为第一批全国优先发展旅游项目。

小贴士　1998年,海南省政府通过推动创优工作,使海口、三亚双双获得首批中国优秀旅游城市荣誉称号。

要点3　1999年,海南多方位拓展旅游市场

小贴士　1999年,海南旅游业抓住中国生态旅游年和海南建设生态省、新中国成立50周年、澳门回归等机遇,多方位拓展旅游市场,培育旅游业新的增长点,使海南旅游业形成了"淡季有热点,旺季有高潮"的局面。

(1)海南省旅游局组织德、俄等欧洲国家旅行商来琼考察;(2)加大对韩、日的专项促销,促使韩国至海南的旅游包机复航;(3)协助新加坡丽星邮轮"狮子星号"开通香港至海南的航线;(4)组织香港警官团队海南自驾游;(5)策划和举行了'99中国生态环境游海南系列活动;(6)邀请中央电视台拍摄《文昌椰风海韵》;(7)正式实施《海南省旅游分级管理办法》,开通全省统一的免费旅游投诉热线电话,推行导游员统一着装上岗;(8)组织参加全国首届旅游歌曲大赛,海南旅游歌曲《永远的邀请》获银奖第一名;(9)鼓励企业申报环境和质量管理认证,南山文化旅游区、宝华海景大酒店、第一百货商场分别获得 ISO 1400 和 ISO 9000 环境质量认证和质量管理认证;(10)举办海南省首届导游知识电视大赛和组织首届海南旅游暨旅游商品交易会。

小贴士　海南旅游市场整治、旅游教育培训、旅游市场专题调研和定期旅游统计分析、旅游信息等方面的工作得到了国家旅游局的通报表扬。

要点 4 2000 年,海南旅游实现新突破

(1)全年接待国内外游客突破 1 000 万人次大关,达 1 007.57 万人次,其中入境游客 48.68 万人次,旅游外汇收入 10 882.94 万美元;(2)旅游总收入 78.56 亿元人民币(创历史最高水平),相当于全省地区生产总值 15.2%(高于全国平均水平 10.2 个百分点);(3)年末全省共有星级饭店 58 家,比上年增加 2 家,其中五星级 4 家,增加 1 家;四星级 9 家,减少 1 家;三星级 31 家,增加 3 家;(4)旅游业直接从业者约 10 万人,占城镇就业人口的 8.9%。

要点 5 2000 年,整改创优并探索节假日旅游新路

(1)海南省政府与国家旅游局大力整治出境旅游市场相呼应,对旅游市场进行了力度空前的全面整治,在全国也引起了很大反响,受到国家旅游局的肯定和社会各界的支持;(2)同时,大力开展系列"整改创优"活动,继续开展创建中国优秀旅游城市工作,海口和儋州荣获第 2 批中国优秀旅游城市称号;(3)认真做好旅游景区(点)质量等级评定,三亚的亚龙湾国家度假区、南山文化旅游区和天涯海角旅游区荣获国家 4A 等级;(4)全年共培训旅游管理和从业人员近万人次;(5)组织旅游行业全国性资格认证考试,旅行社经理资格及格率为历年之最;(6)组织参加饭店职业英语标准测试,获得证书总数居全国第二名;(7)成立了海南省假日旅游协调机构,对全省假日旅游信息统计及预报体系进行统一协调,积极探索发展节假日旅游的新路子。

要点 6 2000 年标志性事件

(1)完成《海南省旅游发展"十五"计划和中长期规划》的编制;(2)海南省政府就编制《海南省旅游发展总体规划》与世界旅游组织签订了协议;(3)成功举办了首届中国海南岛欢乐节,结束了全省旅游饭店开房率多年来徘徊在 50% 的局面,一举突破 60%;(4)举办了第四届"岛屿观光政策论坛"会议;(5)承办了由世界旅游组织和联合国环境署联合主办的"亚洲—太平洋地区岛屿可持续旅游业国际会议";(6)举办中国横渡琼州海峡大奖赛;(7)中国新丝路模特大赛永久定址海南三亚。

2.3 创新发展期(2001—2005 年)

小贴士 进入新世纪,海南的旅游行业迎来了发展的新机遇和新挑战,海南也提出了新的战略目标,即努力把海南建设成为具有国际水平的海岛休闲度假旅游胜地。这一时期,"热带海岛,度假天堂"的旅游新形象开始频频出现在国内外大型旅游交易会上。海南提出"国际旅游岛"建设新思路,倡导海南旅游八大体验,不断推出健康旅游、自驾车游、高尔夫游、购房游等产品,不断激发游客旅游海南的动机,在一定程度上引领着中国旅游的新兴市场。

要点 1 2001 年注重从深层次方面解决旅游市场问题

(1)本年度,海南省旅游局认真落实江泽民总书记对海南旅游的重要指示,转变观念,以新的思路进行创造性的工作;(2)年初,完成《海南省旅游发展总体规划》基础资料的整理和翻译;(3)3 月,举办世界太极拳健康运动会,开启海南"健康游"理念;(4)从 4 月起,对导游执业者进行计分制管理,5 月又在全国率先颁发首批新版导游证,7 月全省启动导游 IC 卡管理,初步形成了对导游员动态量化管理的格局;(5)4 月,建立完善旅游企业行业自律机制,成立了海南省旅游商品企业协会,三亚还成立了"潜水企业自律协会""旅游购物守信自律协会"等;(6)5月,试行"百分制""公示制",规范对旅行社的管理;(7)6月,在全国率先建立实施了旅游佣金制,从源头上解决旅游市场存在的收受回扣的突出问题;(8)8月,在国内首次以旅游大篷车的形式促销旅游产品,从中国最南端一路演示到中国最北端(31天内沿途经过十几个城市,全程1万多千米),宣传海南丰富的热带海岛旅游产品;(9)建立旅游行业"经济户口"制度,严把旅游市场主体的准入关,截至11月,完成旅行社名称核准和规范登记;(10)年末,《琼州海峡旅游度假区规划》和《海南省旅游发展总体规划》初稿通过评审,初步构建起东起海口东寨港西至澄迈花场港的"大海口旅游圈",并阐发了一系列发展海南旅游的新理念、新办法等;(11)通过省与市县旅游部门、旅游企业与社会培训机构相结合以及省内培训与组织出国培训相结合的不同形式,共培训和考核各类旅游从业人员近40 000人次,促使管理水平和服务质量全面提高。

小贴士 海南旅游宣传促销成效显著:旅游旺季延长,淡季不淡,旅游总收入和接待人数同步增长,特别是外国游客大幅度增长,使近年"旺丁不旺财"和外国游客增长缓慢的现象得到改变,全省接待国内外游客1 124.76万人次,旅游总收入87.89亿元,比上年分别增长11.6%和11.8%。

要点2　2002年出台新的管理条例和发展规划

(1)为了适应新时代发展需要,海南省人大常委会于2001年年底通过了新修订的《海南省旅游条例》,并于2002年3月1日实施,同时废除《海南省旅游管理条例》及《海南省旅游市场管理规定》,取消了"定点管理制度"(逐步放开旅游市场的表现之一),允许外省市旅行社直接组团到海南进行旅游活动(打破了旅行社地方保护),加大了旅游规划管理力度和对旅游资源的管理及保护(体现了旅游行政主管部门在旅游开发活动中的重要地位);(2)2002着手制定区域旅游规划和旅游区规划:《陵水南湾猴岛旅游景区规划》《三亚西岛建设规划》通过专家评审,《五指山生态旅游发展总体规划》《五指山生态旅游示范总体规划》以及与欧盟合作编制的《五指山环境改造促进旅游开发项目规划》分别出台。

小贴士 新《海南省旅游条例》的制定,借鉴了世界上许多旅游发达国家的经验和做法,彻底打破了我国旅游者实行地接的传统做法,在全国率先实行开放市场的法律承诺。新条例还对旅行社的管理实行属地管理原则,国际社由省旅游局管理,国内社实行属地管理,并减少了审批程序,将旅游车船公司、旅游购物点、餐饮点、专项旅游产品推向市场,加大了市场机制的运用。

要点3　2002年提出建立国际旅游岛新思路

(1)2002年3月8日,为给海南省委、省政府提供决策参考,海南省社科联在中国(海南)体制改革发展研究院举行了"加入WTO与海南的对外开放"理论研讨会;(2)会上,中国(海南)体制改革发展研究院提出和论述了"建立海南国际旅游岛"的战略性建议;(3)此建议侧重政策创新,成了新世纪海南以产业开放带动区域开放、以旅游产业的创新促进全省经济跨越式发展的比较完整的新思路。

要点4　2002年旅游业成为海南经济发展支柱产业

(1)2012年,海南拥有酒店、宾馆、招待所723家,客房5.04万间,床位9.52万张,分别比1997年末增长38.8%、50.4%、45.6%;(2)海南全省旅游总收入95.38亿元,与1987年相比增长82.7倍,年均增长34.3%;(3)全省旅游接待人数达1 254.96万人次,与1987年相比增长15.7倍,年均增长20.65%;(4)接待外国游客16.52万人次,首次超过接待香港游客数,显示了海南的海外游客结构正在改变。

> **小贴士** 2002年,全省接待国内游客人数、旅游总收入等,均继续保持快速增长的态势;海南旅游业作为第三产业中龙头产业的地位更为明显,成为海南经济发展的支柱产业。另外,2002年三亚市承办了第五十三届世界小姐总决赛,这是海南旅游业对外开放的一个标志性事件。

要点5 2003年优化旅游产业结构效果明显

(1)海南注重发展度假休闲旅游并开发度假休闲旅游产品,尽管受到"非典"的影响,但海南全省接待国内外游客总人数仍维持在1 222.09万人次的较高位上,海南"无疫区"和"健康岛"品牌效应日益凸显;(2)通过改善旅游产品结构、改变客源结构和优化产业结构,2004年海南国内外过夜游客接待总数达1 402.89万人次,旅游总收入突破100亿元,达111.01亿元,比上年增长18.7%,国内旅游外汇收入8 160.17万美元,旅游总收入的增长比旅游接待总人数的增长高达5个百分点。

要点6 2003年有效地净化了旅游市场环境

(1)海南省旅游局自2003年年底起与省发改厅联合下发了《关于公布我省旅游接团政府指导价标准的通知》《关于贯彻实施旅游接团政府指导价标准的紧急通知》等文件,并采取相关措施进行配套管理;(2)联合相关部门开展"春雷"行动和旅游市场专项治理活动,对"黑社""黑导""黑车""黑店""黑办事处"进行了集中打击;(3)依法查处旅行社超范围经营、违规增设部门对外承包和导游人员擅自更改行程、服务质量低劣以及私拿回扣、旅游企业降低服务标准等问题。

> **小贴士** 早在2002年6月,经海南省政府批准,成立了海南省旅游稽查大队,为海南旅游管理和执法提供了更可靠的保障。

要点7 2004年利用"三位一体"的营销手段,全方位宣传海南

(1)邀请中央及"北上广"等重点客源地多家媒体,制作了"海南旅游系列""海南逍遥游"和"海南环岛行"等专题节目;(2)调动社会力量,完善设在机场、自驾车公司和主要星级酒店的60余个旅游信息架的宣传品配送,免费向游客提供海南旅游信息资料;(3)扶持旅游企业推出"纯玩团",并倡导由"纯玩团"向"精玩团"转变,大力组织家庭度假、自游人、会议团、高尔夫团等,优化旅游产品结构;(4)在北京首届国际旅游博览会和"海南岛旅游风情月"期间,推出一组海南岛旅游新线路;(5)参加中国国内(杭州)旅游交易会,以"健康岛"为主题形象,展现热带海岛度假胜地"新、奇、特、野、绿"特色(获得"最佳展台奖"第1名);(6)参加首届泛珠三角区域经贸洽谈会进行26个项目的招商;(7)结合国家旅游局推出的"中国百姓生活游"主题年,成功举办一系列具有浓郁风情的旅游节庆活动;第五十四届世界小姐总决赛、世界小姐万宁行暨2004年万宁国际文灯节、首届中国青年欢乐节暨第五届中国海南岛欢乐节等;(8)主办和参与了韩国美食文化节、琼海旅游新线路、新产品座谈会暨第8届海南旅游宣传促销研讨会、香水湾旅游发展研讨会等。

> **小贴士** "三位一体"营销:即新闻、行业、社会三方联合全方位进行宣传报道。据不完全统计,2004年在海内外新闻媒体发表和播放的海南旅游稿件和节目8 000多篇(件)。

要点 8　2004年创新性工作

(1)海南省旅游局编写了《2003年旅行社发展状况》《2003年星级饭店发展状况》和《2003年旅游景区(点)发展状况》三个白皮书,首次正式发布旅游产业发展信息,引导投资者和经营者按照市场经济的规律有序地发展旅游业;(2)在全国率先提出"常居型旅游"的新型度假旅游概念,大力推出"海南岛购房游";(3)在全国率先推出诚信机制建设,印发《海南省旅游业诚信机制建设暂行办法》和《海南省旅游业诚信机制建设方案》,开通了"海南旅游诚信网";(4)建立了诚信信息报送队伍,聘请部分省人大代表、省政协委员和媒体记者作为特邀诚信监督员;(5)完成旅行社业务年检之外,对旅行社内设部门进行登记备案,并于年底开始清理违规承包和挂靠等问题;(6)采取银行金穗通宝卡、导游证和上岗证等证(卡)合用的手段,清除了一大批以假充真的"黑导";(7)重新出版《海南岛旅游》杂志,并正式开通海南省旅游协会官方网站;(8)首次组织评选海南"10大名菜"和"10大旅游土特产";(9)重新组建省、市两级星级评定机构,加快旅游酒店评定星级和星级酒店复核步伐,全年新增评星级旅游酒店23家;(10)认真开展工农业旅游示范点的评定工作,指导兴隆热带植物园和海南农垦万嘉果农庄获得首批"全国农业旅游示范点"称号等;(11)世界小姐总决赛以及第十三届中国金鸡百花电影节等赛事会议落户海南;(12)部分旅行社开始把婚庆蜜月团作为主打开发产品参加了4月份的国内旅游交易会;(13)加入"泛珠三角"(含闽、赣、湘、粤、桂、琼、川、黔、滇9省区和港、澳2个特别行政区,简称"9+2");(14)签订琼桂两地"旅游交流与合作协议书",推出5条跨省区的旅游精品线路。

> **小贴士**　琼桂两地推出的线路:南宁—海口—万泉河—博鳌—兴隆—三亚;海口—北海—南宁—柳州—桂林;桂林—三亚—兴隆—博鳌—海口;海口—北海—防城港—越南下龙;红色旅游和民族文化旅游线路。

要点 9　2004年省旅游局旅游培训又上新台阶

(1)对全省原6 400多名导游进行全员培训,重新审核、登记和建档;(2)全年举办酒店经理培训、导游年审培训、导游资格考试培训、外语学历培训、导游实用技能提高等各类培训班42期,培训人员8 619人次;(3)与国际知名品牌企业——凯莱酒店管理有限公司联合进行酒店管理人员培训,组织31名酒店企业经营管理人员赴澳大利亚、新西兰、泰国等国进行短期培训,培训期数和人数均创出历史新高。

要点10　2005年海南旅游市场实行"户口"管理

(1)2005年6月海南出台《关于加强旅游市场规范管理工作的意见》,对旅游市场实行经济户口管理制度,以保护旅游消费者合法权益;(2)工商部门对旅游市场监管的重点是对游客强买强卖、利用包厢销售商品合伙欺诈游客、虚标商品产地等;(3)工商部门要求所有经营旅游商品的企业和个体户须建进货台账,销售贵重旅游商品的还要建立销售台账,进货时必须索证索票备查;(4)旅游消费服务要实行明示制度,旅游合同必须明确规定价格、时间、线路、用餐标准、住宿标准、购物点和自费娱乐消费点名称、地址等内容。

要点11　2005年海南旅游业实现增加值57.42亿元

(1)2005年,海南旅游业实现增加值57.42亿元,全省接待旅游过夜人数1 516.47万人次。"十五"期间平均每年递增8.5%,其中,接待海外旅游者43.19万人次,接待国内旅游者1 473.28万人次;(2)全年旅游总收入125.05亿元,"十五"期间平均每年递增9.7%,其中入境游收入10.49亿元,国内旅游收入114.56亿元。

> **小贴士** 2005年,在保持上一年度旅游产品组合连续性的基础上,海南根据国内外旅游市场的变化进行调整,继续推出10项主要旅游产品——滨海度假休闲游、海岛温泉度假游、自驾观光休闲游、特色高尔夫旅游、海南会议奖励游、海南度假购房游、海南节庆活动游、热带雨林探奇游、健康岛旅游专列游和豪华邮轮度假游,为海南旅游产业转型升级做好了产品准备。

2.4 转型升级期(2006—2010年)

> **小贴士** 从旅游业成为海南第三产业龙头产业的2006年开始,到国际旅游岛建设上升为国家战略层面一年后的2010年,海南旅游"大产业、小管理"的被动局面得到一定程度上的改变。海南旅游对外开放的力度不断加大,旅游管理与服务质量不断提高,旅游市场占有率和影响力也进一步扩大。这一时期,海南旅游行业面对来自国内外激烈的竞争和自身存在的诸多发展中的问题,面对社会各方面的高期望值和地方财政资金极其有限的扶持,励精图治,创造性地工作,使海南旅游具备了产业升级和创新发展的条件。

要点1　2006年海南旅游转入长效管理状态

(1)5月,《海南省人民政府关于建立旅游市场长效监督管理机制的若干规定》以省长令形式签发,从6月底起用半年时间开展旅游市场"零负团费"的专项整治工作,从产业内部解决矛盾继续净化旅游空间;(2)海南省发改、旅游、工商、交通等部门具体制定的旅游市场长效监督管理机制实施办法出台,对规定一一进行分解,明确相关部门职责;(3)发改委:规定旅游黄金周期间,根据市场供求变化对星级饭店客房限定最高指导价,商品价格是实际成交价的3倍以上属价格欺诈;(4)省工商局:旅游经营者违法违规扣分公示,建立旅游经营者信用监管制度,及时将旅游经营者违法违规情况如实录入经济户口档案;(5)省旅游局:实行旅游标准化管理制度,通过量化指标优胜劣汰;(6)省交通厅:对新增进入市场从事旅游车客运的企业和车辆,采取以服务质量为主要竞标条件的招投标办法实施行政许可,并建立旅游车客运企业年度质量信誉考核制度。

要点2　2006年专项整治旅游环境并持续完善旅游项目

(1)据不完全统计,通过"亮剑""天网"和"阳光"专项整治三大行动,截至2006年10月底,海南省共查处138个"黑社",处理186名"黑导",查处219个旅游购物点(店),处理420辆旅游"黑车",9处"野人谷"全部被取缔;(2)海南有关部门根据市场变化和竞争需要,继续充实和完善蓝色浪漫之旅、绿色神奇之旅、潇洒高尔夫之旅、风情温泉之旅和民族文化之旅海南五大特色系列旅游产品组合;(3)持续推出多种形式的度假游、高尔夫旅游、自驾车游、自助游、商务会奖游;(4)提高观光旅游质量,在海南"纯玩团"基础上开发高消费的"精玩团"。

> **小贴士** 专项整治三大行动:"亮剑行动"整治旅行社低成本组接团;"天网行动"整治旅行社、导游以"零负团费"方式买团卖团;"阳光行动"整治旅游景区点、购物点、餐饮点等的商业贿赂。

要点 3　2006 年旅游业已成海南第三产业的龙头产业

(1)2006 年海南共接待过夜游客 1 600 多万人次,其中海外游客 62 万人次,同比增长 43%,旅游创汇 2.3 亿美元,同比增长 17.4%;(2)全省旅游业实现总收入 141.43 亿元,比 1998 年增长了 111.22%,占全省 GDP 的 13.43%。尽管与上世纪相比,所占比重有所下降,但仍然是海南国民经济的支柱产业(按国际标准,大于 8% 即为支柱产业),占第三产业总产值的比重更是达到了 33.63%,反映出旅游业已成为海南第三产业的龙头产业。

要点 4　2007 年确定琼北湛江区域旅游合作组织的目标

(1)琼北海口、文昌、琼海、儋州、定安、澄迈、临高 7 市县正式与广东湛江、雷州、徐闻 3 市县成立"琼北湛江区域旅游合作组织",琼粤两省之间跨区域旅游合作掀开了新的篇章;(2)未来 5 年,参与合作的市县将致力于打造八大旅游胜地和一个特色旅游产品;(3)八大旅游胜地包括:雷琼世界火山文化旅游胜地、世界高尔夫休闲旅游胜地、亚洲会议商展旅游胜地、中国热带海岸温泉旅游度假胜地、南中国滨海都市旅游胜地、南中国渔家乐旅游胜地、南中国滨海自驾车旅游胜地、南中国滨海避寒旅游胜地;(4)跨琼州海峡特色旅游产品为:跨琼州海峡热气球观光、跨琼州海峡游艇观光、跨琼州海峡帆船帆板海上运动、解放海南岛渡海作战航线游、汉代丝绸之路始发港考察等。

要点 5　2007 年接待入境游客和外国游客增幅居全国首位

(1)2007 年海南接待游客总数 1 846 万人次,其中国际游客 75 万人次,同比分别增长 15% 和 22.08%;(2)旅游总收入 171.37 亿元人民币,旅游创汇 3.02 亿美元,同比分别增长 21.17% 和 31.88%;(3)旅游接待入境游客和外国游客的增幅在全国各省市中居首位。

小贴士　2007 年,海南省先后成立省旅游联合执法办公室和省旅游发展管理委员会,强化对旅游市场的依法监管和对海南旅游业发展中重大问题的议事协调,一定程度上加快改变了海南省旅游业"大产业、小管理"的被动局面。

要点 6　2007—2008 年专项促销活动形式多样

(1)同香港旅发局联合组织驻外办事处考察海南旅游活动,联合推出香港加海南、商务加度假的"一程多站"旅游产品;(2)结合俄罗斯"中国年"活动,举行两轮对俄罗斯的大型宣传促销;(3)组团参加德国柏林旅游展(以三亚市政府牵头,重点推介三亚旅游)、法国巴黎旅游展,开展以"中国热带海岛、东方度假天堂"为主题的系列宣传促销活动;(4)与中央电视台合作,拍摄海南旅游专题片;(5)承办国家旅游局召开的 2007 年全国入境旅游工作会议;(6)举行 2007 海南旅游宣传促销年启动仪式;(7)成立海南旅游宣传促销媒体合作体;(8)参加第 10 届海峡两岸旅游业联谊会;(9)在日本、韩国及我国北京、上海、广州、台湾等地,举行"中国热带海岛、东方度假天堂"专项促销活动;(10)2007 年 11 月,与广东湛江成立"琼北湛江区域旅游合作组织",致力于打造八大旅游胜地和一个特色旅游产品;(11)将 2008 年确定为"旅游宣传促销年"和"旅游优质服务年";(12)首次开通海口至台北的航线,并做了大量的前期准备工作。

要点 7　2008 年国务院同意海南建设"国际旅游岛"

(1)3 月 5 日,国务院办公厅就海南省申请设立国际旅游岛的问题,正式函复海南省政府和国家发改委,原则同意海南省进一步发挥经济特区优势,在旅游对外开放和体制机制改革等方面积极探索,先行试验;(2)同意在海口、三亚、琼海、万宁 4 市开办一家市内免税店,销售提货点设在口岸出境隔离区内;(3)4月25日,省政府召开新闻发布会,发布《国务院办公厅关于支持海南旅游业有关问题的函》和《海南省国际旅游岛建设行动计划》;(4)6月,为服务海南国际旅游岛建设,构建独具海南特色的旅游文化体系,实现全省公共文化服务均等化和无缝覆盖,海南省委宣传部牵头,会同省社科联、省发改委等相关部门以及省内专家、企业界人士,正式启动了《海南省文化建设中长期规划(2009年—2020年)》编制工作;(5)9月20日,省委、省政府联合下发《中共海南省委、海南省人民政府关于加快推进国际旅游岛建设的意见》;(6)9月23至28日,全国政协组织部分全国政协委员、专家学者和国务院15个部委有关负责同志来海南就国际旅游岛建设进行专题调研,并形成重要成果;(7)海南省旅游局组织有关专家、学者创新编制《海南国际旅游岛总体建设规划纲要》,于11月中下旬在媒体向社会公开征求意见。

小贴士 2008年4月,胡锦涛总书记在海南考察时指出:要从海南实际条件和长远发展出发,积极发展服务型经济,尤其要加强旅游服务设施建设,提高旅游业国际化程度,提升旅游业档次和水平,规范旅游市场,努力使旅游业成为海南的支柱产业。

要点8 **2009年国际旅游岛建设上升成为国家战略**

(1)2009年1月12日,海南省政府向国务院呈报《海南省人民政府关于海南国际旅游岛建设有关问题的请示》,请求国务院对海南国际旅游岛建设予以政策支持;(2)3月1日,海南国际旅游岛形象广告在CCTV-1首播;(3)3月5日,国家旅游局局长参加全国"两会"海南代表团审议时表示,国家旅游局完全支持海南创建国际旅游岛;(4)5月22日,海南省旅游投资控股集团有限公司揭牌;(5)5月28日,海南省旅游发展委员会正式挂牌,原省旅游局更名为省旅游委,并列入政府组成部门;(6)6月22日,由中央财经领导小组办公室主任、国家发改委党组副书记、副主任率队的国家联合调研组,对海南国际旅游岛建设进行为期一周的考察和调研;(7)12月31日,《国务院关于推进海南国际旅游岛建设发展的若干意见》发布,将国际旅游岛建设上升为国家战略。

要点9 **2009年落实温家宝总理考察海南重要讲话精神**

(1)2009年4月,国务院总理温家宝考察海南时强调重点抓好五件事:一是加快旅游基础设施建设,推动旅游业转型升级;二是建设特色优势旅游精品景区,完善旅游产业体系;三是调整旅游市场发展战略,吸引更多的国内外游客;四是统筹区域旅游协调发展,加快旅游市场一体化;五是完善旅游服务体系,全面提高旅游服务水平。(2)4月28日,海南省委召开常委会,深入学习温家宝总理考察海南的重要讲话精神,会议提出,举全省之力推进国际旅游岛建设。

小贴士 2009年,受金融危机、甲型H1N1流感等不利因素的影响,国际旅游市场萎缩,加之世界各国和地区越来越重视旅游业,纷纷加大对客源市场的争夺,与海南省构成激烈竞争,海南省接待境外游客出现大幅下滑。

要点10 **2010年制度建设又上新台阶**

(1)年初,海南省政府委托世界旅游业理事会(WTTC)组织编写《海南旅游经济发展报告书》,由牛津经济学院专家以卫星账户统计手段对海南旅游的发展潜力和前景进行分析和预测,报告完成后,由世界旅游业理事会在伦敦举办了该报告英文版的全球首发仪式;(2)3月,在三亚市举行的2010博鳌国际旅游论坛上,来自50多个国家和地区的代表共同发表了《海南旅游宣言》;(3)11月《海南省游艇管理试行办法》正式颁布实施,在15项游艇管理政策上实现突破,标志着海南国际旅游岛建设又迈出了坚实的一步。

要点11 2010年旅游重大事件

(1)4月,近150个参展商和近5 000名观众参加的第一届"海天盛筵"盛大开幕,促进了世界高尚生活品牌文化传承与发展,加强了海南乃至中国与世界文化经济的交流;(2)东环高铁12月30日的通车运营,将东部6个市县串起来,真正实现了90分钟南北交通圈;(3)海南省就加强旅游公共服务体系建设,在交通枢纽、景区、城市广场等游客较集中场所设立旅游咨询服务中心;(4)海南省利用组团参加国际大型促销活动、邀请旅行商来海南考察踩线、与国际旅游组织进行合作等多种形式全方位宣传海南国际旅游岛,积极落实免签新政,各项工作取得了一定的成效,入境旅游市场呈现恢复性加快增长态势。

2.5 跨越发展期(2011—2016年上半年)

> **小贴士** 这一时期,海南旅游已从传统观光游逐渐向"观光+休闲度假"的跨越式、国际化方向转变。5年半间,海南省按照国务院《关于推进海南国际旅游岛建设发展的若干意见》《海南省旅游业发展"十二五"规划》和国家旅游局"全域旅游"建设的总体要求,进一步解放思想,深化改革开放,积极响应国家建设"21世纪海上丝绸之路"的战略布局,扎实推进海南旅游基础设施建设,取得了令人瞩目的成绩。这一时期旅游新业态、新产品层出不穷,邮轮旅游、游艇生活、直升机旅游等开始进入普通市场;以热带滨海旅游为基本特色的蓝色浪漫之旅,在海南热带生态基础上开发的森林探奇、热带植物园和海岛乡村游的绿色神奇之旅等海南五大特色旅游产品已逐渐在国内外旅游市场形成品牌。

2.5.1 2011年海南旅游

> **小贴士** 2011全年接待入境过夜游客81.46万人次,同比增长22.8%;国际旅游收入实现24.57亿元,同比增长11.6%;国内过夜游客2 919.88万人次,同比增长15.8%;实现国内旅游收入299.47亿元,增长27.1%。2010年海南省旅游总收入257.63亿元,同比增长21.7%,全年共接待旅游过夜人数2 587.34万人次,比上年增长15.0%,其中,接待国内旅游者2 521.03万人次,增长14.8%;接待入境旅游者66.31万人次,增长20.2%。共实现旅游外汇收入22.02亿元,同比增长16.49%;旅游酒店客房开房率达60.4%,同比提高1.5个百分点。

要点1 全年围绕旅游业发展预期目标重点做了6项工作

(1)完善规划体系,避免同质化和无序竞争;(2)抓好政策落实,构建海南旅游业核心竞争力;(3)推动项目建设,打造旅游精品;(4)开展"创先争优",提高旅游行业服务质量;(5)加强行业管理,提高旅游管理科学化水平;(6)整合营销资源,塑造海南国际旅游岛整体形象。

要点2 政府出台新的旅游法规

(1)1月14日,海南省第四届人民代表大会常务委员会第十九次会议审议通过了《海南国际旅游岛建设发展条例》《海南省旅游景区景点管理规定》《海南经济特区旅行社管理规定》《海南经济特区导游人员管理规定》和《海南经济特区旅游价格管理规定》5部旅游法规,并于2011年2月1日起实施;(2)4月20日,海南"离岛免税"政策正式实施,成为世界上继日本冲绳岛、韩国济州岛和中国台湾澎湖后实施这一政策的地区。

小贴士 原本一直是海南旅游业发展短腿的"购物",随着海南国际旅游岛离岛免税政策的实施,从2011年开始已成为推动旅游业发展的强大动力。

要点3 政府举办相关旅游活动

(1)3月,中共海南省委发布《关于海南国际旅游岛先行试验区管理体制与运行机制若干问题的决定》;(2)5月,海南旅游委举办"阳光海南、度假天堂——2011海南国际旅游岛旅游线路创新设计大赛",本次大赛获奖旅游线路产品成为了海南2011年以后开拓海内外市场的主推产品,也是引导旅游消费和市场趋向的重要产品;(3)世界旅游组织(WTTC)原总裁鲍姆加藤受聘为海南旅游国际顾问委员会主席,并在走马上任不到1年时间,邀请了10位旅游业和其他行业的高端人士担任海南旅游国际顾问;(4)10月,举办旅游行业创先争优活动,涵盖了旅行社、旅游酒店、旅游景区、高尔夫球会、旅游购物商店、旅游餐饮点、旅游客运企业和油轮游艇企业等8类旅游企业。

要点4 旅游会展节庆活动提升海南知名度和旅游吸引力

(1)成功举办了2011海天盛筵会展活动、"中国旅游日"主会场活动、2011年中国体育旅游博览会、2011海南国际旅游商品交易会、2011年中国森林旅游博览会、2011世界厕所峰会暨博览会、2011中国(海南)国际度假休闲博览会、2011中国(海口)游艇经济论坛暨国际游艇展览会等多个高规格、高级别的会议论坛和展览活动,提升了海南作为会展旅游目的地和经济文化交流平台的形象;(2)依托海南特色自然资源和民俗风情资源,举办了2011首届海南乡村旅游文化节、中国海南第九届盈滨龙水节、2011保亭七仙温泉嬉水节、2011海南黎苗"三月三"、2011(第十二届)中国海南岛欢乐节等精彩纷呈的节庆活动;(3)整合资源,创新思路,举办了"国际旅游岛杯"海南景观楹联海内外征联活动、第二届"第一美差"选拔活动、中华易经文化与海南国际旅游岛建设主题讲座、2011年海南万宁国际冲浪节、2011观澜湖高尔夫世界杯等一批文体赛事和文化活动,有效提升海南知名度和旅游吸引力。

要点5 2010—2011年海南国际旅游岛建设10大成果

(1)东环高铁开通运营;(2)重大对外开放政策落地实施;(3)基本公共服务均等化加快推进,民生显著改善;(4)机场旅客吞吐量和旅客过夜人数创历史新高;(5)金砖国家领导人第三次会晤在海南举行;(6)全省地区生产总值突破2 500亿元,人均GDP超过4 000美元;(7)洋浦重大项目建设加快推进;(8)第五十六届观澜湖高尔夫世界杯赛在海南成功举行;(9)成功举办博鳌国际旅游论坛;(10)海南农垦管理体制改革初见成效。

要点6 2010—2011年海南旅游业发展呈现七大特点

(1)旅游业发展呈加速增长态势;(2)入境旅游增长迅速,俄罗斯游客成为入境游的主力军;(3)三亚、海口、万宁等重点旅游市县是全省旅游增长的重要支撑;(4)旅游购物成为旅游消费一大亮点,海口、三亚南北两大免税商场的开业,吸引了大批游客;(5)旅游宣传促销成效显著;(6)旅游会展节庆活动提升人气;(7)邮轮等新产品新业态带旺海南旅游市场。

2.5.2 2012年海南旅游

小贴士 2012年,海南旅游经济继续保持了两位数以上的增长,有力地推动了旅游产业和海南国际旅游岛经济的发展,取得了较好的成效。全省接待过夜游客人数3 320.37万人次,同比增长10.6%,实现旅游总收入379.12亿元,同比增长17%。在全年来琼游客中,国内旅游者达3 238.80万人,同比增长10.9%。入境旅游者81.56万人,同比增长0.1%,其中,来自台湾的旅游者17.77万人,同比增长68.6%,是所有来琼旅游者中增幅最高的地区。

要点1　旅游规划进一步完善

(1)1月,《中共海南省委海南省人民政府关于海南国际旅游岛先行试验区管理体制与运行机制若干问题的决定》的实施细则印发,决定成立海南国际旅游岛先行试验区;(2)4月,海南省旅游委完成并印发了《海南省旅游业发展"十二五"规划》,又对"十二五"期间海南旅游业的发展提出了切实可行的目标、思路和实施办法;(3)9月,为推动三亚邮轮旅游的发展,三亚市政府常务会通过了《三亚市邮轮旅游发展专项规划(2012—2022)》;(4)10月,《海南国际旅游岛先行区规划》正式公示,计划用10年左右时间将先行试验区建设成国际旅游岛建设先导区、中国最大的文化产业集聚区、滨海城市示范区及世界一流的度假胜地;(5)11月,海南省海洋与渔业厅着手规划建设以挖掘海洋文化,展示海洋自然历史和人文知识为主题的海南省海洋博物馆,目标是将其打造成具有鲜明热带海洋旅游特色的综合性海洋科普教育基地;(6)12月,《海南省乡村旅游总体规划》通过专家组评审,明确海南省乡村旅游的整体空间结构为"两带、三道、八区";(7)截至2012年,海南省17个重点旅游景区和度假区已有12个完成总体规划编制工作,同时,温泉旅游、房车露营旅游、乡村旅游、旅馆业4项规划均已通过专家评审。

小贴士　《海南省乡村旅游总体规划》中的"两带"即环海口乡村旅游发展带和环三亚乡村旅游发展带;"三道"即昌化江乡村风景道、万泉河乡村风景道和南渡江乡村风景道;"八区"则为火山地质景观休闲旅游集聚区、滨海传统生产文化旅游集聚区、热带山地乡村休闲旅游集聚区、热带平原乡村休闲集聚区、东寨港热带湿地观光休闲旅游集聚区、兴隆热带植物观光休闲旅游集聚区、环大广坝民俗生态旅游集聚区、热带山地乡村度假旅游集聚区。

要点2　重点旅游项目建设推进力度加大

(1)4月,"椰香公主号"邮轮从三亚起航前往西沙,联合香港、新加坡等邮轮母港以及广东、广西等地,以现代版的"海上丝绸之路"推动海南对外开放;(2)10月,海口观澜湖华谊冯小刚电影公社举行奠基仪式;(3)11月,海南航天发射场配套项目合作签约仪式在北京钓鱼台国宾馆举行,这标志着海南文昌航天主题公园等配套项目进入全面建设阶段;(4)11月,借第十届中国(海口)国际旅游商品交易会之机,琼州文化风情街正式开园并挂上3A标牌;(5)作为2012年中国海南岛欢乐节指定活动场所之一的屯昌县木色湖原生态休闲露营基地投入使用;(6)12月30日,集极地海洋馆、渔人码头、红石滩公园、度假公寓、体育公园等5大功能区于一体的大型综合性旅游项目——极地海洋世界举行奠基仪式;(7)旅游服务设施建设如旅游厕所、旅游宣传牌位置建设进展顺利。

要点3　旅游促销手段明显增强

(1)设立"海南省海南国际旅游岛旅游营销中心",推进"一程多站"联合促销机制;(2)首创海南旅游、房地产和农产品三合一式的促销方式;(3)大力推进香港和澳门直飞海南航班数量的增加,将航空公司与琼、港、澳三地旅行社进行组合促销,分别与北京旅游委、台湾中华航空和长荣航空签订旅游战略合作协议,共同促销"一程多站"的旅游产品;(4)4

月,在日本东京世界旅游旅行大会上,省政府与市县旅游部门、旅游企业和航空公司联手推广海南国际旅游岛;(5)5月,在第六届台北国际观光博览会上,以独立展台的形式参与推介"阳光海南 度假天堂";(6)5月31日,省旅游委、省旅游协会举行海南国际旅游市场振兴联盟成立大会暨第一旅游网海南频道上线仪式,构建了"政府主导、协会组织、企业参与、各方支持、社会监督"的整合营销新机制;(7)依据高尔夫已确定重返2016年巴西奥运会的事实,开始借助12月召开的中国(海南)国际高尔夫旅游文化博览会,进行海南高尔夫、旅游和会展的捆绑营销;(8)省旅游委、海口市政府联合主办首届iF海南国际旅游产品创新展系列主题活动,以"文化+旅游"为主导,以"创意带动产业、创新提升旅游"为主题,引入德国iF国际旅游产品研发设计平台。

> **小贴士** 海南国际旅游市场振兴联盟的成立暨第一旅游网海南频道的上线,在社会上引起极大关注,人民网、新华网、中新网、第一旅游网、大公网、《海南日报》、中国旅游新闻网、新浪、搜狐、网易、腾讯和南海网等媒体纷纷聚焦了这一盛事。

要点4　继续深入开展旅游环境综合整治

(1)全年针对游客投诉的重点问题、舆论关注的焦点问题进行重点整治,先后处罚了违规旅行社18家、违规导游36名,旅游违规行为得到有效遏制,旅游市场明显改善,旅游服务品质全面提升;(2)5月,在全国率先启动的旅游风险保障体系,可根据游客需要自行选择旅游天数进行购买,留岛时间1~5天(含)的保费为10元/人/次,每个被保险人的理赔给付累计最高位100万元(目前国内乃至国际上最高赔付标准);(3)5月,来自海南13家旅行社的代表,签署"全国散客旅游接待"诚信自律公约(自6月1日起实施);(4)8月,为更好地维护游客知情权、消费选择权和安全保障权等,首批旅游放心卡开始发放;(5)11月,全省各市县旅游委(局)分管旅游执法工作的负责人、市县旅游质监所长和有关旅游质监执法人员等120多人参加查处旅游市场无证无照经营行为、欺客宰客行为等专项培训。

要点5　《琼北"7+1"旅游合作与发展宣言》发表

(1)5月28日,海口市政府召开省会经济圈盘活琼北旅游促进会,省相关部门领导、琼北各市县分管旅游的副市(县)长、旅游主管部门负责人、专家学者、企业代表以及新闻媒体等100多人参加;(2)会上,海口、文昌、琼海、儋州、定安、澄迈、临高、屯昌8市县旅游部门联合发表了《琼北"7+1"旅游合作与发展宣言》,并正式启动了琼北旅游官方微博,标志着琼北旅游的发展走上了新的台阶。

> **小贴士** 经过多年的努力,琼北8个市县旅游设施逐渐完善,接待能力逐步增强。目前已形成了以海口火山群世界地质公园、澄迈福山咖啡小镇、定安飞禽世界、儋州东坡书院、琼海万泉河峡谷景区、文昌八门湾旅游绿道等代表景区的旅游圈。

要点6　海南省7个村庄入选首批中国传统村落

(1)2012年,中国住房城乡建设部、文化部、财政部决定将第一批共646个具有重要保护价值的村落列入中国传统村落名录;(2)海南省7个村庄入选:三亚市崖城镇保平村、定安县龙湖镇高林村、东方市江边乡白查村、文昌市会文镇十八行村、海口市琼山区国兴街道办上丹村、海口市龙华区遵谭镇东谭村、海口市龙华区新坡镇文山村。

> **小贴士** 这7个村庄蕴藏着丰富的历史信息和文化景观,在海南占有较重的文化分量。海南省启动了修缮保护工程,此举将有助于保护和发展海南省传统村落文化,留住传

统的根,建设美丽海南。

要点7　2012年海南旅游界取得的主要成绩

(1)1月,全国首期中国就业培训技术指导中心(CETTIC)游艇经纪人培训结业暨游艇职业人才培训基地签约仪式举行,亚龙湾游艇会率先成为全国首家游艇职业人才实训基地;(2)3月,海口市被国家旅游局列为第二批标准化试点城市;(3)3月,海口市印发了《关于加快推进旅游标准化建设的意见》和《海口市创建标准化示范城市方案》;(4)5月,在义乌举行的第四届中国国际旅游商品博览会上,海南省参展团荣获最佳组织奖、最佳展台奖、交易成果奖;(5)6月,美亚旅游航空有限公司首批2架赛斯纳水陆两栖飞机飞抵三亚海域;(6)6月,海口海关与海南国际旅游岛先行试验区管委会签署建立紧密合作机制备忘录;(7)6月,国际著名运动娱乐品牌进驻海口观澜湖兰桂坊(这是诸多国际顶级娱乐品牌首次落户海南岛);(8)9月,世界旅游组织(WTTC)在伦敦举办《海南旅游经济发展报告书(英文版)》全球首发仪式,海南省在莫斯科举办该书俄文版首发仪式,在全球旅游业界引发巨大反响;(9)海南省旅游团队电子行程管理系统正式上线试运行;(10)调整离岛免税政策,免税限额及限制条件进一步放宽;(11)作为海南"十二五"期间交通基础设施建设重点工程的旅游公路建设全面启动;(12)海口观澜湖度假旅游区成功入选首批"全国低碳旅游示范区"共建景区之列;(13)评选出2010—2011年海南国际旅游岛建设10大成果;(14)海关部门全年共监管进出境邮轮172艘次,监管进出境人员26万人次,比上一年分别快速增长89%、85%,并连续两年增幅超过85%,居全国首位。

小贴士　海南离岛免税政策从2012年11月1日起进行调整,离岛免税限额及限制条件将进一步放宽,增加3种进口商品,同时购物限额提高至8 000元人民币,政策适用对象由原来的年满18周岁降低为16周岁。

2.5.3　2013年海南旅游

小贴士　2013年,海南旅游市场呈现明显的散客化、碎片化趋势。海南旅游行业认真贯彻落实党的十八大、省委第六次党代会和习近平总书记视察海南时重要讲话精神,依法加强旅游市场监管,加大旅游宣传促销力度,完成了全年旅游工作的各项目标任务。全年接待旅游过夜人数3 672万人次,同比增长10.6%;实现旅游总收入428亿元,同比增长13.1%。西沙邮轮旅游取得了突破性进展,推动实现了西沙邮轮旅游试运营,共接待游客2 000余人。韩国至海南包机航线开通,实现了韩国市场恢复性持续增长,韩国旅琼人数同比增长52.83%。观澜湖、海棠湾、电影公社等一批重点旅游项目相继竣工或有力推进,新增4A和3A级旅游景区各3家。

要点1　《中华人民共和国旅游法》(以下简称《旅游法》)正式实施,海南建立长效管理机制

(1)1月,省旅游协会团队购物分会成立,实行质保金制度;(2)海南设立博鳌乐城国际旅游医疗先行区于2月28日获国务院批复,并给予了9条政策支持,为海南量身定做;(3)3月,《海南经济特区旅馆业发展规划(征求意见稿)》编制完成,进入征求意见阶段;(4)4月,海南省第一部关于旅游法律、法规汇编——《海南国际旅游岛旅游法律总览》发行;(5)5月,以奖代补扶持展会项目,扶持2012年成功举办的10余个展会项目;(6)6月,《三亚市家庭旅馆发展规划(2012—2020)》经审议后通过;(7)8月1日起,《海南出入境游艇检疫管理办法》施行;(8)中国首部《旅游法》,将于2014年10月1日正式实施,海南省以多种形式宣传和实施《旅游法》,同时开展"2013海南旅游市场整治年活动",依法整治和规范旅游市场,建立长效管理机制;(9)依据《旅游法》的内容要求,海南省抓紧修订《海南省旅游条例》《海南国际旅游岛建设发展条例》《海南经济特区旅行社管理规定》等地方性旅游法规;(10)11月,海南省政府公布了《海南省人民政府关于取消和下放行政审批事项的决定》,取消53项行政审批事项,下放40项行政审批事项。

小贴士 《海南出入境游艇检疫管理办法》是国家质检总局继对深圳后第二个针对地方发布的相关检验检疫工作的部门规章,其法律效力仅低于国家法律和行政法规,对海南游艇产业乃至旅业发展产生了积极的促进作用。

要点2 借海洋旅游年东风政策落地,海南领跑我国邮轮旅游

(1)2013年是中国海洋旅游年,1月1日,在由国家旅游局、海南省人民政府主办的"美丽中国,幸福海南"2013中国海洋旅游年启动时就已明确,要加快起步邮轮、游艇旅游;(2)三亚市政府紧接着审议通过《三亚市邮轮旅游发展专项规划(2012—2022)》,计划把三亚打造成世界一流邮轮母港基地、国际知名邮轮旅游目的地和我国邮轮旅游发展试验区;(3)国务院印发《全国海洋经济发展"十二五"规划》提出,"十二五"期间,要规范中沙和西沙群岛旅游开发活动,建设热带海岛风情休闲度假基地;(4)1月11日国家测绘地理信息局新编竖版《中华人民共和国全图》《中国地形》,首次将南海诸岛与大陆同比例展示;(5)1月26日,内地首艘豪华邮轮"海娜号"首行三亚凤凰岛,标志着民族品牌正式进军邮轮旅游市场,打破了境外邮轮公司在我国市场的垄断局面;(6)4月,"椰香公主号"邮轮搭载240名乘客首航西沙,安排前往鸭公岛和全富岛;(7)5月,首届西沙(中国)海钓大赛在西沙北礁和永乐群岛区域举行;(8)由厦门游艇行业协会联合海南省邮轮游艇协会和广东省游艇行业协会三家单位共同组建的"中国东南金三角游艇产业联盟"成立;(9)6月,省旅游委组团参加第二十七届香港国际旅游展,主推海南海洋旅游产品;(10)10月3日,经过5个多月、9个航次的试运营,"椰香公主"号邮轮驶离海口港,海南正式运营西沙旅游航线;(11)11月18日,"海娜号"从海口秀英国际邮轮母港码头起航,开启"海口—越南下龙湾—越南岘港—海口"海上之旅;(12)10月17日,在海南举行的首届世界游艇盛典有近600位中国游艇企业代表、专家学者和20多家中国投资机构代表参加;(13)10月30日,公安部和国家旅游局同意海南省正式实施邮轮边境旅游异地办证,使海南成为全国唯一不用护照即可参加邮轮出境旅游的地区,为海南邮轮产业发展带来重大利好;(14)海口海关在2013年1月16日称:2013年前三季度出入境邮轮180艘次,同比增长66.7%,邮轮旅客9.3万人次,同比增长37.2%。

小贴士 在我国邮轮旅游版图中,海南邮轮旅游正占据着越来越重要的地位。虽然海南邮轮产业发展优势明显,前景广阔,但由于产业相关政策、规划、管理支撑不足等因素,2013年的海南邮轮产业发展仍面临着不少难题,如邮轮港配套设施不齐全、停靠邮轮班次较少、产业人才匮乏等。

要点3 海南蜜月婚庆旅游产品形成体系

(1)"中国海疆旅游万里行"首站采风活动暨丽星邮轮南海丝路浪漫婚庆之旅活动于2月举行,有70多名媒体记者参与;(2)成立了"海南岛十全十美婚庆产业联盟"(由旅游、婚庆和相关产业的企业和机构组成),宣读了《爱你一生一世——海南岛幸福宣言》;(3)6月,海

南省首个主题婚纱摄影基地——观澜湖•海口婚纱摄影基地落成,并发布了下半年6个主题婚庆月的相关活动;(4)11月,蜈支洲岛为客人私人订制"七色婚礼":沙滩婚礼(白色)、草坪婚礼(绿色)、水下婚礼(蓝色)、岛主别墅婚礼(橙色)、泳池婚礼(青色)、渔家婚礼(红色)、后山观浪亭婚礼(金色);(5)由中国旅游报社、海南省旅游协会、海南省旅游发展研究会联合创办的2013首届中国婚庆旅游产业品牌峰会于12月在三亚开幕;(6)省政府指导成立了三亚市旅游协会婚庆旅游专业委员会,建立婚庆旅游行业规范,整合形成了以婚庆为主线,滨海游、温泉游、森林游、民俗游等为主题的蜜月婚庆旅游产品体系。

小贴士 《爱你一生一世——海南岛幸福宣言》指出,中国梦、海南梦,核心都是以民为本,创造幸福。旅游,是体验梦想的一种途径;婚庆,是收获幸福的难忘时刻。婚庆旅游,是体验者梦想成真、感受幸福的金光大道;婚庆旅游产品,则是提供者展现智慧、创造幸福的广阔平台。

要点 4 海洋景观/热带雨林旅游成为新业态

(1)2013年,外省游客在琼选择游玩消费的景点项目时,有58.31%的游客选择海洋景观游(含潜水),50.07%的游客选择热带森林游,30.14%的游客选择风情小镇游,29.94%的游客选择温泉养生游,还有超过15%的游客选择历史遗迹游、民俗文化游、登山探险游和农家生态游;(2)从年龄层次看,16～40岁的游客首选的消费项目是海洋景观游,41岁以上的游客首选的消费项目是热带森林游;(3)从地域看,华北、华东、华南、西南地区游客首选的消费项目是海洋景观游;(4)东北、西北地区的游客首选的消费项目是热带森林游;(5)有53.56%的外省来琼游客选择自助游与自驾游,比重高于"参团游"25.8个百分点;(6)随着自由行、半自由行的持续升温,"机票+酒店+当地参团"成为2013年冬季海南旅游市场的新业态。

小贴士 2013年,来自海南省旅游协会旅行社分会的数据显示,2013年国庆期间,海南旅行社行业共接待旅游团队1 624个,日均接待团队232个,累计接待团队游客40 752人,每天平均5 000余人。另据该会相关负责人介绍,2013年国庆黄金周全省散客与团队游客的比例接近8∶2,海南旅游已进入散客时代。

要点 5 中外刮起"海南旋风"

(1)4月,在由中共海南省委宣传部指导,海南省旅游委、南海网主办的庆祝建省25周年百家网媒看海南大型采访活动中,来自全国门户网站、全国及各省市区重点新闻网站和港澳部分网络媒体人50余人采访海南;(2)5月,由俄通社—塔斯社、日本读卖新闻社等23家境外媒体组成的采访团开启"外媒看海南"之行;(3)6月,在加拿大海南文化节暨旅游文化交流活动中,人民日报、新华社等国内主流媒体和凤凰卫视以及加拿大本地媒体等共20多家传媒机构记者前来报道,夏威夷中文电视台董事长到三亚热带天堂森林公园参观考察,并"支招"三亚旅游发展,哈萨克斯坦国家电视台摄制组一行到亚龙湾热带天堂森林旅游区拍摄外景;(4)7月1日香港启动"最喜欢的海南旅游产品"评选活动;(5)三亚与BBC(世界最大新闻广播媒体之一)合作的旅游宣传片在BBC平台上连续播放;(6)9月,海南省文体、旅游等部门以及省非物质文化遗产中心、三亚市艺术团等组成代表团,在新加坡举办了民俗手工艺展、旅游和非物质文化遗产图片展以及招商推介活动,并演出海南青春鹦哥岭歌舞剧《执着》;(7)11月,旅游卫视《有多远走多远》栏目组走进呀诺达取景,青海卫视和时尚传媒集团共同打造的电视化周刊节目《时尚旅游》到槟榔谷取景;(8)《全景中国•三亚周》全球首播仪式举行的当天起,中国国际广播电台所属媒体以专题系列报道、平面杂志、多语种网站等播出方式对三亚进行集中呈现;(9)12月,海南宣传片"海南深呼吸"亮相纽约时报广场,引起了全球包括彭博新闻社、美国广播公司、《美国城市周报》等数百家媒体的关注和报道;(10)海南旅游形象宣传片《爱TA就带TA到三亚》12月正式在CCTV-1、CCTV-3和CCTV-13黄金档播出。

> **小贴士** 《中国之窗·全景中国》是中国唯一全球覆盖、国内与海外同步播出的广播节目。2013年7月《全景中国》推出大型策划"全景中国·城市周",以多媒体、多语种的方式对主题城市进行全方位呈现。在美国纽约时报广场播出海南形象宣传片的巨型电子屏,是美国目前唯一由中国官方传媒机构运营的电子屏,被国内外媒体称为"观察中国的窗口"。

要点6　集中出现一批有关海南国际旅游岛建设的学术成果

(1)由海南海世界工艺品有限公司董事长李恒编著、海南出版社出版的国内首部砗磲(双壳贝类中个体最大的贝类——编者注)专著《国宝砗磲》正式出版发行;(2)海南省旅游委联合推出的《海南日报·旅游周刊》创刊;(3)海南省第七次社会科学优秀成果评奖结果中,集中出现一批有关海南国际旅游岛建设的学术成果:海南师大王明初、陈为毅的《建设国际旅游岛　实现海南绿色崛起》(论文一等奖),海南省委党校彭京宜、傅治平等的《建设国际旅游岛背景下的三亚行动纲领——争当建设国际旅游岛的排头兵》(研究报告二等奖),海南省旅游委陈耀等的《海南省乡村旅游研究——创新中国乡村旅游模式 发展海南特色乡村度假》(研究报告二等奖),中国(海南)改革发展研究院苗树彬、夏锋的《海南国际旅游岛大趋势》(编著二等奖)及该院海南研究所的《海南国际旅游岛政策需求与体制安排》(研究报告三等奖),海南经贸职业技术学院黄景贵、毛江海和省旅游委傅君利主编的《国际旅游岛　新版海南梦——海南国际旅游岛内涵建设与发展模式国际比较》(专著三等奖)。

要点7　相关文化活动展示了海南独特内涵

(1)由共青团中央、中共海南省委联合主办的海南鹦哥岭青春歌舞剧《执着》汇报演出在北京人民大会堂举行;(2)由中国旅游景区协会主办的"呀诺达杯——让美丽中国更美丽"首届中国旅游景区摄影大赛评审专家组及国内优秀摄影师一行走进呀诺达风景区;(3)省旅游委召开国际旅游岛宣传媒体联盟工作会议;(4)2013大学生海南休闲旅游线路设计大赛表彰会隆重举行;(5)以"国际旅游岛建设与美丽中国海南篇章"为主题的海南省首届学术年会第二场专题论坛讨论会举行;(6)约300名中外嘉宾参加2013首届海南雪茄文化旅游节(儋州);(7)由中国国际广播电台联合海南省委宣传部、海南广播电视总台共同策划推出的"新海上丝绸之路"全媒体国际文化交流系列活动暨"发现亚洲之美"全球影像大赛启动;(8)腾讯QQ"联姻"海南旅游开启社交旅游创新合作;(9)原创音乐舞台剧《琼花》新闻发布会在海南举行;(10)海南各市县旅游委(局)、省旅游委机关各处室及直属单位、有关高校旅游学院、省旅游协会各旅游行业分会代表召开《海南省志·旅游志》编纂工作会议;(11)海南省《关于加快推进文化改革发展的决定》发布。

> **小贴士** 《关于加快推进文化改革发展的决定》明确了海南文化产业差异化发展的布局:依托海口和三亚等中心城市,构建起"一区三带九重点",南北互动、东西相融、差异化发展的产业格局。《海南省志·旅游志》涵盖海南旅游发展史、海南自然与人文资源、旅游

规划、旅游开发、旅游管理、旅游人才、旅游行业、旅游研究与附录9大部分的内容。另外,用现代思维诠释、升华打造全新的《琼花》和《红色娘子军》等原创音乐剧。

要点8　旅游与电影跨界合作的"海南模式"渐入佳境

(1)6月24日,海南电影《黎歌》入围第16届上海国际电影节影展多元化视角单元,并赢得了不少国内外导演的关注;(2)11月16日,在定安县文笔峰文化旅游景区拍摄的微电影《就业那年》正式上线开播;(3)11月28日,海南本土电影《三六巷》首映式在海口举行,作为献礼海南建省25周年的电影,这部电影反映了海南自1988年建省至建设国际旅游岛以来的快速发展和巨大变化;(4)12月10日,由三亚市海棠湾开发建设有限公司组织人员自编、自演,中国国际广播电台协助拍摄制作的微电影《海棠之旅》,成功入围"2013年中国国际微电影大典"评选;(5)贺岁片《私人订制》于12月19日在国内各大院线上映,拍摄此次电影的部分取景是在海口观澜湖;(6)12月19日,历时半年的"最美陵水"微电影大赛终于落幕,微电影大赛《天蓝蓝海蓝蓝》夺冠。

小贴士　2013年前后,从电影《非诚勿扰2》到电影主题旅游项目"冯小刚电影公社",再到当年热映的《私人订制》,海南旅游业与影视业的合作日趋成熟。通过《爸爸回来了》《非诚勿扰2》《爱情睡醒了》等众多影视节目的热播,三亚蜈支洲岛、定安文笔峰等海南景区现在也因为电影的热映而成为热门景点,激发了海南旅游业界积极与影视业进行跨界合作,海南旅游与电影跨界合作的"海南模式"已渐入佳境。

要点9　重点打造3个特色风情小镇

(1)按照海南省委第六次党代会关于"打造一批特色风情小镇,省财政每年重点支持2～3个小城镇"的指示精神,海南省住建厅综合考虑了小城镇的交通区位、基础设施、经济基础、特色内涵、市县重视程度、群众支持等因素,经反复研究和认真筛选,确定了2013年省本级小城镇专项资金和省地债资金支持的6个特色风情小镇名单和建设项目;(2)2013年重点打造海口的云龙、文昌的龙楼、定安的龙门3个特色风情小镇,同时,拿出一部分资金继续用于前几年已经支持过并且已初具规模的小镇,如潭牛、邦溪、博鳌风情小镇等,以最小的投入带动市县和社会的投入,全面提升以上小镇整体形象。

要点10　鹦哥岭动植物博物馆项目开始首期建设

(1)2013年,光明日报刊登了《选择一种有远见的生活方式》,加上《青春鹦哥岭》和《青春守护　美丽中国》在央视热播,27名大学生组成的鹦哥岭青年团队执着追求、献身鹦哥岭保护大山的执着精神得到全社会广泛关注;(2)同年9月,长江商学院海南校友会、成美慈善基金会、海南第一投资集团、四川奥地建筑设计等单位共同发起并捐款500万元,用于"鹦哥岭动植物博物馆"项目的首期建设。

小贴士　据了解,鹦哥岭动植物博物馆将成为集科普宣传、种子标本、野生动物救护、科学研究、物种繁育等功能于一体的综合性宣传教育科研基地。

要点11　2013年其他部分标志性、创新性工作

(1)海南首届城市生活在海口会展中心开展,市民可更好地进行一站式体验;(2)福建、广东和海南成立"中国东南金三角游艇联盟";(3)从5月份开始,海南各市县A级以上景区基础设施建设项目、乡村旅游项目、旅游新业态等三类旅游项目可申请2013年旅游发展基金;(4)国际旅游岛商报社与海南拍拍看网络科技有限公司联合出品"掌上海南"应用软件

(测试版)上线运行,填补了海南本地客户端资讯空白;(5)呀诺达服务业标准化试点工作(国家级)暨标准编写培训会召开,正式确立呀诺达景区为海南唯一国家级服务业标准化试点景区;(6)三亚开通直升机低空观光旅游航线,为三亚打造"海陆空立体化"旅游产业体系;(7)海南省旅游委、省旅游协会举办"2013大学生海南休闲旅游线路设计大赛获奖线路专营权竞拍活动";(8)由海南省旅游协会、海南省品质旅游促进会、《海南日报》等联合发起"文明旅游五大行动"旅游倡议,海南成为全国首个发起实行文明旅游行动的省份;(9)三亚首个旅游传媒俱乐部启动开启旅游传媒新时代;(10)海南省首家导游协会成立,海口市近5 000名导游注册;(11)海南本岛居民可凭本岛身份证或是在职证明申请"家园度假卡",加入"海南国际旅游岛幸福家庭休闲游俱乐部";(12)国内第一款具有纪念意义的天涯人专属信用卡——中信银行天涯联名信用卡启用;(13)中国旅游行业首张"阳光导游工资卡"在海口面世;(14)8月,海南省首批旅游放心卡开始发放,这是全国首创的集宣传推广海南旅游、尊重和维护游客权益、规范旅游市场秩序等功能于一体的"海南旅游护身符";(15)向国内外高尔夫球友发行以"打遍海南"为主题的"海南高尔夫护照";(16)海南省《旅游购物点质量等级划分与评定》地方标准从8月1日起实施,将海南旅游购物场所划分为3级,从高到低依次为金椰级、银椰级、绿椰级;(17)海南省旅游协会旅游团队购物分会成立,会员单位实行经营质量保证金制度,列入海南省旅游团队购物电子行程单序列;(18)三亚迎接智慧旅游年,推出6个语种的远程翻译模式。

2.5.4　2014年海南旅游

小贴士　2014年,尽管面临着经济下行和两次超强台风袭击的严重自然灾害带来的压力和挑战,海南省旅游依然实现了过夜游客人数和全年旅游总收入的两个"突破"。全年共接待国内外游客4 789.08万人次,同比增长10.6%,其中,接待过夜游客首次突破4 000万人次大关,达到4 060.18万人次,同比增长10.56%;全年旅游总收入突破500亿元,达到506.53亿元,同比增长13.2%;旅游接待总人数及旅游总收入两项指标增速均高于全国旅业平均发展水。

要点1　旅游改革创新取得新进展

(1)推进行政审批制度改革,取消或下放了4项行政审批备案事项,对成立旅行社等9项行政审批事项进行流程优化,推行网上审批,提高审批效率;(2)推进旅游行业协会改革,成立了海南省旅游工会和具有独立法人资格的海南省旅游景区、旅行社和旅游饭店业协会;(3)海南省旅游委与人社厅联合下发了《关于进一步加强导游劳动权益保障的指导意见》,为维护导游人员合法权益提供保障;(4)三亚正式发布我国首个旅游旺季度假舒适度预测指数,从自然环境舒适度、社会人文环境舒适度和旅游服务舒适度三方面综合评定;(5)1月26日,正式启动2014智慧旅游年行动计划,主要围绕15项工作开展智慧旅游建设;(6)天涯社区设立"天涯通智慧旅游技术研发中心";(7)9月,国家交通运输部正式确定在闽、琼、津和沪等省市,开展游轮运输制度创新试点示范工作;(8)出台《海南旅游咨询与投诉一体化管理制度》,建立了旅游投诉的分办、查办、督办等工作制度。

小贴士　在2014年2月9日开幕的海南省第五届人民代表大会第二次会议上,海南就确定了2014年海南省将深化旅游管理体制改革路线:加快修订旅游地方性法规,依法兴旅、依法治旅。

要点 2　旅游法治和规划建设取得新成果

(1)海南在认真贯彻《旅游法》的基础上,修订了《海南经济特区旅行社管理规定》《海南经济特区导游人员管理规定》,并从 10 月 1 日起正式施行,更好地规范和管理旅行社和导游;(2)修订《海南省旅游条例》,经省人大常委会审议通过并于 11 月 1 日起施行;(3)制定了《旅行社等级划分与评定》等标准,并开展推广和评定工作;(4)制定并推荐旅行社使用 13 个合同示范文本及购物补充协议;(5)完成对旅游景区、演艺点价格标示牌的规范化改造;(6)制定旅游购物 6 项质量管理标准和 6 条经营规范;(7)完成了电子行程管理系统建设,实现对旅游活动全要素、全过程的监管;(8)建立了旅游信息公示和电子认证制度;(9)启动了《海南省旅游发展总体规划》的修编工作,并组织编制了《海南省民俗旅游发展总体规划》《海南省旅游商品开发规划》《海南省国民旅游休闲示范基地实施方案及相关配套成果》;(10)三亚、儋州、文昌等市县相继启动了乡村旅游发展专项规划编制。

要点 3　旅游新产品新业态得到新发展

(1)海南加快乡村旅游特色化发展:重点推进全省 134 家乡村旅游示范单位创建工作,评定 18 家椰级乡村旅游点,全年接待乡村游客 600.46 万人次,实现乡村旅游收入 17.75 亿元,带动社会就业 2 万人;(2)积极推进邮轮、游艇旅游发展:2014 年,三亚凤凰岛、海口秀英港 2 个港口出入境邮轮 229 艘次、游艇 97 艘次,共接待旅客 19.23 万人次,同比增长 32.1%,西沙邮轮旅游共开行 23 个航次,同比增长 76.9%,接待游客 4 178 人次,同比增长 95%;(3)婚庆旅游:掀起了婚庆蜜月旅游热潮:以"天大喜事"为品牌,全年各市县举办大型婚庆旅游主题活动共 23 场,近 1 500 对新人参与,发布了 20 多条蜜月婚庆旅游线路,有超过 30 万对岛外游客到海南省拍摄婚纱照、度蜜月;(4)深度开发旅游产品:"海南绿道游""海南高铁游""海南体育休闲游"成为新时尚,以家庭小包团为主个性化订制旅游开始走俏,家庭客人中的 40%～60%通过网络预订海南旅游产品;(5)海洋游成新业态:随着"2014 海天盛筵"等一系列海上品牌活动和赛事的举办,一张崭新的海洋文化名片正在生成,助推海南游艇游、帆船游、低空游等新业态形成。

小贴士　早在 2010 年,海南的游艇进口量就已跃居全国之首。到 2014 年 3 月,海南已有游艇制造企业 6 家,游艇销售和服务企业 70 余家,游艇俱乐部(游艇会)39 家。游艇码头建设能满足需求,全省已建成运营的游艇泊位超过 1 000 个,在建泊位上千个。

要点 4　旅游宣传促销进一步强化

(1)海南旅游宣传片《请到海南深呼吸》整体形象营销引起全国关注;(2)借助 CCTV、凤凰网、搜狐网,俄罗斯、东南亚国际主流旅游网站和 Facebook、Twitter 等大型社交平台以及微博、微信、微电影等媒介开展营销;(3)CCTV 拍摄播出《江河万里行》海南篇 30 多集,有效地宣传了海南的旅游资源,收获国际赞誉;(4)海口美兰机场设置旅游文化长廊,通过"仿真浮雕、实景彩绘、三维视频"等形式展现海南旅游形象和文化元素;(5)集会员申请、预订、资讯、互动、维权功能于一体的"海南幸福家园旅游网"正式上线;(6)进入旅游旺季时,借海南环岛大帆船赛、环岛自行车赛和海南高尔夫公开赛等高端体育赛事提高海南旅游形象和知名度。

小贴士 2014年,海南省共组团赴省外(含港澳台)举办促销活动达38场,先后5次组团分赴俄罗斯、新加坡、澳大利亚等客源国举办旅游宣传活动。另外,2014年,海南举办了20项高规格的比赛,把世界的目光汇集到了海南。

要点5　对外旅游交流迈出一大步

(1)年初举办2014世界旅游旅行大会,共有62个国家和地区800多名旅游界知名人士和媒体代表参加大会,并发行融入海南椰风海韵特色的邮资明信片;(2)与中国香港、中国台湾以及菲律宾联合实施"亚洲邮轮专案",共同推广海上邮轮旅游航线;(3)邀请俄罗斯、韩国以及中国台湾共17批次约200名旅行商和媒体记者到海南各市县采访和考察踩线;(4)组建"赴美海洋旅游综合开发专项培训团",到佛罗里达与当地旅游部门、专业机构和行业组织交流;(5)举办中国(海南)国际高尔夫旅游商品展览会暨2014体育旅游产业展览会;(6)举办2014世界游艇盛典招商推介会;(7)举办第七届世界酒店论坛——亚龙湾鸟巢峰会;(8)参加在马来西亚举行的亚太城市旅游振兴机构(TPO)的第六届(旅游)论坛暨2014年度工作会议;(9)Gucci、Prada、Burberry、Versace等4大国际一线品牌正式进驻万宁首创奥特莱斯。

要点6　规范旅游市场秩序取得新进步

(1)全年全省组织开展了多次联合整治行动,并通过媒体分4批次集中向社会曝光扰乱旅游市场的违法违规企业和个人;(2)2013—2014年全省累计查处并执行完毕的涉旅案件403宗,罚没款1 649万元,补征、补交各类税费247万元;(3)针对"零负团费"、非法组织三沙旅游等旅游市场乱象,海南也开展了专项整治行动,并开展旅游安全专项检查;(4)针对网络上存在的无证经营旅游业务、超范围经营、虚假宣传、商业贿赂等违法违规行为进行严厉打击;(5)节假日期间,采取分片包干的形式,开展驻点检查督导;(6)开设《旅游法》地方课,帮助海南旅游行业梳理思路。

要点7　智慧旅游年15条行动计划得到推进

小贴士 1月26日,海南智慧旅游年行动计划启动,围绕提升海南旅游服务水平、强化海南整体营销能力、发展智慧旅游产业3条主线展开。

(1)继续完善国际旅游岛旅游门户网站建设,强化旅游公共信息服务、旅游资源展示等功能;(2)在现有"海南省旅游电子行程单系统"的基础上完成升级改造任务;(3)继续推进旅游公共服务体系建设,建成14家旅游咨询服务中心,使全省旅游咨询服务站(亭)达50家;(4)完善"12301旅游服务热线"系统,充分发挥其旅游咨询、投诉、救援、保障的作用;(5)发布"阳光翼行"等系列旅游服务应用APP,为游客提供优质便捷的服务;(6)加强智慧旅游基础设施建设,积极推进"智游海南—海南旅游综合云平台"建设;(7)在2014世界旅游旅行大会期间,举办"中国智慧旅游国际研讨会",推进智慧旅游的国际交流与合作;(8)创新旅游营销模式,开展"到海南深呼吸"及"最美海南旅游微笑大使"等大型网络宣传活动;(9)在全省部分重点景区(点)、星级酒店试点推动向游客免费开放无线Wi-Fi上网服务;(10)开展市县旅游信息化建设绩效评估工作,以评促建,以评促用,提高市县旅游信息化水平;(11)建设全省旅游企业诚信网络管理平台,打造旅游诚信体系,规范旅游市场管理;(12)实施旅游两化融合评估规范试点工作,选择部分旅游企业进行相应评估和指导,加快企业信息化建设;(13)完成海南旅游游客移动终端数据的采集与分析,提升海南旅游智能化管理水平;(14)完善海南旅游电子商务平台,发行海南旅游卡,为游客提供全方位的智能服务;(15)推进海南3D旅游景区景点建设和北斗导航系统在海南旅游行业的民用落地服务。

要点8 规划中西部文化旅游线路

(1)2月9日,"重走史图博之路——振兴海南中西部文化旅游学者记者考察团活动"研讨会在海口骑楼老街中德摄影展览馆召开;(2)活动主办方将于2月15日组织旅游学、文化学界的专家学者、主流媒体记者、企业负责人重走"史图博之路",通过实地考察活动,规划海南中西部文化旅游路线,用文化主题带动海南中西部旅游的振兴发展;(3)规划中的主题旅游线路设计5天4晚,行程为:海口—儋州中和镇、南丰镇—昌江七叉镇、王下乡—乐东佛罗镇—三亚—保亭槟榔谷—五指山—白沙—屯昌—海口,共经历海南中西部9个市县,所涉及地区绝大多数为海南黎族聚居地。

小贴士 1931年和1932年,上海同济大学生理学教授、德国人类文化学家史图博先后2次深入海南岛中西部地区开展文化人类学的田野调查活动,对海南黎族4大分支的服饰、生产活动、交往方式、宗教、语言、工艺、食物和教育等进行系统全面的调查。史图博的著作《海南岛的黎族》被国际学术界认为是研究海南岛黎族的权威著作,海南黎族也因此被认为是国内55个少数民族中唯一被系统研究过的民族。史图博当年考察的线路被称为"史图博之路",也成为海南文化研究的一个重要对象。

要点9 打造"海陆空"立体化旅游产业体系

(1)随着亚龙航空和美亚航空等企业的低空旅游项目的正式运营,低空旅游成为2014年春季以来海南旅游的一大亮点;(2)海南发展低空旅游有得天独厚的资源优势,年可飞行日和可供空中游览景观活动时间为全国之首,每年可飞天数约为340天;(3)独特的地缘、地貌、气候给海南建设水上飞机旅游等低空旅游项目及其综合开发提供了得天独厚的区位和环境优势;(4)海南省"十二五"规划提出,以"空中海南"为品牌,充分利用海南开放1 000米以下低空空域管理改革试点的机遇,打造一个海南"海陆空"立体化的旅游产业体系。

小贴士 据统计,2014年春节期间共起降600多架次,2 000多人次乘坐直升机观光及体验水上飞机项目,低空旅游市场经营规模达300万元以上。目前美亚航空拥有三亚市区低空游、三亚至万宁沿海低空游和西沙群岛低空游等航线;未来将会在海南开辟更多航线,包括香港、澳门和珠江三角洲等岛外航线,岛内航线包括东方、文昌、万宁和三沙。

要点10 海南发起5省结盟"天大喜事"合作组织

(1)2014年9月19至22日,2014(第六届)中国旅游产业博览会将在天津举行,同期同馆还将举办第十九届中国北方十省市旅游交易会,三亚旅游将组团参加;(2)借组团参会的契机,海南省联合北京、天津、河北、安徽等省市和海航集团、天津航空以及5省市旅游界、婚庆界,共同成立"天大喜事婚庆旅游合作组织"。

小贴士 海南等5省市互为婚庆旅游目的地和客源地,共推"一程多站"式婚庆旅游系列产品,实现旅游转型升级过程中的互利共赢,这也是国内首创跨省区、跨行业携手合作、做大做强婚庆旅游产业的新范例。

要点11 2014海南10大最美小镇和最美乡村出炉

(1)最美小镇:琼海市博鳌镇、万宁市兴隆华侨旅游经济区、琼海市潭门镇、澄迈县福山咖啡文化风情镇、海口市云龙镇、昌江黎族自治县七叉镇、白沙黎族自治县邦溪风情小镇、吊罗山森林旅游风情小镇、五指山市水满乡、海南省八一总场;(2)最美乡村:琼海市嘉积镇礼都文明生态村片区、琼中黎族苗族自治县红毛镇什寒村、海口市秀英区石山镇美社村、儋州市木棠镇铁匠村、白沙黎族自治县细水乡老周三村、万宁市长丰镇文通村、定安县岭口镇皇坡村、乐东黎族自治县佛罗镇丹村、澄迈县金江镇美榔村、文昌市东路镇葫芦村。

> **小贴士** "寻找海南最美村镇"活动是海南传媒史上首次大规模、系统性对近年海南村镇建设的一次摸底调查,活动自2014年3月14日启动,以"发现美、展示美、推广美"为主旨,历时10个月,历经全民推荐、记者寻访、媒体推介、网络投票、专家走访等阶段。

要点12 旅游业凸显四大趋势

(1)景区管理与营销模式转变:开始从移动互联网时代OTA(在线服务商)模式转到OTO模式(互联网营销),其营销部对散客市场也由传统的碎片化营销转入模块化营销。(2)高校开始重点培养国际型服务人才:4月15日海南外国语职业学院与北京相关企业签协议,力求培养国际空乘及国际邮轮乘务等高端服务型人才;4月19日海南大学旅游学院铂兰葡萄酒培训基地举行挂牌仪式;5月4日游艇行业"巨头"在琼州学院畅谈游艇人才培养。(3)各市县纷纷建自行车特色绿道:已建成使用的总长有250多千米,且体现出不同特色——海口演丰红树林绿道乐享"海底森林"风情、文昌八门湾绿道游览红树林风光、琼海旅游慢步绿道感受田园城市风光、万宁兴隆绿道品味侨乡万种风情、定安百里百村绿道尽赏百村风貌。(4)房车旅游、教育旅游逐步形成新的旅游消费热点:首个房车、自驾车露营地已落户亚龙湾,建成20个自驾车、房车项目配套用房,10个进口拖挂式房车,30个帐篷露营位,全省研学基地和夏令营基地16个,每年参加活动的学生人数达40万人次。

> **小贴士** 绿道,又称绿色廊道、生态廊道,源于规划设计者为处理交通、景观、遗产保护和游憩等多功能有机结合。利特尔在《美国的绿道》一书中对绿道的定义和分类等作过比较科学的说明。

2.5.5 2015年海南旅游

> **小贴士** 2015年,是海南经济社会发展经受严峻考验的一年。面对经济下行、电力短缺和持续高温、台风等不利影响,在不少行业出现增幅放缓的情况下,海南旅游业依然保持强劲增长,呈现出一个非常好的发展态势。2015年,海南全省接待游客超过5 335万人次,同比增长11.4%,实现旅游总收入超过572亿元,同比增长13%。抓住省域"多规合一"试点,六大旅游园区进入海南省总体规划中,旅游业也位居12个重点发展产业之首。

要点1 创新治理机制

(1)2015年,海南省进一步调整和完善了旅游市场综合整治工作领导小组成员单位和职责,出台了做实联合执法和联合打击"五黑"等具体举措;(2)启动导游员工化和导游公司实体化改革;(3)推动海南省旅游协会重组,整合、优化、新建10个旅游行业协会,促其做强做大,发挥更大作用;(4)5月,全省选聘了312名社会监督员作为海南省首批旅游服务质量社会监督员;(5)5月,全省18个市县旅游局(委)及省旅游协会、省旅行社协会、省休闲农业协会、省现代服务业联合会的负责人应邀出席海南旅游企业参加成立大会;(6)在"阳光海南网"建立了旅游企业和从业人员信息公示平台,将旅游企业的基本信息、行政处罚等信息向社会公布,接受公众的监督;(7)10月,三亚市在全国率先设立了旅游警察支队,并设立了工商局旅游分局、旅游巡回法庭,在全国引起了强烈反响;(8)为积极响应国家关于开展旅游志愿者公益服务的号召,进一步提升海南省公共旅游咨询服务能力,海南省旅发委联合共青团海南省委联合发起了海南青年旅游服务志愿者活动。

> **小贴士** "旅游警察"的设立,有效震慑了海南旅游市场乱象,符合国家综合行政执法体制改革的方向,成为海南旅游市场向好转变的有力举措,可视为海南旅游行业探索的改革成果之一,荣获"2015中国十大社会治理创新奖"。据不完全统计,在海南的影响下,截止到2016年5月,全国已有十几个旅游目的地组建了"旅游警察"队伍。

要点2　完善了旅游政策法规

(1)制定了《海南省旅游安全管理规定》,经省政府常务会议审议通过并于1月1日起施行;(2)直面入境市场出现下滑的严峻形势开展深入调研,并于1月份印发了《海南省提高旅游国际化水平和促进入境旅游发展实施方案》;(3)《海南省旅游发展总体规划(2015—2025)》和《海南省旅游业发展"十三五"规划》编制完成;(4)《提升海南旅游产业发展质量与水平研究报告》《海南省旅游特区发展战略及政策创新研究》和《海南省旅游业发展专题研究》等3项研究报告完成编写;(5)历时半年时间,研究起草了《海南省人民政府关于提升旅游产业发展质量和水平的若干意见(送审稿)》。

> **小贴士** 2016年不但是"十三五"建设的开局之年,按照2020年基本建成国际旅游岛的目标,这一年也是国际旅游岛建设最后五年冲刺的第一年。一系列的规划、调研和政策法规体系赶在2015年完成,为海南未来旅游业发展注入了强劲动力。

要点3　接轨国际旅游标准

(1)海南省旅游委联合省质监局,共同启动省级旅游标准化试点工作,确定11家省级旅游标准化试点企业;(2)指导三亚市和呀诺达雨林文化旅游区、康泰国际旅行社等4家企业争创全国旅游标准化示范单位或服务质量标杆单位;(3)制定了《漂流旅游服务规范》《旅游景区从业人员行为规范》;(4)完成了《经济型酒店等级划分与评定》等6项地方标准修订工作;(5)整合集成了阳光海南网旅游资源、海南旅游电子行程管理系统、12301投诉咨询等数据的海南旅游综合云平台正式投入使用;(6)推动全省游客免费Wi-Fi建设,全省建成旅游咨询服务中心55个。

要点4　开动"丝绸之路旅游年"船舵

(1)2月7日,由海南省旅游委、琼海市人民政府主办,海南省旅游协会、琼海市旅游委、潭门镇人民政府承办的"美丽中国·2015丝绸之路旅游年海南启动仪式"在千年渔港、丝路古镇——琼海市潭门镇举行;(2)为了贯彻2015丝绸之路旅游年,海南省旅游委按照不同主题首批推出7条海南南海丝绸之路旅游线路:海南南洋文化之旅、海南老商埠行踪之旅、三沙邮轮之旅、海南岛西海岸探秘之旅、海南美食品尝之旅、海南寻宝之旅、潭门丝路古镇体验之旅等;(3)这些主题线路从文化、建筑、港口、美食等向广大游客展现立体、多样、丰富和深厚的海南南海丝路历史和魅力。

> **小贴士** "三沙旅游",在2015年的全国"两会"期间成为全国人民关注热点问题和媒体报道的"热词",共有10多家知名媒体就此专访并播发、刊登有关稿件28篇。其中,新华社刊发《三沙今年将推出更多旅游产品》,中央电视台《朝闻天下》和《新闻30分》分别就此

播发新闻,《光明日报》刊登《期待三沙邮轮游扩围》,海南日报刊登《丰富产品　提升岛礁旅游质量》等,均产生了广泛的社会影响。

要点5　提出打造中国旅游特区目标

(1)2015年3月28日,国家发改委、外交部、商务部联合发布的《推动共建丝绸之路经济带和21世纪海上丝绸之路的愿景与行动》,在第六章"中国各地方开放态势"中,对各省份在"一带一路"规划中的定位予以明确,其中要求"加大海南国际旅游岛开发开放力度";(2)4月,在博鳌亚洲论坛2015年年会即将召开之际,中共海南省委提出,抢抓"一带一路"建设重大机遇,从实施国际旅游岛国家战略出发,把聚焦点、着力点放在打造中国的旅游特区,打造"世人青睐的休闲天堂、人居天堂、购物天堂、美食天堂、医疗天堂、养生天堂、娱乐天堂、特色文化天堂",建成世界一流的精品旅游目的地,海南开启了国际旅游岛建设升级版的新征程。

小贴士　"旅游特区",是海南发展中的新定位,其丰富的内涵,集中体现在4个方面的"特"字上:一是特在高定位上,即要把海南旅游打造到极致,与新加坡、巴厘岛等相比能够赢得综合性价比优势,成为国际旅游岛的升级版;二是特在高度开放、国际化上,即要争取国家更加开放、区域化的旅游综合配套政策,并把国家已经给予的竞猜型体育彩票等政策用足用好;三是特在强省与富民相融合的独特模式上,其为海南带来的旅游消费,将创造持续不竭的巨大税源,富足海南百姓;四是凸显了新形势下中国最大经济特区的新内涵、新优势、新方向,是落实习总书记重要指示,争创中国特色社会主义实践范例的具体实践。

要点6　发布《海南省"旅游＋互联网"行动计划》

(1)6月海南省政府召开专题会议,研究分析加快发展互联网产业等12个产业课题,探讨优化产业结构培育新的经济增长点的工作措施,并把旅游业和互联网产业都分列为全省12个加快发展的重点产业之一;(2)12月,海南省旅游发展委员会在海口举办了2015海南"旅游＋互联网"大会,发布了《海南省"旅游＋互联网"行动计划》,并与海南电信、海南移动、海南联通三大运营商以及天涯社区、海航云科技、阿里旅行、马上游、同程网等企业分别签署了《关于共同推进"旅游＋互联网"战略合作协议》。

小贴士　本次大会以"旅游＋互联网"发展大趋势、大机遇,推动海南旅游产业大变革、大融合、大发展,迎接海南"旅游＋"新时代为主题,主要任务是深刻认识"旅游＋互联网"的时代背景和战略意义,共同谋划未来一个时期海南旅游业与互联网融合发展的总体方向和工作重点,共同迎接旅游与互联网融合发展的新潮流。

要点7　新增5个全国特色景观旅游名镇名村

(1)8月,国家住建部、国家旅游局公布了第三批共计337个全国特色景观旅游名镇名村示范名单,海南省共有3个镇和2个村入选;(2)海南省入选第三批全国特色景观旅游名镇的为琼海市中原镇、博鳌镇和潭门镇;(3)入选名村的为保亭黎族苗族自治县三道镇什进村、琼中黎族苗族自治县红毛镇什寒村2个少数民族村寨;(4)加上此前入选的万宁市兴隆华侨农场、五指山市水满乡,海南省全国特色景观旅游名镇名村数目已达7个。

小贴士　这7个镇村可谓海南省特色风情小镇和美丽乡村的杰出代表:如中原镇是以南洋风情著称的华侨之乡,博鳌镇是以博鳌亚洲论坛闻名中外的水城,潭门镇则拥有千年渔港和独特的海洋文化,什进村是海南大区小镇旅游模式的代表,什寒村则被誉为远离都市的世外桃源,兴隆华侨农场融合了归侨风情、温泉和咖啡文化,水满乡地处五指山腹地拥有独特雨林景观,少数民族风情浓郁。

要点8　规划温泉发展布局

(1)10月12日,"海南省温泉旅游协会"举行成立大会,对海南温泉发展战略提出了"七要"方针(要提高队伍素质、要提高温泉质量、要大力发展会员、要加强市场营销、要创办海南温泉协会会刊、要开展温泉企业评星活动和要定期举办博鳌国际温泉论坛);(2)海南省旅游委,省民政厅民管局到会指导,国家旅游局温泉协会,陕、粤、京、渝等省市多家温泉协会发来贺信;(3)海南温泉发展布局概况为:"一坛两点三镇四区",一坛即博鳌国际温泉论坛,两点即海口观澜湖温泉、喜来登温泉,三镇即保亭温泉镇、兴隆温泉镇和官塘温泉镇,四区即三亚珠江南田温泉度假区、三亚半岭温泉旅游度假区、万宁太阳乐园温泉旅游度假区和三亚凤凰观海温泉旅游度假区。

> **小贴士**　据了解,2014年海南温泉企业一共接待游客780多万人次,销售收入近6.5亿元,其产业链产值为30多亿元。到2015年,温泉旅游度假、温泉旅游养生等系列温泉旅游产品已成为海南旅游的一大竞争性品牌产品。

要点9　国际航空网络带旺海南游

(1)航线扩展带动"冬季海南游":2015年随着直航航班三亚—广州—大阪、三亚—上海—莫斯科、三亚—新加坡、三亚—芽庄、三亚—槟城—吉隆坡、三亚—普吉、三亚—岘港、三亚—曼谷航线、海口—曼谷、海口—澳门、海口—香港(并在4月恢复"三亚—首尔"航线)的陆续开通,"机票+酒店+高尔夫"套餐产品等旅游产品的有效供应,越来越多的境外游客"冬季海南游""周末海南游"成为"新常态";(2)海南与东南亚联动成新趋势:2015年三亚飞往东南亚地区的国际航线占新增国际航线的75%,海口开通多条国际航线的目的地大多为东南亚地区,与东南亚航线网络覆盖形成后,拓宽"一带一路"沿线国家的合作,新的国际旅游产品极具竞争力。

> **小贴士**　2015年,国际市场的开拓成为海南旅游的重要工作,在继续巩固俄罗斯、日本、韩国等传统境外客源市场的基础上,海南省正逐步加大对欧洲市场的开拓力度,重中之重的,则是航线的开辟。

要点10　海南旅游呈现三大新特点

(1)"南热北暖"发展格局基本形成:三亚在保持旅游热度的同时,海口的游客量以及旅游收入继续保持大幅增长,琼北旅游越来越"暖";(2)海南旅游渐入"智慧时代":国内第一个实现跨境移动支付的产品——海南的"阳光翼行"、全国首例综合性旅游维权执法手机微信平台——"海南旅游投诉"手机微信平台、中国工商银行"融e购"海南旅游商城、景区门禁快速通道系统、旅游电子行程终端系统以及旅游目的地市县的微博、微信等,开始被广泛使用;(3)直升机低空观光旅游助推琼东旅游新业态:6月29日,博鳌直升机低空观光旅游项目在博鳌亚洲湾酒店成功首飞,这是海南继三亚、海口后第3个开通低空旅游项目的城市,此项目还使琼东地区增加了民间空中救援力量。

> **小贴士**　这一时期,虽然海南越来越多的市县和涉旅企业已经意识到了"微平台"的重要性,但目前很多推广海南旅游的微信、微博大部分仍然停留在初级应用阶段,基本上只能做一些简单的文字处理、图片处理和最普通的数据报表处理,远远没有发挥出应有的

优势。

要点11　旅游界获得的部分殊荣

(1)2015年1月10日,在由携程旅行网发起的中国首届10大城市旅游素养大PK暨中国旅行者大会上,三亚荣膺最佳亲子游目的地之首;(2)在1月14日闭幕的第四届中国旅游产业发展年会上,琼海喜获"美丽中国"十佳旅游县称号,海南呀诺达雨林文化旅游区董事长兼总经理张涛入选2014中国旅游产业影响力人物TOP10;(3)在国家旅游局开展的乡村旅游"百千万品牌"推介行动中,琼海乡村旅游斩获31个奖项;(4)11月11日,在全国社科联第十六次学会工作会议上,海南省旅游发展研究会等93家学会荣获"全国社科联先进学会"称号;(5)11月,第十届全球人居环境论坛落幕,海口观澜湖华谊冯小刚电影公社获"全球文化旅游产业范例"荣誉。

要点12　获批的旅游示范基地

(1)1月,农业部与国家旅游局公布了全国休闲农业与乡村旅游示范县和示范点名单,琼海市被认定为示范县,三亚市亚龙湾国际玫瑰谷、万宁市兴隆热带花园、琼海市博鳌美雅乡村公园被认定为示范点;(2)海峡两岸旅游交流协会3月18日公布大陆居民赴台个人游第五批11个试点城市,海口被列入其中;(3)8月18日,在全国乡村旅游提升与旅游扶贫推进会上,北仍村获评首批"中国乡村旅游创客示范基地"。

要点13　其他旅游主要事件

(1)1月26日,海口、文昌、琼海、儋州、定安、澄迈、临高、屯昌等琼北8市县旅游部门推出的《琼北旅游圈》周刊27日正式开刊;(2)1月28日,在《2014寻找海南最美村镇》颁奖礼上,海南公布10大最美乡镇和最美乡村;(3)2月17日,由一群琼籍90后大学生自发组织的首个海南年俗展在海南省图书馆内展出;(4)3月,"海南鹦哥岭动植物博物馆"建设顺利,并启动项目二期建设;(5)由海南省旅游委主办、省旅游协会承办的大型旅游专刊《海岛旅游(试刊)》1月2日发行,从4月中旬起进入海南各高星级酒店客房;(6)4月18日,2015中国国际露营大会首站在万宁开幕;(7)5月22日,由中国度假发展专业委员会主办的2015中国度假产业发展——暨旅游度假地产论坛在海南举行;(8)6月27日,海南省首届旅游管理硕士(MTA)专业学位教育与旅游协同创新论坛在琼州学院举行;(9)7月6日,海口观澜湖度假区举行4A级景区挂牌仪式;(10)11月16日,天涯海角年度婚礼京东众筹项目顺利落下帷幕,以众筹资金高达1 008 486元完美收官,强势引爆海南婚庆市场;(11)11月27日,2015海南国际房车露营休闲旅游博览会在海南国际会展中心正式开馆;(12)12月30日,海南环岛高铁西段正式开通运营,成为全球首条环岛高铁;(13)12月31日,三亚凤凰机场T2航站楼正式启用,智能机器人上岗;(14)海南再添5个省级文明乡镇和35个小康环保示范村。

> **小贴士**　俄罗斯旅行社协会日前发布消息表明,俄Yandex搜索引擎2015年11月的统计数据表明,海南成为俄罗斯赴华旅游的最热门目的地,尤其在俄罗斯滨海边疆区、哈巴罗夫斯克边疆区、克拉斯诺亚尔斯克边疆区的网民中的热度最高。

2.5.6　2016年年初海南旅游

> **小贴士**　2016年1月29日,全国旅游工作会议在海南海口召开,提出了"全域旅游"的工作思路,并要求海南创建全国首个"全域旅游示范省",海南省人民政府省长致辞。至

此,海南开始探索新一轮的跨越式旅游发展模式。

要点1　省政府层面的相关工作

(1)海南全省旅游工作会议3月11日召开,省委、省政府领导分别就会议作出批示,要求全面推进海南全域旅游建设,进一步提升海南旅游产业发展质量与水平;(2)3月25日,组织抵琼参加亚洲博鳌论坛全域旅游与媒体融合峰会的近百名嘉宾在海口东寨港红树林、观澜湖度假区、琼海龙寿洋万亩田野公园、新型城镇——大路镇、美丽乡村——北仍村等地参观交流;(3)3月26日,博鳌亚洲论坛全域旅游与媒体融合峰会在博鳌亚洲论坛大酒店东屿宴会大厅如期举行,国内部分全域旅游示范区创建单位负责人、旅游界及高校专家学者、各大主流媒体总编辑等社会各界嘉宾,围绕"全域旅游:愿景 创建 参与"主题,深入探讨和交流,达成《琼海共识》;(4)3月30日,海南在琼海高规格召开海南省全域旅游"美丽海南百千工程"现场会,并通过电视电话方式一直延伸到全省196个乡镇,实现了会议内容对全省市县、乡镇和行政村三级干部的全覆盖;(5)5月8日,海南省旅游发展委员会组织全省各大景区举行"全域旅游背景下景区的创新发展座谈会",探索全域旅游背景下,景区该如何实现转型升级。

小贴士　2016年3月1日16版《人民日报》刊登题为《点线面推进发展全域旅游》的文章;3月19日晚CCTV-1新闻联播以《海南:全域旅游"崭露头角"》为题,报道了海南省通过挖掘生态潜力和本土民俗文化,创建全国首个"全域旅游示范省",探索生态保护与新型城镇化相得益彰的发展模式。

要点2　部分市(县)、景区(点)已对"全域旅游"的探索

(1)琼海市:把全市12个镇按照"一镇一特色、一镇一风情、一镇一产业"的思路进行三年的建设,已基本形成了一个没有边界、没有围墙、没有门票、主客共享、旅居相宜、农旅相融的全域5A级大景区;(2)三亚天涯海角旅游区:2015年采用"景区+社区+居民"的模式,使周边村民可以直接分红,实现了多赢的局面,不仅改善了景区的门票比重,也大大减少了投诉,改善了三亚的旅游形象;(3)三亚蜈支洲岛旅游度假区:其做法是升级旅游产品——推出了通票(包含岛上所有的水上、岸上娱乐项目),相比于之前纯门票的模式,通票模式不仅更受游客欢迎,也让景区实现了更好的效益,达到了双赢。

要点3　2016春季海南全域旅游态势初露苗头

(1)海南省主要市县强化合作,借助高铁的便捷优势,推出系列多样优惠的度假产品;(2)三亚至五指山的一日游专线,游客可在三亚享受蓝色海洋旅游后前往五指山感受绿色旅游的特色;(3)万宁推出"春暖花开·福满万宁"四大精品旅游产品,即三亚至万宁奥特莱斯专线游、美丽乡村逍遥自驾游、散拼团休闲游和高铁休闲游;(4)在万宁欣赏完永范花海的美丽后,搭乘高铁一路向北,游客又可在花团锦簇中感受海南浓浓的年味——"首届海南国际旅游岛三角梅花展"在海口启幕,海口以花会友,推出11项活动;(5)海口万绿园和骑楼老街成为市民与游客共享的万人景区;(6)琼海各大景区公园推出异彩纷呈的旅游节庆等各项活动,吸引了大批岛内外游客;(7)三亚天涯海角景、南山文化旅游区、蜈支洲岛和亚龙湾热带天堂森林公园等传统热点景区依然游人如织,全岛滨海型、海岛型、生态类景区深受游客青睐;(8)全岛国际品牌酒店的入住游客以家庭化为主,全岛自驾车辆出租进一步呈现出全国各省广泛分布的态势;(9)海口市部分品牌酒店开房率超过80%,全市旅游酒店平均开房率52.19%,创历史新高;(10)三亚市旅游酒店开房率分布区域均衡,平均开房率为67.85%;(11)陵水、万宁、琼海等地的主要品牌酒店开房率都在50%以上。

小贴士 为让游客舒心旅游,海南涉旅商家针对市场热点推出多样旅游产品,不断丰富旅游市场供给。游客分布从传统的"南热北冷"进一步向全岛辐射,海南全域旅游态势初露苗头。

单元二
海南自然旅游资源

【单元导读】

自然旅游资源是指以大自然造物为吸引力本源的旅游资源,是旅游资源和旅游业发展的重要部分。据有关专家统计,海南的自然资源包括国家自然旅游资源分类标准中的全部4个主类;含有17个亚类中的16个,占总数的94.12%;含有70个基本类型中的65个,占总数的92.86%。在海南有限的区域范围内,聚集了我国所有自然旅游资源的主类。自然的丰度之盛、类型之多、规模之大和几率之高,使海南自然旅游资源价值及开发价值毋庸置疑。

海南丰富的自然旅游资源主要表现为热带气候、热带海洋景观、热带滨海风光、空气蓝天、阳光沙滩、山岳雨林、江河湖泊、海岛温泉、奇石异洞、珍奇异物、火山熔岩以及热带田园风光等。有学者认为:海南自然旅游资源具有识别性高、差异性强的特征,总体表现在:(1)对大陆和身居寒冷地区的国际游客具备较强吸引力的,是热带海岛风光或原始、半原始状态的优质滨海沙滩;(2)含有丰富的温泉资源,随着康体休闲观念的日益盛行,对旅游者越发富有魅力;(3)保护和发育良好的热带原始森林能够迎合人们返璞归真、回归大自然的生态意识,对生态、探险旅游具有特殊吸引力。另外,海南自然旅游资源基本分布空间存在"南重、北轻、东旺、西衰、中弱"的状况,自然资源存在较为明显的差异性。

本单元第一模块,介绍了海南岛地貌、热带气候、海岸与海岛(岛屿)、生态环境特征以及海南生态景观系统、生态文明村建设的基本情况;第二模块概括了海南土地、农作物、矿产、水产资源的特点,说明了海盐、热带作物、特有树种和动植物的种类、数量和主要特点,较为详细地介绍了五指山、黎母山、霸王岭、吊罗山、海口东寨港红树林自然保护区以及南渡江等10余条河流、枫果山等12个瀑布、松涛等5个水库、七仙岭等10个温泉、石花水洞等5个溶洞以及琼北地区的2处火山资源。

【重要读点】

1. 海南岛的地质属性、地貌特征及琼州海峡成因的三种说法。
2. 海南适合发展旅游业的热带气候条件。
3. 海南的海岸、海岛(岛屿)及生态环境建设基本情况。
4. 海南岛土地、物产和动植物资源的类别、特征和数量。
5. 海南岛山岳、森林(雨林)、水文水体、火山和溶洞资源的基本情况。

模块 3 热带海洋与生态环境

3.1 海南岛地貌

📖 小贴士 地貌即地球表面各种形态的总称,也能称为地形。地貌是不断发展变化的,地貌发展变化的物质过程称地貌过程,包括内力过程和外力过程。内力和外力是塑造地貌的两种营力,地貌是内力过程与外力过程对立统一的产物。

要点 1　海南岛位于华南大陆的最南端

(1)南海位于欧亚板块、太平洋板块和印度板块三大板块的交接处,而海南岛位于华南大陆的最南端,是南海体系的组成部分;(2)关于海南岛的形成,有不同的说法,地质学界权威的说法是:海南岛本与大陆相连,大概在6 500万年前,由于在北部发生断陷形成琼州海峡,与大陆分离,屹立南海;(3)海南岛属于大陆型岛屿。

📖 小贴士 岛屿按成因可分为大陆岛、海洋岛或火山岛、珊瑚岛和冲积岛。大陆架是大陆岛上那些被水包围但未被淹没的部分。世界上比较大的岛很多属大陆岛,大陆型岛屿的共同特点是面积较大,有深厚的沉积岩层。我国的台湾岛和钓鱼岛也是属于大陆型岛屿。

要点 2　海南岛是中国第二大岛、世界著名的大陆岛

(1)海南岛的长轴呈东北—西南向,长约300余千米,西北—东南向为短轴,长约180千米;(2)陆地和海域南北长1 800千米,东西长900千米,环岛海岸线长1 528千米;(3)海南陆地总面积3.5万多平方千米,其中海南岛总面积3.4万多平方千米,是我国仅次于台湾岛的第二大岛。

要点 3　海南岛形状呈椭圆形状(俗称"雪梨状"),且中间高,四周低

(1)海南岛形状呈椭圆形状,从中部至边沿,依次由山地、丘陵、台地、阶地、平原、滩涂组成;(2)中部最高处为五指山,海拔1 867米;(3)西南部沿海海滩平坦,阳光充足,蒸发量大;(4)中部是山地、丘陵和台地;(5)北部为火山岩地貌;(6)中部、南部为丘陵和山地,东北部多为泻湖平原。

📖 小贴士 曾于1992年获中国科学院最高野外科学考察"竺可桢"金牌奖的权威地质学家侯威认为:海南岛在形成过程中,存在着多个南北方向、东西方向和环状构造系,因为激烈的构造运动,使得海南岛地壳在长期复杂多阶段的演化过程中,曾经几次被左、右旋转交替的剪切,最终导致形成海南岛椭圆形状。

要点 4　海南岛河流由中部山地向四周呈放射状奔流入海

(1)全岛有154条独流入海的河流,形成一个水量不能互补的辐射状水系;(2)其中的南渡江、昌化江和万泉河是海南三大河流;(3)最长的河流是发源于白沙县南峰山的南渡江(313千米),其次是发源于琼中黎族苗族自治县五指山西北的昌化江(230千米),再次是发源于五指山林背村南的万泉河(163千米)。

小贴士 地质学家候威认为:海南岛中部的隆起并非是圆球形的均匀隆起。海南岛中部山区是以五指山为中心,向岛四周出现了4座弧形辐射状山脉,这4座山脉是东黎母山脉、雅加大岭山脉、西黎母岭山脉和吊罗岭山脉。在4座山脉中间分布着弧形展开的万泉河、南渡江、昌化江、宁远河4大水系。这些山脉以弧形展开,以五指山为旋转中心,向四周撒开,大致呈辐射的涡轮状。

要点5 琼州海峡是海南省和广东省的自然分界

(1)琼州海峡又称雷州海峡,亦称雷琼海峡,是海南岛琼州岛与雷州半岛之间所夹的水道,与台湾海峡、渤海海峡并称为中国三大海峡;(2)两岸海岸曲折,呈锯齿状,岬角和海湾犬牙交错;(3)海岸线全长110千米,南北平均宽度29.5千米,最窄处18千米,面积0.24万平方千米,平均水深44米,最大深度114米;(4)底部呈中央一个潮流深槽、东西两个潮流三角洲的形态,且浅滩和水道相间分布,分别向东或西北方向呈辐射状排列。

要点6 琼州海峡成因的三种学说

小贴士 中国科学院边缘海地质重点实验室研究员赵焕庭曾经指出:琼州海峡的成因在1930—1960年代就陆续提出了三种假说——海岸侵蚀说、构造断裂说和海侵低地说。

(1)海岸侵蚀说:琼州海峡两岸分布着很广泛的松散沉积层和玄武岩风化壳,由于比较疏松,被来自北部湾和南海两个方向的海浪与潮流冲刷,经过上千万年的不断冲刷,最终引起崩塌而堆入海中;(2)构造断裂说:在50万年前,由于地壳运动,琼北和雷南的断裂带分别上升成陆地,而中间的琼州海峡断裂带则被挤压断陷,而形成琼州海峡;(3)海侵低地说:同为南海区的海南岛、台湾岛和大巽他群岛等地的岛屿和大陆是在全新世全球性海面上升淹没低地而分离的。

3.2 热带气候

小贴士 一个地区的气候资源是否有利于旅游业发展,要对温度、日照和舒适程度等因素综合考量。海南属热带岛屿季风性气候,全年气温适中,日照时数高,舒适期长,有发展旅游产业的优势条件。虽然闷热期相对较长,但通过开发一些特色旅游产品,可以扬长避短、变劣势为优势。海南的旅游气候条件优良,非常适合旅游业的发展。

要点1 年平均气温在23~26℃之间

(1)中部地区年平均气温在23℃左右,而南部地区由于受五指山山脉的影响,冷空气南下受阻,年平均气温高于北部地区,东、西部沿海地区则介于两者之间。(2)海南最热的月份出现在7月,平均气温在26~29℃之间;最冷的月份为1月,平均气温仍达17~22℃。(3)南部、中部的大部分地区和东部沿海地区,全年大于35℃的高温日数均在10天以下。

小贴士 温度是旅游行业中最常被考虑的气象要素,海南全年的温度都比较理想,高温日数少,即使在最热月,温度也在人体感觉的舒适范围之内,有利于大多数旅游活动的进行,而且中部地区由于海拔较高,植被覆盖度大,夏季温度相对较低,适合避暑度假及登山等旅游休闲方式。

要点2 年平均相对湿度在76%~86%之间

(1)海南气候湿润,年平均相对湿度在76%~86%之间,由东部向西部递减;(2)各市县的月平均相对湿度随季节的变化不大,变化幅度在3.87%~8.37%之间,非常适合户外自驾旅游。

要点3　年平均降水量在900~2 600 mm之间

(1)海南属于热带季风性气候,降水年内分配不均,而且地区间的雨量也存在差异;(2)全省年平均降水量在900~2 600 mm之间,主要集中在中部山区;(3)5~10月为雨季,降水量约占全年的80%~90%。

小贴士　海南的降水大多发生在夏季,其他季节的少量降水对旅游的影响十分有限,而且夏季多是午后的局地阵性降水,历时短,雨量小,不但不影响观光,还会适当降低气温,使天气变得凉爽。

要点4　年平均日照时数达1 700~2 600小时

(1)海南大部分地区的日照充足,全岛年平均日照时数达1 700~2 600小时,其中西部沿海地区平均每年的晴天日数在300天以上;(2)海南日平均日照时数在5.0~6.9小时,主要景区的日平均日照时数都在6小时以上。

小贴士　海南中部、北部和东部的部分地区,日照时数在5.5小时左右,虽然相对略低,但适合发展民俗旅游及以温泉养生为主的休闲游。

要点5　年平均大风日数约3.47天

(1)全省年平均大风日数约3.47天,其中东部地区最多,达到12.8天,但相比海南10个月以上的旅游期并不算多;(2)海南大风天气虽然对观景有一定影响,却对另外一些旅游项目有利,如帆板、冲浪等,总体说来是利大于弊。

小贴士　海南的旅游主要受热带气旋的影响,热带气旋一旦接近或登陆,所有的旅游活动都将停止。但目前气象部门对热带气旋的研究已较为成熟,监测预报手段也十分丰富,游客可以据此合理安排行程,规避热带气旋风险。

3.3　海岸与海岛(岛屿)

要点1　海域

按照《联合国海洋法公约》的规定和我国的主张,海南省所辖海域面积约200万平方千米。

要点2　海岸

(1)据官方初步统计:海南环岛海岸线长1 528千米,一半以上的海岸线为沙滩,沙滩坡度平缓,洁白柔软,海水澄澈;(2)近海海域水质优良,近岸大部分区域珊瑚礁生态系统和海草床生态系统基本保持稳定,重点养殖区水质总体良好;(3)海南近海有鱼类600多种,鱼类终年生长、繁殖,生长快、个体大,是热带海钓项目的发展基础。

小贴士　沙滩、海水是海南旅游度假的永恒主题。三亚素有"东方夏威夷"之称。蜈支洲岛享有"中国第一潜水基地"美誉,有中国保护最完好的生态珊瑚礁。位于海南岛南部的陵水、东部的万宁、西部的昌江等地,四季如夏,鲜花盛开,构成了海南无可比拟的热带海岸景观。

要点3　海岛(岛屿)

(1)南海岛屿数量约有1 700多个,占我国海岛总数的1/4左右,海南岛属于南海岛屿中的一个;(2)西沙的永兴岛面积最大,陆域面积约 2 平方千米;(3)海南岛东部和南部海域的岛屿分布较密集,西部和北部海域岛屿分布较稀疏;(4)海南的岛屿多为花岗岩、玄武岩等岩石组成的基岩岛(48.9%)及河海沉积物组成的潮成岛(26.1%),其余为海相沉积物组成的海积岛、沙洲岛和珊瑚岛礁等。

3.4 生态环境及其建设

小贴士 优良的生态环境是海南科学发展的最大资本。从 1999 年提出建生态省,到 2007 年省第五次党代会提出生态立省,再到 2012 年省第六次党代会提出绿色崛起,海南生态环境建设无不烙着生态文明、科学发展的印记。2016 年 1 月 26 日,海南省五届人大四次会议正式开幕,会上审查了《海南省国民经济和社会发展第十三个五年规划纲要(草案)》。该纲要草案提出,要利用好海南生态环境、经济特区、国际旅游岛"三大优势",着力实施深化体制机制改革、优化空间布局和经济结构等。

3.4.1 生态环境特征

要点 1 更多地体现人与自然亲和的倾向性

(1)海南地处热带、亚热带,夏长雨多,依据这样的自然地理和气候条件,海南民居更多地体现出通风透气的特点,具有浓郁的热带、亚热带风情;(2)据国家环境状况资料表明,海南全省水环境质量保持良好状态,地下水呈一级良好状态,大部分地面水质符合国家二、三类标准,近海海域水质符合国家一类海水标准,大气环境优于国家一类标准。

要点 2 森林是海南优良生态环境的核心

(1)在历史上,海南岛几乎为热带天然林所覆盖,森林资源极为丰富——《琼州府志》(卷之二十一,海黎志六,崖州)载:"崖州山林环绕黎僚错杂屹峙海滨""其山深林密箐,有行两昼夜不见天日者";(2)民国时期海南的森林资源覆盖率为 50%;(3)解放初期森林面积 120 万公顷;(4)1987 年森林面积 86.64 万公顷,比 1979 年的 71.28 万公顷增加 15.36 万公顷;(5)2006 年森林面积 193.33 万公顷,覆盖率 57.1%;(6)2007 年 10 月,海南被国务院授予"实现造林绿化规划省"的荣誉称号;(7)截至 2014 年,海南全省森林面积 212.87 万公顷;(8)2015 年海南全省造林绿化面积 1.34 万公顷,比上年增长 0.8%,森林覆盖率 62%,城市建成区绿化覆盖率 38.5%,比上年降低 0.7 个百分点;(9)2015 年年末海南省有自然保护区 49 个,其中国家级 10 个,省级 22 个;(10)自然保护区面积 270.23 万公顷(含海洋保护区),其中国家级 15.41 万公顷,省级 253.40 万公顷。

小贴士 从总体上讲,森林面积约占海南总的地理面积的 3/5,森林是海南优良生态环境的核心,也是陆地生态系统中最大的碳库。截至 2014 年,全省计划造林 24 万亩,启动森林公园 20 个、城镇公园 40 个,观光果园 33 个,水上公园 45 个。

要点 3 整个海南是一个天然的大氧吧

(1)海南省林业部门提供的数据显示,经对霸王岭、尖峰岭、五指山、七仙岭、铜鼓岭、吊罗山、呀诺达、亚龙湾 8 个主要森林旅游区负氧离子的监测,2013 年,空气中负氧离子平均浓度最低值都有 3 695 个/cm³,远远超过世界卫生组织规定清新空气负离子的浓度为 1 000~1 500 个/cm³ 的标准,对人体健康极为有利;(2)2015 年,海南全省空气质量优良天数比例为 97.9%,其中优级天数比例为 73.5%、良级天数比例为 24.4%。

要点 4　海南人寿远超世界评定标准

(1)根据海南省人口统计数据:截至2013年底,全省60岁以上老年人121.41万,占户籍总人口的13.36%;(2)数据显示,到2015年,海南省80岁以上高龄老年人已达到17万人,全省现存活百岁老人1 944人,每10万人中有百岁老人21.46人,远远超过世界长寿地区每10万人中有百岁老人7.5人的评定标准;(3)2014年5月,第三届人口老龄化长寿化国际研讨会通过了《首尔宣言》,并授予中国海南岛、韩国济州岛"世界长寿岛"证书和匾牌;(4)世界长寿地区的评定标准中包含了9个基础指标,分别是:百岁及以上老人在总人口中的占比、65岁以上者中90岁及以上老人占比、人口预期寿命、植被指数、空气质量指数、地表水质量指数、人口平均预期寿命、人口平均受教育年限、恩格尔系数。

小贴士　根据这一标准,全世界共有6个长寿岛,目前仅有海南和济州获得认证授牌。专家们认为,海南人长寿的奥秘在于海南岛有一个美丽纯净的生态环境。

3.4.2　生态环境建设

小贴士　海南省有的地方已把文明生态村建设与开发乡村旅游相结合,建设了一批特色旅游村。据海南省"文明办"统计,至2016年1月,海南省已建成农家乐和乡村旅游点148个,年累计接待游客约300万人次。

要点 1　海南在全国率先进行生态省建设

(1)1999年,海南省委、省政府明确了经济发展新思路,围绕"一省两地"发展战略,高举生态牌,从单纯追求经济增长向更加注重经济社会健康、协调和可持续发展转变,做大海南经济总量,在全国率先拉开了生态省建设的序幕;(2)经过6年的稳步推进,2005年全省森林覆盖率达到55.5%,基本实现了每年增加一个百分点的目标;(3)至2012年,海南省森林覆盖率达60.2%,位居全国第二位;(4)至2015年,全省规划造林绿化10万公顷,全省森林面积达到213.33万公顷以上,森林覆盖率达到62%以上。

要点 2　森林生态景观系统建设

(1)从2007年起,短短3年时间,海南省完成基干林带造林1.1万公顷,退塘还林1 266.67公顷,基本实现断带合拢;(2)从2008年起,海南省启动城镇污水治理工程,打响了污染物减排攻坚战;(3)2009年,国际旅游岛建设上升为国家战略后,海南确立了以旅游业为龙头、现代服务业为主导的特色优势产业发展之路,基本形成了能源资源节约型和生态环境友好型的产业结构、增长方式和消费模式,为绿色崛起奠定了坚实基础;(4)2011年,海南省财政落实林业发展保障投入12.8亿元,有效地保障了海南林业发展,同时启动了"绿化宝岛"行动,构建"多层次、多树种、多色彩、多功能、多效益"的森林生态景观系统;(5)截至2012年9月,全省已完成造林绿化面积3.73万公顷,占总任务的91.3%;(6)2015年,海南率先在全国建立生态补偿机制,重点支持建设蓝天工程、清水工程、碧海工程、土壤污染防治工程、重点区域生态保护工程、城镇环境基础设施建设工程、农村环境综合整治工程、工业产业生态化改造工程、三沙市生态环保工程和环境保护能力建设工程十大生态环保工程。

小贴士　自2015年开始,海南研究出台优惠政策,鼓励社会资本和民间资本投入经济效益比较好的生态产业和生态文化项目。

要点 3　生态文明村建设

(1)自2000年10月海南正式提出建设"文明生态村"始,至2012年,累计创建文明生态村 11 597 个,占全省自然村总数的 49.7%;(2)2013 年 6 月底,海南全省已建成文明生态村 13 988 个,占自然村总数 60%;(3)至 2014 年,海南已建成 1 个环保模范城市、3 个国家级生态乡镇、1 个国家级生态村、19 个省级生态文明乡镇和 150 个省级小康环保示范村;(4)2015 年新建文明生态村 857 个,累计达到 16 448 个,新建小康环保示范村 53 个,累计达到 278 个;(5)截至 2015 年 12 月 31 日,海南省累计创建文明生态村 16 448 个,占全省自然村总数(23 310 个)的 70.56%。

小贴士 自 2001 年至 2015 年,海南省委省政府召开了 8 次全省文明生态村建设现场经验交流会,推广了不同地区、不同类型的创建经验。同时,还组织实施 17 个市县 63 个村庄环境综合整治,使农村村容村貌发生了历史性变化。经过 15 年的探索实践,海南凭借其优越的自然条件和独特的发展模式,文明生态村建设的成效不断凸显,基本形成了村落经济社会协调发展的总体态势,为海南乡村旅游的进一步发展奠定了坚实的基础。

模块 4　海南岛内陆旅游资源

4.1　土地与物产

4.1.1　土地及农作物特点

要点 1　土地面积及其主要特点

(1)海南岛土地总面积约 344.2 万公顷,约占全国热带土地面积的 42.5%;(2)海南岛的土地资源可分为 7 种类型:宜农地、宜胶地、宜热作地、宜林地、宜牧地、水面地和其他用地;(3)由于光、热、水等条件优越,生物生长繁殖速率较温带和亚热带为优,农田终年可以种植,不少作物年可收获 2~3 次;(4)土地利用的适宜性广,全岛除海拔超过 800 米的陡坡地和干燥缺水的沙荒地只宜林外,其他土地都能够多宜;(5)土地生产能力高,单位面积生物量及土地生产量潜力大,不仅能生长一般的农、林、牧、渔业产品,而且能生长经济价值高的热带作物、热带珍贵用材林和南药等。

要点 2　农作物主要特点

(1)由于海南岛具有全年无冬的"天然温室"特点,反季节水果蔬菜生产具有独特的优势;(2)海南岛不仅是我国热带作物生产最主要的地区,而且是我国"南繁育种"基地;(3)水稻、甘蔗、甘薯、玉米、花生等喜温作物可全年栽植;(4)冬瓜、西瓜在深冬时节也像夏天一样成熟;(5)棉花、茄类、蓖麻可长成灌木,甘蔗、甘薯可开花结籽及有性繁殖。

> **小贴士**　海南岛的土地基本上未受工业污染,由于独特的光热资源,赐给了海南岛土地资源数量、质量、潜力上很大的优势。

4.1.2　矿产资源

要点 1　海南矿产资源基本特点

(1)矿种比较齐全,主要矿产资源的资源潜力大;(2)矿产资源分布相对集中;(3)富矿比例较大,共(伴)生组分较少,矿床开采技术条件较好;(4)矿产具有特色和比较优势。

> **小贴士**　探明储量位于全国前列的优势矿产有天然气、玻璃用砂、钛铁砂矿、锆英砂矿、宝石、富铁矿、铝土矿(三水型)、饰面用花岗岩、饮用天然矿泉水和热矿水等。

要点 2　海南矿产资源种类较多

(1)据《海南省矿产资源总体规划(2008—2015 年)》称:至 2007 年年底,全省共发现矿产 88 种,其中列入《海南矿产储量表》的 44 种,已探明列入资源储量统计的矿产有 55 种,矿产地(床)396 处(大型 51 处、中型 119 处、小型 226 处);(2)主要包括能源、黑色金属、有色金属、贵金属、稀有金属、稀有稀土分散元素、冶金辅助原料、化工原料、建筑材料、其他非金属矿、地下水、热矿水和饮用天然矿泉水等种类;(3)全省保有储量位居全国前 10 位的矿产有:石英砂、钛铁矿、锆英石砂矿、油页岩、宝石、富铁矿等 9 种;(4)所辖海域石油、天然气,滨浅海的钛铁矿、锆英石、独居石砂矿等亦有较大的资源潜力;(5)钛、锆、石英、蓝宝石、化肥灰岩储量居全国之首,天然气、油页岩储量居全国前列。

要点3　主要优势矿产资源分布

(1)天然气主要分布在海南岛周边海域,已探明的主要有莺歌崖13-1、东方1-1、乐东22-1等大型天然气田;(2)玻璃用砂矿床保有储量4.1万多吨,主要分布于儋州、东方、文昌等地;(3)钛矿储量占全国的70%,主要分布于海南岛东海岸;(4)锆英石保有储量117.6万吨(占全国60%),主要分布于文昌、琼海、万宁、陵水等市县;(5)宝石保有储量1.87万吨,主要位于文昌市境内;(6)富铁矿分布于昌江县石碌镇一带(占全国富铁矿储量的71%,为全国第一),保有储量2.37亿吨,是国内少有的富铁矿之一;(7)铝土矿主要位于文昌的蓬莱地区,保有储量2 190.63万吨;(8)饰面用花岗岩主要分布于屯昌、琼中、三亚、乐东、白沙等市县,花色品种主要有崖县红、翠玉红、翠白玉、四彩花、玫瑰红、芝麻白等;(9)金矿富集在乐东、东方、昌江、定安等市县(西北部50千米长断裂带有20多处金矿)。

小贴士　南海是世界四大海洋储油区之一,估算油气资源储量约708亿吨,已探明的可采天然气储量40 000亿立方米,石油储量20亿吨。崖城13-1号天然气田是中国最大天然气田,于1996年1月1日经海底管道正式供气给香港和海南岛。

4.1.3　水产资源

要点1　水产资源区域

(1)海南岛海岸线长达1 528千米,西北部为著名的海湾渔场,南部有西沙、中沙、南沙群岛,东南部面临广阔的南海,全省海洋渔场面积近30万平方千米;(2)海南岛天然港湾68个,近海水深200米以内的大陆架渔场6.65万平方千米;(3)环岛有可供海水养殖的浅海滩涂约2.57万公顷,内陆可供淡水养殖的水面约有4.09万公顷(其中山塘水库3.67万公顷,池塘约4 246.67公顷),南渡江、昌化江、万泉河和陵水河等江河区域数万亩。

要点2　水产资源种类

(1)海洋水产在800种以上,鱼类就有600多种,主要的海洋经济鱼类40多种;(2)近海大陆架渔场海洋生物丰富,有鱼类1 000多种,藻类200多种;(3)许多珍贵的海特产品种已在浅海养殖,人工养殖的、浅海滩涂养殖的经济价值较高的鱼、虾、贝、藻类等20多种;(4)海南岛的淡水鱼(不包括溯河性的鱼)有15科57属72种。

小贴士　2011年11月《海南省水产种质资源规划(2011—2020)》通过阶段性专家评审。按规划,海南省拟规划建设16个水产种质资源保护区,覆盖锯缘青蟹、龙虾、石斑鱼、波纹唇鱼、鲍鱼、锯倒刺鲃、海南红鲌等90多种国家重点保护渔业资源生物及其产卵场、索饵场、越冬场、洄游通道等关键栖息场所,初步构建了海南省覆盖各海域和主要江河湖泊的水产种质资源保护区网络。

4.1.4　海盐资源

要点1　海南岛海盐资源

(1)海南岛是中国理想的天然盐场,沿海港湾滩涂许多地方都可以晒盐,目前集中于三亚市至东方市沿海数百里的弧形地带上;(2)已建有莺歌海、东方、榆亚等大型盐场,其中莺歌海盐场是海南岛最大的海盐场,在华南地区也是首屈一指。

要点2　莺歌海盐场

(1)莺歌海盐场位于乐东县,面临大海,背靠尖峰岭林区,是一片30多平方千米的滩涂地带;(2)该盐场建于1958年,总面积3 793公顷,年生产能力25万吨,最高年产30万吨,机械化程度达69%;(3)主要产品有粗盐、日晒细盐、日晒优质盐、粉洗精盐等,其中,日晒优质盐1988年荣获轻工业部优质产品称号,粗盐1992年荣获省盐业系统一等奖;(4)该盐场盐田面积为2 454公顷,为中国三大盐场之一(其他为天津汉沽长芦盐场、台湾布袋盐场)。

要点3　洋浦古盐场

(1)位于洋浦经济开发区新英湾区办事处南面的盐田村,距今1 200多年,盐田总面积50公顷;(2)千年古盐田是我国最早的一个日晒制盐点,也是我国至今保留最完好的原始日晒制盐方式的古盐田;(3)盐田的制盐工序古老、独特,生产出的盐巴白如雪,细如棉,咸味适中纯正,不带苦味,具有纯天然、无杂质、颗粒小、可直接食用等特点,老盐巴可清热退火,消毒散淤,是馈赠亲朋的佳品。

小贴士　史载,明朝永乐年前,中国的制盐工艺均为"煮海为盐",洋浦盐工这种依托自然地理优势的高产制盐法开创了当时"日晒制盐"的先河,清乾隆皇帝曾御书"正德乡"赐给这些盐田人,后来人们称这里为"千年古盐田""新英古盐田"。

4.1.5　热带作物

要点1　热带作物种类

(1)粮食作物是海南种植业中面积最大、分布最广、产值最高的作物,主要有水稻、旱稻、山兰坡稻、小麦,其次是番薯、木薯、芋头、玉米、高粱、粟、豆等;(2)经济作物主要有甘蔗、麻类、花生、芝麻、茶等;(3)水果种类繁多,栽培和野生果类29科53属,栽培形成商品的水果主要有菠萝、荔枝、龙眼、香蕉、大蕉、柑橘、芒果、西瓜、杨桃、菠萝蜜等;(4)蔬菜有120多个品种;(5)栽培面积较大,经济价值较高的热带作物主要有:橡胶、椰子、油棕、槟榔、胡椒、剑麻、香茅、腰果和可可等。

小贴士　海南岛热带作物资源丰富,岛上原来生长有3 000多种热带植物,新中国成立后,从国外引进1 000多种,并从国外野生资源中发掘出1 000多种有用植物进行栽培试验,均取得显著成绩。热带经济作物中首推橡胶,产量占全国的70%。

要点2　热带主要作物的区域分布

(1)南部(三亚/陵水/保亭/万宁等)主要作物:芒果、西瓜、哈密瓜、豆类、瓜类、槟榔;(2)西部(乐东/东方/昌江/儋州等)主要作物:橡胶、芒果、西瓜、哈密瓜、香蕉、豆类、木瓜、辣椒、甘蔗;(3)北部(文昌/琼海/海口/澄迈等)主要作物:辣椒、荔枝、龙眼、瓜类、胡椒、菠萝。

要点3　主要经济作物的优势产区

(1)橡胶在各个市县的规模比较优势都是比较明显的,尤其是在农垦系统、白沙、儋州和五指山;(2)椰子最具规模优势的产区为文昌、陵水、琼海、三亚、万宁和海口;(3)槟榔最具规模比较优势的市县为屯昌、陵水、保亭、安定、琼中、万宁、琼海、三亚和乐东;(4)胡椒的种植规模比较优势明显的依次为文昌、琼海、万宁、海口、安定;(5)菠萝的规模优势产区依次为万宁、琼海、海口、定安、昌江、屯昌和文昌;(6)荔枝具有规模比较优势的市县依次为海口、陵水、临高、安定、澄迈、屯昌、儋州、文昌和保亭;(7)香蕉的规模比较优势产区依次为东方、临高、乐东、昌江、澄迈、海口和五指山。

📖 **小贴士**　海南省主要热带农作物生产存在显著的区域差异,不同市县具有各自的优劣势作物品种。

4.1.6　特有树种

要点 1　**椰子树**

(1)椰子树是棕榈科椰属的唯一大型植物,属于常绿乔木,主要有绿椰、黄椰和红椰3种;(2)其树干高约15～30米,单项树冠,叶羽状全裂,长4～6米,裂片多数,革质,呈线状披针形,长65～100厘米,宽3～4厘米先端渐尖,叶柄粗壮,长超过1米;(3)通常5～6年后开始结果,15～18年为盛产期,单株结果40～80个,多者超过100个,经济寿命超过80年;(4)椰树每年产生的叶片数,随树龄不同而异,盛产期前,有随树龄增加而增加的趋势,盛产期后略有降低,但仍可保持恒定;(5)我国椰子主要分布在海南岛东南沿海的文昌、琼海、万宁、陵水县和三亚市等地,面积和产量约占全国的80%。

📖 **小贴士**　椰子栽培历史悠久,原产于马来群岛,海南省种植已有2 000多年的历史。在长期自然选择和人工选择中,形成许多类型和变种。现常以栽培品种角度分析、鉴别,认为有野生种和栽培种;栽培品种中又可分为高种、矮种和杂交种。

要点 2　**槟榔树**

(1)槟榔树茎直立,乔木状,高10多米,最高可达30米,有明显的环状叶痕;(2)所结的果实内含槟榔碱和鞣酸,具有止泻治痢、杀虫去积、帮助消化功效,还具有护齿功能,嚼槟榔还能起提神作用,是热带地区常用的中药;(3)我国引种栽培已有1 500年的历史,海南、台湾两地栽培较多,广西、云南、福建等省(区)也有栽培。

要点 3　**棕榈树**

(1)棕榈树,常绿乔木,高达15米;(2)无主根,须根密集,干圆柱形,直立,不分枝,干有残存不脱落的老叶柄基部,并被暗棕色的叶鞘纤维包裹;(3)叶柄极长,叶大,簇生于树干顶端,掌状分裂成多数狭长的裂片,裂片坚硬,顶端浅二裂;(4)雌雄异株,花期5月,淡黄色,肉穗花序,排列成圆锥花序。

📖 **小贴士**　椰子树、槟榔树和棕榈树同属棕榈科,是同样生长在热带和亚热带的常绿乔木,其植物学上的差别主要在于:椰子树,棕榈目,棕榈科,椰子属;槟榔树,棕榈目,槟榔科;棕榈树,棕榈目,棕榈科,棕榈属,棕榈种。

4.2　植物与动物

要点 1　**热带森林植物群落类型**

(1)热带森林主要分布于五指山、尖峰岭、霸王岭、吊罗山、黎母山等林区,其中五指山属未开发的原始森林;(2)热带森林以生产珍贵的热带木材而闻名全国,在1 400多种针阔叶树种中,乔木达800种,其中458种被列为国家级商品原材;(3)属于特类木材的有花梨、坡垒、子京、荔枝、母生5种;(4)一类材34种,二类材48种,三类材119种;(5)适于造船和制造名贵家具的高级木材有85种,珍稀树种45种。

📖 **小贴士**　海南的植被生长快,植物繁多,是热带雨林、热带季雨林的原生地。植物资源的最大藏量在热带森林植物群落类型中,热带森林植被垂直分带明显,且具有混交、多层、异龄、常绿、干高、冠宽等特点。

要点2　植物种类与数量

(1)截至21世纪前10年,海南岛有维管束植物4 000多种,约占全国总数的1/7,其中630多种为海南所特有;(2)乔灌木2 000多种,其中800多种经济价值较高,列为国家重点保护的特产与珍稀树木20多种;(3)果树(含野生果树)142种;(4)芳香植物70多种;(5)热带观赏花卉及园林绿化美化树木200多种。

要点3　动物种类与数量

(1)海南陆生脊椎动物有500多种,其中,两栖类37种(11种仅见于海南,8种列为国家特产动物);(2)爬行类104种;(3)鸟类344种;(4)哺乳类82种(21种为海南特有);(5)截至2015年,海南列入国家一级重点保护野生动物有18种,列入国家二级重点保护野生动物有105种,列入国家一级重点保护野生植物有8种,列入国家二级重点保护野生植物有40种。

> **小贴士**　海南有世界上罕见的珍贵动物:长臂猿、坡鹿、水鹿、猕猴和云豹等,其中,世界四大类人猿之一的黑冠长臂猿最为珍贵。

4.3　山岳与森林

> **小贴士**　生态旅游、滨海旅游、民族文化游是海南旅游的三大主线,海南岛具有代表性的五指山和黎母山就稳占其二。两个自然景观区四季风光如画、灿若锦绣。

要点1　五指山

(1)五指山位于海南岛中部,海拔1 867米,为海南岛第1高峰;(2)偏西为黎母岭,其中鹦哥岭海拔1 812米,为海南岛第二高峰;(3)五指山山脉呈东北—西南走向,山体蜿蜒长15千米,上覆厚层花岗岩,东北端破碎低矮,西南端完整高耸;(4)主峰在西南端,山峰起伏如锯齿,多悬崖峭壁,山间盆地、丘陵错落分布于山脊两侧,呈多级地形;(5)五指山为万泉河、陵水河和昌化江等河流的分水岭;(6)山脉东南麓位于迎风坡上,又为台风路径所经,年降水量2 866毫米,是海南著名暴雨中心,也是全岛雨量最多地区;(7)五指山森林成片,生长茂密,种类繁多,群落层次多而复杂,垂直地带性分异明显。

> **小贴士**　五指山山脉海拔垂直地带性表现在:700~800米以下为热带季雨林和雨林砖红壤性土带;800~1 400或1 600米为山地常绿阔叶林(或山地雨林)黄壤带;1 400或1 600米以上为山顶苔藓矮林草甸土带。有坡垒、青梅、花梨、红棱等珍贵木材,并有可栽种橡胶等热带经济作物的大片宜林地和天然牧场,有绿色宝库之誉。

要点2　黎母山

(1)位于琼中黎族苗族自治县境内的黎母山,山体高大雄浑,气势磅礴,常年云雾缭绕,主峰黎母岭海拔1 412米,森林覆盖率90%,森林植被高大、复层、郁蔽,植物的垂直地带性明显;(2)黎母山保存完好的、整体的、典型的自然综合体为热带原始山地林主要群类型和热带动物栖息种群,植物种类4 200种以上,野生动物种类繁多,国家级、省级重点保护珍稀濒危野生动物有28科57种;(3)群峰之间峡谷众多,山泉密布,形成众多溪流、瀑布、古树、奇石、怪洞等自然景观,煞是迷人;(4)沿途景观主要有:下马威、小山峡、双子瀑布、杪椤古林、冰臼地貌、天河激流、小九寨沟、神斧石、水帘洞、屋檐石、千年古树洞、黎头巨石;(5)石臼景观则是白和河源头的一大奇观,石臼造型各异,有直径达30米的矩形臼,有小到巴掌大却深达 2.2 米的圆柱形石臼,臼中套臼、臼外连臼,还有连心并列的鸳鸯臼,千姿百态,具有很高的研究和观赏价值。

> **小贴士** 丰富的森林资源构成热带原始山地雨林奇观,并对维持海南的生态平衡起着重要的作用。海南的山岳最具有特色的是密布着热带原始森林,最著名的有昌江县霸王岭、乐东县尖峰岭、陵水县吊罗山和琼中黎族苗族自治县五指山 4 个热带原始森林区,其中以尖峰岭、霸王岭和吊罗山最为典型。热带雨林的根抱石、高板根、古藤缠树、老茎生花、空中花篮、绞杀六大奇观,均在其中显现。

要点 3　尖峰岭原始森林区

(1)尖峰岭位于海南岛西南部,地跨乐东、东方两个黎族自治市、县,其主峰海拔 1 412 米,林区总面积 600 平方千米,主林区面积 260 多平方千米;(2)1992 年,尖峰岭被国家林业局批准建立国家级森林公园,是我国现存面积最大、保存最完好的热带原始雨林;(3)尖峰岭是中国热带森林的典型代表和地球热带北缘地区重要的生物种源基因库;(4)全区有维管植物 2 800 多种,约占全国植物种类的 8%;各类陆生脊椎动物 530 多种,昆虫 2 200 多种,种类分别占全国的 6%和 48%,占海南岛的 19%和 83%;(5)林海中奇形怪状的树根、盘根错节的藤蔓互相缠绕,构成一道道天然屏障;(6)雨林的底层,是不计其数的真菌以及各式各样的花草;(7)在海拔六七百米的河谷地带,则密集地生长着坚硬如铁、千年不腐的石梓、黄檀等优质乔木;(8)此区还有与恐龙同时代的"植物活化石"——树蕨(桫椤),几米或十几米高的主干从山涧中昂然挺出;(9)该岭仅蝴蝶就有 300 余种,可与号称"蝴蝶王国"的台湾相干媲美。

> **小贴士** 蓝天白云、峡谷溪流、参天古树、飞禽走兽、奇花异草、珍稀物种,尖峰岭无处不体现出"回归自然"的主题。

要点 4　霸王岭原始森林区

(1)霸王岭位于昌江黎族自治县东南部,其主要山峰都在 1 000 米以上,主峰高 1 495 米,是热带野生动植物的宝库,是我国热带生物资源最丰富的地区之一;(2)2006 年 12 月经批准成立霸王岭国家森林公园,总面积 8 444.3 公顷,森林覆盖率 97.3%,2007 年 5 月 1 日正式对外营业;(3)该林区的植被以低山雨林、沟谷雨林和山地雨林为主,野生动植物资源丰富,热带雨林特征明显,被称为"热带雨林展览馆";(4)区内气候温和、雨量充沛,动植物种类繁多,植被类型丰富,自然生态系统完整,森林覆盖率 96.4%;(5)区内分布有野生维管束植物 220 科 967 属 2 213 种,陆生脊椎野生动物 28 目 85 科 365 种,其中国家一级保护植物 2 种,国家二级保护植物 19 种,国家一级保护动物 6 种,如海南长臂猿、云豹、孔雀雉等,占全省国家一级保护动物的 86%,国家二级保护动物 46 种,还分布有鸟类 130 余种,兰花 110 种。

> **小贴士** 霸王岭热带雨林资源丰富,热带雨林所特有的"直立如屏的板状根""老茎生花""空中花园""独木成林""能攀善爬的附生植物""缠绕绞杀植物"等林相特征之热带奇观随处可见。

要点 5　吊罗山国家森林区

> **小贴士** 吊罗山国家森林区,1994 年 10 月被批准建立省级吊罗山森林公园,1999 年 5 月经国家林业局批准建立国家森林公园,并被列入环海南岛 2 条精华旅游线路定点单

位。2008年1月晋升为国家级自然保护区。

(1)该林区是海南三大林区之一,拥有林地面积3.8万公顷;(2)其地跨五指山、保亭、琼中、万宁、陵水等五个市县,距海南东线高速公路陵水出口以西20千米,有省道相通,处于海南东海岸旅游热线的结合部,是海南东线旅游圈的重要组成部分;(3)大山深处雨林茂密,飞瀑纵横,古树参天,怪石嶙峋,拥有种类繁多而珍稀的动植物资源;(4)该区植物达3 500多种(其中兰花就有250多种,还生长着琼棕、吊罗实等当地特有的树种),主要保护对象有海南粗榧、子京、坡垒、海南大灵猫、穿山甲、孔雀雉、白鹇、猕猴、原鸡、水鹿、蟒等20余种;(5)该区属花岗岩地质构造,出露的岩性主要为花岗岩和混合花岗岩两大类;(6)这里年平均气温为24 ℃,气候宜人,四季如春,整个林区充满着神、奇、秀、险、雄、古的特色,是登山探险、科学考察、游览原始森林的好去处。

要点6　海口东寨港国家级红树林自然保护区

小贴士　海南岛地处热带北缘,气候炎热,四面环海,中间高四周低,热量充足,雨量充沛,红树林植被丰富。海南的红树林植物有真红树32种,半红树31种,伴生种88种。海南岛原有红树林面积近10 000公顷,现存面积4 772公顷。

(1)该区位于海口市琼山区东北部的东寨港,绵延50千米,面积4 000多公顷,1980年1月经广东省人民政府批准建立,为中国第一个红树林保护区,1986年7月9日经国务院审定晋升为国家级自然保护区;(2)该区1992年被列入《关于特别是作为水禽栖息地的国际重要湿地公约》组织中的国际重要湿地名录,是中国七个被列入国际重要湿地名录的保护区之一;(3)该区属于近海及海岸湿地类型中的红树林沼泽湿地,主要保护对象为红树林及水鸟;(4)区内生长着全国成片面积最大、种类齐全、保存最完整的红树林,共有红树植物19科35种,其中水椰、红榄李、海南海桑、卵叶海桑、拟海桑、木果楝、正红树、尖叶卤蕨为珍贵树种(海南海桑和尖叶卤蕨为海南特有);(5)本区主要红树林群落有木榄群落、海莲群落、角果木群落、白骨壤群落、秋茄群落、红海榄群落、水椰群落、卤蕨群落、桐花树群落、榄李群落、红海榄+角果木群落、角果木+桐花群落和海桑+秋茄群落等;(6)根据2014年3月海口市人大常委会通过的《关于加强东寨港红树林湿地保护管理的决定》,海口将在3~5年内恢复和保护8 000公顷红树林湿地,恢复和保护的范围包括核心区、缓冲区、实验区以及外围保护水域、红树林湿地景观控制区和万亩红树林湿地公园等六大区域。

小贴士　2005年10月,该区在由《中国国家地理》主办的"中国最美的地方排行榜"活动中,被评为中国最美八大海岸之一。另外,文昌河八门湾河段"热带水上红树林天堂",被誉为世界上最美丽的生态河流文化;澄迈红树林湿地保护公园,又是澄迈休闲生态旅游景区的重要代表。

4.4　水文与水体

4.4.1　主要江河

要点1　南渡江

(1)南渡江发源于海南白沙县南峰山,蜿蜒333.8千米,斜贯海南岛中北部,经白沙、琼中、澄迈等市县至海口入琼州海峡;(2)流域面积7 033.2平方千米,上、中游山坡陡,多险滩,下游河面宽阔,多沙洲,总落差703米;(3)出海口至新坡镇的南渡江海口段是南渡江中最值得一看的风景之一,全长75千米,河面宽阔、平缓,出海口景色美丽,两岸从河堤起各有800~3 800米宽的滨江地带,俨然一幅天然的热带田园牧歌式景色。

要点2　昌化江

(1)又称昌江,是海南岛的第二大河;(2)隋代昌化县治在今河口北侧,昌化江因此得名;(3)昌化江发源于琼中黎族苗族自治县黎母山林区,横贯海南岛中西部,河流自东北向西南经琼中、保亭,在乐东县转向西北,流经琼中、五指山、乐东、东方等市县,最后从东方市穿过昌江县的昌化港西流入南海,在入海口冲出一个广阔的喇叭口;(4)昌化江干流全长232千米,流域面积5 150平方千米,总落差1 270米;(5)昌化江河沙资源极为丰富,土和杂质含量很少,沙子颗粒洁净,质量达到了极粗粒度特级优质河沙的标准。

小贴士　在昌化江北侧白砂岭向北至白沙村十几千米范围内,沉积着品质极佳的金黄色细沙。此沙整齐、无中粗及粗沙,是人造沙滩最好的材料。在阳光下,干燥的沙为白黄色,在雨后或海水浸湿的区域呈现出一片金黄色,其品质超过了已知的所有海滩沙质。

要点3　万泉河

(1)曾又名白泉河,是海南岛第三大河,发源于五指山,全长163千米,流域面积3 683平方千米;(2)万泉河有两源:南支乐会水为干流,长109千米,发源于五指山林背村南岭,北支定安水,源出黎母岭南,两水在琼海市合口嘴会合始称万泉河,经琼海嘉积至博鳌入南海;(3)上游高山峻岭,流经深山峡谷,两岸山峦起伏,峰连壁立,乔木参天,奇伟险峻;(4)过合口嘴以后河槽渐宽,水流平缓,总落差523米,河口呈葫芦状,港口如钳,宽约100米;(5)至出海口段,集湾、岛、港、堤和楼堂馆宇于一地,三江汇聚、三岛环视。

小贴士　万泉河两岸典型的热带雨林景观和巧夺天工的地貌,令人叹为观止。万泉河是中国未受污染、生态环境优美的热带河流,被誉为中国的"亚马逊河"。

要点4　其他主要河流

(1)三亚河:海南岛最南端的河流,发源于三亚北部山区,全长约29千米,下游分东、西两路穿过三亚市区,各长约6千米;(2)文昌河:发源于鸡姑岭,长42.4千米,在八门湾与文教河汇合后流入大海;(3)南圣河:流经海南五指山市区,城区西侧河水拥抱着的南圣河小岛,现已开辟为植物园供游人休闲参观;(4)另有源自于吊罗山南坡的吊罗河、南喜河、大里河、白水河等也是海南岛重要的河流景观资源。

4.4.2　主要瀑布

要点1　枫果山瀑布(陵水)

(1)枫果山位于陵水境内吊罗山区的西北面,具有海南最大的瀑布群,全长1.5千米,由10级瀑布组成;(2)枫果山瀑布群四周是茂密的原始森林,林间溪流汇成涌泉浩浩荡荡地从断崖上跌宕而下;(3)枫果山瀑布,瀑布落差达350米,分15节,有的单幅,有的多幅,宽窄不一,缓急不同,幅宽30米,雨季宽达60米;(4)枫果山瀑布由仙泪瀑、冰心瀑、思归瀑、彩虹瀑组成,号称"海南第一瀑",横跨千丈峡谷,纵越百米山涧,其壮观程度丝毫不亚于黄果树瀑布。

要点2　白石溪瀑布(文昌)

(1)白石溪河,发源于文昌市蓬莱镇,总流程为18.13千米,流经大坡镇,横穿东昌农场,注入文昌境内新桥镇;(2)在白石溪东500米处有一断崖,深10米,宽20米,溪水奔流至此直泻深潭形成瀑布,称"白石溪瀑布",常年流水不断甚为壮观;(3)路线:在海榆东线公路58千米处的东昌农场向东4千米,到达白石溪风景区。

要点3　百花岭瀑布(琼中)

(1)位于海南省琼中黎族苗族自治县营根镇西南面6千米处的百花岭上,因瀑布喷出的水像花雨而得名,这里方圆几千米,峰峦重叠连绵,古木笔直参天;(2)百花岭主峰海拔1 100米,同东南面的五指山、西北部的黎母山形成鼎立之势,百花岭瀑布的源头则在海拔700米的第二峰上;(3)百花岭上古木参天,还有猴子、野鹿等珍贵野生动物;(4)景点有金龙吐珠、神丹妙药、仙女散花、观音望莲;(5)路线:从海榆中线138千米处营根镇向西南6千米。

要点4　霸王岭瀑布(昌江)

(1)又名雅加瀑布,位于昌江县雅加大岭上,海拔千米,落差110米,平均流量0.8立方米/秒,雨季时最大流量达1.5万立方米/秒;(2)其四周群山逶迤,峰峦叠翠,云雾缭绕,景色奇特,群峰之间的数条溪河潜流汇集而来,长年流水不涸,依地势形成飞瀑;(3)路线:出石碌镇南门,沿进山公路行驶30千米,到达霸王岭林业局。

要点5　太平山瀑布(五指山)

(1)位于五指山市东北6千米处的太平山;(2)太平山海拔800多米,山上长满老树古藤,岩石叠峰奇秀,林木荫翳,曲径通幽;(3)太平山瀑布奇伟壮观,上细中粗,因其独具一色而闻名,其水源来自太平山顶的平湖,清泉顺山势往下流,到绝壁处便飞泻直下;(4)瀑布沿着巨石折向而行,流入一个大岩池,环池旋转后,又沿石缝折跌而下,形成二级飞瀑;(5)水流又沿石入池,漫过池沿而下流,到斜壁处飞泻入深潭,形成第三级瀑布,构成太平山的飞瀑奇观,最大落差20米;(6)路线:在海榆中线214千米处的冲山镇东北4千米的"五指山第一村"进入太平山。

要点6　鹿母湾瀑布(儋州)

(1)位于儋州市番加乡鹿母湾河中游,与琼中黎族苗族自治县黎母山接壤,西毗松涛天湖;(2)瀑布四周重峦叠嶂,古木参天,悬崖高约20多米,瀑布落差7米,下有深潭,清澈见底;(3)潭水碧蓝清澈,潭中有一巨石,酷似一只母鹿,终年伫立深潭之中,弯颈偏头,眺望远方;(4)其从山间石隙流下,石激浪飞犹如轻纱银练,几经曲折方坠深潭,每逢山洪暴发,瀑布隆响,震撼群山,气势磅礴,蔚为壮观。

> **小贴士**　鹿母湾瀑布现已被辟为"儋州新八景"之一。

要点7　其他主要瀑布

(1)屯昌鸡嘴岭瀑布,最大落差100米,在海榆中线110千米处木色湖畔;(2)儋州大康岭瀑,在那大镇南行15千米处的南丰镇松涛水库附近;(3)儋州鹿母湾瀑布,位于儋州市番加乡鹿母湾河中游,与琼中黎族苗族自治县黎母山接壤,西毗松涛天湖;(4)五指山市阿陀岭下的龙凤瀑布,在海榆中线200千米附近的红山乡北2千米处的阿陀岭下;(5)琼海万泉湖瀑布,位于万泉河上游的牛路岭库区(万泉湖旅游度假区);(6)兴隆荔枝瀑布,又名兴隆七队瀑布或兴隆榕树瀑布,位于万宁兴隆华侨农场西部山区的七队山中,距兴隆温泉旅游度假城13千米。

4.4.3　主要水库

> **小贴士**　海南从1958年开建松涛水库(松涛天湖)开始水利建设,截至2014年,全

省现有大小水库1 020座,其中,蓄水量1亿立方米以上的大型水库仅7座,基本构建起一个覆盖全省的水网,也为海南生态旅游奠定了良好基础。2014年11月,国家环境保护部、国家发展改革委、财政部联合印发《水质较好湖泊生态环境保护总体规划(2013—2020年)》,提出为保护湖泊生态环境,避免走"先污染、后治理"老路,对365个水质较好湖泊进行保护。海南5座水库入保护名单中,包括儋州市、白沙黎族自治县松涛水库(松涛天湖),东方市大广坝水库,万宁市万宁水库,琼海市、万宁市、琼中黎族苗族自治县牛路岭水库,三亚市大隆水库。

要点1 松涛水库(松涛天湖)

(1)松涛水库在儋州市区东南20千米处,跨儋州、白沙两市县,是享有"宝岛明珠"盛誉的高山天池;(2)位于南渡江上游,始建于1958年,费时10年建成,是我国最大的土坝工程之一,高81.1米,长760米,将奔腾的南渡江水截在南洋和番加洋河谷里;(3)库岸线长达544千米,水面面积达144平方千米,水库中有岛300多个,水域主要航线66.5千米,总库容量为33.4亿立方。

小贴士 松涛水库库区广阔,四周群山环抱,遍布莽莽苍苍的原始森林,这里水陆两便,四通八达,交通畅顺,旅游生态资源得天独厚。

要点2 大广坝水库

(1)大广坝水库为海南第二大水库,水库湖面100平方千米,库区风景秀丽,湖光山色,碧波万顷;(2)大广坝水电站气势磅礴,水库湖面100平方千米,坝长近6千米,高程144米,装机容量24万千瓦,是亚洲第一大土坝;(3)总投资27.3亿元的大广坝二期(灌区)工程2016年2月正式建设,设计灌溉面积6.74万公顷。

小贴士 大广坝水库有中国最早的水电站遗址,是日本侵华掠夺我国资源的历史见证,又被誉为东方市的"天然公园",曾经接待过许多中央首长和大量的国内外游客,综合开发旅游条件十分优越。

要点3 牛路岭水库

(1)牛路岭水库1979年建成,在琼海西南与琼中及万宁三地交界处,坐落于风景秀丽的万泉河上游峡谷之中,距嘉积镇约70千米,因库区有山名牛路岭得名;(2)这里湖面宽阔,岛屿众多,两岸群峰叠起,怪石嶙峋;(3)这里原始热带雨林茂密,鸟语花香,青山碧水,空气清新,气候宜人,是一座天然氧吧。

小贴士 牛路岭水库下游为牛路岭水电站,上游万泉湖区景点众多,一淀平湖、碧波荡漾,而散落在湖面上的小岛星罗棋布,故称之为百岛群。游船绕着小岛,每座小岛都有不同姿势,能让游客展开无限遐想空间,令游客大有"舟行碧波上,人在画中游"情怀。

要点4 万宁水库

(1)万宁水库位于太阳河中游的万宁市长丰镇,设计灌溉面积8 066.7多公顷,已实现灌溉面积5 686.7公顷;(2)水库集雨面积429平方千米,处于海南暴雨中心区,多年平均来水量6.55亿立方米;(3)主副坝为均质土坝,主坝1座,最大坝高19.35米,坝顶长860米,副坝3座,总长2 390米,最大坝高7.5米。

小贴士 1958年国家投资在万宁建石龟水闸,解决不了下游大面积农田灌溉问题。1966年经水利部批准扩建,1968年竣工。1962年全国人大常委会朱德委员长到海南视察时,为水库亲笔题写"万宁水库"四字。

要点5　大隆水库

(1)大隆水库位于三亚市宁远河下游,是一座以防洪、供水、灌溉为主,结合发电等综合效益的大型水利工程;(2)设计库容4.68亿立方米,坝址控制集雨面积749千平方米;(3)该水库正常蓄水位70米,防洪库容1.48亿立方米,年发电量约1亿度,灌溉总面积达1.34万公顷,日供水50万吨。

小贴士　大隆水库是海南省2004年以来规模最大、投资最多的大型水利项目。大隆水库库区依靠原始、纯净、美丽的田园风光和独特的山水景色,已建成了"田园观光游"和"生态观赏游"的新景区。

4.4.4　热带温泉

小贴士　海南岛是火山和温泉十分丰富的岛屿,全岛已知的温泉点有近300余处,多数温泉矿化度低、温度高、水量大、水质佳,大多属于治疗性温泉,且温泉所在区域景色宜人,成为吸引游客的旅游胜地。

要点1　七仙岭温泉

(1)七仙岭温泉距保亭县城10千米,处于海南最大的温泉旅游区;(2)最高水温达到93 ℃,富含锂、锶、锌等元素,属硅酸重碳钠型水,是理想的医疗保健矿泉水;(3)温泉池都用天然卵石垒砌,依山势而建,高低错落,形态各异;(4)在这里泡温泉的同时,可领略奇峰异岭、少数民族风情和热带田园风光。

小贴士　这里是海南目前唯一的以"热带雨林"和"野溪温泉"为主题的温泉区,那些隐蔽在森林里、与野鸟相伴的深山温泉池都用天然卵石垒砌,依山势而建,高低错落,形态各异。

要点2　兴隆温泉

(1)兴隆温泉地处海南兴隆华侨旅游区的华侨农场境内;(2)该温泉共有十几个泉眼,水温长年保持在60 ℃左右,水中含有丰富的矿物质,蒸腾的水汽带有淡淡的清香;(3)据海南省地矿泉水协会专家介绍,兴隆温泉水中可溶性二氧化硅和氟的含量较高,可称为"氟硅水";(4)兴隆温泉是海南岛开发使用较早,也是海南名气最大的地下矿泉水资源,位于海南东海岸黄金旅游线上。

小贴士　1965年,广东省地质局综合调查队曾对兴隆温泉进行过调查;1980年,由广东省地质局海南地质大队在该地区进行钻探,共打出了20多眼温水孔;1992年,海南省环境地质研究所打了5眼热矿水孔。自1994年正式开发利用以来,兴隆温泉已发展成为我省著名的旅游度假胜地。

要点3　南田温泉

(1)南田温泉位于三亚市东南的南田农场中;(2)日排量8 000多立方米,平均水温57 ℃,含有的氟、钠、锌、氡、钾等多种对人体有益的天然硅酸矿泉,属低温温热矿水;(3)水中氟含量2.04～7.7 mg/L,偏硅酸含量68.511 7 mg/L,均达到命名矿水深度标准,氡含量44.36～59.86 Bq/L,达到医疗价值浓度的氟硅型医疗热矿水开发标准。

小贴士　南田温泉依山傍水,独有的硅酸、氟、氡"三料"温泉引发温泉健康新概念。1997年11月7日被国家工商总局注册为"神州第一泉"。在全国首家推出了香茶泉、香酒泉、咖啡泉、中药泉、椰奶泉、鱼疗泉、冲浪泉、按摩泉、水上乐园和温泉泳池等项目。

要点4　蓝洋温泉

(1)蓝洋温泉,位于儋州市蓝洋镇峡谷处,距儋州市12千米;(2)该温泉带占地2平方千米,日自流量达2 000吨以上,是海南较大的温泉之一;(3)水温43~87 ℃,最高达93.7 ℃,有世界奇泉(冷热泉)之称,热泉和冷泉只一石之隔,冷热分明,为世间所罕见;(4)1996年,经专家现场勘查,评定蓝洋温泉为无色、无味、无臭,清澈透明的热矿水。

📖 **小贴士**　蓝洋招牌项目——温泉"无火火锅"。砌石为灶,挖坑为锅,沸泉为汤,三五成群地围坐,只管将鱼片、鸡块、猪排、蔬菜搁置其中浸泡,无火无烟,不消片刻,鲜嫩无比并且有特殊清香味的温泉餐天然而就。

要点5　官塘温泉

(1)官塘温泉位于琼海市白石岭山脚下,距东线高速公路琼海温泉出口处3千米,总面积20多平方千米;(2)温泉水出口温度70~90 ℃,富含偏硅酸、氟、锶、溴、碘等微量元素,还含有锶、溴、碘、锂等多种成分;(3)琼海官塘温泉,因其硫化氢含量较高,被俗称为"鸡蛋臭"温泉,实际上它的学名是"硫化氢泉",又因其水质中氡的含量较高,所以官塘温泉又是有名的"放射性氡泉";(4)1994年经专家鉴定,官塘温泉水是"世界少有,海南无双"的温泉热矿水,属含氟、硅、锶的低矿化度、低铁的氯化物重碳型热矿泉水,可作为旅游、淋浴和氟、硅医疗热矿水开发利用。

📖 **小贴士**　官塘地热田热矿水位于海南琼海市西南部,分布于万泉河南岸,矿区面积36.5平方千米。传说神奇,早闻名于清末民初。20世纪30年代南洋巨商、万金油大王、爱国侨领胡文虎先生曾投资开发,在东南亚一带有一定影响。日本侵琼期曾筹建温泉疗养院。当地居民早有沐浴温泉镇静止痛、活络心血、刺激兴奋、祛风祛湿、消斑美容等治疗慢性病和皮肤病的习惯。

要点6　九曲江温泉

(1)位于琼海九曲江北岸,日流量64.8立方米,水温高达75 ℃,因该处温泉热水矿物质含量达7.44 mg/L,就矿化度而言,是海南最咸的温泉;(2)其中硅酸含量最高达136.5 mg/L,氟3.12 mg/L,锶23.7 mg/L,所以九曲江温泉可命名为"硅、锶、氟型医疗热矿水",具有较高的医疗价值;(3)现在,九曲江温泉水已被远距离输送到12千米外的博鳌水城供酒店使用。因此,在博鳌游客只要选一家温泉酒店入住,便可以享受到这一海南最咸的温泉。

📖 **小贴士**　温泉是琼海博鳌水城开发的重要资源。自1996年12月至1998年3月由开发商投资在博鳌周围145平方千米范围内进行勘探,经过艰苦努力,终于在博鳌西南约12千米的九曲江地区寻找到极具开发价值的温泉井群,从而完善了博鳌水城温泉配套功能。为此,博鳌水城将成为目前国内唯一的大型海滨温泉度假胜地。

要点7　观澜湖温泉

(1)位于海口观澜湖度假区内的火山岩矿温泉中心,该中心被开发商设计成了涵盖六大洲风情的特色泡汤主题区;(2)据了解,这个主题区共设有150个冷、热泉汤池及99个流水景观;(3)此处泉水取自地底深达800米处,自然水温在15~43 ℃之间;(4)走进观澜湖矿温泉中心,长达500米的全竹结构的"龙脊长廊"连通着各个风格不同、功能各异的主题区,每一个主题区都有着各自的特色。

要点8　西达温泉

(1)位于澄迈县西达农场九乐山温泉开发区内,距澄迈县城40千米,交通便捷;(2)此地年平均气温23.5 ℃,是琼北地区一个新崛起的休闲度假旅游胜地;(3)据专家初步探测,温泉地带长2千米,现有自喷泉多处,其中两眼地矿热水深井日涌水量5 460立方米,从古至今长流不息,且透明无污染,水温57.1 ℃,氟含量11.7 mg/L,偏硅酸含量104 mg/L,其他各项指标均达到国家规定的医疗热矿水标准;(4)西达温泉以其良好的医疗保健功效闻名遐迩,是琼岛最理想的沐浴医疗热矿水,被当地人称为"洁身龙水"。

> **小贴士**　1993年海南省农垦总局和澄迈县人民政府批准设立九乐宫温泉开发区,同年省农垦总局设计院完成了开发区的总体规划,经专家评审后获海南省政府批准。近年来,西达农场先后投入1 000多万元在加强交通、通讯、能源等基础设施建设的同时,建成了九乐宫温泉度假山庄,并于2002年3月16日正式营业,吸引了四方游客。

要点9　田园小鱼温泉

(1)位于三亚市凤凰镇压东3千米处的水蛟村,从三亚市驱车20分钟左右便可到达;(2)田园温泉泉眼处水温60 ℃,池水42 ℃,共有88个浴池,可根据个人需要沐浴特色浴;(3)此处温泉水属碳氢钠泉,是温泉中的极品,其水中富含稀有元素氡,又称"氡泉";(4)此处温泉有一种体长不到2厘米的小鱼,这种小鱼能在水温高达43 ℃的温泉水里畅游,最奇特的是当人进入浴池中,小鱼便将人团团围住,专门啄食人体上死去的皮质和一些只有在显微镜下才能看到的细菌,不但可以刺激表皮神经,促进血液循环,还能起到畅通毛孔的作用。

> **小贴士**　据称,田园小鱼温泉成为全球第二家温泉鱼疗(第一家是著名的土耳其温泉鱼疗浴,全球仅此两家)。这里所有的建筑及园林设计遵循着简朴自然的风格,不刻意追求模仿,不显雕饰痕迹,让人觉得亲切自然如回归的感觉。

要点10　阜许温泉

(1)位于白沙县七坊镇阜许村的光雅至青松3千米处,距县城28千米;(2)其泉眼在一处石缝中,清冽的泉水源源不断地从砖红色的巨石石缝里流出来,终年保持着"涓涓细流",旱不断流,涝不涨水;(3)温泉旁边是一条冷泉,冷泉和温泉在下游一米左右的地方汇合,在冷热泉汇聚的小溪里,有众多小鱼直奔珠碧江而去。

> **小贴士**　据专家考证:阜喜温泉属于硅酸重碳钠型水,相较于木棉温泉温度稍低一些,硫黄含量也少一些,但是泉水非常清冽,常年水温保持在40 ℃左右。

4.5　火山与溶洞

4.5.1　火山景观

要点1　琼北地区的火山资源

(1)远古时期的海南岛是一个火山喷发活跃的地区,全岛现存的火山口目前还有100余个,主要集中在海南岛北部的海口、临高、文昌、洋浦开发区等地,面积约有4 000平方千米;(2)琼北地区的火山口密度在我国大陆地区是最高的,最近的一期喷发发生在8千年前,目前处于休眠状态;(3)由于建立了火山监测台网,可对地下岩浆活动进行长期监视;(4)海南的火山带来了丰富的物种、矿产和优质的地下水。

要点 2　海口石山火山群

(1)海口石山火山群位于海口市西南 15 千米的石山、永兴两镇境内,属地堑—裂谷型基性火山活动地质遗迹;(2)区内火山群面积约 108 平方千米,分布 40 座各种类型的火山和 30 余条熔岩隧洞,蕴藏丰富的优质饮用矿泉和疗养地热水,保存有被喻为海口城市"绿肺"的热带原生林和独具特色的玄武岩石器古民居;(3)海口石山火山群以其火山成因的典型性、类型的多样性、形态的优美性、矿泉的珍稀性和火山生态的完整性而成为国家重要的地质遗迹;(4)海口火山群是世界罕见的第四纪火山群,其类型之多样,熔岩景观之丰富,熔岩隧道之神奇,实为罕见的火山奇观。

小贴士　当今,海口石山火山群(口)已建造成一座具有火山文化、生态园林、特色建筑的主题公园——中国雷琼海口火山群世界地质公园。

4.5.2　溶洞景观

要点 1　石花水洞

(1)石花水洞在儋州市八一总场内海拔约 200 米的英岛山上,距儋州市区约 30 千米;(2)该溶洞由旱洞和水洞组成,旱洞长约 2 000 米,水洞约有 3 000 米长,水深多在 5~7 米,最深处有 10 米以上;(3)石花水洞内,造型奇特、形态各异的钟乳石或悬挂洞顶,或拔地而起,美不胜收;(4)洞里有国宝级奇品——卷曲石,位于旱洞中部的顶部,大约有 1 010 平方米之多。

小贴士　1998 年,八一总场进行石灰石采掘时,在英岛山意外发现了一个石花溶洞。次年,中国地质学会洞穴研究专家考察后认为,这是中国乃至世界上都十分罕见的石花溶洞,形成于 140 万年以前,并当即建议将其命名为"石花水洞"。石花水洞"山灵、水秀、洞幽、石奇",确是一部活生生的地质科普教科书,更是观光游览的好去处。

要点 2　落笔洞

(1)落笔洞位于三亚市荔枝沟镇良坑坡,距市区 14 千米;(2)洞内有 1 万年前旧石器时代的古人类遗址,洞壁刻的"落笔洞"三字,是元朝云从龙所书,至今有 900 余年;(3)绝顶有石形如鼓,敲击有声;洞内有石马、石犬、石猴、石虎和石桌等各种形状的天然奇观。

小贴士　落笔洞遗址是迄今为止海南岛发现最早的人类聚居场所,它的发现将海南省先民的居住历史延长至一万年左右,具有悠久的历史和丰厚的文化底蕴,同时也是研究海南新石器文化来源的重要历史遗址,并有"北有周口店,南有落笔洞"之说。2001 年,该遗址被定为国家级文物保护单位。

要点 3　仙龙溶洞

(1)仙龙溶洞,又名"千龙洞",因附近的千龙苗村而得名,位于保亭县城西 30 千米处;(2)该溶洞占地面积 133.33 多公顷,海拔 500~700 米,全长 400 多米;(3)仙龙溶洞中有山,山中有洞,神秘、奇特,石笋、石塔、石幔等,鬼斧神工,造型奇特,令人叹为观止;(4)其四周气候温和,四季如春,风景优美,山体壮观,堪称大自然恩赐之自然景观一绝。

小贴士　仙龙溶洞是目前海南省发现较大的溶洞,也是中国最南最长(23 千米)的溶洞景观。置身于"龙王探宝""仙女下凡""石羊吮乳""灵芝宝石"等如人工雕琢、形神兼备、栩栩如生的神奇世界,令人击节叫绝。

要点 4　猕猴洞

(1)猕猴洞位于东方市境内西部大广坝旅游风景区猕猴岭上;(2)该洞深百余丈,洞内面积2 000多平方米,洞口周围的山脊密密的长着油楠、子京、青梅等参天古木;(3)洞厅里石笋丛生,石像林立,形态各异,栩栩如生,惟妙惟肖;(4)前洞厅里还有两个小洞厅,形似一座寺院,"寺院"后面有一根奇特的石柱,犹如一座古钟,用手重击,可发出浑厚的响声,余音袅袅;(5)后洞厅面积较大,可容纳千余人。

要点 5　皇帝洞

(1)皇帝洞位于昌江县王下乡牙迫村东,距县城石碌镇60千米,是海南重点自然保护区之一;(2)在洞的东南方,有一自然形成的15级台阶,有一平台上立有90米长的天然形成的"太师椅",两侧站有两排石卫士,椅上坐着一石人,酷似皇帝登居,故此得名"皇帝洞";(3)洞宽约60米,深约130米,高25米,面积约7 800平方米,可容纳上万人;(4)洞底东高西低,向南倾斜,洞内小径蜿蜒曲折,洞厅呈拱形,平坦宽敞,壮丽堂皇。

> **小贴士**　皇帝洞依山傍水,洞外群山环抱,层峦叠嶂,流水潺潺;洞内钟乳石成群。洞口就在南瑶河边,从远处眺望,像一头张口的大水牛。上下洞口前有一道石墙,高约3米,乃古代防御工事,在洞内曾发现石斧、石网壁以及汉代印纹硬陶残片等器物。

单元三
海南人文旅游资源

【单元导读】

海南,作为中国乃至世界的重要旅游目的地,旅游资源的利用已经达到了一定的程度,特别是在海洋旖旎的热带风光已经得到了较好的利用的同时,海南人文旅游资源也得到了一定程度的挖掘、丰富与利用,本单元分两个模块对此加以介绍。

第一模块,介绍了从汉代以前到海南建省后的复杂化和多元化的移民、琼籍华侨以及南北朝之前伏波将军至现代李向群等44位历史名人的简况。同时,分七类重点介绍了海南的历史遗迹:(1)古人类遗迹——昌江燕窝岭等8处旧石器时代的旷野遗址和白沙新村等2处新石器遗址;(2)古城遗址:中和古镇、古崖州城、昌化古城、定阳古城、明代水会守御所古城;(3)古文化遗址:五公祠、文昌孔庙、临高文庙、冼夫人庙、东坡书院、琼台书院、溪北书院、海底村庄遗址和白马井古迹;(4)传统村落:三亚市崖城镇保平村、定安县龙湖镇高林村、东方市江边乡白查村、文昌市会文镇十八行村、海口市琼山区上丹村、海口市龙华区遵谭镇东谭村、海口市龙华区新坡镇文山村;(5)陵墓与名人纪念地:湾头伊斯兰教徒古墓葬群、海瑞墓、丘濬墓、西沙海战烈士陵园、李硕勋烈士纪念亭、张云逸将军纪念馆、石峡海瑞祖居、宋氏祖居、张氏宗祠和蔡家大院;(6)古代及近现代建筑:黎族船形屋、黎族茅屋、黎族寮房、涅槃塔、美榔姐妹塔、见龙塔、龙梅村古建筑、桄榔庵、府城鼓楼、封平约亭、海口骑楼、五指山民族博物馆和海南比干妈祖文化园;(7)近现代历史纪念地:苏维埃政府旧址、琼崖公学纪念亭、白沙起义纪念碑、琼崖红军云龙改编旧址、母瑞山革命根据地纪念园和红色娘子军纪念园、海口秀英古炮台、毋忘九•一八国耻纪念碑和玉包港登陆作战纪念碑。

第二模块包含九个方面,介绍了海南主要传统习俗与特色风情方面的知识:(1)大众民俗:春节、中秋节、"公期"、龙水浴、二月二祭海、妈祖祭奠和元宵送灯;(2)生活习俗:老爸茶(店)、"打边炉"、文昌木屐、汉族婚俗;(3)黎苗习俗:黎族婚俗、黎族丧葬、黎族祭祀、黎族文身、黎族历法和苗族习俗;(4)五种宗教:佛教、伊斯兰教、天主教、基督教和道教;(5)地方戏曲:琼剧、人偶同台木偶戏、公仔戏;(6)特种器乐:海南八音、海南斋醮科仪音乐、黎族竹木器乐、鼻箫;(7)民族歌舞与歌曲:黎苗歌谣、儋州调声、临高渔歌、黎族老古舞、黎族竹竿舞、黎族春米舞和海南旅游歌曲;(8)旅游文化节庆:换花节、"三月三"节、冼夫人文化节、儋州中秋歌节、海南国际椰子节、三亚天涯国际婚庆节/海南婚庆节、中国南山长寿文化节、中国海南岛欢乐节、中国海南七仙温泉嬉水节、海南书香节、海南省艺术节等;(9)最具代表性体育赛事:环海南岛国际公路自行车赛、环海南岛国际大帆船赛(海帆赛)、海南金椰子高尔夫公开赛、万宁日月湾国际冲浪赛、万宁国际海钓精英赛、中华龙舟大赛(万宁站/陵水站)和海南国际马拉松赛。

【重要读点】

1. 海南历代移民基本特征、琼籍华侨基本情况。

2. 海南历史名人简况。

3. 海南历史遗迹中的重点内容：古城及古文化遗址、传统村落、古代及近现代建筑、近现代历史纪念地。

4. 海南主要传统习俗与特色风情方面的重点内容：黎苗习俗、地方戏曲、特种器乐、民族歌舞与旅游歌曲、旅游文化节庆。

模块 5　移民文化与历史遗迹

5.1 历代移民

小贴士　海南岛自古就是一个移民岛，移民开发是海南社会发展的一大特点。海南最初的移民是来自琼州海峡北岸的岭南地带，后来的移民不仅来自两广沿海，还有来自北方中原的居民；他们当中有朝廷派遣的官兵，也有从事商贸和其他行业的"善人"。

要点 1　汉代以前的移民

(1)有关研究表明，3 000 年前，两广和越南北部的百越族的"骆越"人，习惯上被认为是最早迁移到海南岛的居民；(2)海南设治前，即汉武帝元封元年(公元前 110 年)前，已从广西、广东移居有黎人、临高人和少许汉人约 10 万余户人家；(3)据《琼台外纪》一书记载，"武帝置郡之初，已有善人三万之数"，后汉时，移民渐增，"建武二年(26 年)青州人与二子祈、律，家临高之南村，则东汉有父子至者矣"。(这是对海南移民具体地域、姓氏和落籍地点的最早记载——编者注)。

小贴士　五指山原是海南黎族居住最集中的地区，如今，黎族主要集中在海南白沙县的山区，形成一个完整的方言区，至今仍未分散。

要点 2　隋唐宋时期的移民

(1)至隋末唐初，俚族女英雄冼夫人使海南与雷州半岛有"千余峒俚人归附"，俚人集群式迁移海南；(2)唐代移民海南以晚唐最盛，这一时期的移民有官员、驻防军人及其家属，又有商人和手工业者，还有因交通贸易或被当地豪强劫持而居留的波斯人；(3)海南历史上第一次大规模移民出现在宋朝，移民有 10 万之众，源自闽南人的迁居，其成分仍然是征戍守者、商人、渔民以及由于政治等原因流落此地的名宦士人；(4)宋朝回民的迁入，是海南移民史上的大事，他们多次从不同口岸进入海岛，作为一支独立的民族，主要聚居在现今的三亚、儋州、万宁以及海口，并不断吸引岛外回民迁居岛上。

小贴士　俚人入居改变了海南人口的地理分布，其聚居的地域除了海南岛西北外，开始指向岛的南部和东南部，形成了一个环状地带。唐代移民海南突出特点是其成分比过去更加复杂化和多元化,高官被贬,也以此时最多。宋朝时期给海南岛带来最大影响的是宋代大文学家苏东坡,政治家李纲、赵鼎、李光、胡铨等人。

要点3　元明清时期的移民

(1)据《元史》记载,海南移民的主要方式是屯田,当时在海南屯兵落籍的就有1.3万人,屯户0.65万人,主要分布在岛的东北部;(2)明代,海南人口在洪武二十六年(1393年)已达29万余,较之元代增加了44%;(3)明万历四十二年(1614年),广西苗兵驻防崖州安东营(今海南乐东黎族自治县),军队撤防后,苗兵定居海南并逐步发展成为世居海南的苗族,现以琼中、保亭两县最为集中,另外主要聚居在海南乐东等中部和南部山区一带;(4)清朝,海南移民已高达217万多,几乎是明代的5倍,按清朝统治时间和人口比例计算,当时平均每年有万人迁居海南,这一时期迁居海南最多的是客家人。

小贴士　海南自有人类开发足迹以来,西部人口长时间处于领先地位,到了明末则是东部人口压倒西部。苗族原籍主要在湖南、广西、贵州几省(自治区),一部分作为军队调进海岛,还有一部分则是为谋生、避乱而来。

要点4　近代的移民

(1)据记载,1902—1911年,海南迁往新加坡和暹罗(泰国)两地的人口,平均每年达2.7万人,同时从两地每年返回的则有1.2万人;(2)这一时期全岛许多小城镇相继衰落,代之而起的是大市镇,人口开始向大市镇集中的地域转移,最明显的是原琼山县城。它历来为琼州府城,明清时代商务旺盛,到咸丰八年(1858年)海口开埠后,逐渐被海口所取代;(3)1926年海口设市,人口已达4.5万,府城却只有1600余户,充其量不过1万人。抗日战争时期,海南人口235万,其中来自福建的移民达150万。

小贴士　鸦片战争,列强入侵,海南岛的移民状态首次出现了双向移动的模式。一方面表现内地居民为躲避战乱继续往海南岛流入,另一方面则是本岛居民向海外南洋各地流出和返回。汉人向海南迁居的历史,也打开了海南人向东南亚各国再移民的历史。海南最早移民的地方是越南,后来扩展到东南亚,伸延到世界各国,又以东南亚居多。

要点5　现代的移民

(1)20世纪50年代的"种植橡胶热",使大批转业军人、干部、知识分子和海外归侨留在海南;(2)20世纪60年代的"垦荒热",海南来了大批广东及其他地方的知识青年;(3)20世纪70年代的"三亚南繁育种热",国内许多省份的农业科技人员和育种的农民来到海南;(4)20世纪80年代的"建省热"中的"十万人才过海峡"及"公司热"为海南带来新的一批移民;(5)进入21世纪以来,大规模的移民潮已渐趋正常,但越来越多的各界成功人士在海南置办其第二套住房,还有一些老年人来海南过冬,成为海南长期居住或经常到海南度假的另一种"移民"。

要点6　入琼始祖来自福建莆田最多

(1)据海南省迁琼先民研究会学者伍尚光的《海南移民史略》记载:中国现在见于文献的姓氏有560个,海南人的姓氏数以百计;(2)海南的先祖大多数是来自福建莆田,且各姓族基本上都有族谱、族坟、族祠;(3)此外还有来自广东、广西、河南、陕西、江西、浙江、江苏、安徽等地区的姓族;(4)海南的吴、李、黄、王、赵、张、周、陈等姓都是唐宋移民海南的始祖,人口繁衍多,也是当今中国的100个大姓中的姓。

5.2 琼籍华侨

要点1 海南是中国三大侨乡之一

(1)海南华侨数量仅次于广东和福建两省;(2)旅居海外的琼籍华侨、外籍琼人和港澳台同胞近300多万人,分布于世界60多个国家和地区,其中50%聚居在泰国、新加坡、马来西亚等东南亚国家;(3)海南省内归侨、侨眷有100多万人,占全省总人口的14%,主要分布在海口、文昌、琼海、万宁等地,其中文昌归侨和侨眷占全省归侨和侨眷总人口的70%。

要点2 海南出洋第一人

(1)据《琼州海洋交通考》记载,1481年6月,海南籍人士林荣官至礼科给事中,奉命出使马六甲;(2)林荣从海口乘帆船取道琼州海峡,南下走西贡和曼谷,最后抵达马六甲——林荣是海南人出洋的第一人。

要点3 历史上海南人大批移居海外的3次高潮

(1)第一次在明代,郑和七下西洋,南海航线活跃,海南人大批移居到外国;(2)第二次在清代康熙年间,海南人口繁衍,相当数量的人口开始由海南岛向海外移居,清末海南沦为半殖民地,大批无地农民和失业者被迫迁徙南洋;(3)第三次在民国时期,当时社会动乱、经济萧条,大批海南人移往泰国、新加坡等国和我国两广地区。

要点4 海南人多被贩卖诱骗出洋的史记

(1)自1876—1913年的37年间,海南人多被视为"猪仔"被贩卖到南洋;(2)法国、丹麦、奥地利等国的移民公司在琼设立招工馆实为"猪仔馆",在琼办理新加坡、暹罗(泰国)等地的招工,大量诱骗海南人出洋,进行转卖;(3)有史学家说,自琼州开埠至1928年,列入海关统计的,自海口被贩卖出洋的人数约在130万左右。

> **小贴士** 1858年,清政府签订了《天津条约》,琼州被开发为通商口岸;1876年,海口正式开埠设立海关;可以肯定的是,华侨及其后裔的人数已占海南岛总人数的三分之一。

要点5 海南华侨回琼的史记

(1)1951年10月31日,首批756名难侨从广州辗转来到万宁的兴隆,开辟了我国第三个华侨农场;(2)后来借鉴兴隆的经验,海南还创办了琼海彬村山、澄迈、东方、文昌四个华侨农场。

> **小贴士** 兴隆华侨农场,先后安置了20多个国家和地区的2万多名侨胞,成为亚、非、欧美等地风土人情的缩影,被誉为"归侨之家"。

要点6 海南华侨创设社团的史记

(1)在世界各地的海南华侨、华人成立社团组织230个;(2)有佛教、伊斯兰教、天主教、基督教等4种宗教,信教徒有5.6万多人;(3)全省有省、地(市)、县爱国宗教团体26个。

5.3 历史名人

5.3.1 南北朝以前

要点1 路博德(生卒年月不详)

(1)西汉名将,汉代西河平周(今内蒙古)人,被汉武帝任为伏波将军;(2)据《旧唐书·

地理志》记载:汉武帝时南越丞相吕嘉发动叛乱,杀害汉朝使节和南越王赵兴及王太后,"汉武帝元封元年(公元前110年),遣使自徐闻南入海,得大洲,东西南北方一千里,略以为珠崖、儋耳二郡",实现了中央政权对海南的直接统治;(3)路博德后来因犯事削爵贬官,以强弩都尉终。

小贴士 伏波将军是古代对将军个人能力的一种封号,伏波其命意为降伏波涛,历朝历代中曾出现多位被授予伏波将军的人物。第一位出任伏波将军的即汉武帝时候的路博德。

要点2 杨仆(? —约公元前108年)

(1)西汉宜阳(今河南宜阳)人,曾任御史、主爵都尉;(2)汉武帝元封元年(公元前110年)秋,被封为楼船将军,协同伏波将军路博德率大军平定南越国丞相吕嘉叛乱,次年冬平定,封将梁侯;(3)据传文昌北岸的焚楼山是其最初登陆海南岛的地方;(4)道光《琼州府志》卷六《建置·城池》载,汉儋耳郡城为其所建。

要点3 马援(公元前14年—公元49年)

(1)最著名的伏波将军是东汉光武帝时候的马援,其字文渊,扶风茂陵人(今陕西兴平市东北);(2)其祖先即战国时期赵国名将赵奢,赵奢号马服君,秦灭赵后,子孙为避祸而以马为姓;(3)马援在光武帝建武十七年(41年),被任命为伏波将军南征平叛,来往于南海之间,安抚珠崖,公元43年,重置珠崖县,加强了海南岛与大陆的联系;(4)马援将军班师回朝后,朝廷为表彰他的战绩,封为新息侯;(5)建武二十五年(49年)马援在进击武陵"五溪蛮夷"时,在军中病故,后追谥为忠成侯。

小贴士 海南各地几乎都有伏波庙和两伏波的传说,儋州市白马井镇伏波古庙是现存较大的一座。2012年7月,广西防城港市伏波文化园动工建设,面积约6公顷,由伏波文化园景观及伏波雕塑群两部分组成。

要点4 聂友(生卒年月不详)

(1)字文悌,三国时期吴国豫章新淦人,年轻时曾任县吏;(2)吴大帝赤乌五年(242年),孙权任命其为珠崖太守,诏加将军职衔,与都尉陆凯远征海南奏捷,留精兵驻守,治理珠崖郡;(3)还都后任丹阳(治今南京,辖地跨江苏省、浙江省、安徽省之交)太守。

要点5 陆凯(198—269)

(1)字敬风,三国时期吴国吴郡(今江苏省苏州)人;(2)陆凯于黄武年间(222—229)曾任永兴、诸暨县(今属浙江省绍兴一带)县令,有政绩,被任命为都尉;(3)赤乌五年(242年),以儋耳太守职,与将军聂友一起远征海南有功,任建武校尉;(4)吴末帝孙皓即位(264—265),升为镇西大将军;(5)史载其性刚直,常以敢谏逆旨,官至左丞相。

要点6 冼夫人(约518—602)

(1)广东高州人,原名冼英,南朝高州太守冯宝妻;(2)冼夫人历经梁、陈、隋三代,对海南影响甚大;(3)《琼台志》《琼州府志》等载,其于"梁大同初,请命于朝,置崖州",率部深入海南,平定叛乱,安抚百姓;(4)隋高祖"赐夫人临振县汤沐邑1 500户"后,冯冼家族及其南越俚人开始大规模移居海南,对海南形成较为安定繁荣的局面影响巨大;(5)北宋时期,苏东坡贬琼居昌化(今儋州),期间曾拜谒中和冼夫人庙,写有《和陶拟古·咏冼庙》一诗,成为海南岛本土上现存最早的关于冼夫人的珍贵文学遗产;(6)南宋绍兴年间,应羊郁(儋州人)

请求,宋高宗赵构(1107—1187)赐封儋州中和冼夫人庙为"宁济庙",封冼夫人为"显应夫人",并亲题庙额,这是首次由后世皇帝褒扬冼夫人的御书;(7)隋文帝敕封其为"谯国夫人";(8)日本侵琼期间,东京帝国大学学者小叶田淳在《海南岛史》一书中,把冼夫人的时代称为"海南岛的黎明期",成为第一个高度评价冼夫人的外国人;(9)周恩来总理称誉冼夫人为"我国历史上第一位巾帼英雄";(10)在海南,没有一位历史人物的庙宇在数量上与冼庙处在一个等级。

小贴士 2014年年底,海南省报送的"冼夫人信俗"被列入第四批国家级非物质文化遗产扩展项目名录。

5.3.2 唐宋时期

要点1 王义方(615—669)

(1)唐泗州涟水(今属江苏省)人,曾任晋王府参军、值弘文馆、太子校书等职,素与刑部尚书张亮友善;(2)唐贞观年间(627—649),因张亮被诛,受牵连贬为儋州吉安县(今昌江黎族自治县棋子湾)丞,召集各峒首领商议,创办学校,挑选子弟,亲自为其讲经传学,教授礼乐,一时文风大变。

小贴士 王义方为见于史载第一个在海南少数民族地区办教育的人,著有《笔海》10卷、文集10卷等。

要点2 韦执谊(769—814)

(1)字宗仁,唐京兆(今陕西西安)人,少年有才及进士第,授左拾遗;(2)唐贞元十年(794年),为翰林学士,与皇帝李适诗文唱和,深受倚重,后又参与王叔文等人的政治革新运动,成为改革派的核心人物;(3)元和元年(806年),王叔文等人被放逐,同年九月,韦执谊被贬到崖州(今海口琼山区旧州镇)任参军;(4)居崖期间教民开垦荒地,兴修水利,对海南开发有所贡献;(5)元和九年(814年),卒于贬所,墓葬在今海口市琼山区十字路镇雅咏村。

要点3 李德裕(787—850)

(1)字文饶,唐赵郡(今河北赵县)人,唐代政治家、文学家;(2)其早年以门荫入仕,历任翰林学士、兵部尚书、中书侍郎、淮南节度使等职;(3)他曾在唐代文宗大和七年(833年)和武宗开成五年(840年)两度为相,但因党争倾轧,多次被排挤出京;(4)大中二年(848年),被贬为崖州(今海口琼山区旧州镇)司户参军,次年正月,辗转到达崖州,同年底卒于贬所,被追赠尚书左仆射、太子少保、卫国公,今为海口五公祠奉祀的五公之一。

小贴士 李德裕平生好读书作文,虽处境凄愁仍作《穷愁志》数十篇,又有《次柳氏旧闻》《会昌一品集》行世。居崖期间曾往祭韦执谊墓,作《祭韦相执谊文》。李德裕死后,历朝历代对他都评价甚高。李商隐在为《会昌一品集》作序时将其誉为"万古良相",近代梁启超甚至将他与管仲、商鞅、诸葛亮、王安石、张居正并列,称他是中国六大政治家之一。

要点4 苏轼(1037—1101)

(1)字子瞻,号东坡居士,北宋眉州眉山(今四川乐山市眉山县)人,北宋著名政治家、思想家、文学家;(2)他的诗清新自然,大巧若拙,题材广阔,风格多样,是宋诗走向成熟的标志;(3)1097年,62岁的苏东坡被贬海南儋耳(今儋州市),视"海南万古真吾乡"(苏诗),敷扬文教,乡人多受其惠,至今儋州人也多好吟诗作对;(4)元符三年(1100年)5月,朝廷下诏徙廉州(今广西合浦),他得以迁回内地,但对海南至为留恋,因而写下《儋耳》《别海南黎民表》等诗文,表达欲去还留心情;(5)为纪念苏东坡,海南人民在儋州建了东坡书院(后扩建为东坡公园),在海口建造了苏公祠。

> **小贴士** 苏轼北归途中卒于常州(今属江苏省),追赠资政殿士、太师,谥号文忠。苏轼一生著作极丰,其中后人收集整理其居琼3年的大量诗文,编成《居儋录》(又名《东坡海外集》)一书,是研究宋朝海南经济社会状况的重要资料。

要点5　姜唐佐(生卒年月不详)

(1)字君弼,北宋琼山县(今海口琼山区)人,为苏轼居儋州时的学生;(2)宋哲宗元符二年(1099年)9月至次年3月从学于苏东坡;(3)苏东坡"甚重其才",赞扬他的文章"文气雄伟磊落,倏忽变化",言行"气和而言道,有中州人士之风。"

> **小贴士** 苏东坡遇赦离琼时,赠姜唐佐一句诗:"沧海何曾断地脉,白袍端合破天荒。"并对他说:"异日登科,当为子成此篇。"不久,姜唐佐果然中举,成为海南历史上第一个举人。崇宁二年(1103年),姜唐佐在汝阳遇苏辙,时苏轼已去世;苏辙为胞兄给姜唐佐补足赠诗曰:"生长茅间有异芳,风流稷下古诸姜。适从琼管鱼龙窟,秀出羊城翰墨场。沧海何曾断地脉,白袍端合破天荒。锦衣今(一作他)日千人看,始信东坡眼力长。"

要点6　符确(生卒年月不详)

(1)北宋昌化军(今海南东方、昌江、儋州一带)人;(2)北宋大观二年(1108年),参加乡试中第一名举人(解元);(3)三年赴京礼部会试登进士第(贾安宅榜),成为史籍明载的海南历史上第一位进士;(4)官至承议郎,先后任广东韶州和化州(均属今广东省)知州,政绩显著;(5)晚年回乡,购买盐田,将其收入建"兴贤坊"(后改为"兴贤堂")教育后代。

> **小贴士** 兴贤坊兴建后,儋州人文渐盛。明代琼山进士唐胄《修建儋州儒学记》称"琼之有士,始乎儋。"

要点7　李纲(1083—1140)

(1)字伯纪,号梁溪,祖籍福建邵武,后迁江苏无锡;(2)北宋政和二年(1112年)考中进士;(3)南宋建炎三年(1129年)因反对京都南迁避敌而被贬,抵琼管安抚司,宿琼管安抚司(今海口市琼山区府城镇华远馆),3天后遇赦听还北归,在琼仅10天,未到万安军;(4)后屡陈抗金大计,均未被采纳,卒谥忠定。

> **小贴士** 李纲著有《梁溪集》,180卷,附录6卷。李纲今为海口市五公祠奉祀的五公之一。

要点8　赵鼎(1085—1147)

(1)字元镇,自号得全居士,南宋解州闻喜(今属山西闻喜礼元镇)人,宋代名臣,曾任右司谏侍御史、参知政事;(2)他支持岳飞抗金,并荐其为统帅,因反对秦桧投降而数遭贬谪,最后于1145年贬到海南;(3)赵鼎死后被宋孝宗封为丰国公,赠太傅,谥忠简。

> **小贴士** 赵鼎被称为南宋中兴贤相之首,善文、诗、词,著有《忠正德文集》《得全居士词》等。今为海口市五公祠奉祀的五公之一。

要点9　李光(1078—1159)

(1)字泰发,北宋越州上虞(今属浙江省)人,宋代名臣,曾任参知政事、资政学士;(2)因反对秦桧投降的和议而一再被贬,1131年被贬琼州(今海口琼山);(3)1155年,秦桧死后,李光复职,回京途中死于江州(江西九江),赐庄简公。

> **小贴士** 李光居琼10余年,虽身处逆境,仍论文考史,著《儒学记》等,年逾80仍精力不衰,海南亭台楼阁多有题咏。今为海口市五公祠奉祀的五公之一。

要点10 胡铨(1102—1180)

(1)字邦衡,号澹庵,吉州庐陵芗城(今江西省吉安市)人;(2)南宋政治家、文学家、爱国名臣,庐陵"五忠一节"之一;(3)绍兴十八年(1148年),因上书高宗,揭露对金国议和阴谋且请斩秦桧、王伦等,被贬昭州(今广西平乐县)等地;(4)后被贬至吉阳军(今海南三亚崖城镇),居海南10年;(5)淳熙七年(1180年)卒,赠通议大夫,谥忠简。

> **小贴士** 胡铨与李纲、赵鼎、李光并称为"南宋四名臣",著有《澹庵集》等文集,今为海口市五公祠奉祀的五公之一。

要点11 王二娘(生卒年月不详)

(1)女,南宋澄迈县(今海南澄迈县)人;(2)夫姓吴,其家族累世立功边陲,故三代受朝廷诰命;(3)其母黄氏,南宋绍兴年间(1131—1162年)以统领黎族百姓归顺朝廷有功,被封为宜人;(4)淳熙八年(1181年),王二娘袭母封号,称王宜人,统领36峒;(5)因其善用人,有服众能力,琼管安抚司对各黎峒发号施令需经她布达,众黎才服从,统领期间境内安定。

要点12 白玉蟾(1134—1229)

(1)原名葛长庚,字白叟、如晦等,号海琼子、海蟾、琼山道人等,世称紫清先生;(2)北宋琼管安抚司琼山县五原都显屋上村(今海口琼山区石山镇典读村)人,6岁丧父,母改嫁澄迈县白家,改名白玉蟾;(3)7岁能赋诗,12岁应童子科落第,16岁时云游养真于儋州松林岭,23岁到各地求师,后入武夷山师从道教,并遵师命至黎母山遇真人授"上注法箓洞法玄累诀",创立道教南宗宗派;(4)此后,往来于武夷、天台、金华等名山,收徒传道;(5)嘉定年间(1208—1225)诏入太乙宫中,为皇帝讲道,被封为紫清明道真人;(6)绍定二年(1229年)卒于盱江(今江西省境内,一说卒于今海南定安县文笔峰)。

> **小贴士** 白玉蟾平生博览群经,无书不读。书法善篆、隶、草,其草书如龙蛇飞动;画艺特长竹石、人物,所画梅竹、人物形象逼真;又工于诗词,文词清亮高绝,其七绝诗《早春》被收入传统蒙学经典《千家诗》。所著《道德宝章》,文简辞古,玄奥绝伦,独树一帜,被收入《四库全书》。白玉蟾是海南历史上第一位在全国有影响的文化名人。

5.3.3 元明清时期

要点1 黄道婆(1245—1330)

(1)黄道婆,女,元松江府乌泥泾(今属上海市)人,幼时为童养媳,因不堪虐待流落崖州(今三亚市崖城镇),居约40年;(2)她以道观为家,劳动、生活在黎族姐妹中,并师从黎族人,学会运用制棉工具和织"崖州被(黎锦)"的方法,总结出"错纱、配色、综线、挈花"的织造技术;(3)元贞年间(1295—1297),返回故乡,教乡人改进纺织工具,制造擀、弹、纺、织等专用机具,织成各种花纹的棉织品,对促进长江流域棉纺织业和棉花种植业的迅速发展起了重要作用;(4)后人誉之为"衣被天下"的"女纺织技术家",其卒后,琼、沪两地乡民均立祠奉祀。

> **小贴士** 黄道婆去世以后,松江府曾成为全国最大的棉纺织中心,松江布有"衣被天下"的美称。为弘扬元代纺织革新家黄道婆的丰功伟绩和激励后来者,2003年上海徐汇区文化局、华泾镇人民政府共同出资在其墓地旁建造了黄道婆纪念馆,陈列展品300余件,展

示了她一生所做的贡献。

要点2　邢宥(1416—1481)

(1)字克宽,号湄丘,明琼州府文昌县水北都(今文昌市文教镇)水吼村人;(2)其少时勤奋聪敏,明正统六年(1441年)乡试中举;(3)正统十三年(1448年)登二甲进士第,入刑部任职,次年,任四川道监察御史;(4)天顺四年(1460年),升任台州(今浙江临海县)知州,在纷繁案件中能逐一公正审理,民甚信服;(5)天顺七年(1463年)受诬告降职,调任福建晋江县令;(6)成化元年(1465年)遇赦复职,改任苏州知州;(7)成化六年(1470年)乞归获准,于水吼村后东昆港北湄山丘盖"湄丘草亭",自号"湄丘道人",至晚年以读书写作自娱;(8)其终后,宪宗命礼部备牲仪,翰林院撰文,遣官谕祭。

> **小贴士**　邢宥著有《湄丘集》10卷,今存2卷;与丘濬、海瑞并称海南"一鼎三足"。

要点3　丘濬(1421—1495)

(1)字仲深,号琼台、琼山、深庵,明琼州府琼山县(今海口琼山区府城镇)下田村人;(2)明正统九年(1444年)乡试中首名举人;(3)景泰五年(1454年),殿试中二甲第一名进士,授翰林院庶吉士,参与编纂《寰宇通志》,书成后任翰林院编修;(4)天顺七年(1463年),上书英宗皇帝请免调琼州卫所官兵参加内地防务,只专门负责琼州治安,使广大琼州军人免除远离乡土之苦;(5)成化二十三年(1487年),编成《大学衍义补》160卷,受到皇帝嘉赏,称为"治世之文",被晋升为礼部尚书,主编《宪宗实录》;(6)弘治四年(1491年)加封礼部尚书兼文渊阁大学士,参与国家军机决策;(7)弘治八年(1495年)春病逝北京,被追封左柱国太傅,谥文庄,御赐葬于家乡水头村五龙池之源;(8)丘濬为官40余载,清廉刚直,有"布衣卿相"之誉,被祀为琼州府乡贤;(9)丘濬同海瑞并称为"海南双璧",与王佐、海瑞、张岳崧被称为海南历史上四大才子,是海南老少皆知的历史名人。

> **小贴士**　丘濬共有226卷作品被收入清乾隆《四库全书》,是海南历史上著作入选《四库全书》最多的作者,其中以系统论述了其经济思想的《大学衍义补》最为著名。据史可查,丘濬政治和哲学思想多有超越前人之处,是迄今世界上最早提出劳动价值理论的人。

要点4　王佐(1428—1512)

(1)字汝学,号桐乡,明琼州府临高县蚕村都(今海南省临高县)人;(2)明正统十二年(1447年)乡试中举,入国子监读书,在庶吉士丘濬门下矢志攻读,苦心著述,誉满京都;(3)景泰六年(1455年),代宗皇帝敕令,为其建立"礼魁坊"以示表彰;(4)成化二年(1466年)出任广东高州同知,成化十年(1474年)改任福建邵武府同知,力主边抚,分化贼势,使两地境内得以安清;(5)成化十六年(1480年),调任福建乡试考官,扩增府、州、县学,注重教化,反对行贿封举,深受生员拥护;(6)弘治二年(1489年)改任江西临江府同知,直至退休;(7)隆庆年间(1567—1572),琼州商民于海口关厂坊(今海口市义兴街)立西天庙奉祀。

> **小贴士**　史载王佐"所至以廉操闻,遗爱于民",并广搜民俗掌故,修成《琼台外纪》一书,被唐胄所编《琼台志》几乎全部引录。其主要著作有《鸡肋集》《经籍目略》《庚申录》《原教篇》《金川玉屑集》《琼崖表录》等。

要点5　唐胄(1471—1539)

(1)字平侯,号西洲,明琼州府琼山县东厢(今属海口市琼山区)人;(2)明弘治十五年

(1502年),考中进士,授户部主事;(3)历任户部河南司主事、云南金腾副使、广西左布政使、山东巡抚、南京户部右侍郎、北京户部左侍郎等职,政绩显著;(4)唐胄致力搜集地方文史,撰铭刊书,编成著名的《琼台志》,还创建养优书院,教育后学;(5)嘉靖十七年(1538年),世宗决定以生父"献皇帝"入祀明堂禴礼配上帝,唐胄冒死抗疏,被捕入狱,严刑拷打后革职还乡,卧病不起;(6)隆庆元年(1567年)追赠都察院右都御史,赐谕葬。

小贴士 唐胄还著有《广西通志》《江闽湖岭都台志》《西洲存稿》等和选编白玉蟾诗文《海琼摘稿》,后人集其诗文辑成《传芳集》,《明史》称之为"岭南人士之冠"。

要点6 钟芳(1476—1544)

(1)字仲实、中实,号筠溪,原籍明琼州府琼山县(今海口市琼山区),出生于崖州高山所(今三亚市崖城镇);(2)明弘治十四年(1501年)乡试第二名,正德三年(1508年)殿试赐二甲进士第三名,选为翰林院庶吉士,授编修,"一时名动京师,盖谓丘文庄后又一南溟奇才",时人敬称"钟进士""钟崖州";(3)曾任宁国府推官、浙江提学副使、广西布政司参政、江西右布政使、南京太常侍卿、南京户部右侍郎等职,业绩卓著;(4)嘉靖十三年(1534年)告老退乡,迁居原籍琼山县,以读书为乐;(5)卒后追赠都察院右都御史,赐葬于今海口琼山区东山镇钟宅坡。

小贴士 钟芳著作涉及政治、经济、文化、医学、军事等领域,其中《春秋集要》(12卷)和《钟筠溪家藏集》(30卷)被收入《四库全书》,《广东通志》一书中称钟芳为"上接文庄下启忠介"的"岭海巨儒"。

要点7 海瑞(1515—1587)

(1)海瑞,字汝贤、国开,号刚峰,回族,明琼州府琼山县(今海口琼山区府城镇)人;(2)明嘉靖二十八年(1549年)考取举人,历任福建南平县儒学教谕、浙江淳安知县、浙江嘉兴府通判、江西兴国知县、户部云南司主事、兵部武库司主事、大理寺右寺丞、南京通政司右通政等;(3)海瑞为官期间,以"直言敢谏"著称于世,他清廉公正,扶植贫弱,整顿吏治,不畏权贵,为民请命,黜贪墨,搏豪强,大刀阔斧改革时弊;(4)万历十五年(1587年)十月四日,海瑞卒于任上,丧船出行时,长江两岸站满了穿丧服的人群,士民为之祭奠拜哭者百里不绝;(5)朝廷追赠太子太保,谥号忠介,葬于今海口市琼山区府城镇西北滨涯村(已辟为海瑞墓园,成为海南旅游点),被祀为琼州府乡贤。

小贴士 海瑞是我国历代人民津津乐道的"海青天",《海瑞罢官》《海瑞回朝》等书及编演戏剧,就赞扬了海瑞的事迹和精神。其著有《元祐党人碑考》《淳安政事稿》《兴革条例》《兴国八议》和《庆元伪学党籍》等,其中《元祐党人碑考》(1卷)和《备忘集》(10卷)被选入《四库全书》。其书法甚佳,尤以行书苍劲有风骨而备受称道。后人编有《海刚峰集》《海瑞集》等。

要点8 王弘诲(1541—1617)

(1)字绍传,号忠铭,明琼州府定安县(今海南定安县)人;(2)明嘉靖四十年(1561年)乡试第一名(解元),四年后考中进士,选入翰林院任庶吉士;(3)后升任南京吏部右侍郎、经筵讲官加太子宾客、吏部左侍郎、掌詹事府、教习庶吉士、会试副总裁、南京礼部尚书等;(4)万历四年(1576年),向朝廷上《请改海南兵备兼提学疏》,请求授权广东省驻海南兵备副使兼管科考事宜,允许在琼州单独设立院试、乡试考场,得到万历皇帝的准许,史称"奏考回琼";

(5)万历二十七年(1599年),请求致仕,隐居家乡后创建尚友书院,教育后学,还修桥造井,方便乡人;(6)生前,琼州学子已在定安县城建生祠祀之,卒后,百姓为之罢市,朝廷追赠太子少保。

> **小贴士** 著作有《天池草》《尚友堂稿》《吴越游记》《来鹤轩集》《南溟奇甸集》《南礼奏牍》等,其中《天池草》(26卷)入选清代《四库全书》。

要点9 张岳崧(1773—1842)

(1)字子骏、翰山,号觉庵、指山,清琼州府定安县(今海南定安县)人;(2)清嘉庆十四年(1809年),以一甲第三名进士及第,为海南历史上唯一的探花;(3)初授翰林院编修、国史馆协修官,后历任会试同考官、四川乡试正考官、陕甘学政、江苏常镇通海兵备道、两浙盐运使、大理寺少卿、湖北布政使等职,为官勤政廉明;(4)道光十八年(1838年),在任护理湖北巡抚期间,向朝廷呈上《查禁鸦片章程》等奏章,提出禁烟的具体措施,并主张对吸、贩鸦片者处以重刑,是以林则徐为首的禁烟运动的积极参加者和组织者之一;(5)张岳崧曾捐俸修复巩昌南安书院、定安县文庙等,也曾在广州越秀书院、海南琼台书院等处讲学,其一生注重文化教育,功业卓著;(6)张岳崧逝后葬于现海口市琼山区甲子镇毛头村。

> **小贴士** 张岳崧饱才博学,精通书画、律历、经济、水利、军事、医学,史称其"学问淹通醇粹",著有《筠心堂文集》《筠心堂诗集》《运河北行记》《水利论》《训士录》等。其晚年致力于纂修《琼州府志》,还出资刊印《丘文庄海忠介文集》。

要点10 谢宝(生卒年月不详)

(1)字紫树,清琼州府琼山县龙歧村(今属海口市)人,自幼聪明过人,才华横溢;(2)清康熙四十七年(1708年)考中举人,雍正二年(1724年)登进士第,任广东肇庆府学教授;(3)为人不拘小节,不涉仕途,与当道议论不合,弃官归里,在琼山、文昌等县著名书院执教,慧眼识才,学生多有成就;(4)掌教琼台书院时,对得意门生张日旻、冯泷格外垂爱,后张进士及第,冯中举,事后离开琼台书院,隐居会同县(今琼海市),不知所终。

> **小贴士** 琼剧、粤剧《搜书院》演绎其掌教琼台的一段故事,表现其师生情谊和高风亮节,为世人所传颂。

要点11 吴琠(1740—1789)

(1)原名吴典,字国猷,号学斋,清琼州府琼山县(今海口琼山区)人;(2)清乾隆三十四年(1769年)考中进士,选为翰林院庶吉士,连任国史馆、三通馆和四库馆编修官等,参与《国史》《四库全书》的编纂和《永乐大典》的补佚;(3)完书后,乾隆皇帝赐"龙尾砚""白玉如意"和"文绮"等贵重御品,并下旨在琼山县府城建"孝行坊"表彰其父,赐金手杖予其母,对其塾师亦有奖赏;(4)曾两度出任顺天(今北京)乡试总考官,后因父亲去世辞官回家,出任海南最高学府琼台书院掌教;(5)吴琠还致力于公益事业,创办"珠崖义学",修建"大慈寺",修复府城文明楼(今鼓楼)等;(6)因积劳成疾,卒于琼台掌教任上,葬于嘉积(今海南琼海市嘉积镇)灯笼坡。

> **小贴士** 相传,乾隆皇帝还亲为其改名为"吴琠",并赠诗曰:"玉以金为友,祥开善作基;家庭承祖泽,忠孝永长持。"

要点12 韩锦云(1806—1874)

(1)字紫东,清琼州府文昌县(今海南文昌市)人;(2)清道光十五年(1835年)考中举人,道光二十年(1840年)登进士第,授翰林院庶吉士;(3)咸丰元年(1851年),补户部奉天司主事,此后历任云南司员外郎、江苏司郎中、贵州道监察御史、户部给事中、四川盐茶道等职;(4)同治九年(1870年),受皇帝赏赐二品顶戴花翎。

小贴士 韩锦云为官期间,积极主张对内整顿吏治惩办贪官,对外抵抗资本主义列强侵略,声望很高,时人以"海忠介后一人"称之。辛于任所,著有《白鹤轩集》。

要点13 潘存(1818—1893)

(1)字仲模,别字存之,号孺初,清琼州府文昌县(今海南文昌市)人;(2)清咸丰元年(1851年)乡试举人,不久任户部员外郎、福建司主事;(3)光绪九年(1883年),法国殖民者多次侵犯我国东南沿海期间,被委任为雷州和琼州两州团练,训练水兵守卫海防,还草拟《琼州改建行省建议方案》呈报朝廷,为历史上最早提出"海南建省"意见的人;(4)潘存在京30年,参加会试10余次未中,于66岁时辞官还乡,迁居白沙园村,致力于兴学育才,曾在广东惠州丰湖书院、海南文昌蔚文书院、琼山苏泉书院任教,创建文昌溪北书院,为发展海南地方教育作出重大贡献。

小贴士 潘存生平酷爱书法、楹联,作品名扬中外。现存在海口市五公祠楼上的楹联"唐嗟末造,宋恨偏安,天下几人才置诸海外;道契前贤,教兴后学,乾坤有正气在此楼中"和文昌县溪北书院联"学问无他,求益乎本心家国天下;载籍极博,折中于易书诗礼春秋",为世代所传诵。其墨宝尤为日本、朝鲜书界所珍爱,不惜重金收藏。遗著有《克己集》《论学十则》《楷法溯源》及诗词《赏花有感》等,后人编有《潘孺初先生遗集》。

要点14 王云清(1859—1911)

(1)原名奉三,号月樵,清儋州(今属海南省儋州市)人;(2)清光绪十五年(1889年)考中进士,为海南清代最后一名进士;(3)被派往湖北任知县不久辞官归乡,主讲丽泽书院和东坡书院,发扬苏轼居儋敷扬教化的传统,传授东坡诗文;(4)光绪二十六年(1900年),趁教书之余编成《儋州志》,惜未付梓而散佚。

小贴士 王云清编成的《儋州志》现仅存《续修〈儋州志〉前序》《续修〈儋州志〉后序》及《儋耳赋》《劝诸生勤学文》《戒忤文》和七律诗114首。其《戒忤文》抨击不肖子孙,提倡孝敬父母,对当地民风产生良好影响。

5.3.4 近现代名人

要点1 张云逸(1892—1974)

(1)海南文昌市人,中国人民解放军大将;(2)早年加入中国同盟会,参加过辛亥革命、讨袁护国战争和北伐战争,1929年参与领导百色起义;(3)曾任中国工农红军第七军军长、中央军委副参谋长、新四军副军长、华东军区副司令员等职;(4)解放后,曾任广西省委书记,是中共七至十届中央委员。

要点2 宋庆龄(1893—1981)

(1)祖籍海南文昌市,生于上海;(2)她对中国革命贡献巨大,曾任中华人民共和国副主席和名誉主席等职,著作有《为新中国而奋斗》《宋庆龄选集》等,被誉为"20世纪伟大的女性";(3)1985年,文昌县政府将宋庆龄祖居仿旧修建,并建展览馆。

小贴士 宋庆龄1981年5月29日于北京病逝,邓小平在其追悼大会上对她高度评价说,"她跟随历史的脚步不断前进,从伟大的民主主义革命者成为伟大的共产主义者"。

要点 3　陈策(1893—1949)

(1)原名明唐,字筹硕,文昌市会文镇人;(2)早年加入同盟会,参加辛亥革命;(3)1920年任国民政府广东航政局长、国民党广东海防司令,1923年任国民党江防舰队司令,后任国民党海军顾问,1927年任国民党海军第四舰队司令,海军第一舰队总司令及海军学校校长,1938年春,兼任国民党驻港军事代表,曾参加领导保卫香港之战;(4)1949年任国民党广州绥靖公署副主任,同年8月30日卒于广州,葬于广州市郊海军坟场。

要点 4　王国兴(1894—1975)

(1)海南琼中黎族苗族自治县人;(2)1943年8月12日领导黎、苗同胞举行了著名的"白沙起义";(3)1945年任白沙县抗日民主政府副县长,1952年任海南黎族苗族自治区第一主席;(4)曾任全国政协委员、海南行署副主任等职。

要点 5　王文儒(1898—1933)

(1)海南澄迈县文儒乡人;(2)幼年参加革命,是早期琼崖独立师师长;(3)1925年,加入中国共产党,次年升任一营副营长兼一连连长,并被派到由叶剑英在广州举办的军事训练班学习;(4)1928年春,澄迈大队改编为西路工农红军第一营,任营长;(5)1930年8月,任中国工农红军第二独立师第二团团长,1931年夏,接任师长;(6)1932年7月被捕,次年7月间被国民党杀害。

> **小贴士**　1931年后,中国工农红军第二独立师发展达2 000多人,并建立了"红色娘子军"连队,使琼东(现属琼海)、澄迈等7个县相继恢复和成立苏维埃政权。

要点 6　冯平(1899—1928)

(1)原名冯凤藩,字茂南,海南文昌市东路镇人;(2)1923年赴苏联莫斯科东方大学攻读军事,1924年加入中国共产党,1925年回国,在广东省农民协会工作,参加国民革命军南征;(3)1927年大革命失败后,任中共琼崖特别委员,琼崖讨逆革命军总司令,琼崖工农革命军(后称红军)总司令兼西部总指挥;(4)1928年5月在澄迈县指挥战斗中不幸负伤被捕,7月4日被国民党杀害于海南澄迈县金江镇。

要点 7　周士第(1900—1979)

(1)海南琼海市人;(2)1924年毕业于黄埔军校,同年加入中国共产党,参加了五四运动、北伐战争、南昌起义;(3)曾任国民革命军第四军第73团团长、南昌起义军第25师师长、红二方面军参谋长、八路军120师参谋长、晋北野战军第18兵团司令员兼政治委员、四川成都市市长、中国人民解放军总参谋部顾问。

> **小贴士**　周士第1955年被授予上将军衔。

要点 8　冯白驹(1903—1973)

(1)今海南海口市琼山区人;(2)1919年参加五四运动,1926年初返琼从事革命活动,是琼崖革命武装和根据地创建人之一,曾任琼崖纵队司令员兼政委;(3)海南解放后,曾任海南军区司令员兼政委、海南行政区公署主任、中共广东省委书记处书记、广东省副省长、浙江省副省长。

> **小贴士**　1955年被授予中华人民共和国一级八一勋章、一级独立自由勋章和一级解放勋章;周恩来赞誉"冯白驹同志是琼崖人民的一面旗帜"。

要点9　李硕勋烈士(1903—1932)

(1)又名李陶,四川省高县人;(2)1932年8月31日,任中共广东省军委书记,受党的委派,前来海南指导武装斗争;(3)抵达海口后,因叛徒出卖而不幸被捕,同年9月5日在海口市东校场英勇就义。

要点10　马白山(1907—1992)

(1)海南澄迈县马村镇人;(2)1927年9月参加中国共产党,1929年底进入南京中央军官学校学习,后在上海从事党的地下工作;(3)1932年返回海南,配合王国兴发动群众开展斗争,参与创建五指山区中心根据地;(4)1950年3月,带领解放军40军118师一个加强团,从雷州半岛潜渡琼州海峡,参加解放海南战斗;(5)海南解放后,任海南军区副司令员;(6)1992年8月5日在海口病逝,终年85岁。

> **小贴士**　1955年被授予少将军衔、二级"独立自由"勋章、一级"解放"勋章。

要点11　李向群(1978—1998)

(1)海南琼山人;(2)1996年12月入伍,广州军区某集团军"塔山守备英雄团"九连一班战士;(3)1998年8月5日,他随部队赴湖北荆州抗洪抢险,14日在抗洪抢险一线光荣加入中国共产党;(4)1998年8月22日在公安县南平镇堤段的抗洪保卫战中壮烈牺牲;(5)李向群曾被评为优秀士兵,受过嘉奖,荣立三等功;(6)2006年9月,广州军区某师李向群生前所在九连被军区授予"李向群连"荣誉称号。

> **小贴士**　1999年3月18日,国家主席江泽民签署命令,授予李向群"新时期英雄战士"荣誉称号,并亲笔题词"努力培养和造就更多的李向群式的英雄战士"。李向群纪念馆于2000年3月18日建成,坐落在桂林相思江畔,被广西壮族自治区列为爱国主义教育基地,同时成了桂林的又一个旅游亮点。

5.4　历史遗迹

5.4.1　古人类遗迹

> **小贴士**　海南旧石器时代,距今约两三万年,出土文物主要为打制石器。新石器时代文化分早、中、晚三期,石器由打制向磨制发展,经济生活从渔猎向原始农业过渡。

要点1　旧石器遗址的发现

(1)1992年,在三亚落笔洞遗址出土人牙化石,海南考古者把海南人类历史前推1万多年;(2)2006年,中国科学院古脊椎动物与古人类研究所研究员在昌江考古发现信冲洞巨猿化石,将海南地质年代前推四五十万年,同年,在昌江燕窝岭发现砍砸器把海南人类的足迹前推2万多年;(3)2012年海南考古工作队在昌江王下乡考察并试掘钱铁洞,不仅发现许多石针、石核,还有很多螺壳,均与旷野遗址所出土之物同为旧石器时代,并再次证明:海南先民砸螺为食;(4)海南旧石器时代旷野遗址出土文物较多,主要在燕窝岭。

> **小贴士**　海南依山傍海,还有河流,古人类不仅可捞鱼捉虾,螺也是他们的美食之一,海南先民直接用各种石器砸螺壳,这是内地远古时期不易看到的场景。今日海南有一些旅游景区有"树屋",但先民有无巢居树上尚无据可查;但同时期人类所用器具和获取食物的方法,与两广和云贵地区相差无几。

要点 2　海南旧石器时代 8 处旷野遗址

(1)海南省博物馆内公开的资料表明,目前,海南省发现的 200 余处石器时代文化遗存,便是先民们留下的幽远足迹;(2)中国考古界认为,海南在史前考古方面近十多年来颇有收获,其中已发现的旧石器时代的旷野遗址 8 处,分别是海南昌江的燕窝岭、混雅岭、石头崖、酸荔枝园、叉河砖厂,海口市台湾砖厂,琼海市石角村和澄迈县施教材砖厂遗址。

小贴士　燕窝岭旧石器遗址是海南省首次发现的旷野遗址,也是我国最南的旧石器时代旷野遗址。从海南八大旧石器时代旷野遗址发现的主要是砍砸器和刮削器,砍砸器是以石片、石核或砾石打制而成,个体大而重;刮削器多用小块石片加工而成,是我国旧石器时代文化遗址中常见的石器器形。

要点 3　新村新石器遗址

(1)位于白沙县可任乡新村南面约 800 米处,属于新石器时代晚期的聚落遗址;(2)该遗址处于小河旁的一个山坡台地上,面积约 500 平方米;(3)解放前在遗址上不断出土有肩石斧、石凿等新石器;(4)1983 年 3 月,白沙县文物普查队在遗址附近居住的群众中征集到许多石器;(5)1985 年初,县文化局在该遗址又采集到 64 件陶瓷碎片和一些石器等,其文化内涵十分丰富,经有关部门鉴定该遗址为新石器时代晚期聚落遗址。

要点 4　什才村新石器遗址

(1)位于白沙县南开乡什才村西面约 50 米处,属于新石器时代晚期的聚落遗址;(2)该遗址处于南木佬河南岸的一个台地上,面积约 200 平方米;(3)多年来,什才村群众不断在遗址地表拾到许多有肩石斧、石凿和石材等;(4)1984 年 2 月,县文物普查队在这个村群众家中征集到 9 件有肩石斧,都出自该遗址;(5)1986 年初,县文化局等部门又在该遗址采集到一批石器和工具石等,文化内涵极其丰富,据有关部门鉴定为新石器时代晚期聚落遗址。

小贴士　旧石器时代指人类以石器为主要劳动工具的早期时代,从距今 260 万年延续到 1 万多年以前,相当于地质年代的整个更新世。新石器时代文化分早、中、晚三期,石器由打制向磨制发展,经济生活从渔猎向原始农业过渡。

5.4.2　古城遗址

要点 1　中和古镇

(1)即儋州古州城,距市区 40 千米,距西线高速公路 12 千米;(2)据《琼州府志·城池》记载,古镇建于唐代武德五年(622 年);(3)为防海盗骚扰,明洪武六年(1373 年),以石砌城墙;(4)城池周长 1 573 米,宽 6 米,高 8.33 米,设东西南北 4 个城门(东德化门、西镇海门、南柔远门、北武定门),后在城门外增设月城及筑门垣、楼铺、壕堑、吊桥等设施;(5)明隆庆年间(1567 年),新建四角楼,城垣以其规模大,号为"天南名镇";(6)清代康熙、乾隆年间对古镇都有所修缮,最后一次是清代道光七年(1827 年),重修了东南北三门和城墙;(7)民国九年(1920 年)儋县发生动乱,古镇大部被毁;(8)古镇现存西、北及瓮城(月城)和两城门相连的城墙,东、南两城门及部分城墙已毁。

小贴士　中和古镇是海南年代较早、保存较为完整的古城址,2006 年 5 月,古镇被列为全国重点文物保护单位。

要点 2　崖州古城

(1)即现在三亚市崖城镇,位于三亚市西 40 多千米处,与南山文化旅游区相邻;(2)该城在宋朝以前为土城,南宋庆元四年(1198 年)始砌砖墙,绍定六年(1233 年)扩大城址,开东、西、南三个城门,古城后经元、明、清三代扩建,成为南疆规模较大的坚固城池;(3)清道光年间,古城建筑基本定形,古城东、西、南、北门分别是阳春门、镇海门、文明门和凝秀门;(4)民国九年至十年(1920—1921 年),崖县先后拆除东、西城门,建筑公路通进城里,民国十七年(1928 年),又拆毁一段北门城墙;(5)解放后,古城城墙基础还可循沿环视,"文革"期间,大部分墙基遭到破坏,现古城仅剩文明门及北门小段城墙。

小贴士　崖城镇现为是三亚唯一的历史文化名镇,现存的历史文化遗产众多:省级文物保护单位 1 个(崖城学宫),市级文物保护单位 13 个(广济桥等),书院、会馆、名人故居和重要古名居 50 多座(鳌山书院、三姓义学堂等),新石器遗址 7 个(河头遗址、卡巴岭遗址等),古城墙和历史文化遗迹地 20 个(鉴真和尚登陆地等),民国时期历史骑楼街区,轿夫、牌坊骑楼街区等,红色历史纪念地(崖城革命历史纪念碑等)。

要点 3　定阳古城

(1)位于定安县定城镇老城区,古城城楼临南渡江而建,现存西门、北门;(2)据史书记载,定安古城所在地定城,原名定阳,于明正德八年(1513 年)动工,正德十四年(1519 年)建成;(3)城墙周长近 1 900 多米,高 4 米多,宽 5 米有余,垛堞 1 192 个,最初仅开有东、南、西城门,均建有城楼;(4)竣工第三年(1521 年),南门楼突然被风刮倒,守巡副使胡训令人改建南门,后经多次修缮至清康熙二十九年(1690 年),知县董兴祚重开北门,并建楼其上,古城建造基本完整;(5)2008 年,定城镇被评为全国历史文化名镇。

小贴士　目前,定安县委、县政府正在打造以老县衙为中心的县文化公园,恢复老县衙面貌,对古城文物进行保护。该县已完成古城保护规划,并启动文化公园建设,与前来投资的众多公司联合改造提升旧县城,扩大建设新县城。

要点 4　昌化古城

(1)昌化古城是古昌化县的县城,位于昌江县西部滨海,距昌江县城石禄镇 50 多千米,原址位于现在的昌城乡昌城村;(2)古昌化城池始建于明洪武年间,至永乐年间,为抵御倭寇扰乱,昌化县以石砖砌墙,墙周长 2.5 千米,高 6 米,厚 5 米;(3)明正统十年(1445 年),昌化知县周振又在城池外围近墙处开挖 1.67 米宽的深壕沟,昌化城池至此形成了坚固的城防系统;(4)后来因飓风和台风的袭击,城墙几经破坏又几经修缮;(5)现存城墙呈正方形,周长 2 千米,墙上有残块城砖,壕沟遗迹清晰可见。

小贴士　昌化古城依山傍海,风光绚丽。城东南 2 千米处为旅游胜地昌化岭和棋子湾,当地还有赵鼎(宋代名臣)衣冠墓、治平寺碑、南门园墓群、峻灵五庙遗址等古迹。

要点 5　明代水会守御所古城

(1)遗址位于琼中北部黎母山镇大保村委会,距离县城营根约 40 千米,东距镇政府仅 1 千米;(2)据载,该城迄今有 400 余年的历史,为当时中部的交通要冲,城内设有守御所、社学,商贸繁荣,人来人往,成为明清一段时期海南中部的政治、经济和文化中心;(3)现遗址地势较高,处于一片山丘之上,被大面积的橡胶林所覆盖,城楼和建筑已然不存,但城墙的轮廓依然清晰可辨,高约 1 米的土墙一眼望不到边;(4)站在土墙上放眼向南望去,前方大约

4千米处是黎母山脉。

> **小贴士** 《万历琼州府志》记载,"水会守御所在琼山县林湾都水蕉、大会二营之中",所城周边有2个兵营把守,足见其地位之重要。"水会"之名可能是从"水蕉"和"大会"各取一字组成。

5.4.3 古文化遗址

要点1 五公祠

(1)位于海口市海府路,是为纪念唐朝名相李德裕,宋朝名相李纲、赵鼎,名臣胡诠和李光而建的国家级文物保护单位;(2)该祠实际为一组文物古迹群,清光绪十五年(1889年),雷琼道道台珠采修建"海南第一楼"纪念"五公",故名五公祠,后来便以五公祠称呼海南第一楼及其周围一组古建筑;(3)该祠(群)内包括:海南第一楼、学圃堂、观稼堂、西斋(五公精舍)、东斋、苏公祠、两伏波祠、洞酹亭、浮粟泉、琼园和新建的五公祠陈列馆;(4)五公祠近千年的历史,孕育着丰富的文化内涵,蕴藏着深厚的历史底蕴,它是全面了解海南历史、政治、文化发展的名胜古迹。

> **小贴士** "海南第一楼"楼下大厅楹柱上有两副脍炙人口的对联:"唐嗟末造,宋恨偏安,天地几人才置诸海外;道契前贤,教兴后学,乾坤有正气在此楼中。"和"只知有国,不知有身,任凭千般折磨,益坚其志;先其所忧,后其所乐,但愿群才奋起,莫负斯楼。"

要点2 文昌孔庙

(1)位于文昌市文东路77号,始建于北宋庆历年间,明洪武八年(1375年)迁于现址,建筑面积3 300平方米;(2)其前庭中轴线上布有棂星门、泮池、状元桥和温文尔雅的孔子全身塑像,后院主建筑为大成门和大成殿;(3)大成门前立有数米高的孔夫行教像一尊,大成殿内设孔子神龛、神像、神牌、四配十二哲神位、楹联、祭器齐全;(4)大成殿内还有清代康熙皇帝玺印的"万世师表"、嘉庆皇帝玺印的"圣集大成"、咸丰皇帝玺印的"德齐帱载"、光绪皇帝玺印的"圣协时中"4块涂金描红的巨匾;(5)庙内诸多建筑上雕刻的花草、鸟兽、历史人物千姿百态,堪称杰作;(6)后院两旁的庑殿内,新增了孔子箴言和名家书画,山东曲阜孔庙、孔府、北京孔庙孔子72弟子图谱;(7)100多年前应文昌籍的举人之邀来文昌任教的日本教师川口五郎先生的墓碑,近年移到庙内陈列,体现着中日两国民间的友好交流;(8)文昌孔庙是海南省保存得最完整的古建筑群,也是我国南方最具特色的古文化旅游点之一,被誉为"海南第一庙"。

> **小贴士** 文昌孔庙于1980年被确定为省级重点文物保护单位,为中国唯一不朝南开大门的孔庙。它以古色古香的明、清两代建筑工艺和启蒙益智的儒家文化氛围深深地吸引着莘莘学子、海外华侨和国内外各界的游客。

要点3 临高文庙

(1)位于临高县城文澜江畔,是海南省现存较完整、规模最大、历史最久的大型古建筑群;(2)该庙始建于北宋庆历年间,南宋绍兴年间移建于现址,毁于元朝;(3)明洪武三年重建于旧址,亦已有700多年;(4)明清时与孔庙合二为一,历称学宫,亦称孔庙、圣殿;(5)文庙历经明清知县和民国初年绅士等人集资大修,重修后的文庙为木石结构,由朱壁、大成殿、崇圣祠、明伦堂、东斋、西斋、东庑、西庑、名宦祠、乡贤祠、节孝祠、忠义祠、祭器室、乐器室、泮池、泮水桥、棂星门、礼门、义路等组成,面积3 188平方米;(6)民国中期,新学勃兴,文庙改为临高乡村简易师范(即现临高中学和临高师范之前身);(7)1992年开始,由中央、省有关部门拨款和临高县人民政府出资再修并对外开放,现为省级重点文物保护单位。

小贴士 临高文庙由创建到民国时期,一直是发展教育、培养人才、振兴临高文化的最高学府,培养出众多才子贤能,是临高人民祀祭孔夫子及儒学先贤的公共庙宇。每逢祭孔之日,临城万人空巷,人们争相前往祭拜夫子,体现了临高人崇尚儒学、尊敬先贤的美德。

要点4 洗夫人庙

(1)位于海口市琼山区新坡镇,1989年在洗夫人庙旧址建成并对外开放;(2)洗夫人在琼期间积极为群众办实事,引进种植技术,发展生产,使当地群众过上太平日子,为纪念她维护国家统一、促进黎汉民族团结的功绩,后人修庙奉之。

小贴士 2011年,海口市洗夫人文化学会众多洗学研究者历时一年对全岛洗庙开展大排查,保守估计全岛洗庙有300座以上(含与其他人物神灵共祭的)。岛内市县均有分布,汉黎苗共奉,覆盖了一半以上琼岛原居民。大部分集中于岛北,其中海口市达108座,其密集程度居全国第一。除海口外,密度最大的市县是文昌,有47座,定安有46座;密度最大的镇是海口琼山区的旧州镇,有27座之多。

要点5 东坡书院

(1)位于儋州市中和镇,是为纪念苏东坡而修建的,是国家级重点文物保护单位;(2)该院建于1098年,明嘉靖二十七年(1548年)重修时更为现名,享有"天南名胜"之称,蜚声海内外;(3)北宋绍圣四年(1097年),苏东坡从惠州贬至儋州,历时三年多,在此居住和讲学,以文会友,传播中原文化;(4)该书院现占地5.33公顷,坐北朝南,院门轩昂宏阔古雅别致,门上横书"东坡书院"四字,为清代举人张绩所题;(5)其主要景点包括钦帅泉、载酒堂、东坡祠、奥堂龛等古色古香建筑;(6)书院内大殿和两侧耳房,展出苏东坡许多书稿墨迹、文物史料和著名的《坡仙笠民图》,还有郭沫若、邓拓、田汉题咏的诗刻及书画名家的艺术作品;(7)书院大殿在载酒堂后面,两者相隔一庭院,左右两侧是廊舍,与载酒堂相连,形成一个四合院,庭院中有一棵上百年的芒果树,叶茂荫浓;(8)东坡讲学的彩雕陈列于载酒堂正中,苏东坡、苏过、黎子云等人物形象栩栩如生;(9)西园,东坡笠屐铜像矗立在姹紫嫣红的鲜花丛中,离东坡书院不远处有桄榔庵和东坡井。

小贴士 尽管谪居儋州才三年多时间,但苏东坡对儋州乃至海南的影响绵延千年。受东坡遗风影响,中和当地百姓劳作之余颇爱挥毫泼墨、吟诗作对、结社唱和,文化持续繁荣,人文渊薮,令人叹为观止。

要点6 琼台书院

(1)位于琼山区府城镇文庄路,建于清康熙四十九年(1710年);(2)该院是当时的分巡雷琼道焦映汉捐建的,乾隆年间及其后屡经重修和扩建;(3)其主楼魁星楼高二层,绿瓦、红廊、白墙,中梁上悬挂"进士"匾,是一座具有民族特色的砖木结构建筑,至今保存完好;(4)楼内雕梁画栋,异常别致;楼前绿树成荫,环境秀丽雅静。

小贴士 丘濬号琼台,人称琼台先生,后人为纪念丘濬这位海南第一才子、明朝大学士,故书院由此得名。琼台书院曾是琼州的最高学府,是古代海南人士登科入仕的必经阶梯,现为琼台师范学院旧校址。

要点 7　溪北书院

(1)位于文昌市铺前镇,是海南清末著名书院之一;(2)书院坐北朝南,规模宏大,占地面积 1.33 多公顷,南开山口,俗称头门,面阔三开间;(3)书院于清光绪十九年(1893 年)所建,由清末著名书法家潘存发起,在雷琼道朱采和粤督张之洞的支持下筹资建造;(4)自书院建成后至宣统三年间,曾聘任不少学者在此讲学,培养了大批人才。

小贴士　辛亥革命后,溪北书院一直作为学校使用至今,现保存完好,为文昌西北中学所用。

要点 8　海底村庄遗址

(1)位于海口市琼山区东寨港至文昌市铺前镇一带的海湾海底,是明万历年间(1605 年)一次大地震造成的陆陷成海的灾难所致;(2)当时约 100 多平方千米陆地,共 72 个村庄缓慢下沉,垂直下降入海约 3~4 米,为世所罕见;(3)每年 5 至 6 月,海水退潮时,乘船游览,透过海水,可见玄武岩的石板棺材、墓碑、石水井和舂米石等有序排列;(4)海底村庄奇观是中国唯一的因地震导致陆地陷落成海的古文化遗址。

小贴士　近几年来,许多来海南的国内外游客,纷纷慕名到海底村庄参观、探古,被这片神秘莫测的地震遗址吸引着。

要点 9　白马井古迹

(1)位于儋州市白马井镇,距那大镇 50 多千米;(2)主要景观有"白马涌泉"和伏波将军庙;(3)人们为纪念汉代英雄伏波将军而造伏波庙、设伏波井,于是"白马涌泉"和伏波将军庙便成了旅游胜地;(4)随着洋浦港的开发建设和白马井开发区、白马井边贸市场的设立,白马井镇建起了白马井宾馆、金港大酒店、坤马大酒店等一批上档次的餐饮住宿项目,还建成商业街和摩托游艇渡口,为旅游者提供多项旅游服务,国内外游人日益增多。

小贴士　传说伏波将军来此时,有白马蹴地得泉,凿井因名"白马"。此望文生训之说耳,实则白马即是伏波,古无轻唇音,伏读如白,波马音亦相近。由此古音,可断定伏波将军确曾前来儋耳。

5.4.4　传统村落

小贴士　2012 年底,海南省有 7 个传统村庄入选第一批中国传统村落名录。传统村落是一个地区的历史记忆,其建筑风格、人文遗迹或是名人往事,是一个地区最珍贵的文化财富。海南 7 村的入选,足见海南传统村落的历史价值和文化底蕴。

要点 1　三亚市崖城镇保平村

(1)中国最南端的古村,古称"毕兰村",位于三亚市崖州古城西南 4 千米,为防水患保世代平安,作为清代崖州五都的古村,更名为"保平村";(2)全村居住面积 0.8 平方千米,常住人口 3 800 多人,保平人世世代代以海为生;(3)保平村是一个文教昌盛的书香古村,自古就有"保平多贡生"的美誉,明清两代,共有 40 余位贡生从保平走出;(4)保平村是首批国家非物质文化遗产"崖州民歌"的主要发源地和传承地,"保平人张邦玉常著诗歌以训迪弟子",是地方志中关于兴起于宋代、繁盛于明清的崖州民歌的唯一记载;(5)保平村现拥有海南省保存最完好、规模最大、最集中的明清古民居群,23 处一类历史建筑和 166 处二类历史建筑,堪称海南明清古民居建筑群的"活标本",其中"一剪三坡三檐"的建筑形式为崖州地区所独有。

> **小贴士** 据《崖州志》记载"保平港受宁远水入海,州治要口。"保平港自唐代以来一直是古崖州对外贸易的主要港口,也是古代海上丝绸之路的天涯驿站。到了战事纷繁的清代,古崖州海防炮台多处设于此,保平村成为海防重地。

要点2　定安县龙湖镇高林村

(1)定安县龙湖镇的高林村距离海口约54千米,是海南唯一探花张岳崧的出生地;(2)张岳崧的故居有两处:一处为出生时的祖屋,一处为居官后修建的晚年居所;(3)在高林村,秉承先人遗风,精通书法者辈出,后人还热衷研读张岳崧的诗文、张家名贤的历史事迹;(4)村里一座座石头瓦房,极具清代传统建筑风格;(5)高林村的建筑群,坐北朝南,依山傍水,整齐划一,七纵三横的巷道,规划脉络清晰,被认为是古代海南少有的有建设规划的村庄。

> **小贴士** 张岳崧晚年亲自筹建的张氏合族祠堂,建于1839—1840年间,具有典型清代风格。祠有山门(已毁)、前殿(已毁)、正殿、后殿、廊庑等。正殿内存"进士"匾一块、"探花及第"匾一块、有驼峰木雕、张岳崧手书之阴刻木楹联及张公墓碑石一块。

要点3　东方市江边乡白查村

(1)白查村是东方市江边乡一个黎族聚居的村寨,至今已有数百年历史,其三面环山,皆为丹霞地貌;(2)白查村属于黎族美孚方言支系,是黎族最后仅存的古村落,原住有71户、350多人;(3)截至今天,白查村依然保存着古老的民居船形屋、原始的谷仓、独木器具、织锦技艺等;(4)白查船形屋在2008年成为国家级非物质文化遗产项目,现保存完好的船形屋有86间,谷仓10间;(5)白查村现在依然保留着过传统节日"山兰节"的民俗,这个只属于江边乡7个黎族自然村落的节日延续了上千年;(6)在白查村中,至今还延续着婚礼、藤编、织黎锦、民歌民舞和酿酒等传统习俗,其中织黎锦在白查村仍保留着它的原始风采,女孩从小开始,就学会了这种扎染工艺。

> **小贴士** 白查村的船形屋,屋内泥土地面坚实平整。屋中间立有三根高大的柱子,黎语叫"戈额",象征着男人;两边立有六根矮柱子,黎语叫"戈定",象征着女人,意即一个家庭是由男人和女人组成。

要点4　文昌会文镇十八行村

(1)十八行村位于会文镇的西部,距离会文墟约5千米,总户数66户、人口233人;(2)十八行村的最大特色是现存古建筑规模大、较为完整、别具一格的民居十八行,村庄里的房子坐南朝北,按十八行建造,寓意"兄弟同心,邻里不欺";(3)所谓"同心",是指每行屋子内住的都是由一房分出去的兄弟辈直系亲属,在"行"的中轴线上,每进房屋的正厅前后大门都要上下对齐,以示"同心",而"行"与"行"的住宅间,同辈的房屋必须高度相等,以示邻里相互平等;(4)十八行的村民大多为林姓,村民介绍,其始祖明代从福建迁来,已有560多年历史;(5)2010年,十八行村被选为第五批"中国历史文化名村",为海南省首例。

> **小贴士** 十八行是以十八行、坎头东、坎头西和槟榔园等四个村庄的村舍连接而成的十八条民巷,村中成扇形分布着十八行前后对齐、高低有序、房屋相连的多进院落,这种民居特色彰显出村民的团结与和谐。

要点5　海口市琼山区上丹村

(1)海口市琼山区国兴街道上丹村,又称攀丹村,形成于南宋年间,距今约800多年的历史;(2)上丹村的兴起与琼州被称为"唐氏望族"的家族关系密切,此家族知名人士有唐震、唐舟、唐胄等,其中,唐震是唐氏迁琼始祖,原籍广西桂林府兴安县南乡人,南宋淳祐年间(1241年)出任琼州刺史;(3)唐震落籍攀丹时,与其子唐叔建"置书书万卷",修建"攀丹义学堂",开始"兴礼教,以化黎民",自此,这个村落便与文化教育结下了不解之缘,曾为琼岛培养了一大批名士贤才;(4)如今的上丹村内,乡土建筑、旧式民居早已不见踪影,取而代之的是一栋栋水泥建筑,有平房,也有五六层高的板式楼房,倒是重修的唐氏大宗祠还有仿古的味道。

> **小贴士** 原来的攀丹村保留很多人文古迹,现存的仅有由唐胄凿挖及题名的竹根泉,唐氏大宗祠是2004年前后由唐氏后裔集资,在原址上重修而成。大宗祠是一处三进青砖瓦木结构的徽派建筑群,屋内墙壁彩绘记录着部分唐氏族人的历史故事。

要点6 海口市龙华区遵谭镇东谭村

(1)享有历史文化名村美誉的东谭村委会共有13个自然村,涌潭村便是其中一座具有800多年历史的古村庄,明清时期,涌潭村诞生了10多位进士举人,出仕为官者为20余人;(2)珠崖神庙、古井、神岭、靶台、马棚、古城墙、喷泉等众多遗迹在东谭村随处可见;(3)村里还有明、清两代皇帝下旨所立的11架古牌坊,宋代古墓群、更鼓楼、官道、古宅让人震撼;(4)"五里三进士""十八杰"等文化昌盛的历史让人啧啧称奇;(5)东谭的民风醇厚,村民具有琼北汉人的淳朴善良,以军坡节为代表的地方风俗活动多彩多姿,以傩戏和金子花舞为代表的地方曲种源远流长。

> **小贴士** 海口市龙华区遵谭镇东谭村的历史,可以说是"维护国家统一,促进民族团结"的历史。珠崖庙里供奉的是平定珠崖的前伏波将军路博德和抚定珠崖的后伏波将军马援;珠崖庙前方不远处有"琼州府五神庙",里面供奉巾帼英雄冼夫人、李复侯王和蔡九娘,都是当地人耳熟能详的维护琼崖安定和统一的英雄。

要点7 海口市龙华区新坡镇文山村

(1)距海口城区30多千米的海口市龙华区新坡镇文山村,是一个具有700多年历史的村庄;(2)文山村民以"耕读传世"为荣,产生过周宾等3名进士,周洁等15名举人,贡生、秀才不胜枚举,为了彰扬名仕,激励后人,文山村先后竖立折桂坊、拔尤坊、毓秀坊、登科坊、登俊坊等14座进士、举人牌坊;(3)山拥水环的文山村,自古便以"文山八景"著称,"村成莲花""水环玉带""仙洞聚奇""山城拥障"和"五井饮和"等至今仍为人们津津乐道;(4)踏入文山村,俯拾皆是数百年来遗留的古迹,随处是散落的祠堂、庙宇、古石碑、牌坊、匾额等;(5)文山村至今仍保存有村头、玉露、厚道、自来、甘泉5口古井,均有上百年历史。

> **小贴士** 《琼山县志》记载的一则典故称,明嘉靖初年,谈姓巡抚巡视员山时,看到"里中士大夫冠盖相见者不下十百",惊问:"此何地耶,人文若此其楚楚耶?"当得知是周门一族团居于此,称赞久之,笑曰:"吾巡视多矣,未有若员山之文士接踵,官员济济如此里者!"自此,人们便把"员山里"改称为"文山村"。

5.4.5 陵墓与名人纪念地

要点1 湾头伊斯兰教徒古墓葬群

(1)位于陵水县与三亚市交界的陵水湾畔海滩上,其墓葬群延伸到三亚市境的番岭坡共有40多座;(2)墓前后都有珊瑚石墓碑,有的镌刻着阿拉伯文字的碑文,墓碑大小规格不一,有的高达63厘米,宽52厘米,一般的高45厘米;(3)据考古专家考证,这群伊斯兰教徒葬墓都是将遗体埋在沙滩上的坑道里,坟墓一律坐北向南,遗体则屈膝朝西,因为西方是他们伊斯兰教徒的天国;(4)隋唐时代,从中东到广州等港的"海上丝绸之路"上的陵水湾是交通往来的一个物品补给站,在这里曾有过波斯人(今伊朗)短暂居住的波斯村,因此古波斯人在航海中去世而安葬在这里的海滩上。

小贴士 据史载,早在隋唐时代,中东一带阿拉伯各国的穆斯林人开始驾船跨越印度洋,经我国南海到达泉州、广州一带经商贸易。当时海南岛南部到东部沿海地带正处于先后成为南海经济贸易中心的泉州港与广州港的外国贸易船舶的航线附近。

要点2 海瑞墓

(1)也叫海瑞纪念园,位于海口市秀英区滨崖村,是海口市优秀旅游景点和国家级重点文物保护单位;(2)海瑞墓园建筑庄重古朴,正门有一座石碑坊,横书"粤东正气"阴刻丹红大字,花岗石铺成的100多米长的墓道,两旁竖立着石羊、石马、石狮、石龟等石雕;(3)海瑞墓高3米,圆顶,墓前有4米高的石碑;(4)海瑞墓室后扩建了"扬廉轩",其亭柱上挂有海瑞写的两副对联,其一是"三生不改冰霜操,万死常留社稷身"。

小贴士 海瑞墓始建于明万历十七年(1589年),是皇帝派许子伟专程到海南监督修建成的。

要点3 丘濬墓

(1)位于海口市郊水头村;(2)丘濬墓主墓石砌,圆顶,高6米,共分6层,16级台;(3)底座有八卦,八卦之间有"卐"(万)符号(该符号在古时代表吉祥之意);(4)主墓前立墓碑一座,高4.4米,上方刻有"双龙飞舞",两旁刻有青松、仙鹤、祥云等图案花纹;(5)碑面上端有:"皇明敕葬"四字,正中题:"光禄大夫柱国少保兼太子太保户部尚书武英殿大学士特赠左柱国太傅谥文庄丘公暨诰封正一品夫人吴氏之墓"(夫妻合葬);(6)主墓前有"理学名臣"石牌坊一座;(7)墓道两旁有翁仲、石羊、石狮、石马等石刻,最前面有石华表一对;(8)整个墓园前临清泉水塘,面对平畴沃野,后枕苍翠小丘,古朴典雅,庄严肃穆。

小贴士 在20世纪50年代后期和60年代初期,朱德、郭沫若等党和国家领导人先后专程前往丘濬墓参观。

要点4 西沙海战烈士陵园

(1)坐落在三亚市红沙镇欧家园,建于1975年;(2)1974年1月19日,南越西贡当局不顾我国政府再三警告,悍然出动军舰、飞机,侵犯我西沙群岛,向我巡逻舰艇开枪开炮;(3)我军坚决执行中央军委命令,奋起自卫反击,击沉敌护卫舰一艘,击伤敌驱逐舰三艘,收复甘泉、珊瑚和金银三岛,全歼守敌,取得了捍卫祖国领土主权的胜利;(4)西沙海战,是我人民海军首次远离海岸作战。

小贴士 西沙海战中,南海舰队马松柏、周锡通、曾端阳、王成芳、姜广有、王再雄、林汉超、文金云、黄有春、李开支、郭顺福、郭玉东、杨松林、罗华胜、周友芳、曾明贵、何德金、石造等18位军人为祖国、为人民壮烈牺牲。

要点5 李硕勋烈士纪念亭

(1)位于海口市海府路五公祠对面,建于1986年9月;(2)该亭占地面积约1 300平方米,呈四角形,高6.1米;(3)其横匾上有王震题字:"李硕勋烈士纪念亭";(4)亭前10米处,有花岗岩雕刻的李硕勋烈士上半身塑像,正面刻有邓小平题写的"李硕勋烈士永垂不朽"9

个字。

> **小贴士** 纪念亭建在李硕勋烈士就义的地点。

要点6　张云逸将军纪念馆

（1）位于文昌市文昌中学南面，1992年为纪念张云逸将军100周年诞辰而建；（2）纪念馆坐东朝西，高8米，宽12米，顶分双层，饰碧绿色琉璃瓦；（3）大门和陈列室中间是张云逸全身铜像，总高8米，传神的形象尽显其大将风采；（4）铜像后面陈列展出史料照片、图表、绘画书稿等实物，全面系统地介绍了张云逸光辉战斗的一生。

要点7　石峡海瑞祖居

（1）位于屯昌县新兴镇石峡村，在海榆中线70千米碑以东2.5千米处，现存有海氏世居遗迹以及海氏家族祖墓群（明始祖海公之墓、大明诰封海忠介节母太恭人谢氏之墓、皇明庄淑孺人吴氏之墓、邑庠士大公之墓）；（2）海瑞祖居地、祖墓区旧貌依旧，特别是距墓区500米左右的海公岭原生态景色十分诱人；（3）海氏家族世代居住在石峡村，向来行善施仁，后来又出了一代忠臣海瑞，所以石峡村百姓对海氏家族素怀敬意；（4）历年来，每逢清明节期，人们会带着香烛纸钱和鸡鸭鱼肉前往海家祖墓拜祭，海瑞祖居也是在当地人的自动保护下才得以保存至今。

> **小贴士** 石峡村作为一代忠臣的诞生地，历史悠久，是屯昌县重要的历史古迹，具有重要的观光、旅游、考古、研究价值。

要点8　宋氏祖居

（1）位于海南文昌市昌洒镇古路园村，始建于清仁宗嘉庆元年（1796年），距海口约80千米，距文昌市中心30千米；（2）孙中山夫人、中华人民共和国名誉主席宋庆龄的高祖、曾祖、祖父3代都居于此地，宋庆龄的父亲宋耀如于1861年在这间祖居里诞生；（3）为纪念宋庆龄及其家庭在历史上所做的贡献和深远的影响，文昌市人民政府于1985年修复宋氏祖居，并在宋庆龄基金会和海内外友好人士的支持下相继兴建宋庆龄陈列馆、宋庆龄植物园、宋庆龄汉白玉雕像；（4）修葺一新的宋氏祖居为当地传统的农家宅院，由2间正屋、2间横屋、2间门楼和院墙组成，占地1500平方米，建筑面积198平方米；（5）陈列馆设在其中，馆内分别陈列着宋庆龄青少年时代、革命战争年代和从事世界和平事业以及国内外各界人士对她深切怀念的史料、照片、图表、绘画、仿制实物等。

> **小贴士** 2014年2月11日，在海口召开的"宋氏祖居"文化园项目规划建设咨询会启动了"宋氏祖居文化园"项目，并于当年开始动工建设，欲将其打造成全国红色旅游基地和海南国际旅游第一人文景观。

要点9　张氏宗祠

（1）位于定安县城定城镇东南20多千米处永丰乡高林村，是一处始建于清代的汉族祠堂建筑，属于汉民族祭祀祖先和先贤的场所；（2）该祠有完整的山门、前殿、正殿和廊庑，其间陈列着清代探花张岳崧的著作、书画、对联、碑帖匾额、印章等遗物和晚清名人关于记述张岳崧生平事迹的文章著作，对了解和研究张岳崧及晚清海南的历史与文化具有较重要的价值。

要点10　蔡家大院

（1）位于琼海市博鳌镇留客村里，为印尼富商蔡家森等4兄弟共同建造的一个建筑群落;(2)四座建筑风格相似,外观酷似城堡,坐东南、向西北,其中以蔡家森住宅规模最大(占地 600 多平方米);(3)宅院为砖、瓦、木、水泥钢筋混合结构组成的中西合璧的精美建筑;(4)该宅院厅堂三进,天井两个,两侧有横廊楼阁多间,四周有厨房、柴房、卫生间、浴室、猪舍等;(5)天井之中设有花木墀,全宅院是一座庞大而完整的二层三厅四合东西式楼房建筑;(6)宅院共开大小门户 35 个,大小窗户 104 个,宅院四通八达,上下连通,堂屋、横屋以及前后井庭相互环抱,结构紧凑牢固,整幢建筑高大森严,气势非凡;(7)院内楹联、图片、家具等物品,记叙了海南人"下南洋"的故事与艰辛。

小贴士 蔡家大院被誉为"海南侨乡第一宅",2006 年 5 月,列国务院公布的第六批全国重点文物保护单位。2013 年 3 月,蔡家大院的维修方案已经编制完成。

5.4.6 古代及近现代建筑

要点 1 船形屋

(1)黎族船形屋是黎族民居建筑的一种,流行于海南的黎族聚居区;(2)黎族同胞为纪念渡海而来的黎族祖先,故以船形状建造住屋,因外形酷似船篷通常称为船形屋;(3)船形屋是黎族最古老的民居,有高架船形屋与低架(落地式)船形屋之分,其外形像船篷,拱形状,用红、白藤扎架,拱形的人字屋顶上盖以厚厚的芭草或葵叶,几乎一直延伸到地面上,从远处看,犹如一艘倒扣的船;(4)其圆拱造型利于抵抗台风的侵袭,架空的结构有防湿、防瘴、防雨的作用,茅草屋面也有较好的防潮、隔热功能,而且能就地取材,拆建也很方便。鉴于这些优点,船形屋得以世代流传下来;(5)随着汉族迁徙海南和生产力的提高,黎族的船形屋逐渐发生了变化,由高架变为低架,屋盖斜伸到地;(6)苗族民居大体与黎族的类似,多采用船形屋。

小贴士 文献记载:"黎人住民,一栋两檐。邻汉人处,则于檐下开门,且编木为墙,涂以泥,如船篷。"随后屋盖起了变化,采用人字顶,茅屋升高。因为海南天气热,人们都喜户外活动,所以在房屋前后爱建廊子。它既是副业生产场所,又可作为晚间乘凉的地方。船形屋,已被列入国家级非物质文化遗产名录。

要点 2 茅屋

(1)黎族的茅屋外形很像覆舟,一般用原木、竹子、茅草、红白藤等为材料建筑而成,墙壁多用椰子叶、成毛竹、山竹等编织成围笆围成,屋顶多以茅草、椰子叶、葵叶编织而成;(2)这种茅屋冬暖夏凉,居住舒适。

要点 3 寮房

(1)黎族寮房是黎族未婚女子的卧室,也是有情人对歌、玩乐和幽会的场所;(2)寮房一般建成在住家的近侧,面积为 6～8 平方米,约 2 米高;(3)寮房做工考究,尤其是寮门做工精湛,寮门用竹子编织成各式各样的图案,有菱角交错的图形,也有波纹形状图形;(4)寮房里陈设简陋,内有低矮的竹床或木床,一张半平方米大小的木方桌或竹方桌,还有灯、镜、梳子、织具等。

小贴士 因为黎族的习惯,女儿到十四五岁,便不能与父母同屋而睡。男的要自己上山砍木料盖"笼闺",女子则由父母盖"笼闺"。于是汉族人就把黎族男子住的"笼闺"称为"兄弟寮房",少女住的称为"姐妹寮房"。大的可住四五人,小的仅住一人,住一人的为数较多。

要点 4　涅槃塔

(1)位于海口市琼山区石山镇西北约 1 千米的儒符村前面,是一座建于宋代末年历世 800 多年的佛教名塔,系海南省重点文物保护单位;(2)涅槃塔全用石筑成,古老朴实,巍峨雄伟;(3)石塔通体高 2.6 米,竖置在高 10 余米,宽 7.6 米,长 7.68 米的高大的台基上;(4)塔分 5 层,由 23 层石头筑成,呈四角形;(5)第一层内龛供奉石雕像一尊,檐角飞起,基座为金字形;(6)塔顶设有一亭,亭内陈设着菩萨和武将神像,置覆钵和火焰盘轮等;(7)塔基背面设台阶 25 级,拾级而上,可登上台基顶面;(8)塔的台基全由方块石垒叠而成,颇似仿金钢塔式"宝座"。

> **小贴士**　涅槃,佛教用语,一指幻想的超脱,生死的境界;二原指释迦牟尼之死,后用于代替佛僧的死。该涅槃塔造型特殊,艺术精湛,别具一格,在海南独一无双,为全国所罕见。

要点 5　美榔姐妹塔

(1)位于昌江县金江镇美榔村,始建于宋朝,已有 800 多年的历史,是国家一级重点文物保护单位;(2)该塔分姐妹两塔,姐塔为六角七层、高 13.6 米,妹塔四角七层、高 12.55 米,塔身造型美观,匠工精巧,周围林木苍翠,景致优雅。

要点 6　见龙塔

(1)又名仙沟塔,位于定安县城东南约 7 千米的龙滚坡上,由砖石砌成,共设有 28 个实门,共 7 层,高 25 米,每层有 8 个实门和假门;(2)塔砖有《千字文》的单字印记,底层正面额上刻有"见龙塔"三字;(3)据史料记载,见龙塔始建于清乾隆十六年(1751 年),知县伍文运、绅士林起鹤等捐资建筑,因资金缺乏,半途停工,乾隆三十二年(1767 年),知县吴先举邀请绅士捐资续建而成;(4)塔名"见龙",是据易经"见龙在田,利见大人"句而命名,其本意是祈求出人才,显而易见是风水塔,因它是依易经八卦而设计的,塔为八面体,墙上分别纹印着"日、月、星、辰、天、地、玄、黄"等字,底层正门刻着"风调雨顺,国泰民安"等字,今仍清晰可辨。

> **小贴士**　令人称奇的是,见龙塔顶上还设计有一个起避雷作用的半米长的铁物。在古塔上设置避雷物在海南古塔甚至国内古塔建筑中也非常少见,而美国科学家富兰克林发明现代避雷针是 1752 年,建塔时尚未传入中国。1956 年人民政府拨款修整见龙塔,1986 年,定安县人民政府定其为县级文物保护单位,并着手抢救和保护。1996 年,定安县文化馆集资对见龙塔进行修缮,使其保持昔日风姿。

要点 7　龙梅村古建筑

(1)龙梅村位于定安县雷鸣镇北部,北距定安县城 10 千米,龙梅村是个古老村庄,470 多年前,该村诞生了"三朝硕士"王弘诲,经过 400 多年的风风雨雨,该村至今还保存着较完整的"王氏宗祠""太史坊"等较古老的建筑物;(2)王氏宗祠是明万历年间筹建的,由照壁、山门、八角殿等组成,走进山门,迎面而来的便是八角殿,八角殿为王氏宗祠的前殿,整个建筑气势宏伟;(3)王弘诲的故居由三间砖瓦结构的房屋组成,建于明嘉靖年间。中间祖屋比较高大,厅堂屋顶共有 19 排瓦片;(4)龙梅村村口保存着一座太史坊,此坊建于万历二年(1574 年)孟春,是右副都御史殷正茂和巡抚广东监察御史张守看望国史官王弘诲时所立的纪念物,故称太史坊。太史坊虽然规模不大,但上面留有许多名人的书法作品。

小贴士 在海南民间有这样的说法:祖屋厅堂瓦片排数越多,说明家里有人当过大官或极其富足,比较富裕的家庭为15排或17排,一般家庭有13排就不错了,由此可见王弘诲当时的社会地位。

要点8 桄榔庵

(1)坐落于儋州市中和镇南郊,是北宋大文豪苏东坡谪居儋州时同其子苏过住了3年的旧居;(2)苏东坡父子抵儋之初,为州官张中所敬重,住官房、吃官粮;(3)第二年,即宋绍圣五年四月,湖南提举董必赴广西察访,得知东坡居儋州官舍,便派人将东坡父子逐出;(4)东坡父子无室可居,便在城南桄榔林买地建屋,当地群众都前来帮助,仅一个月时间,就建好3间茅屋;(5)因茅屋处在"竹身青叶海棠枝"的热带乔木桄榔林中,东坡便将茅屋命名为"桄榔庵"并题《桄榔庵铭》:"东坡居士谪于儋州,无地可居,偃息于桄榔林中,摘叶书铭,以记其处。"(6)现庵内陈列有关苏东坡的历史文物,以再现其父子居儋实状,寄托海南人民对苏东坡永久的缅怀和纪念。

小贴士 建此庵同年,苏东坡帮助乡亲们打了一口水井,泉足水甜,乡亲们将其命名为"东坡井"。桄榔庵是苏东坡在儋州三年的生活遗存,历代都对其进行过多次修葺扩建。目前的桄榔庵是当地政府近年专门修复的。

要点9 府城鼓楼

(1)位于海口市琼山区府城街道鼓楼街内的古城垣上,是一座土木结构、古朴大方的城楼,原名谯楼,又称文明楼;(2)明洪武五年(1372年),海南卫指挥使王友所建,明清两代多次重修,台基为明成化十七年(1481年)扩建而成;(3)楼内原有明正统元年(1436年)铜禁钟一口,钟铭记述了捐资铸钟情况及祈求国泰民安之意(现存五公祠)。

小贴士 据《琼州府志》和《琼山县志》载,府城是海南卫的所在地。有东西南北四座城门,鼓楼坐落于城之正中偏南。楼内有重兵驻守,居高临下,以窥城内外动静,卫护治安,是古代一项军事设施。

要点10 封平约亭

(1)位于澄迈县大丰镇大丰村内,距老城镇(古县治)约10千米;(2)始建于清康熙六十一年(1722年),同治二年(1863年)重新修葺,保存至今;(3)封平约亭,坐北朝南,木石结构,一进四合院式布局,前为大门,中为庭院,后为正屋,面阔10米,进深约20米,总占地约200平方米;(4)青石板路边还立有集市行界碑,如:肉、鱼、米、油、盐等,均分界买卖,依约交易,童叟无欺,可见当时商贾云集,繁荣之盛。

小贴士 "封平约亭"意为封平都议事的场所,因其地处当时交通要道,村庄密集,人口众多,商贸物流繁盛而形成了市集,所以又叫"封平多峰铺(市)"。

要点11 海口骑楼

(1)海口骑楼建筑群初步形成于19世纪20~40年代,距今有100多年历史,其中最古老的建筑四牌楼建于南宋,至今有600多年历史;(2)骑楼的窗楣、柱子、墙面造型、腰线、阳台、栏杆、雕饰等体现了独特的风韵,墙体上的彩瓷花卉图案、女儿墙、骑楼、柱廊、敞廊是巴洛克风格,具有欧亚混合文化特征;(3)骑楼在创新的基础上,又不失海南民房实用的特点:内部楼层是传统的木板结构,骑楼的功能结构是前店后居式,或者是楼下店铺楼上住人式,一直沿用至今;(4)1924年,海口拆墙扩城,城区面积由原来所城内的不到1平方千米扩大了许多,"商贾络绎、烟火稠密",城市马路的形成、沿海贸易业的繁荣、城市功能的不断完善使这一带成为海口的闹市区;(5)如今,沿着五条街漫步,会感受到一种截然不同的文化氛围,这些地方白色骑楼建筑虽然十分欧化,可墙面上细致雕刻全都是中国民间特色的吉祥图案,一座骑楼就是一幅风景画,一条街就是一个文化景区。

小贴士 骑楼作为一种外廊式的建筑艺术是源远流长的。上个世纪二三十年代,一股闯南洋风潮在海南刮开,出海闯南洋的海南人"叶落归根",携带着毕生血汗钱回乡建屋,安老终生。几座或十余座骑楼参差错落毗连一起,店屋前连廊连柱的长廊连接起整个街区,既可为往来的行人撑起一片遮挡烈日暴雨的天地,又可成为商家招揽顾客的场所。骑楼,成了当时的商业文化与社会文化的地域特色。

要点12　五指山民族博物馆
(1)坐落于五指山市北面的牙蓄岭上,1986年建成开馆,面积5 000多平方米;(2)馆内辟有6个主展厅和2个机动展厅以及民族工艺商场和工作室;(3)各展厅分别展出各种文物、民族民俗物品、历史图片和资料,反映了从新石器时期到海南解放的各个历史阶段海南黎、苗族人民的政治、经济、文化和风土人情以及他们同汉、回族人民共同发展、建设海南的历史。

小贴士 1994年初,由19块花岗岩加工而成的高4.41米、宽4.79米、总重40吨的大型石雕——海南第一龙门在五指山博物馆迎宾大门落成并向游客开放。

要点13　海南比干妈祖文化园
(1)坐落于海口市府城镇3千米处,占地面积8 800平方米;(2)该文化园依宋代建筑风格设计,具有浓厚的东南亚特色;(3)园区建有"比干文化纪念馆""妈祖庙""九龙壁"以及充满人文历史气息的"文化长廊";(4)单体建筑"妈祖庙"中供奉着妈祖圣像,该像高2.53米、重1.5吨,是目前亚洲最大全木雕刻,也是妈祖祖祠有史以来开光最大的一尊。

小贴士 该园2008年12月25日奠基,2009年3月31日动工兴建,2013年3月1日,正式对外开放。该园不仅打造成为海南特色的文化观光游览园,而且弥补了海南在妈祖文化方面的空白。

5.4.7　近现代历史纪念地

要点1　苏维埃政府旧址
(1)位于陵水县城,其前身为琼山会馆,现为陵水县博物馆,1963年,被海南省人民政府公布为省级文物保护单位;(2)1927年"四·一二"反革命政变后,中共广东省委派杨善集(今海南琼海人)回海南岛任琼崖地委(后改特委)书记,领导和发动海南人民举行秋收起义;(3)1927年7月至11月间,陵水县各族人民在中共琼崖特委的领导下,曾发动3次武装起义,攻占县城,并于同年12月16日,成立陵水县苏维埃政府。

小贴士 这是海南岛新民主主义革命史上第一个县苏维埃政权,在海南人民革命斗争史上写下光辉的一页。

要点2　琼崖公学纪念亭
(1)位于五指山市番阳镇,距五指山市区约40千米,是1964年为纪念"琼崖公学"而建的;(2)"琼崖公学"于1940年夏在澄迈县美合根据地创办,冯白驹将军任校长;(3)1940年12月15日国民党制造了骇人听闻的"美合事变","琼公"被迫停办;(4)1945年春,琼崖特委建立白沙县抗日根据地,"琼公"于此恢复,校址设在该县阜龙乡;(5)1946年初,国民党为夺取抗战胜利果实,挑起全面内战,"琼公"再度停办,培训的学员全部随军作战;(6)1948年6月,琼崖特委胜利建成五指山根据地,翌年春,"琼公"在五指山番阳镇恢复。

小贴士 "琼崖公学"办至1950年5月海南解放,培养和造就了1 500余名革命骨干。

要点3 白沙起义纪念碑

(1)坐落在琼中黎族苗族自治县红毛镇东面番响岭,海榆中线162千米旁;(2)1939年2月,日本侵略军侵占海南岛,琼崖国民党军队和县政府地方武装节节败退,逃入五指山区;(3)黎苗族人民不堪忍受政治压迫和经济剥削,1943年7月2日,黎族首领王国兴带领民众发动了"白沙起义",为琼崖抗日战争的胜利立下了汗马功劳;(4)为纪念白沙起义的死难烈士,1987年,海南黎族苗族自治州人民政府和琼中黎族苗族自治县人民政府拨款修建白沙起义纪念碑;(5)纪念碑占地1 500平方米,碑高17.5米,全用花岗岩条石、水泥砌成。

小贴士 纪念碑的东南面是海南农垦第六医院,南面是猴子岭,西面临昌化江上游,北边小村庄是王国兴的家。碑后的小山坡是天然的观山台,登上坡顶,可观五指山的全貌。另外琼崖纵队司令部旧址在琼中黎族苗族自治县便文乡,位于鹦哥岭半山腰,1945年冯白驹将军和黎族人民起义领袖王国兴会师后,在此建立了革命根据地。当年琼崖纵队司令部旧址已经变成了便文乡的一所小学校。

要点4 琼崖红军云龙改编旧址

(1)位于海口琼山区云龙镇东北面,于1989年12月建成;(2)1937年7月7日卢沟桥事变后,中共琼崖特委为贯彻党中央关于建立抗日民族统一战线的方针政策,表示愿意在团结抗日的前提下改编琼崖工农红军,并于1938年10月22日达成协议;(3)正当日军逼近海南岛的危急时刻,中共琼崖特委于11月间及时调整编制,按一个大队建制组建部队,并决定以琼山云龙镇为改编地点和部队驻地;(4)同年12月5日,改编仪式在云龙镇6月婆庙隆重举行,部队番号定为"广东民众抗日自卫团第14区独立队"。

小贴士 广东民众抗日自卫团第14区独立队的成立,宣告了琼崖人民抗日队伍的诞生。

要点5 母瑞山革命根据地纪念园

(1)该园于1996年8月1日在定安县中瑞农场原红军操场上建成,在一座小山岗上,占地1.3万平方米,前门建23级台阶,象征着琼崖革命坚持23年;(2)纪念园中央竖立着母瑞革命根据地创建人——王文明主席、冯白驹将军两尊3.5米高的铜像;(3)铜像后面陈列馆里有海南在新民主主义时期四个阶段的革命斗争史料及文物,内容十分丰富,展示了琼崖特委、琼崖苏维埃政府和红军独立师三大机关领导海南人民长期进行革命斗争的光辉历程。

要点6 红色娘子军纪念园

(1)1998年开始兴建,2000年5月1日建成开园,位于东线高速公路温泉万石出口处,占地面积约13.33公顷;(2)该纪念园主要由和平广场、纪念广场、红色娘子军纪念馆、红色娘子军连部、椰林寨、南霸天故居、旅游服务功能区等8大部分组成;(3)坐落于和平广场中的"为了和平"雕像,高8米、长12米、宽4米,由锁链、娘子军竹斗笠、号角以及和平鸽组成;

(4)位于区内嘉积镇街心公园的"红色娘子军雕像",由花岗石雕刻而成,坐北向南,高3.7米,连底座总高6.8米。座基石板铺设,四周呈六角形,围以石栏杆,占地面积40平方米,现已经成为海南省省级重点革命纪念建筑物保护单位。

> **小贴士** 红色娘子军雕像底座正面有胡耀邦金字题词"红色娘子军"。底座背面刻有如下文字:红色娘子军即中国工农红军第二独立师女子军特务连。1931年5月1日创建于乐会县第四区革命根据地。她们在中共琼崖特委领导下,出色地完成了保卫领导机关、宣传发动群众等项任务,并配合主力部队作战,在伏击沙帽岭、火攻文市炮楼、拔除阳江据点及马鞍岭阻击战斗中,不怕牺牲,英勇杀敌,为琼崖革命立下了不朽的功勋,斯为妇女解放运动之旗帜,海南人民之光荣,娘子军革命精神永存!

要点7 玉包港登陆作战纪念碑

(1)玉包港登陆作战纪念碑位于澄迈县桥头镇,为纪念人民解放军渡海部队在玉包港登陆作战中英勇牺牲的烈士而修建;(2)碑座正面刻有人民解放军渡海部队在玉包港登陆作战的情况,马白山为纪念碑题写碑名。

> **小贴士** 1949年2月,毛泽东主席命令四野以四十军及四十三军准备攻琼崖。继两个先锋营潜渡胜利之后,1950年3月27日,四十军118师政治部主任刘振华、琼崖纵队副司令马白山,率领一个加强团2937名指战员,分乘81只大小帆船,从雷州半岛灯楼角起航渡琼,在玉包港强行登陆,在当地党政军民配合下,克敌制胜,为主力部队渡海解放海南岛提供了有利条件。

要点8 海口秀英炮台

(1)位于海口市海秀大道秀英村,整个台区占地3.3万平方米;(2)1890年,清政府为抵御法军入侵,命令各军严防沿海各口岸,两广总督张之洞临琼视察海口形势后,下令建造秀英炮台;(3)当时的炮台建筑在离海岸约200米的小山丘上,面向大海,居高临下,遥控着整个琼州海峡,其东南侧设有指挥室,背后有操练场和营房;(4)有大小炮台五座,拱北、镇东、定西为三大炮台,振武、振威为两小炮台;(5)五座炮台自东向西成一直线,朝北并列,虎视大海,威风凛凛;(6)五尊大炮均购自德国克虏伯炮厂。

> **小贴士** 秀英炮台是海南古代宏大的军事设施,也是中国古代规模较大的军事设施之一,与天津大沽口炮台、上海吴淞炮台、广东虎门炮台同为清代晚期闻名遐迩的海岸炮台,是我国近代史上重要的海防屏障。

要点9 毋忘九·一八国耻纪念碑

(1)坐落在海口市琼山区府城镇中心三角公园里,占地约2000平方米;(2)纪念碑用钢筋水泥浇铸而成,用中心红色、外圈灰白色圆形水磨石作底座,正中竖立六角形柱体,全高4米;(3)主柱三侧附着了三个形状相同的曲折构件,代表着东北三省;(4)整个碑形巧妙地构成了刚劲有力的"东北"两个大字,不管从哪个侧面看,主柱三面直铸的"毋忘九·一八国耻纪念碑"十个大字都显于眼目。

> **小贴士** 纪念碑的设计,形状奇特巧妙,寓意深邃耐寻,观赏者称赞其绝无仅有。

模块 6　主要传统习俗与特色风情

6.1　大众民俗

6.1.1　主要节俗

要点 1　春节

(1)"过年",在海南方言中叫"做年"。北方所说的过元旦,海南叫"做新年",在海南乡下,"新年"是不当年来"做"的;(2)海南俗话"年怕中秋,月怕十五",一过中秋,乡下就筹备着"做年":阉公鸡、填肥鸭、圈家猪、备做年钱;(3)十二月二十四"送灶公",为"灶公"送行,一送完"灶公",一家之长则忙于"发市";(4)将年画贴于客厅,把对联贴在门楣,有的人家在家具、果树上还贴上"利市"红纸;(5)年前几天,家家户户忙于浸糯米、磨米浆、做年糕(文昌等地方则是忙于做米花糖、花生糖);(6)腊月三十,全家人"围炉"、洗澡、换衣、"发灯"、"守岁";(7)大年初一凌晨,无论老少都得起床吃"斋饭"(即为清净洁白以怀念祖先),且不能挑水(除夕那天得把水缸挑满)、扫地、相互打骂、打碎器皿(意为"和和气气"),见面说贺年吉利话等;(8)海南各地拜年的习俗不一样,有的地方是初一、初二来拜年,有的却是初一不能上别人家里拜年;(9)拜年礼品,一般为柑橘或礼品中夹橘子叶,以示"今年大吉大利"。

小贴士　"送灶公":家家户户白天用竹把或竹枝将家屋内外、香炉全面打扫干净,并换上新炉灰,夜间备酒果设祭,为"灶公"送行。"发市":购买金银香烛、"公仔幅"(年画)、"王乐膏药"(即走江湖)、"祭年橘子"、湿菜(即时令蔬菜)、"拜公"祭品等。"围炉":荤素菜摆满香炉前的八仙桌候祭祖先,仪式完毕后燃放鞭炮,等饭菜凉透后拿下来全家围着火炉吃年饭。"发灯":取"添丁发财"之意,即室室点灯,家家有灯,直至初四天亮才罢。"守岁":彻夜不眠,直至初一降临。"斋饭":类似于清真食品,必有清炒茄子(寓意一年比一年好)、清炒水芹菜("芹"与"勤"谐音)、长粉丝(寓意过日子细水长流)、黄黄的像金元宝状的豆腐干(寓意招财进宝)。

要点 2　中秋节

(1)在海南过中秋,除了赏月、吃月饼以外,尤以"拜月娘""会嫦娥"的风俗最为盛行:家人一起早早吃过团圆饭后,小孩子纷纷拿起各式各样的盆子,争先恐后地来到屋前屋后的香蕉树下,透过光影斑驳的月痕,等待水面折射出的"嫦娥"出现;(2)家中长者通常会带领年轻人早早围坐海边,吃月饼,聊家常,传经验,共同等待"海上生明月,天涯共此时"的壮美时刻;(3)海南儋州的中秋节也叫民歌节,每年中和镇北门江畔都会有几千甚至几万人集中对歌,独具儋州风情;(4)在海南岛西线东方市一带,不但有吟诵赏月名篇的习俗,那些未嫁的姑娘在祭祀拜月时,往往还为自己祈祷早日嫁上如意郎君。

小贴士　独特的地理位置使海南形成了独特的海洋岛屿文化,中秋节人们在海边拜月、赏月也就习以为常了。在海南人心中,月亮始终具有柔和与光明的象征,寄托着人生中最美好的向往。

要点3　"公期"

(1)"公期"本意为所供奉、拜祭的神灵或者祖先的生日,也有些是指当地在历史上留下深刻印记的纪念日;(2)祭祀神多为南北朝时期女英雄冼夫人,一般在农历正月上旬至三月中旬举行;(3)"公期"主要是文昌一带的叫法,海南绝大多数地区一般叫"军坡",民间也称"军期""闹军坡""发军坡""吃军坡"等,以海口市琼山区新坡镇最为隆重;(4)"公期"一般分为"公期"和"婆期",指的是公祖或婆祖的生日,一般一个村子有一个"公"或"婆",其实质就是一地之神;(5)"公期"或"婆期"时,全村人抬着神祖像在村中挨家巡游,祈求平安,村民则举行祭祀仪式供奉神祖,还遍邀亲朋来家聚餐;(6)每逢"军坡"活动,人们多模仿冼夫人当年出征仪式,两军对垒,起舞欢歌,纺制当年冼夫人的"百通小令旗",祈求一"令"传下,百事百顺;(7)活动期间,家家户户要吃芋头、番薯、荠菜等农作物,以求得做事稳妥,多子多福,长命百岁;(8)除"装军"(扮军演习)、吃军饭外,还展示一些最具海南特色的民俗活动,如过火山、上刀梯、婆祖巡游、舞狮摘青等。

> **小贴士**　"公期"习俗在海南世代相传已有1 300多年的历史,纪念方式历代不变,既有神话色彩,又不失表现历史人物的丰功伟绩,起到了融合地域、民族文化和各种宗教信仰的作用,这一简单的民俗活动有着深刻的文化内涵。对于"公期"的来源以及各地存在的习俗差异,海南各地有着不同的解释。

要点4　龙水浴

(1)因有着引人入胜的神话传说,每年端午节前后,澄迈县的群众和远至三亚、儋州,近邻海口、临高、定安等地的群众,老老少少、男男女女都纷纷涌来该县老城盈滨半岛洗龙水;(2)盈滨半岛4千米长海岸线上,人山人海,随处可见每天超万人同浴的壮观场面;(3)起源于澄迈盈滨半岛的盈滨龙水节,自2003年首次举办以来,已经连续成功举办了十余届,节日活动内容也逐步增多——全国赛龙舟公开赛、国际咖啡师冠军赛、大海歌曲创作与演唱电视大奖赛等。

> **小贴士**　盈滨龙水节成为澄迈县挖掘历史民俗文化,以文化活动激活旅游商贸的重要方式,多彩的民风民俗活动和国际赛事引来众多省内外游客奔赴澄迈,享受这一传统节日带来的无限乐趣。

要点5　二月二祭海

(1)海南岛四面环海,居住着众多崇拜、敬畏大海的渔民,他们每逢出海或"二月二"就要祭祀海神,反映出海南沿岸渔民在漫长耕海牧渔生活中创造的独特渔家文化;(2)每年农历二月初二"龙抬头"节,海南岛上南北中心城市海口和三亚,当日均举行大型祭祀仪式,以传统方式祭拜南海,虔诚祈福;(3)祭海仪式上,身着道袍的道士引领着逾百米祭祀队伍"抬公巡游",击鼓鸣炮,用庄重的道教仪规"化表谢恩",表达对海洋的敬畏和感恩;(4)24位身着紫色服饰的舞者表演了古老的六佾舞,通过龙到人间、迎龙、拜龙、送龙的舞蹈形式,祭祀南海龙王、天后娘娘、水尾圣娘等海神;(5)海南的"抬公巡游"和祭海仪式已沿袭了上千年,众多外地游客专程赶来观看祭海仪式,感受海南民俗文化。

> **小贴士**　据史料记载,佾舞是古时乐舞的重量级舞蹈。按周礼规定,佾舞共有八佾、六佾、四佾、二佾之分,分别在祭祀天子、公侯、大夫等时演出。历史上只有天子才能享受八佾舞的尊荣。

要点 6　妈祖祭奠

(1)海南的妈祖文化是随着闽南人开发海南岛时带进海南岛的一种海洋文化,经过千年的发展和延续已经成为海南一种独特的文化象征和代表;(2)祭典开始前,祈福台前往往摆放好熟鸡、水果等祀品,从福建妈祖祖庙请出来太子殿的妈祖,在身穿祭服的卫士护卫下沿街巡游,八音齐奏;(3)随后,祭典仪式正式开始,信众代表向各地妈祖像行三拜九叩礼,并依序举行迎神上香、诵读祝文、行礼奏乐等庄严的祭典程序;(4)最后在香烟缭绕、钟鼓齐鸣、炮声震天中礼成,整个祭典过程,雍容肃穆,瑞气氤氲;(5)仪式结束后,妈祖信众们云集妈祖像前,虔诚上香、膜拜、祈福;(6)目前,海口秀英区西委镇新海村、琼海潭门镇等地的纪念妈祖诞辰活动规模较大。

小贴士　妈祖文化历经千年衍播,形成了立德、大爱、行善的精神内涵以及平安、和谐、包容的文化特征,是中华文化的重要组成部分,是我国海洋文明的重要标志。熟语称"有海水处有华人,华人到处有妈祖",随着时代的变迁,妈祖由航海关系而演变为"海神""护航女神"等,海南的妈祖则成为另一种的独特的代表。

要点 7　元宵送灯

(1)元宵送灯是流行于文昌的一项传统项目;(2)到了农历正月十五夜晚,人们掌着一盏盏花灯(花灯整个可见72个大小红"喜"字和36个"寿"字),由一个"灯主"领队,排成长龙,敲锣打鼓,燃放爆竹沿村游行;(3)其后到离村不远的公庙去,将灯挂于庙的内外,然后再蜂拥而上去抢采花灯。

小贴士　在灯的正面还印有"招财进宝""连生贵子"等吉利的词或思古幽情的人物风景画。据说,抢到了花灯便能发财,人丁兴旺。

6.1.2　生活习俗

要点 1　老爸茶(店)

(1)"老爸"茶店,顾名思义,便是闲情的"老爸老妈子"们相聚喝茶之地;(2)茶店常设于老城区小街巷中,临街一间铺面,摆放十张八张桌凳即可待客;(3)所用之茶,为绿茶、红茶末,或是自制的菊花、茉莉花茶和柠檬茶等;(4)茶客们常常是边聊天或看报纸、边喝茶边吃品种多样的小吃;(5)即便是茶客就点一壶几元钱的茶水,从大清早一直"泡"到黄昏后,也可无限制续杯,而服务人员依然是服务周到,实实在在;(6)"老爸茶"是极具海南生活特点和文化特质的映像,是海南特色休闲、热闹、包容、"慢情调"和海南市井生活的一个缩影。

小贴士　查阅史料发现,老爸茶店的兴起,与归侨有着密切的关系。19世纪末期,一些琼籍海外乡亲联合在海口中山路附近的得胜沙修建了几条骑楼街道,新街面依长堤码头,得地利之便,商贾云集,很快就成当时海南的商业中心。一些老华侨便在此处经营起茶店,供来往客商驻足休憩。如今,海口中山路西接口的雕塑《老爸茶》,述说着这段历史。另外,2012年8月间,由几名在读的九零后大学生"鼓捣"出来的一部长约17分钟的微型纪录片《拾味海南·老爸茶》,被海南本地多家网站转载,并获得了广泛的赞誉。

要点 2　"打边炉"

(1)"打边炉",实际为"打甂炉",北方叫"吃火锅"或"涮火锅",属于粤菜系;(2)其主要食材是生鱼片、鱿鱼片、生虾片等,主要烹饪工艺是煮;(3)打边炉的"打",指"涮"的动作,另据《广州语本字》解释,因置炉于人的左右(即人的旁边),人守在炉边,将食物边涮边吃,所以叫打边炉;(4)"打边炉"与一般的所谓"火锅"不同:火锅是坐下来吃的,而"打边炉"是站着吃的,火锅用金属器具,中间烧木炭,"打边炉"是用瓦罉,"打边炉"的竹制筷子约比普通筷子长一倍,便于站立涮食;(5)随着社会文明的进步,现在海南地区,"打边炉"已与普通吃火锅没有差别;(6)琼北一带每逢"公期"时的"打边炉"一直是最受欢迎、最传统的烹饪手法。

> **小贴士** 海南"打边炉"最显著的特点是鲜美,不仅汤菜合一,而且能吃出食物原有的风味,一年四季"打边炉"已成为海南饮食文化的一道风景。有人认为,"打边炉"是海南人最得意的饮食杰作之一,也是海南人对食材充分自信的突出表现。

要点3 文昌木屐

(1)文昌木屐已有悠久的历史;(2)初时,其外形宛若一只用木板钉成的小凳子,上面再接鞋帮着地的两只脚称为屐齿,因屐齿的接触面积小,故能适应泥泞的路面或在雨天行走,人不易滑倒;(3)后因生活需要,逐渐出现了由整块木料凿成的拖鞋形式的木屐,且种类颇多,有苦楝木屐、苦常木屐、江斧木屐等;(4)文昌人素有穿木屐的习惯,尤其是在新中国成立前,木屐更为盛行;(5)新中国成立后,由于人民生活水平的提高,虽然木屐逐渐被淘汰,以布鞋、皮鞋、塑料鞋取代,但是在城乡,当地人仍然喜欢穿着木屐;(6)随着中外文化交流,文昌木屐远传域外,在日本、朝鲜和东南亚一带,至今盛行不衰。

> **小贴士** 据有关资料记载,穿木屐有五大好处:"南方地卑,屐高远湿,一也;炎徼虐暑,赤脚纳闵,二也;所费无几,贫省屐,三也;澡身濡足顷刻遂燥,四也;夜行有声,不便为奸,五也。"除了第五条过于牵强附会之外,其余各项都说得甚为确切。

6.1.3 汉族婚俗

> **小贴士** 民俗学者们在数十年的调查中发现,尽管海南西部、南部的婚俗与琼北琼东地区有着不少的差异,但与汉族婚礼程序仍相似,包括"做后生""出命""订婚""行聘""开面""哭嫁"后才走入婚姻的多道环节。

要点1 "做后生"

(1)旧时,在海南南部和西部的乐东、三亚、东方等汉族地区,农村青年男子求偶的一种方式就是"做后生";(2)女子长大成人后,一般会邀上几个要好的同伴,找一户人口少、房子宽裕的人家合住;(3)夜晚,本村或外村的青年男子便会三五成群地到姑娘住处聊天谈笑,相互寻找意中人;(4)如果双方有意,男子便会以"打眼角"、做手势或者写字条等方式,暗示女方随他到外头单独谈话,确定双方恋爱关系。

要点2 "出命"

(1)男女恋爱成熟,男方家会请媒人到女方家提亲,女方家长若有意,就将女儿的"生辰八字"写在红纸上送给男方,俗称"出命",或者"出年庚";(2)男方收到女方年庚后,请算命先生"合命",若双方八字相合便可定命,相克便告吹。

要点3 订婚与行聘

(1)在海南陵水、三亚、乐东一带,汉族还有"出槟榔"习俗,男方提亲时,用锡盒或者花巾盛好槟榔,送到女方家;(2)若女方家不许,槟榔包就不打开,若应承了这门婚事,则由女方家地位较高的人打开槟榔包,并请亲友邻舍吃槟榔;(3)男方定命之后,给女方送槟榔或者"乾坤贴",女方收到帖和聘礼后,退回部分礼款,双方就算结成亲家;(4)订婚后,男方每年都给女方"送年"(即送礼)。

要点 4 "开面"

(1)行了聘,男女双方就着手筹办婚事,婚前五六天,女方准备糕点来招待亲戚、邻居、姐妹朋友,婚前两三天请人整眉、绞面、剪发,俗称"开面";(2)婚前,母亲一般会对女儿进行婚前教育,是以歌唱的形式进行的。

> **小贴士** 《母教女歌》由此而来:"奉事公姑要和气,室里叔父敬面前,左邻右舍会交合,四亲六情莫见闲……"

要点 5 "哭嫁"

(1)哭嫁是海南一些地方特别的婚俗,女方结婚之日,一般都会痛哭流泪,以感激父母的养育之恩;(2)结婚这天,男方通常请乐队吹吹打打到女方家接新娘;(3)当女方家得知迎亲队伍来时,就把大门关闭,不让新郎入门,新郎就要拿出"开门钱";(4)开门后,拜堂时新娘由"全福太太"(有子孙的老阿婆)牵入中堂与新郎举行拜堂仪式;(5)新娘进房的第一件事就是坐新床,客人走后,新娘新郎就要一起用预备好的4块砖头将床脚垫高,象征着恩恩爱爱、同甘共苦生活的开始。

> **小贴士** 在婚后的第三天,夫妻要带上糕点回娘家,娘家盛情招待,俗称"回门"或"认路头",文昌一带还有新娘带两棵椰子树到新郎家中种植的婚俗。

要点 6 疍家人婚俗

(1)海南的汉族婚俗中,疍家人是一个特别的群体;(2)如果双方父母同意子女的婚事,男方父母要聘请有丈夫的妇女做媒,在大年初二带上槟榔到女方家提亲;(3)如果女方家答应这门婚事,便用红纸写上女方的生辰八字,由媒人带回男方家"合命",男方家择定吉日再派媒人去女方家"压命",随后择吉日行婚;(4)疍家迎亲的前四天,男方要给女方行聘礼,聘礼轻重根据男方的家庭情况而定,一般为衣服10套、金戒指2只、金耳坠1对、银项链1条、银头钗2支、玉手镯1对以及现金若干;(5)送聘礼还要用彩船,并请鼓乐手一路吹吹打打送到女方家;(6)到了结婚前一晚,出嫁的姑娘在娘家要以疍家人特有的"咸水调"边哭边唱"啼夜",要哭得悲切,眼睛要哭得红肿,这样才能表达出对娘家的眷恋。

> **小贴士** 疍家人迎亲的时间多在三更过后,乘坐一只披红的小舢板到来。新娘身穿五色衣裙,被接过来后要举行拜堂仪式,拜堂仪式后,朋友中有人就用早已准备好的墨汁或者木炭轮流在家翁家婆的脸上涂抹,新娘得要一遍遍地倒水,用新毛巾给老人洗脸。脸洗的次数越多,表明新娘子越孝敬老人。

6.2 黎族习俗

6.2.1 黎族婚俗

要点 1 放寮(玩隆闺)

> **小贴士** 黎族地区普遍存在着"放寮"习俗。每个村都有一个至几个寮房(黎语称"布隆闺"),女儿长大了便到那里居住。凡是不同血缘集团的男子,都可到寮房通过对歌和吹奏口弓、鼻箫来寻找情人,倾诉爱慕。放寮,黎语"玩隆闺",体现了黎族未婚青年男女社交自由。

(1)进入"寮房",男子要以歌叩门,女方若同意他进来,就回应一首歌;(2)男子进门后要对唱见面歌和请坐歌才能入座;(3)坐下后,男子要开门见山地表明来意,说明是来找情侣还是来求婚的,女子回应是否已有情人;(4)接下来,那种表达爱情的对歌声、口弓声和鼻箫声就会此起彼落,直到情投意合;(5)情投意合后,男方就向女方送银元、铜钱、针、布衫、腰篓、竹笠等物品,作为礼物(往后相互邀约,夜间常来常往);(6)如果一对黎家情人恩爱难断,需缔结秦晋之好时,他们便把婚事告诉自己的父母,男方家就要选定吉日,带上聘礼,到女方家去提亲。

要点 2　提亲与订婚

(1)提亲时,男方家人请族内一位亲嫂嫂当媒人,带槟榔、茶叶、烟丝等到女方家;(2)女方本人及家人乐意接受礼品,说明亲事已定,女方一旦吃了男方的槟榔,提亲婚就基本告成;(3)订婚日期多是选在农历十二月份中的兔日、蛇日、猴日和鸡日中的一天;(4)订婚时,由男方家派出两男四女六个人(父母、哥嫂、亲戚或村里善于唱歌、说话、喝酒的人)到女方家商量婚礼日期以及彩礼内容和数量。

要点 3　婚礼

(1)婚礼头天下午村里人劈柴搭灶、杀猪杀鸭、吹拉弹唱、通宵达旦;(2)第二天一早,由八人(新郎、伴郎、四个伴娘及挑聘礼的亲属)组成的迎亲队伍,在八音队的乐曲带动下出至村口向"土地公"烧香,至村口岔路烧稻火、抛鸡蛋;(3)至新娘家村口,八音队猛吹迎亲曲,新娘家人出迎:村里一位长者拿着一把稻草、少许米饭、一个鸡蛋,点燃稻草,口念咒语,向火堆抛鸡蛋,迎亲队才能走过火堆进村;(4)至新娘家,女方家两个伴娘按礼单清点完毕,请迎亲者进屋里就坐、喝酒、对歌,然后互敬槟榔和喜酒;(5)午宴后,迎亲队伍回到村口,燃放爆竹后再进村入屋,男女双方伴娘交换红线和盛着槟榔、烟丝的双碗,再交换茶叶、摆上酒菜;(6)晚宴后,青年人在八音队的急促吹奏下开始"逗娘";(7)次日天刚亮,新娘要到河里挑水,以示勤劳贤惠;(8)上午10时许,新娘要"回返"娘家:伴娘挑着一个放有糯米饭和猪肉、另一个放有黑色衣服的两个小箩筐走出村口,把糯米饭和猪肉分给路人吃,之后返回婆家;(9)午宴后,八音队进新房吹奏一阵,接着新娘就同女方家人真正地回娘家了;(10)过了一两天,男方家择吉日派两个十一二岁的小女孩去接新娘回来,此后,新娘就可以自己回去了。

小贴士　黎族婚俗喜庆热闹,男女青年经过自由恋爱后,一切均按照黎族风俗提亲、订婚、举行婚礼。按黎族的习惯,村里不管谁家有事全村人都要来帮忙。"逗娘"在黎家婚俗中不是逗新娘,而是逗伴娘;同祖宗姓氏的人是不能逗的,也不能对歌,若外姓青年对伴娘有兴趣,那就会闹一夜的洞房。黎族地区婚后"不落夫家"的习俗相当普遍,非婚生子女一般不受歧视,离婚和寡妇改嫁也比较自由。

6.2.2 黎族丧葬

小贴士　黎族葬俗为土葬,棺有木棺、竹棺、树皮棺、露兜叶席棺、陶瓮棺等五种。五指山地区的黎族,以独木棺为主。沿海平原地区的黎族,以厚木板制作棺材。黎族历来以土葬为主,丧葬隆重,但丧葬仪式和禁忌等习俗,各地有异。丧事办理严肃,程序规范不可简略。

要点 1　丧葬程序

(1)报丧:死者家属以号哭和鸣枪报丧,并传告噩耗,且报丧人员需反穿着衣服;(2)洁身;亲属用清水给死者洗脸和手脚、梳整头发和穿戴寿服(合亩制地区以及白沙南开地区的黎族,对尚未文身的女性死者,在洁身后,要用木炭在死者脸上按施纹部位划纹图);(3)殓仪:合亩制地区、南开、南丰等地区停尸设灵位(死者遗体放在家里,遗体底铺一张露兜叶席,上盖黄色或灰色毡被,富家盖龙被,即黎锦),琼中、保亭、陵水、三亚、乐东、东方、昌江等地区停棺设灵位(木棺放在死者家厅堂,棺内用草席和黑白布铺底);(4)守灵:民间普遍把灵柩放在家里三天,守灵时,死者亲属按照辈分次序坐在灵柩两旁痛哭地呼唱悼歌,参加治丧众人边喝酒边唱悼歌以追述死者生前功过,远程赶来治丧的亲友,带着猪、羊或米酒和钱等,到灵位吊唁和唱悼歌(悼歌黎语"韦勿")。

小贴士 "合亩",为汉语意译,黎语称"纹茂",意即家族或氏族,一般叫"翁统打",即"合伙共耕田地"意。"合亩"是黎族古代家族公社的一种共耕组织,一个"合亩"就是同血缘或以同血缘为核心的若干农户组成的一个生产单位。合亩制大部分地区处于昌化江的上游,延伸到五指山中部地区,生产力水平比其他黎族地区低。

要点2 主要禁忌

(1)合亩制地区黎族丧俗:若有人死,全村成年男女三天不吃主粮,不做重工,不入田园耕地,只用小竹管吸食糯米甜酒,餐前和餐后唱悼歌;(2)其他地区的黎族,治丧期7天,除了不禁忌吃米饭外,其他丧规同合亩制地区;(3)死者如系男人,葬于本村同一血缘集族公墓地,外村嫁来的女子,则须抬回其娘家,葬于其父方公墓地;(4)合亩制地区,死者之妻在给丈夫送葬当天,由娘家接回去,不享受夫家财产,带走自己的行李和当年的口粮以及不断奶的婴儿,其他黎区死去丈夫的年轻者改嫁,年老的落夫家,后事由子女办理;(5)民间埋葬死人后,要把死者日常使用之物,如衣服、草笠、刀篓、弓箭和纺织工具等,按男女使用的物类处理;(6)合亩制地区杞方言和白沙县润方言区在孝期衣服反穿,乐东、昌江等地的哈方言和美孚方言区穿黄色麻衣孝服,琼中、保亭地杞、赛、哈等方言穿黑色孝服(现部分黎区办丧事戴黑纱);(7)在哀悼期间,不许换衣服、洗澡、外出参加红事和各种娱乐活动,否则视为对死者不敬;(8)对于非正常死亡者,黎语称"勿的",不准在祖宗墓山埋葬,在外面死亡的就地埋葬,不准把尸体抬进村;(9)随葬品以竹木具、麻棉织物和陶瓷器为主,忌铁、铜器放进灵柩随葬;(10)在死者墓地禁忌放置死物和新建房子;(11)忌别人公开点死者父母亲的名字,视为不吉利。

6.2.3 黎族祭祀

(1)"万物有灵"的观念使黎族社会盛行自然崇拜、图腾崇拜和祖先崇拜;(2)自然崇拜:直接对自然实物进行崇拜,其等级最高的是石崇拜,如石祖崇拜、灵石崇拜等,其他的还有天、地、风、树和雷公、山、水、火等的崇拜;(3)图腾崇拜:每个氏族都有自己崇拜的图腾,黎族的动物图腾崇拜主要有龙、鱼、鸟、狗、牛、猫等崇拜,植物图腾崇拜主要葫芦瓜和竹子等;(4)祖先崇拜:在黎族村子门前或大榕树下,都有用几块石头筑成的小石屋(祭拜的土地庙),庙里设有神位和香炉,只有一块雕刻成类似男性生殖器形状的石头,黎族称其为"石祖"。

小贴士 黎族把"石祖"当作灵魂的具体化身来祭祀。每当农历七月十四日和春节前后,村民便置酒摆肉,烧香祭拜祖灵,祈求氏族人丁兴旺、平安、健康长寿。黎族各家族的祖先鬼是指父氏家族男性正常死亡的远祖和祖先。

6.2.4 黎族文身

小贴士 文身是海南黎族特有的习俗,是世界民族中一种罕见的原创性文化现象。文身,海南黎语叫"打登"或是"模欧",汉语叫"秀面"和"书面"。

要点1 文身的定制

(1)黎家人文身习俗自古以来都有定制,因为他们把文身看成民族的标志;(2)如果生时不文身绣面文上本家或本支系的特定标志,死后则祖先因子孙繁多,难以遍观尽祖;(3)倘若"祖宗不认其为子孙,则永为野鬼";(4)再则,在上古时代,种族之间常发生互相残杀的悲剧,把俘虏妇女作为战利品;(5)由于种种原因,妇女将成年时,务必进行文身,易于辨识,亦藉免为俘虏;(6)所以,"黎家男女周岁即文其身"。

要点2 文身的图案

(1)以几何方形纹作为主要图案,文身时不仅图有定形,谱有法制,连施术年龄亦有所规定;(2)各族按祖传之图案进行文身,绝不能假借紊乱,例如,美孚黎妇女,以几何方形纹、泉源纹或谷粒纹组成的图案,而润黎则以树叶纹或方块形成图案;(3)青蛙是黎族最崇拜的动物之一,黎族文身常以青蛙作为主要图案;(4)女子只要长大到十来岁时,都毫不例外,必须按照祖先遗留下来的特殊标志接受文身。

小贴士 倘若违背或由于特殊原因不能按时文身便不幸与世长辞,亦不可避免地用木炭按本民族祖先遗留下来的特殊标志在文身的位置,画上图案,才能将尸体置于棺柩之中。不然,就没有资格埋葬在黎族集体的墓地之中。

要点3 文身的过程

(1)一般首先由施术者用树枝草棍或鸡毛蘸染料,在被文者的待刺部位绘好花纹图案,然后进行文刺,也有少数熟练的施术者文前并不绘图案而直接进行;(2)文刺时,施术者一手持藤刺,一手握拍针棒,沿图案纹路打刺;(3)藤刺刺破皮肤,擦去血水,在创口处立即涂上染料;(4)待创口愈合脱痂后,即现出永不脱落的青色花纹。

小贴士 有的为了纹饰清晰,要重复打刺2~3遍才能完成。

要点4 文身时间和年龄的选择

(1)文身多选择在农闲的旱季和节日期间,此时一般气候干燥凉爽,伤口不发炎、溃烂、化脓,容易愈合,这时人们也不会误工;(2)黎族妇女文身多数是由10~15岁开始的;(3)据不完全统计,40%的妇女是从13或14岁开始文身的,近20%的妇女是16~18岁开始文身;(4)20岁以后开始文身的比例很小,但无论是哪个年龄开始文身的妇女,几乎是结婚之前文完。

要点5 文身的场所和所刺部位

(1)妇女文身没有专门的场所,一般是在女子居住的"隆闺"内或在家中进行;(2)文刺时,除女亲眷或女友外,他人不得在场观看;(3)个别地区也有在门前文刺,不避外人或男性观看;(4)文身所刺部位也有一定次序:脸、背、胸前、腿、手,所刺花纹以圆形和曲线形特别丰富为其特色;(5)从脸到脚的文身过程,都是分别进行的,用几年时间分段进行,这样做可以缓和或减少痛苦。

小贴士 黎族有5个支系,各个支系妇女文身按照祖先遗传的图案,互不相同,成为黎族不同氏族、部落的标志,黎族男青年看女性的文身图案就能知道是不是一个祖先的、能不能通婚。据说,妇女在世不文身,死后祖先不认,成了无家可归的孤魂,所以未受文身的妇女,死后必须在身上脸上用木炭划些图案才能入殓。

6.2.5 黎族历法

要点 1　天

(1)在天与天的分界中,黎族往往把第一次鸡鸣作为第 1 天和第 2 天分界线,即昨天和今天的分界线,以太阳升起、在天空正中和落山作为早、中、晚的标记;(2)每一天均以 12 个动物生肖分别命名,其顺序为:鼠日、牛日、虎日、兔日、龙日、蛇日、马日、羊日、猴日、鸡日、狗日、猪日。

小贴士　黎族没有 24 小时的概念,但有时辰意识,如把一日分为 10 个时段,主要是以太阳方位、农事活动、作息时间和动物鸣叫等来称呼这 10 个时段。

要点 2　月

(1)黎族一般把 1 个月计为 30 天,1 个月内天数计算与汉族一样,按顺序初一、初二、初三……直到三十;(2)月在黎语中称为"南",也有大小月、闰月之称,大月黎语称"南隆",意为"生月",小月称"南度",意为"死月",闰月称"南润";(3)热月份黎语称"南弗",冷月份黎语称"南开",雨季黎语称"南分",旱季黎语称"南丹"。

小贴士　在 1 个月内,黎族也有旬的意识,如有"头月"(上旬意)、"中月"(中旬意)、"尾月"(下旬意)。

要点 3　年

(1)由于海南岛地处热带亚热带交汇处,四季不分明,从气候的变化中黎族认识到了热月份和冷月份,从雨量的多少中又知道雨季和旱季;(2)从热到冷,从洪涝到干旱,刚好是十二个月,年的概念便产生了;(3)年黎语称"包",一年共有 360 天,以 12 年为一个周期年,周而复始。

小贴士　虽然黎族没有四季的概念和划分,但在人们的谈话中也往往涉及四季。如布谷鸟月份(2~4月)、野鸭月份(5~7月)、大雁月份(8~10月)、白鹤月份(11~1月)。又如过去黎族地区山鹿很多,凡打猎的男人都喜欢把 2~4 月份称作山鹿怀胎月,5~7 月份称作出鹿茸月,8~10 月份称作山鹿交尾月,11~1 月份称作山鹿长细毛月。

要点 4　方位

(1)在黎族社会中,"东""西""南""北""中"的意识早就有了,但还没有形成相关的词汇;(2)人们往往把面对太阳升起的地方称为"日出",即相当于"东",太阳下山的地方称为"日落",即"西";(3)自己的左边则称为"左手边",便相当于"北",右边称为"右手边",即"南";(4)自己站的地方是"中"。

小贴士　至于上下左右前后的概念黎语中已早有之。

6.2.6 苗族习俗

要点 1　生活起居

(1)与黎族同居岛的中南部山区,因为入居海南岛时间较晚,加之人少势弱,往往在黎族的居住区里见缝插针,或生活在深山密林之中;(2)住宅为茅草盖顶的金字形房屋;(3)海南苗族与黎族同有农历三月三节;(4)海南苗族妇女,往往喜欢用蜡染或刺绣的花角头巾束髻,上身穿着无领、开右襟的青色上衣并扎束红绸腰带,下身着筒裙并扎绑腿;(5)蜡染,是苗族纺织的一个主要的技艺工序,主要运用在苗族女性穿的裙子上;(6)在三月三节庆时家家制作五色饭;(7)每年的"冬至"节,家家户户都要用山兰糯米制成一种糕粑来吃,以庆祝一年的丰收喜悦。

要点 2　婚姻形式

> **小贴士**　苗族婚姻充分体现了男女平等的思想,无论是男娶女嫁或是招郎入赘,在社会上都不受歧视。主要有四种婚姻形式。

(1)男娶女嫁:同汉族一样,这种形式最为普遍;(2)"做过世郎"(招郎入赘):这种婚姻形式主要适用于女方家无男嗣,需要男方落户女家承管家产,而男方无父母或是兄弟较多,且愿意长期入赘的;(3)"做郎换"(定期入赘):年限多为三至四年,部分长达八年,男方入赘到女家,待入赘期满后,才获准带妻子离开娘家;(4)"做娘换":女方到男方家居住一定时间,一般是三至四年。

> **小贴士**　"做郎换"主要因女方家弟妹年幼,且家中缺乏劳动力的;"做娘换"主要因男方家劳动力少或弟妹年幼,需要女方到男方家住一段时间,待期满后,把男方带回娘家居住。

要点 3　"拧捻"习俗

(1)在新郎迎娶新娘的当晚,在新娘的授意下,伴娘带领村里的姑娘们,进入新郎暂住的房子里,用手拧捻新郎和伴郎,陪郎也会伙同小伙子们去拧捻新娘;(2)在迎送新郎和新娘的路上,还往往会遭遇到新郎或新娘过去恋人的袭击("拧捻");(3)当受到以前恋人攻击时,媒人和伴郎或伴娘要尽职责保护新郎或新娘,使其平安过关;(4)"拧捻"习俗是一种无可非议的惯例,但在举行婚礼后就不许再发生;(5)这种拧捻新郎和新娘的婚俗,对于自由恋爱结婚者,只是象征性的,对于家长包办的婚姻,新郎和新娘则要经受痛苦的考验。

> **小贴士**　海南苗族的婚恋习俗,是多姿多彩的,他们崇尚男女平等,同村不同姓或同村同姓不同祖的都可以通婚。20世纪50年代前一般不与汉族、黎族通婚。现在苗族间的通婚范围大大放宽,与汉族、黎族通婚的现象也日益增多。

6.3　宗教文化

> **小贴士**　以下信息据海南统战部官方网(http://hntzb.hinews.cn)所提供的海南省民族宗教事务委员会相关资料整理,信息截点时间为2016年8月。

要点 1　基本情况

(1)海南省人大常委会民族宗教工作委员会相关调研报告称:截至2016年8月,海南省共有佛教、道教、伊斯兰教、天主教、基督教五大宗教;(2)据不完全统计,全省信教群众约17万多,占全省总人口的2%左右,其中信仰佛教的9.7万多人、信仰道教的2 000多人、信仰伊斯兰教的1.1万多人、信仰天主教的1 000多人、信仰基督教的6.1万多人,分布于全省的18个市县、97个乡镇、485个村庄、15个国有农场;(3)依法登记的宗教活动场所129处,其中佛教16处、道教1处、伊斯兰教7处、天主教9处、基督教96处;(4)依法成立的宗教团体36个,其中省域团体7个、县域团体29个;(5)全省共有教职人员502人。

要点 2　佛教

(1)于公元1世纪前后由印度传入中国,传入中国汉族地区的佛教与中国传统文化相结合,形成了具有民族特色的各种宗派;(2)大约唐朝中期的天宝七年(748年)禅宗传入海南;(3)唐朝鉴真和尚曾到万宁东山岭传经;(4)现有佛教教徒2万人,主要分布在海口、万宁、三亚、澄迈、屯昌等市县;(5)1999年7月成立海南省佛教协会。

要点3　基督教

(1)于清末(1881年)由美国长老会美籍丹麦牧师冶基善传入海南;(2)1950年后,外籍神职人员离开海南,海南基督教活动由华籍神职人员主持;(3)1954年各市、县成立了基督教三自爱国运动委员会;(4)"文化大革命"开始,基督教基本停止活动,信徒转入家庭聚会;(5)1980年开始落实国家宗教政策,全岛基督教堂先后恢复了正常宗教活动,教徒约1.2万人;(6)1989年成立了海南省基督教三自爱国运动委员会和海南省基督教协会,各市县都成立了基督教三自爱国小组;(7)现在基督教信徒有4万多人,主要分布在海口、万宁、文昌、澄迈、琼海、琼中、儋州、临高等市县。

要点4　天主教

(1)于明末从葡萄牙传入海南;(2)解放后,除"文化大革命"时期外,天主教活动基本正常;(3)现在全省开放天主教堂点8处,分布在海口、定安、临高、琼海、文昌等市县;(4)1989年成立海南天主教爱国会、海南省天主教教务委员会,有关市县都成立了天主教爱国小组;(5)现有信徒1 000多人。

小贴士　1995年礼请神甫刘国志;1999年海南省培养了杨海龙神甫。

要点5　伊斯兰教

(1)伊斯兰教传入海南至今已有900年的历史;(2)大约在12世纪初期,回族的祖先就从阿拉伯、波斯湾及印度支那半岛进入海南岛的南部海岸;(3)海南信仰伊斯兰教的回族同胞主要居住在三亚市凤凰镇(羊栏)的回辉、回新两个村庄,建有多座清真寺;(4)全省现有信徒8 000人;(5)1991年11月成立了三亚市伊斯兰教协会,1998年成立海南省伊斯兰教协会筹备组。

要点6　道教

(1)道教是中国土生土长的宗教,产生于东汉中叶;(2)该教相信人经过一定修炼可以长生不死,成为神仙;(3)该教将老子称为教主,尊为神明,奉《道德经》为主要经典;(4)道教于唐代初期传入海南,并逐渐传遍全岛各地;(5)解放后,海南正统的道教活动基本停止;(6)2003年11月中旬,经批准建设定安文笔峰玉蟾宫道教活动场所。

小贴士　海南岛城市文化里宗教分布不只是中国传统的宗教,更是有跟随者探索世界脚步的外籍宗教在这里生根发芽,成为海南文化独特的风景线。

模块 7　地方文艺与节庆赛事

7.1　地方戏曲与特种器乐

7.1.1　琼剧

要点 1　形式特点

(1)琼剧,又称琼州剧、海南戏,是海南省的汉族民间戏曲艺术,其历史悠久,和粤剧、潮剧、汉剧同称为岭南四大剧种,属南戏一支;(2)琼剧是在明代海南流行的杂剧(源于弋阳腔)的基础上,吸收闽南戏、徽调、昆腔、潮州正音戏、白字戏(潮剧)、广东梆黄和海南民歌、歌舞八音、傀儡戏、道坛乐曲等逐渐形成的一个弋阳腔支系的地方剧种;(3)琼剧主要以海南话为戏曲语言,流行地域不仅限于海南岛、琼州半岛,也为东南亚地区的新加坡、马来西亚、印尼、越南、泰国、柬埔寨等的琼籍华人、华侨和华裔所喜闻乐见;(4)琼剧的角色行当分为生、旦、净、末、丑五大行;(5)琼剧的音乐唱腔可分为两大类:前期为"曲牌体",并有帮唱,后期则演化为"板腔体",原有的曲牌体和帮腔逐渐淘汰,现在只在某些戏或"程途"、中板等板腔中能够找到痕迹。

要点 2　剧目种类

(1)琼剧的艺术遗产丰富,它的传统剧目分三部分:文戏(以唱功为主)、武戏(以做功、武打为主)和文明戏;(2)文戏源于弋阳腔,杂以四平、青阳二腔,属曲牌体制,如《槐荫记》《琵琶记》等 800 多出;(3)武戏剧目有《八仙庆寿》《六国封相》《单刀会》《三国》《水浒》《薛家传》《杨家将》《封神演义》等历史、神话小说戏等 400 百多出;(4)文明戏,又称时装旗袍戏,剧目有《救国运动》《省港大罢工》《断肠草》《秋瑾殉国》《啼笑因缘》等 130 多出;(5)解放后经过整理、改编、创作和移植其他剧种的古装、现代剧目共有 1 500 多出,还出现了一批久演不衰的优秀剧目,如《红叶题诗》《张文秀》《搜书院》《狗衔金钗》《红色娘子军》《苏东坡在海南》等,故事动人,唱词通俗易懂,又富有哲理。

小贴士　琼剧的远祖是作斋祭祀文化,其唱腔从斋乐中汲取了很多音乐元素。咸丰年间至光绪年间是琼剧较繁盛和变化较大时期。太平天国革命失败后,粤剧艺人受到清政府的迫害,流入海南岛,与琼剧艺人互相拜师结亲,对琼剧的兴盛起了很大的促进作用。2008 年,琼剧入选第二批国家级非物质文化遗产名录。

7.1.2　人偶同台木偶戏

要点 1　形式特点

(1)海南的人偶同台木偶戏兴盛于临高县,又叫"佛子戏",距今已有 300 多年的历史,与其他地方的木偶戏有很大的区别;(2)演出时采用戏剧大舞台,不设布障,人与木偶同演一个角色,木偶造型美观,眼口能动,栩栩如生;(3)演出时有时以木偶为主,有时以人为主,有时是人偶合作,人要唱念做打,还要操纵木偶和自己的表演协调;(4)主要唱腔"阿罗哈"和

"朗叹",用临高方言念唱;(5)音乐以双唢呐为主,演员擎木偶粉墨登场;(6)表演技巧和程式主要有人偶互补、打虎功、晃"牛耳"(即帽翅)、斩金刚链、拱手作揖和跺脚等8种。

要点2　差异性

(1)早期的人偶戏演出,各行当角色的演员均不化妆勾脸,直至二十世纪六七十年代后,各角色演员均要化淡妆、俊扮,不勾画脸谱;(2)临高人偶戏偶像脸谱的样式和种类不多,一般地说,偶像制作完成后,可担任不同剧目中的不同人物,只需行当相同或人物类型相同便可共用。

小贴士　临高木偶戏原来的木偶,只有拳头般大小,造型也不太讲究,1979年后,对木偶进行了改进。《海花》《闹钟爷爷》于1981年赴京演出,获演出奖;《莲花仙子》于1992年进京参加汇演,获音乐创作奖和演出奖;《鹿回头》是近年成功创作的大型代表作,获中宣部"五个一工程"奖。

7.1.3　公仔戏

要点1　形式特点

(1)公仔戏,又叫"杖头木偶戏""傀儡戏"或"手托木头戏",宋末元初传入海南;(2)手托木头戏的表演形式被琼人吸收后,以海南方言、民歌、民间器乐曲演化成唱腔;(3)演出时,艺人们用竹笼装着道具,手提肩挑地四处奔走,艺人们就叫"驶公"("公"就是公仔);(4)公仔戏早期只演武打"科白戏",只有念白,没有唱腔,伴奏为铜锣。

要点2　差异性

(1)琼北一带流行这种戏,其行当、曲词、声腔、乐器、服装和表演等与琼剧表演相同;(2)文昌公仔戏不但声腔经历了由曲牌体到板腔体的过渡,就是台词也由中原官话最终过渡到海南的方言俚语;(3)公仔戏演出内容多种多样,多为生日、结婚、考上大学等喜庆活动。

小贴士　海南公仔戏,是具有海南地方特色的汉族戏曲表演艺术品种之一。公仔戏在海南流传四五百年而不衰,它先于琼剧出现,曾一度为琼剧师法。其融文学、美术、音乐、戏曲为一体,是汉族艺术的瑰宝,具有较高的审美、娱乐和社会等价值。

7.1.4　海南八音

(1)海南"八音"源于潮州音乐,又有自己的特色;(2)主要使用的八类乐器是:弦(二胡/椰胡)、琴(月琴/扬琴/三弦)、笛(唢呐)、管(长喉管/短喉管)、箫(横箫/直箫/洞箫)、锣、鼓、钹等;(3)海南俗称的八音乐既包括乐器、乐曲,也包括乐队;(4)大部分的乐器来自汉族民间,为民间艺人所创造,具有浓郁的海南特色,如用花梨木制作唢呐,椰子壳制作椰胡,竹管制作春封、调弦、的箫、喉管,用木制子鼓、梆板等;(5)海南"八音"按习惯分为大吹打、锣鼓清音、清音和戏鼓4类,收录有历史遗传下来的乐曲500多首,经常演奏的有《海南音乐》《广东音乐》《庆新婚》等曲目;(6)海南八音有汉唐以来汉族古乐的遗韵,有很高的音乐研究价值。

小贴士　史书记载,海南"八音"往上溯,其与潮州音乐都源于闽,又与江西及苏浙一带有渊源。海南"八音"起于唐代,兴盛于明清,并伴随华侨传遍整个东南亚。明代海南琼山县(今属海口市琼山区)出了一位熟操"八音"而闻名京城的音乐家汪浩然。

7.1.5　海南斋醮科仪音乐

> **小贴士**　斋醮又称打醮,俗称做道场、经忏或做法事,是宗教礼节。"斋"本意为庄敬洁净,"醮"本意为僧道设坛祈神,意味着古人祭祀前沐浴更衣,不食荤腥的仪式。斋醮科仪音乐起源于远古的民间巫术。

要点 1　传入与兴起

(1)斋醮科仪音乐,在宋初随着江南一带的移民传入海南,它随民间作斋祭祀活动而繁衍并深深扎根,明代已很盛行,是海南省流行很广、影响很大的一种民间音乐;(2)海南岛的斋醮活动是中原道教天师道斋醮科仪的承传派生,传至海南后,与本土的原始宗教活动结合,吸纳方言俚语山歌调式演变,并与佛教音乐融会成的一种独特的宗教艺术;(3)晚清以后,斋醮科仪音乐又"回流"套用并改革琼剧的曲牌和部分唱腔,丰富了斋坛(场)法事的表现空间,使斋醮科仪音乐艺术含量更加丰富;(4)海南现有的许多传统乐曲,如《拜八仙》《佛前灯》《香赞》《朝奏》《幽关发》《平安朝》《闹军坡》等,均来自作斋祭祀音乐,至今依然传唱不息。

> **小贴士**　据史料记载,海南之道教属正一道,亦称火居道。正一道虽侍奉宫观,但仍返家居住,经授职籙(音"录")的道公平时也务农事,有斋醮活动就为民间设坛祭祀法事。原始宗教与佛道教的融会而形成海南独特的斋醮科仪,斋醮科仪音乐伴随着斋醮的内容、目的和适应行持的程序而融变定形。

要点 2　内容与特点

(1)海南斋醮科仪从内容上分斋与醮,"醮"俗称清斋,"斋"指亡斋(或称白斋);(2)清斋是祭祀历史人物(伏波将军、冼夫人、苏东坡等)和传说的保护神(天妃娘娘、观音、真武、龙王等);(3)白斋是为济幽度亡,白斋音乐以低沉、稍慢、哀怨的音乐为多,包含有悼念、如诉如泣之调式(借用琼剧板腔除外);(4)海南斋乐的演奏乐器基本上依照周代"八音"范畴配置,即"金、石、土、革、丝、木、匏、竹",分为器乐和打击乐两大类;(5)其特点:声调高、音域宽,诵经念咒与音乐、击乐同步进行,其中诵经念咒语音有官话、粤话、海南话及各种语系,经文的长短句和语音不同致使伴奏经韵虚声衬音多,拖腔拉板长;(6)海南的斋乐既有中原天师道斋醮音乐的共性,又具有海南斋醮科仪音乐的个性,独具一格;(7)海南斋醮科仪祭祀活动表现了"天人合一"的理念和对人性的极大关怀,安抚人心。

> **小贴士**　《尚书·伊训》说:"敢有恒舞于宫,酣歌于室,时谓巫风"。自北魏道士寇谦将道教斋醮活动诵经方式的直诵改为乐诵以来,斋醮科仪就成为海南宗教活动中一种别具特色的艺术活动。

7.1.6　黎族竹木器乐

要点 1　种类与渊源

(1)黎族传统器乐取材于民间丰富的竹木资源,包括独奏乐曲、合奏乐曲、歌舞乐曲、祭祀乐曲和八音乐曲5大类,黎族乐器不少于40种,传统乐器主要有独木鼓、叮咚、口弓、口拜、鼻箫、灼吧等;(2)黎族传统器乐产生于海南省保亭黎族苗族自治县,宋初的《太平寰宇记》云:"琼州聚合推鼓歌乐。"(3)黎族古民歌传述,远古时候因雷公击倒大树,烧树木成洞,黎族祖先就击木洞呼众围猎,后来人们用牛皮或鹿皮蒙住大洞口,敲起来咚咚作响,以作招众、祭祀和乐器使用;(4)古时,黎族人民砍山兰,以驱赶山猪,后来发展成为跳舞娱乐用的打击乐器;(5)黎族传统器乐以清康乾年间最为盛行,最早出现的乐器是独木鼓和叮咚木。

> **小贴士** 宋《太平寰宇记》记载:琼州黎人"打鼓吹笙以为乐";宋《桂海虞衡志》载:黎人"聚会亦椎鼓歌舞";清人张庆长的《黎岐见闻》亦载:"男女未婚者,每于春夏之交齐集野间,男弹嘴琴(即口弓),女弄鼻箫,交唱黎歌。"

要点2 艺术特色

(1)原生态的黎族传统乐曲产生于原始社会生活中,保留有原始生活的音韵,展现黎族原始生活的风情;(2)曲牌结构多为单曲体,以一个曲调为基础做多次反复演奏,在反复中仅有速度变化,以反复的演奏的方法加深人们对音乐的印象;(3)调式音阶方面,多为五声音阶为主的徵调式和宫调式,曲调大体是以同度音阶反复和二度音阶为主进行,旋律起伏不大,节奏、节拍一般较为规整;(4)其乐器和乐曲在祖国的音乐殿堂里独具一格,叮咚木、鼻箫、口弓、洞勺(灼吧)等乐器在国内并不多见,许多乐曲也是本民族独具的;(5)代表作品《打叮咚》《相会在山兰园》等饮誉国内外。

> **小贴士** 黎族竹木器乐曲中蕴含着原生态的音乐特征,曲体结构灵活自由,旋律顺畅,音调古朴清纯,它融汇了黎族的传统文化、审美意识、民俗风情等诸多元素,为黎族人民喜闻乐见。2008年6月7日,黎族传统竹木乐器经国务院批准列入第二批国家级非物质文化遗产名录。

7.1.7 鼻箫

要点1 鼻箫与制作

(1)鼻箫,是黎族特有乐器,因用鼻孔吹奏而得名,它属于边棱音气鸣乐器,箫用鼻吹故称,流行于海南黎族,黎族语也称"虽劳""屯卡""拉里各丹";(2)箫管用石竹制作,其长短、粗细规格不一,民间多使用一根无节的细竹管,管长60~70厘米,管径1.6厘米左右,在距两端管口8厘米处各开一圆形按音孔;(3)按音孔既可开在管身一侧,也可开成前后各一;(4)若使用两端带竹节的竹管,需在节隔中心开一圆孔,使用多节竹管制作,则要打通竹节,吹孔在竹管细端。

> **小贴士** 《番社采风图考》:"鼻箫,截竹为管,窍四孔,长可尺二寸,通小孔于竹节之首。按于鼻横吹之,高下清浊中节度。盖亦可诵。为洞箫者也。麻达夜间引社中,番女闻而悦之,引与同处。""女长,构屋独居。以鼻箫、口琴,男女互相调和,久而意谐,乃告诸父母。"

要点2 鼻箫特色

(1)演奏时,管身竖置,左手拇指按上孔,右手拇指、食指分别按下孔和底孔,将上端吹孔斜放在右侧鼻孔,靠鼻孔呼气激振管内空气柱而发音,有时也可用手堵住左侧鼻孔吹奏;(2)鼻箫除吹孔外,连管底口共有3个音孔,可吹出g、a、c1、d1、e1、g1 6个音,音量较小,也可用嘴吹奏,音量略大些;(3)鼻箫的音色清幽、低沉,低音犹如洞箫,但更柔和,高音微弱,运用丰富的泛音,能吹出3个八度音域,并能奏出颤音、滑音;(4)在黎族民间,偶尔也能见到管身很长的鼻箫,其中最长者竟达160厘米,需要躺着吹奏,用脚趾来按下面的音孔。

> **小贴士** 鼻箫有许多固定的曲调,它们大都是无标题的抒情短曲,每曲都有一定的

含义,在黎族人民中世代相传,但各地也不尽相同。而在黎家青年男女中,鼻箫则多为即兴吹奏,其曲调也因人而异。黎族姑娘也是吹鼻箫的能手,每逢农闲、节日或恋爱时,当小伙子吹起嘟噜(洞箫)时,姑娘则吹响鼻箫对答。鼻箫历史久远,一千多年前已在我国海南岛民间流传。

7.2 民族歌舞与旅游歌曲

要点1 黎苗歌谣

(1)黎苗族歌谣主要是山歌,其题材广泛,内容丰富,形式繁多,曲调优美,而且具有极大的随意性;(2)题材包括了生产和生活中的方方面面,反映本民族的历史,表现劳动和生活以及祭神拜祖等;(3)演唱形式有独唱、说唱、对唱、联唱、合唱和一领众和等;(4)格式有三言、五言、七言、九言和自由体,唱词普遍以四句为一段(首),通称"四句歌子",也有长句多段的抒情歌谣和叙事长歌;(5)在黎族歌谣"隆调"里,涉及敲门歌、进门歌、请坐歌、请陪歌、相爱歌、赠礼歌、表忠贞歌、订婚约歌,甚至闩门歌、退礼歌、分离歌等内容,有的地区在人死后"做七做佛"祭丧时,也要唱歌。

小贴士 黎族民歌用以叙述妇女绣面文身来历的古歌《亚贵和亚贝的故事》和《五指山传》,苗族民歌中的《盘皇歌》《传说歌》等,就是其中的代表作。黎族人生下来听的是摇篮曲,少年时唱牧童谣,青年时大唱情歌,到去世有人给唱祭歌。苗族人民在许多场合必定有歌。

要点2 儋州调声

(1)儋州山歌格式多为古体诗和七言四句,唱起来腔调婉转;(2)儋州调声从山歌演变出来,但突破了山歌固有的表现形式,曲调层出不穷;(3)儋州调声分为长调和短调两种,多为一词多唱、复唱,男女两排对垒赛歌;(4)对歌时要以调声为主,挑战都由双方领歌人负责起调、领唱、指挥和即兴选词,队形可随时变化;(5)在儋州中秋歌节的调声比赛中,调声不受时间限制,以"唱倒"(即对方不能答歌为准)对方为止;(6)演唱过场活跃,唱词、唱谱、节奏、旋律以及调式都符合青年的性格特征,为广大青年喜闻乐见。

小贴士 儋州调声是海南民间文化优秀遗产,具有独特的地域性,堪称民间优秀文化艺术的奇葩。它最早发源于西汉时期,已有2 000多年的历史,源于海南儋州市北部峨蔓、木棠、兰训、松林、光村一带。儋州调声被国务院列入首批国家级非物质文化遗产名录。

要点3 临高渔歌

(1)临高渔歌是流传于海南省临高县渔民中的一种汉族民歌种类,因其多用衬词"哩哩美"和相关传说,也称"哩哩美""哩哩妹";(2)"哩哩美"的歌词善用"比""兴""叠"等直述形式,歌男唱女见景生情地自由抒发,尤其是双关比喻更成为这一民歌中最突出的艺术韵味;(3)其音乐基本结构独具一格,它以三个乐段组成,第一、二乐段为主歌,第三乐段为副歌,独唱多用主歌,对唱以主歌为领唱,副歌为齐唱衬托对唱气氛,主要的曲调有唱吉、情歌、猜谜歌、讽刺歌和怨歌5种;(4)"哩哩美雷爱"这个衬词贯穿整个基调的全过程,使基本律、变律、衬词有机地融为一体,其寓意爱情的词组是"丽美妹,雷爱你";(5)在临高的新盈、调楼等传统渔乡,"哩哩美"是青年男女谈情说爱的重要载体;(6)随着时间的推移和生活的需要,"哩哩美"逐渐走进婚嫁、建房、上学、赶考、拜年、迎客和送客等不同场合;(7)2011年6

月,"哩哩美"入选第三批国家级非物质文化遗产。

> **小贴士** 据有关学者考证,临高渔歌"哩哩美"萌芽于汉代。其在中国汉族民歌中非常突出,具有鲜明的地方文化色彩和浓郁的乡土气息,不仅是海南省汉族民间歌谣中的典型代表,也是中国最具艺术魅力渔歌之一,甚至连一些外国渔歌艺术也只能望其项背。2010年11月,海南临高县渔歌哩哩美研究协会成立。

要点4　黎族老古舞

> **小贴士** 关于老古舞的记载,早在宋《诸蕃志》中就有记载:黎族"俗尚鬼,不事医药,病则宰牲畜动鼓乐以祀,谓之作福"。清朝张庆长《黎岐记间》记:"遇有病辄宰牛告祖先,或于野或于屋,随所便也"。

(1)白沙黎族自治县老古舞,黎语"闯坎"之意,古籍称"告祖先",源于黎族原始社会的祖先崇拜;(2)舞蹈情节分为4段,第一段为"起师":意为告祖先仪式开始,"苟它"(黎语,领舞者)站在祭台前敲大鼓念白,之后,带着众舞者围着4个舂臼绕行,舞者手持鲤鱼灯、灯笼等在前照明带路,请四方祖先神灵归来;(3)第二段为"开阙":意为活着的亲人迎接祖先神灵归来,"苟它"带舞者绕着6个舂臼转圈,表示迎接的路途长远;(4)第三段为"挽嚷":活着的人与归来祖先神灵同乐,舞者围着排成两行的12个舂臼追逐玩耍,并表演点种山兰(一种旱糯米稻)、狩猎(猎人和装鹿者表演)、捕鱼(丑角"批鲁"捕鱼,边放竹篓边漏掉,引人发笑)、丑角"爬秃"(用草绳表现交配动作,追逐女性),意为"我们的后代生生不息";(5)第四段为"走洪围":意为送祖先神灵归去,场上燃香,四周烧柴,"苟它"带着众人绕着门字形竹排蜿蜒穿行,最后解开缚在竹子上的绳结,表示祖先神灵已消灾解难,保佑全村风调雨顺,老少平安;(6)乐队中的乐器种类繁多,有毕达、唢呐、黎鼓、大锣、小镲等传统乐器,均由村人演奏;(7)老古舞,是一项十分古老的舞蹈,场面甚为奇特、宏大和壮观,2010年5月,获评国家级非物质文化遗产。

> **小贴士** 老古舞主角在黎语中有着特定的称谓——"苟它":头戴方角彩帽,身穿红色长袍,用红布条束腰,左手端1只杯,右手拿1支筷子,在舞中代表男性,是领舞者,位于队伍最前面;"西它":舞队的压阵人,位于舞队的尾端。舞中代表女性的舞者,服饰同"苟它",右手拿一根30厘米的木棍,棍的尾端缚着一束白麻线的拂尘,象征鹿的尾巴。"苟它"领舞,"西它"压舞,一前一后,一男一女,在整个舞蹈中遥相呼应。

要点5　黎族竹竿舞

(1)黎族竹竿舞,又名打柴舞;(2)平行摆开两条青竹或方木作垫架,上横若干手腕粗的长竹竿,持竿者相对,双手各执一条竹竿末端,使竹竿与垫架、竹竿与竹竿碰击出有节奏的声音,称为"打柴";(3)持竿者姿势有坐、蹲、站三种,变化多样,在有节奏、有规律的碰击声里,跳舞者在竹竿分合的瞬间空隙中,敏捷地进退跳跃,潇洒自如地做各种优美的动作;(4)当一对对舞者灵巧地跳出竹竿时,持竿者会高声地呼喝出"嘿!呵嘿!"的声音。

> **小贴士** 此舞豪迈洒脱,热烈欢快。如果跳舞者不熟练或胆怯,就会被竹竿夹住脚或夹脱鞋,引起观众更大的笑声。

要点6　黎族舂米舞

(1)舂米舞是黎族的民间传统打击乐和舞蹈,广泛流传于黎族聚居的五指山地区,以五指山市冲山镇什保村世代相传的舂米舞最有特点;(2)舂米舞来源于黎族古时候妇女的舂米劳动,它以杵和臼为道具,通过杵和臼的击打、杵和杵的击打,发出铿锵有力的音乐节奏,模拟舂米的劳动过程表演舞蹈动作,具有音乐古朴、舞蹈粗犷的演艺风格;(3)舂米舞由原来的4个人跳发展为6个人跳,由简单的打法演变为多种打法,通过变换动作,敲打舂桶的不同方位,使音乐和舞蹈达到和谐效果;(4)舂米舞是将生活中的舂米动作与舞蹈相结合,节奏轻快,动作复杂多样,具有较高艺术观赏性。

小贴士 海南黎族舂米舞中的打击声音,对于探讨和研究黎族原古的打击乐艺术的起源,提供了有力的证据。新中国成立后舂米舞经舞蹈工作者改造搬上舞台,作为海南黎族特色的文艺节目,受到社会共同关注。1980年参加全国少数民族文艺会演获奖。

要点 7 其他代表性民间舞

(1)钱铃双刀舞:钱铃棍约两尺长,意喻扁担,两端各系一串铜钱,意喻山兰稻丰收,舞者头缠红巾,身穿传统服装,一人手持5寸双刀,勇猛地向持钱铃棍者佯刺,持钱铃棍者上下、左右、前后地灵巧招架和周旋;(2)跳月舞:每到农历中秋之夜,苗族青年进行跳月舞,在月光下,载歌载舞,寻找中意的爱侣,表达纯洁的爱情;(3)此外,年舞、草笠舞、清音舞、锣鼓舞等,都是黎族很有特色的舞蹈。

小贴士 海南民族文艺有着深厚的文化、地域底蕴和特色。大型黎族舞蹈史诗《达达瑟》《黄道婆》《黎族故事》等获得中国政府最高艺术奖项文华奖,中宣部第八届"五个一工程"奖,少数民族文艺汇演创作金奖、表演金奖等一系列大奖。

要点 8 海南旅游歌曲

(1)1988年建省前,郑南作词、徐东蔚作曲、沈小岑演唱的《请到天涯海角来》,李双江演唱的《我爱五指山,我爱万泉河》以及电影《红色娘子军》插曲《万泉河水清又清》对海南旅游有促进作用;(2)1995年,陈耀作词、王艳梅作曲、汤有贵和凌萍演唱的《永远的邀请》诞生,真正推动了海南旅游发展;(3)《海南恋歌》,丁于谱曲、郝耀华填词,由宋祖英2010博鳌国际旅游论坛开幕礼晚会上首唱,而后青年歌唱家丁晓红全新录唱,扩大了海南的国际影响;(4)其他较著名的海南旅游歌曲还有《椰风海韵——国际旅游岛之歌》(周瑞金词/李星宇曲)、《世界的海南》(陈道斌词/王艳梅曲)、《都说海南好》(弘陶词/艳梅曲)、《海南之恋》(子川词/曲/唱)、《博鳌圆舞曲》(木丁词/曲)、《在北纬十八度等你》(郑词/蔡先曲)等。

小贴士 2007年,《天堂海南岛——"颂海南"创作歌曲集》汇编了800首创作歌曲;《颂海南金曲精选》系列CD、《颂海南金曲大家唱》系列VCD,已渐显其卓越功效,《颂海南》让更多岛内岛外人士在歌声中了解海南、品味海南、爱上海南。

7.3 主要旅游文化节庆

7.3.1 建省前的节庆

要点 1 换花节

(1)换花节原是海口琼山特有的民间节日,始于唐代贞观元年(从前换的是香,意在香火不绝);(2)当年,府城作为琼州府驻地,每年农历元宵总举行灯会,花灯竞放之夜,成千上万的男女老少便出门赏灯;(3)当时没有路灯,人们为了夜行方便,手里都拿一把点燃的香烛用以照明,路遇没有香的人便送他几支,有时偶遇朋友,也用香烛互相交换,互说几句祝福的话,由此演变成了海南岛上人们表达情感的一种特殊的方式;(4)到了后来,随着电灯的出现,人们渐渐发现花更能代表心意,还能免掉在人挤人中被香烛的火苗烫伤,于是就大力提倡用鲜花代替香烛和青树枝叶;(5)换花者在行进的路上,若是遇到称心的异性或朋友,或者看中了另外一个人手中的鲜花,就会主动迎上去,与他(她)交换手中的鲜花,相互祝福。

> **小贴士** 1984年,府城民间"换香"习俗改为"换花",逐渐成为人们元宵闹春的主要活动,并演变成年轻人追求爱情的新习俗。海南建省后,形成了凝聚友谊、美好、幸福、欢乐为一体的新的娱乐形式。换花者有中外游客,更多的是海口的居民。

要点2 "三月三"节

(1)"三月三"(农历)是海南黎族人民最盛大的传统节日,也是黎族青年的美好日子,故也称爱情节,黎族称"孚念孚";(2)为了庆祝三月三,预祝"山兰"(山地旱稻)、狩猎双丰收,大家要提前半个月进行准备:男子上山狩猎,把所获猎物腌好封存,妇女在家舂米和做粽粑,青年男女准备漂亮的服饰和定情的礼物;(3)节日那天,黎族人民集合在一起,老人们携带腌好的山味和酿好的糯米酒,来到村中最享众望的老人家里,席地围坐,在芭蕉叶和木瓜叶上痛饮;(4)夜晚,山坡上、河岸边,青年男女燃起一堆堆篝火,跳起古老独特的竹竿舞、银铃双刀舞、槟榔舞等富有民族特色的传统舞蹈,互相倾诉爱慕之情,如果双方感情融洽,就相互赠送信物相约来年再会。

> **小贴士** 如今,"三月三"成了丰富旅游产品、传播民族文化、促进民族经济的盛会。每逢"三月三",五指山、琼中、保亭、昌江等民族市县都要举行大型民族节庆活动,主要内容有民族歌舞演出、民族体育比赛和各种民族文化活动,每年都吸引着众多的国内外游客参与。

要点3 冼夫人文化节

(1)每年农历二月初六至十二(当年冼夫人出兵平乱的日子),海口市琼山区新坡镇举行"闹军坡"活动;(2)期间,还演出琼剧和举行盛大的庙会;(3)也有很多人在此期间到冼夫人庙敬拜;(4)军坡分"公期""婆期",主要是祭祀祖先和历史人物的民俗活动,是在海南相传1300多年的乡情民俗;(5)2002年,海南省旅游局帮助当地政府和有关部门,将"闹军坡"策划和改造为"冼夫人文化节",剔除活动中的迷信色彩,挖掘其中更多的文化内涵。

> **小贴士** 如今的海南冼夫人文化节,有舞龙、舞狮、武术、"装军"(扮演故事)游行、琼剧等表演和各种民间文体活动。

要点4 儋州调声节

(1)"儋州调声节"源于"儋州中秋歌节","儋州中秋歌节"从儋州民歌活动演变而来,最初产生在宋代末期,至清代发展为一个较大规模的民间歌节;(2)每年农历八月十五该市北部乡镇举行中秋歌节;(3)歌节的主要活动内容是儋州山歌、调声对歌比赛和"赏月"等项目;(4)歌手们手舞足蹈,男唱女答,以"唱倒"(即不能答歌)对方为止;(5)赛歌活动一般在下午3至6时,夜晚则以村为主体举办"中秋情酒歌会",男女歌手对唱情歌,共尝月饼,直至凌晨。

> **小贴士** 2001年"十一"黄金周期间,儋州市举办了"首届儋州调声节",引来众多游客的青睐,并掀起了旅游招商的亮点。随后,儋州市人大常委会决定:以后每年中秋节的"儋州中秋歌节"改为海南的"儋州调声节"。

7.3.2 建省后的节庆

要点 1　海南国际椰子节

(1)1992年4月,海南举办首届海南国际椰子节,以后一般在每年的3月下旬或4月上旬(农历"三月三"期间)均举办椰子节;(2)国际椰子节是海南综合性、国际性的商旅文化节庆,有椰城灯会、椰子一条街、黎族苗族联欢节、国际龙舟赛、黎族苗族婚礼、祭祖等活动内容。

> **小贴士**　前两届曾经吸引了不少国内外旅游者和客商,由于多方面原因,规模渐小,于2002年暂停举办。

要点 2　三亚天涯国际婚庆节/海南婚庆节

(1)1996年12月,首届"天涯海角婚礼节"出世,曾经单一的景区旅游多了一份新内涵;(2)1997年11月18日,三亚市政府举办首届"三亚天涯国际婚礼节",主要接受国内外新婚夫妇报名,也接受结婚数年的夫妇参加,婚礼节中举行一系列婚庆活动,同时举行各种有趣味、有纪念意义的旅游活动;(3)首届"三亚天涯国际婚礼节"之后,每年的11月三亚都举行天涯国际婚礼节;(4)2013年,海南旅游委、海南旅游协会组织"海南十全十美婚庆旅游联盟",在"中国旅游婚庆产业博览会"上推出"海南婚庆节"。

> **小贴士**　海南婚庆节活动,以"爱你一生一世"为主体,每月在海南不同市县举行婚庆节或特色婚庆活动,这在全国婚庆产业尚属创新之举。

要点 3　中国南山长寿文化节

(1)海南三亚南山文化旅游区,1999年的农历九月初九,举办了首届"中国南山长寿文化节",2000年举办了"南山长寿文化周"活动;(2)2002年农历九月初九,由三亚市政府和省旅游局主办,有关单位和媒体协办,南山文化旅游区承办了第二届"南山长寿文化节",并确定从本届开始,"中国南山长寿文化节"定于每年农历九月初九至十五定期举行;(3)该节主要有大型文艺汇演、老年太极拳表演、评选十佳长寿老人、百岁老人图片展以及游园、放生、撞吉祥钟、植长寿树、猜福寿谜、登长寿谷等活动。

> **小贴士**　南山长寿文化节活动以"生态健康、国泰民安、长寿延生"为主题,生动地展示海南长寿岛、三亚长寿地、南山长寿景区的形象,全方位关注老年人世界,推动了中国长寿文化节和老年旅游事业的发展。

要点 4　中国海南岛欢乐节

(1)中国海南岛欢乐节是海南最隆重的节日,2000年11月首次举办,以后每年11月都举办(11月第一个周末开始至第四个周末结束);(2)2002年以后的海南岛欢乐节,以各地旅游界为主并吸引社会各方面参与举办各种旅游和娱乐活动,特色活动项目涵盖了旅游、文艺、娱乐、体育、美食、会展等内容,并且形成了"精彩花车大巡游""国际海上烟花大赛""海南地方特色晚会"三大品牌节目;(3)节日开幕式当天全省放假,各地在节日的期间举办各种文艺、体育、民族和选美比赛等大型活动,使欢乐节大节套小节,如万宁文灯节、万宁冲浪节、南湾猴岛欢乐猕猴节、昌江芒果节、临高渔民节以及美食节、啤酒节、休闲服装节、人体彩绘节等,做到了届届有主题,天天有活动;(4)2003—2005年,由于三亚承办了第53~55届世界小姐大赛,这三年的欢乐节体现了"欢乐与美丽同行";(5)2006年,欢乐节首次策划了"中国海南海上国际烟花大赛暨交响音乐会",并确定从2006年开始进行"环岛千里大巡游";(6)2007年以后的欢乐节,每年选择一个市县作为主会场,同时其他市县作为分会场举行相应的活动。

> **小贴士** 作为新策划的旅游节庆活动,中国海南岛欢乐节特点是"旅游搭台,唱旅游戏",体现了国际性、参与性、欢乐性和艺术性,塑造出了海南"欢乐海岛,度假天堂"的旅游形象,为游客提供了宽松欢快的旅游度假环境。

要点5 中国海南七仙温泉嬉水节

(1)海南黎族、苗族自古喜欢泼水、打水仗、打水漂、过浮桥等嬉水活动,为了发掘海南特色文化,2001年由海南省旅游局和保亭县政府共同策划,并由保亭县政府主办的首届保亭七仙温泉嬉水节于11月举行;(2)2002年,保亭县政府决定将七仙温泉嬉水节的时间改为每年的农历七月初七举行,主要结合七夕传统节日,突出本土黎族苗族文化特色;(3)嬉水节活动内容有:大型民族主题歌舞演出、开幕式、民俗风情嬉水狂欢大巡游、民族传统体育比赛、黎族传统八音比赛、《原色保亭》黎族音乐会、龙舟赛、民族美食大展示、踏瀑戏水拓展活动、黎族织锦苗族染绣作品展示和技艺比赛等;(4)自2003年以来,台湾少数民族已经连续12年组成参访团到保亭参加嬉水节,2011年6月,国务院台办批准在保亭设立海峡两岸交流基地。

> **小贴士** 该节2010年荣获"2010中国十大著名节庆品牌"称号,2011年被联合国教科文民间艺术组织等评为"中国最具人气的民间节会"。如今,嬉水节已经成为保亭最亮丽的一张名片,是保亭旅游资源、黎苗文化的营销推介的载体。

要点6 海南书香节

(1)海南书香节起始于1986年海南省新华书店创办的"琼州书市",2009年改名海南书香节;(2)该节一年举办一届,在推动海南全民阅读活动中产生了广泛影响,已成为海南省文化惠民项目之一,是海南省推动全民阅读的品牌活动;(3)该节以"推动全民阅读,建设书香海南"为理念,多年来,逐渐形成了"活动板块系统化,活动方式便民化"的举办模式,每年在相对固定的时间、地点举办,活动以阅读为主题,辅以丰富多彩的文化活动。

> **小贴士** 海南书香节已呈现四大特色与亮点:一是活动主题突出,形式新颖;二是点面结合,覆盖范围广;三是活动内容丰富,群众参与性高;四是重视立体宣传,突出媒体倍乘效应。2014年,该节被列为海南重大公益性文化活动、重点文化惠民工程项目,成为推动海南全民阅读的主要载体与重要抓手,也丰富了游客感受海南文化的内容。

要点7 海南省艺术节

(1)该节是经国务院批准的海南省举办的规格最高、规模最大、影响最广的文化艺术盛会,每三年举办一届;(2)首届海南省艺术节于2012年9月19至29日在海口举行,并进行了海南省文华奖和海南省群星奖的评奖(前者是海南省专业艺术政府最高奖,后者为海南省社会文化政府最高奖);(3)2015年9月15至29日在海口举行的第二届海南艺术节围绕"艺术盛会、绿色崛起、繁荣发展"的主题,集中展示了近年来海南省在艺术创作和文化建设方面的成果。

> **小贴士** 第二届海南省艺术节呈现五大亮点:一是作品兼具专业性强、文化味浓、综合度高等特点;二是涌现出不少以"中国梦"为主题、特色文艺精品为重点的作品;三是首次将旅游文化演艺作品列入其中,促进海南省文化与旅游深度融合;四是坚持思想性、艺术

性、观赏性俱佳的标准,推出一批德艺双馨的文艺人才;五是更大范围地让老百姓享受文化改革成果。

要点8　其他市县主要旅游节庆

(1)昌江芒果节:1996年6月8至9日,首届海南昌江芒果节在昌江召开,举办了芒果观光、采摘和品尝,工农业产品展销、招商项目洽谈等活动;(2)陵水欢乐猕猴节:2002年12月3日,海南陵水黎族自治县的南湾猴岛,推出了"欢乐猕猴节"活动,猕猴节中最吸引游客的属大型猴艺表演场;(3)那大市民文化节:儋州市那大镇委镇政府自2004年起,每年举办的"那大市民文化节",是目前海南全省乡镇规模最大、内容最丰富、参与面最广、持续时间最长的大型文化活动;(4)万宁文灯节:2004年,万宁市成功举办了首届国际文灯节,人们在灯的表面写出心中的愿望,让其与灯一起冉冉升向苍穹,以祈求家庭事业安康平顺(韩国五大演艺组合曾亮相2006年的海南万宁国际文灯节);(5)临高渔民节:2007年7月30日,海南省临高县首届渔民节在临高体育广场隆重开幕,充分展现了临高渔民打造全国渔业强县的精神风貌;(6)万宁国际冲浪节:2010年万宁举行第一届冲浪节,活动内容主要包括开幕式、国际冲浪健将冲浪表演、国际冲浪邀请赛、冲浪历史文化暨冲浪用品展、冲浪运动国际研讨会及冲浪主题晚会等。

7.4　最具代表性体育赛事

要点1　环海南岛国际公路自行车赛

(1)环海南岛国际公路自行车赛创办于2006年,由国家体育总局和海南省政府共同主办,是《国务院关于推进海南国际旅游岛建设发展的若干意见》中明确提出重点培育和倾力打造的重大国际性品牌体育赛事;(2)该项赛事目前为洲际2HC级(亚洲顶级)赛事,是以"亚洲顶级、国际一流、每年一届"为办赛目标,具有海南特色的高质量、高水平的赛事;(3)该赛也是目前国内最具影响力的亚洲顶级公路自行车赛之一,每年汇聚世界各地UCI(Union Cycliste Internationale,即国际自行车联盟的缩写,前身是成立于1892年国际自行车运动员协会,现总部位于瑞士洛桑——编者注)职业队、洲际职业队等自行车赛专业人士群雄争霸,令10月的海南成为全球自行车爱好者的应许之地。

小贴士　2015年第十届环岛赛,赛委会联手中央电视台对赛事九个赛段进行全赛段直播,开创了中国公路自行车多日赛电视直播的先河。经过了10年的建设和发展,环岛赛影响力逐年扩大,不但推动了中国自行车运动的普及和发展,也在海南刮起了一股骑行之风,海南国际旅游岛的魅力随着这股风飘向世界,进而带了环岛赛沿线各市县的知名度和美誉度的提高。

要点2　环海南岛国际大帆船赛(海帆赛)

(1)创办于2010年,每年一届,是中国第一个大帆船多日拉力赛;(2)该赛事是国际旅游岛建设上升为国家战略之后,海南倾力打造的大型高端国际品牌赛事,历年来,比赛吸引来自中国、美国、加拿大、英国、法国、澳大利亚、俄罗斯、新西兰、日本、马来西亚等国家以及中国香港等地区的数百名水手参赛;(3)该赛事旨在进一步推动海南国际旅游岛建设,更好地向世界宣传、推介海南,提高海南的国际知名度,培育打造强势水上运动赛事品牌。

小贴士　"海帆赛"是中国航线最长、竞技水平最高的大帆船多日拉力赛。"海帆赛"

已入选国际帆联竞赛目录,成为国际帆联全球系列赛中一项具有重要地位的环岛赛事。

要点3　海南金椰子高尔夫公开赛

(1)于2009年创办,以后每年举办一届;(2)该赛事是得到认可的冠名"海南"的高尔夫球公开赛,是海南省委、省政府确立的旨在打造海南国际旅游岛高尔夫品牌的重要赛事;(3)该赛事2010年后逐渐扩大规模,邀请职业选手参赛,提高了档次;(4)自2013年9月,海南金椰子高尔夫球公开赛巡回推广赛经过在大连、成都、北京和上海4站的运营和推广,以其独特的品牌魅力在国内外高尔夫爱好者中引起了广泛关注。

> **小贴士**　金椰子高尔夫球公开赛、环岛大帆船赛和环岛自行车赛是海南三大特色赛事。

要点4　万宁日月湾国际冲浪赛

(1)自2010年起至2015年,万宁市连续成功举办了五届中国海南万宁国际冲浪节,万宁日月湾已经得到了冲浪爱好者的广泛认可;(2)2012年12月,国际冲浪协会、国际职业冲浪协会首次落户海南万宁日月湾举办两大赛事,填补了我国举办国际顶级海上冲浪赛事的空白,也是海南省举办的第一项国际性重大体育品牌赛事;(3)该活动包括两大国际级冲浪赛事(国际冲浪协会中国杯男女短板赛及国际职业冲浪协会海南精英赛)、沙滩音乐会、"踏浪"时尚沙滩秀、东南亚风情之夜、户外用品展、冲浪历史文化展等多项内容;(4)到2015年,有来自美国、英国、法国、西班牙、葡萄牙、澳大利亚、新西兰、南非等地近百名冲浪选手参加。

> **小贴士**　冲浪运动是一项时尚、环保的体育休闲运动,选手们在极富挑战的汹涌浪潮中激烈角逐,激情演绎时尚与浪漫。以"中国冲浪之都、世界冲浪胜地"为目标的海南国际旅游岛,吸引着越来越多的海内外媒体和冲浪爱好者的眼球。

要点5　万宁国际海钓精英赛

(1)2010年12月,万宁在大洲岛成功举办了第一届国际海钓精英邀请赛,得到了国家体育总局以及全国海钓界人士的肯定和好评;(2)2011年的比赛改在更适合开展拖钓的和乐镇港北海域,设矶钓和拖钓两个项目,其中的拖钓为国内独家首创,同时还弥补了国内海钓的空白。

要点6　中华龙舟大赛(万宁站/陵水站)

(1)2011年4月20日,中华龙舟大赛合作签约仪式在京举行,国家体育总局社体中心与中视体育娱乐有限公司正式签署协议;(2)中华龙舟大赛将是截至目前国内赛事级别最高、竞技水平最高、奖金总额最高的顶级龙舟赛事;(3)赛事期间,CCTV5采用国际赛事转播标准,对全部比赛进行播出;(4)2014年,全年进行了8站比赛,海南万宁站为第一站;(5)2015年12月6日,中华龙舟大赛(海南陵水站)年度总决赛于海南省陵水黎族自治县收官。

> **小贴士**　自2010年来,万宁相继成功打造了万宁日月湾国际冲浪赛、全国海钓锦标赛暨万宁国际海钓精英赛、国际冲浪节、国际大帆船赛、WKU中国万宁自由搏击世锦赛等具有世界影响力的体育赛事。

要点7　海南国际马拉松赛

(1)2016年2月18日,"2016海南国际马拉松"在北京召开新闻发布会,首次面向媒体发布了具有海南特色的赛事奖牌;(2)发布会上鸿洲集团与海南国际马拉松正式签署了主赞助商赞助协议,冠名首届海南国际马拉松;(3)海南省着力将2016海南国际马拉松打造成为海南省的第四大体育赛事,力争3年获评全国金牌赛事、5年获评国际金标赛事,使其成为海南国际旅游岛响亮的营销名片;(4)2016海南国际马拉松项目设男女全程马拉松、半程马拉松和迷你马拉松3项。

单元四
海南旅游产品

【单元导读】

旅游产品是个宽泛的概念,目前,其内涵和外延在学术界还没有统一的定论。一般从供给的角度来讲,旅游产品是指旅游经营者为了满足旅游者在旅游活动中的各种需求而向旅游市场提供的各种物质产品、精神产品和旅游服务的组合。另外,旅游产品是个整体概念,它由旅游资源、旅游设施、旅游服务和旅游商品等多种要素组合而成。结合本书编著的内容体系和体例特点,将观光旅游产品、度假旅游产品等置于"单元二"和"单元三"中,本单元所具体展示的旅游产品主要有旅游项目、旅游线路和旅游商品,分两个模块,并依照地方特色、民族特色、观赏性和实用性相结合的原则,介绍了海南的特色旅游产品。

第一个模块重点介绍了热带滨海度假休闲游等六个特色旅游项目、热带海岛婚恋之旅等七个专项旅游项目,并较为详细地介绍了有关以海口和三亚为进出地的5~6日游、2~3日游、1日游、主题游四个方面的旅游项目及其线路,并对主要线路的特色和品质作了简要评价。

第二个模块定义为旅游商品,分别简要介绍了海南的工艺品、旅游纪念品、名食佳肴、特色饮品与热带水果、土特产与伴手礼品;其主要内容包括以下九大类:(1)椰雕、贝雕、牛角雕、黎锦、佛珠、岛服等十四大类工艺品与旅游纪念品;(2)万宁和乐蟹、三亚梅花参、光村沙虫、西沙鲍鱼、龙楼海胆等九种海鲜名品;(3)后安万泉鲤鱼、天湖鯆鱼等六种鱼类;(4)文昌鸡、五指山野鸡、嘉积鸭、定安黑猪、东山羊、海南山牛肉等十六种禽兽类;(5)五指山野菜、黎家酸菜、海南鸡饭、海南粽子、椰子船饭、锦山煎堆十五余种野菜与风味小吃;(6)山兰酒、鹿龟酒、槟榔酒、椰子汁、矿泉水等九大类饮品;(7)白沙绿茶、海南香兰茶、海南苦丁茶等六种茶品;(8)椰子、菠萝蜜、莲雾、红毛丹等十种热带水果;(9)椰子食品、热带水果干、海南咖啡、南药等十类土特产和伴手礼品。

【重要读点】

1. 海南传统特色项目和重点专项旅游项目的种类和特点。
2. 海口、三亚进出旅游复合型旅游线路及其特点。
3. 海南主要主题旅游线路构成的要素。
4. 海南旅游工艺品纪念品的种类。
5. 海南名食佳肴、饮品水果及土特产的构成。

模块 8　海南旅游项目及旅游线路

8.1　传统特色项目

要点 1　热带海滨度假休闲游

(1)海南热带海滨度假休闲游的活动内容主要有海水浴、日光浴,多种多样的海上运动和休闲活动,多种形式的潜海观光活动,同时可以参加沿海附近的高尔夫球、温泉康乐、登山观海等参与性强、内容丰富的旅游活动;(2)海南沿海建有多个度假区和观光区,主要有被誉为中国度假休闲旅游产品金字塔塔尖的三亚海滨的亚龙湾、南山文化旅游区、天涯海角旅游区、大东海、三亚湾,万宁市的日月湾、牛岭、石梅湾,琼海市的博鳌水城,文昌市的东郊椰林、高隆湾、铜鼓岭(月亮湾)、冯家湾,海口市的西海岸公园、桂林洋及临高县的临高角和儋州市的光村银滩,乐东县的龙浴湾、龙腾湾、龙栖湾和东方市的鱼鳞洲等。

要点 2　南中国海潜水游

(1)海南主要潜水点有亚龙湾、大东海、西岛、西沙群岛、蜈支洲岛、南湾猴岛、万宁石梅湾、石梅湾加井岛、万泉河出海口、铜鼓岭海滨等海域;(2)潜水方式有:水肺潜水、浮潜和乘海底观光船;(3)乘潜水船、观光潜艇:三亚大东海的"航旅一号"观光潜艇可让游客通过闭路电视看到海底景致,整个水下行程序50分钟左右;(4)半潜式海底游船:三亚亚龙湾,由澳大利亚进口的半潜式海底游览船,可下潜1.7米,游客可通过座位旁的玻璃钢窗口一睹海底景观;(5)直接潜水、浮潜:提供一套潜水镜、呼吸管、脚蹼和救生衣,由浮潜导游讲解有关知识和注意事项后,和浮潜导游一起下水观光,主要活动在1～3米浅水区;(6)水肺潜水:游客穿戴专门的潜水衣和潜水设备,由教练培训约半个小时,携带压缩气瓶,在潜水教练的带领下潜入海底,下潜深度4～15米不等;(7)夜潜:配备专门的手电筒,在夜间的海底潜水;(8)海底漫步:佩戴供气的防压头罩,由教练陪同顺着游船直通海底的水梯走到4～5米深的海底珊瑚周围,整个行程约20～30分钟。

> **小贴士**　三亚海域、西沙群岛和海南岛沿海很多海湾海水常年水温宜人,毫无污染,海水清澈见底,透明度6～10米甚至更深,被国际潜水专家认为是南太平洋最适宜潜水的旅游胜地之一。

要点 3　温泉康乐度假休闲游

(1)海南岛温泉资源丰富,已探知的温泉点有300多处以上,平均不到1 000平方千米就有一处温泉,密度之高居全国之首,大多数属于保健型矿泉;(2)海南岛有一大批水质优、流量大、温度高、有益健康的温泉旅游区(点),如万宁兴隆温泉、琼海的官塘温泉及九曲江温泉和博鳌水城、儋州蓝洋温泉、保亭七仙岭温泉、三亚南田温泉、三亚田园小鱼温泉、澄迈西达温泉、海口的观澜湖温泉以及市区、西海岸拥有温泉的旅游酒店等。

> **小贴士**　温泉康乐度假休闲游融度假休闲、体育锻炼和康乐保健为一体,已经形成了具有热带岛屿特色的海南温泉旅游文化。

要点 4　浪漫神奇小岛游

(1)西岛、蜈支洲岛、南湾猴岛、分界洲岛等,植被覆盖率高,自然海洋生态得以完整保存,海底珊瑚礁资源未遭破坏,周围海域盛产夜光螺、海参、龙虾及五颜六色的热带鱼;(2)三亚蜈支洲岛度假设施齐全,令游客流连忘返;(3)三亚西岛海上俱乐部各项水上活动项目丰富,潜水、钓鱼、玻璃船、香蕉船、摩托艇、冲浪等系列活动让游客乐不思归;(4)陵水南湾猴岛神秘、幽静,充满原始的激情,是小岛游的魅力所在;(5)陵水分界洲岛海水清澈可见度达5~10米,岸上观看可将海水的颜色分为3层分别为碧蓝、碧绿、深蓝,因此是潜水的绝好去处。

> **小贴士**　这些岛屿物产丰饶,各项旅游接待设施已得到很好的开发。

要点 5　热带河谷漂流游

(1)2003年7月,五指山热带峡谷漂流雨林穿越正式启动;(2)五指山峡谷漂流全长近10千米,七八处瀑布式大落差交响乐般惊心动魄,最大落差将近8米,漂流河段时起时伏,激流险滩犬牙交错,峡谷两岸石林绝壁,高耸入云,峡谷幽深,古木参天,奇峰异景,烘托出五指山大峡谷"雄、险、奇、秀"的独特韵味;(3)万泉河上的漂流项目主要分为万泉河峡谷漂流和万泉河竹筏漂流两种,漂流的水面清澈见底,游客可观赏到两岸郁郁葱葱的灌木丛和椰树林。

> **小贴士**　海南的漂流全年可以开展,无论是浪漫惬意的万泉河漂流,还是惊险刺激的五指山河谷漂流都受到欢迎。

要点 6　环岛观光游

(1)原环岛5~6日观光游线路上的主要景点有:五公祠、海瑞墓、琼台书院、火山口、东郊椰林、红色娘子军雕像、万泉河、东山岭、兴隆温泉、南湾猴岛、亚龙湾、大东海、鹿回头、天涯海角、黎村苗寨、远眺五指山和枫木鹿场等;(2)现环岛5~6日观光游主要有"海口线"和"三亚线"两条线路;(3)"海口线"代表性景点:万绿园、西海岸、东山湖热带动植物园、红色娘子军园、万泉河漂流、博鳌水城、白石岭、兴隆热带植物园、三亚国际免税城、椰田古寨黎苗文化旅游区、南山文化旅游区、西岛和蜈支洲岛或天涯海角风景区等;(4)"三亚线"代表性景点:三亚美景、博鳌水城外景及玉带滩、万泉河竹筏漂流、万宁奥特莱斯文化旅游区、亚洲风情园、兴隆热带药用植物园、分界洲岛、百越民族文化村、亚龙湾热带天堂森林公园或天涯海角风景区、亚龙湾国家旅游度假区、南天生态大观园、南山佛教文化苑、三亚国际免税城、鹿回头山顶公园等;(5)2014年,为了振兴发展海南中西部的旅游,海南旅游委规划了一条新的5天4晚主题旅游线路:海口、儋州中和镇/南丰镇、昌江七叉镇/王下乡、乐东佛罗镇、三亚、保亭槟榔谷、五指山、白沙、屯昌、海口。

> **小贴士**　海南环岛观光游3日游、4日游、5日游和6日游是海南传统的旅游产品,而环岛五日游早在1988年广州《羊城晚报》等3家单位主办的旅游线路评选中,就以群众投票最多获得"龙年最佳旅游线路"称号。

8.2　重点专项项目

要点 1　热带海岛婚恋之旅

(1)在2009冬季中国婚博会上,由海南的旅行社、酒店、景区和婚纱摄影店带去的婚纱照、蜜月游、海底婚礼等蜜月、婚庆产品受到新人们的热情追捧;(2)2010年海口举行的"天长地久携手今生,天盟海誓真爱永恒"的豪华游艇婚礼"2010第4届海口热气球节(首届旅游婚庆节)",塑造了"海誓山盟·爱城海口"特色旅游目的地品牌;(3)2011年8月,海口推出的地域色彩浓郁的相亲主题游活动——"印象盛宴万人相亲海口",是我国旅游史与婚恋史上规模最大的异地相亲主题游活动,因而受到各地单身白领的追捧与媒体的好评;(4)2014年6月,在第十一届北京国际旅游博览会上,海南团携升级换代的旅游产品全新亮相:以"阳光海南、度假天堂"为主题,重点推出婚恋旅游等主题旅游,突出浪漫海岛等形象,当年有超过30万对岛外游客到海南省拍摄婚纱照、度蜜月;(5)至2015年,三亚已成功举办了十几届国际婚庆节,为三亚打响了浪漫、时尚品牌,充分彰显了天涯海角这一"爱情圣地"的无穷魅力;(6)时至2015年,海南"蜜月岛""爱情岛"的形象已经基本树立起来,热带海岛婚恋之旅项目及其"海誓山盟""海岛风情""休闲浪漫"等元素受到国内外游客的普遍喜爱。

小贴士 海口、三亚一北一南2大城市,共同烘托出海南岛"蜜月岛"的品牌形象,加速了海南岛近年来快速发展的婚庆旅游市场。

要点2 热带海岛温泉养生之旅

(1)海南在突出温泉这一主导产品时,还考虑以沐浴温泉为目的而达到健身、养生、休闲、度假效果的温泉旅游的其他元素,如客房、餐饮、娱乐、购物等为温泉旅游而配套的因素;(2)海南温泉养生、热带滨海养生、高尔夫温泉小镇周末健康养生等项目,使游客能够参观社区独特景观的同时,还可以体验游览热带东南亚风情园林组团,畅游国际标准超大泳池,浸润火山岩深层温泉SPA的乐趣;(3)海南还有以突出康体保健游为主要内容,包括热带雨林(海岛)生存挑战、环岛自行车旅游、雨林山地车和越野车挑战、雨林登山探险、海上运动、中医理疗按摩等特色项目,让游客体会到自然养生、生活养生的乐趣。

小贴士 海南按星级标准建设的国际养生度假酒店(村)往往坐落在雨林谷核心区内,风景秀丽、空气清新,是休闲度假、养生保健的理想场所。

要点3 海南自驾之旅

(1)海南岛属热带季风气候和热带海洋气候,遍地皆绿,空气清新,夏无酷暑,冬暖如春,路况较好,沿途景点众多,风光美不胜收,没有汽车收费站,极其适合轻松休闲式的自驾车旅游;(2)2009年12月,海南隆重发布了《海南省休闲农庄(自驾游)露营营地建设标准及服务规范海南地方标准》;(3)2010年2月,全球首家房车生活系统解决方案供应商——多尼尔房车产业集团宣布在海南建设首批10处房车小镇和50个房车营地,并与海南省政府签订《房车项目开发战略合作框架协议》,选址10处,其中两处位于三亚,而海口、陵水、五指山、乐东、琼海(博鳌)、文昌、昌江、保亭等地各有一处;(4)2012年7月,"万人自驾游海南"保亭站开始征集博友,并开展了两天一晚自驾游保亭的体验活动;(5)2015年2月,五指山市提出在国家特色景观旅游名镇水满乡建设五指山生态教育自驾游营地;(6)自2015年起,澄迈县优先修建旅游景区道路、旅游公厕、自驾游营地等公共服务设施。

小贴士 2013年全国12省市自驾游协会会长会议上指出,2012年我国旅游人数为29.6亿人次,其中自驾游约13亿人次,占到了出游人数的46%;旅游消费共计2.22万亿元,自驾游消费约为1.06万亿元,占到了旅游收入的48%。我国已经建成的露营地只有

150个左右,全国房车保有量仅有5 600辆。

要点4　海南高尔夫度假之旅

(1)海南省政府在《海南省"十一五"规划纲要》中提出"优化旅游产品结构,深度开发高尔夫度假游、红色旅游等产品,提升旅游产品的文化内涵";(2)2009年,在国家赋予海南发展国际旅游岛战略计划中,海南是我国唯一获得特许发展高尔夫与旅游的省份;(3)2011年3月,"海口高尔夫与旅游主题论坛"主题确定为"旅游休闲产业新态势与高尔夫产业发展",正式推出了将海口建成"中国高尔夫旅游之都"和"世界高尔夫旅游目的地"的战略目标;(4)至2013年,海南已建成各具特色、各有难度和挑战性的高尔夫球场39个,在建1个。

> **小贴士**　海南高尔夫球场的客源多数是省外游客和韩国游客。另外,海南高尔夫球场基本还是以经营打球、组织赛事为主,球具、球衣及其他高尔夫配套产品的生产和营销几乎是空白,高尔夫房地产经营与国内其他地区相比也较为落后,高尔夫产业的经济总量较小。

要点5　红色感恩之旅

(1)红色旅游产品是旅游产品中的一个新门类、新产品,红色旅游产品的开发已融入海南国际化旅游发展的大格局;(2)相对而言,海南的红色旅游资源并不匮乏:100多个爱国主义教育基地,其中中共琼崖一大会址、美合革命根据地、陵水苏维埃政权旧址、五指山革命根据地纪念园、云龙工农红军改编旧址、琼海红色娘子军纪念园、母瑞山革命根据地纪念园被列入全国"百个红色旅游经典景区名录";(3)其他较有名的,还有冯白驹将军纪念园、白沙门渡海登陆地、临高角渡海登陆地及2010年3月底落成于海口金牛岭公园的解放海南岛战役烈士陵园纪念碑、2010年3月25日正式开园的三亚市海上军事博物馆及南海军事主题公园等。

> **小贴士**　红色旅游也是一项政治工程、文化工程和经济工程,加强与市场结合、坚持走市场化道路是红色旅游发展的方向。

要点6　海南度假购房之旅

(1)从2004年"五一"黄金周开始,海南6家品牌地接社与海口市黄金海岸带上8大外销品牌楼盘开发商达成共识,签订协议,携手力推"海南岛度假购房游",此举表明,海南率先向全国推出"常居型"旅游;(2)目前在海南,"度假客成房东"已自发成势,"到海南岛第一次观光、第二次度假、第三次买套房子住下"的旅游宣传口号,如今已被不少旅游者实践;(3)"海南岛度假购房游"开发的目的是让想要在海南购房置业的消费者能够边旅游边选自己喜爱的住房,将看房过程变成愉快的旅行,而且很可能是一次免费旅行。

> **小贴士**　根据"海南岛度假购房游"联合推广协议,只要游客在签约楼盘中任何一家购买房产,就可在签订购房合同的5个工作日内,凭购房合同向组团的地接社报销全额旅游团费。具体费用以游客购买房产的套数多少来计算。

要点7　海上豪华邮轮之旅

(1)截至2016年3月,海南推出了2条豪华邮轮3~6日游:丽星游轮的海口至越南游和北部湾之星及椰香公主号游轮的三亚至西沙游;(2)越南游:海口至越南下龙湾、海防和河内以及海口至越南岘港、顺化,每星期3个航班,中国游客乘豪华邮轮游海南、游越南免办护照,手续方便,境外游客可凭护照上邮轮,还可在香港乘豪华邮轮到海南的海口或三亚旅游;(3)西沙游:前往的岛屿有鸭公岛(位于永乐群岛北部)、全富岛(三座岛中最小)和银屿岛(位于全富岛东方,鸭公岛北方)3个。

> **小贴士** 2016年以前,已有不少旅游者开始涉足西沙,但西沙群岛并没有正式开发旅游业务,只能以考察或采访的名义,办好上岛证乘补给船前往。每个月从文昌的清澜港有西沙群岛的补给船琼沙2号,还有不定期从三亚榆林军港出发的补给舰到永兴岛(15小时左右可以到达岛上)。

8.3 海口进出线路

8.3.1 海口进出5～6日游

要点1 线路A

海口市区(万绿园、假日海滩旅游度假区或滨海公园/世纪公园/人民公园/白沙门公园→海口海南野生动植物园或中国雷琼海口火山群世界地质公园/海口观澜湖旅游度假区/东寨港红树林自然保护区/海南热带森林博览园/琼州文化风情街/海南花卉大世界/海口骑楼建筑历史文化街区/海口骑楼小吃风情街)→琼海博鳌水城→兴隆温泉旅游度假区→万宁免税商城→保亭呀诺达雨林文化旅游区或甘什岭槟榔谷原生态黎苗文化旅游区/七仙岭温泉国家森林公园→三亚亚龙湾国家旅游度假区或亚龙湾热带森林公园/亚龙湾海底世界/亚龙湾爱立方滨海乐园/海棠湾度假区→三亚天涯海角游览区→三亚南山文化旅游区→三亚蜈支洲岛→海口市区。

> **小贴士** A线路的品质因素以三亚亚龙湾国家旅游度假区、三亚天涯海角游览区、三亚蜈支洲岛为代表的海洋文化为依托,突出的是省会城市、海南野生动植物园、呀诺达热带雨林风景、南山佛教文化的品质。主题:魅力椰城·热带海洋·热带野生动植物·热带雨林·南海佛教文化·免税购物。

要点2 线路B

海口市区(假日海滩旅游度假区或万绿园/滨海公园/世纪公园/人民公园/白沙门公园→海口海南野生动植物园或中国雷琼海口火山群世界地质公园/海口观澜湖旅游度假区/东寨港红树林自然保护区/海南热带森林博览园/琼州文化风情街/海南花卉大世界/海口骑楼建筑历史文化街区/海口骑楼小吃风情街)→琼海红色娘子军纪念园→琼海博鳌亚洲论坛永久性会址景区→琼海万泉河神鳌峡谷风景区→兴隆华侨农场(兴隆热带植物园)→万宁免税商城→陵水南湾猴岛生态景区→保亭呀诺达雨林文化旅游区或甘什岭槟榔谷原生态黎苗文化旅游区/七仙岭温泉国家森林公园→三亚大/小东海→三亚鹿回头公园→三亚南山文化旅游区→三亚天涯海角→三亚西岛→三亚亚龙湾→万宁东山岭风景区或三亚蜈支洲岛或陵水分界洲岛或椰寨古田→海口市区。

> **小贴士** B线路的品质因素为以三亚天涯海角、三亚西岛、三亚亚龙湾、三亚蜈支洲岛或陵水分界洲岛等为代表的海洋文化为依托,突出的是红色娘子军、博鳌亚洲论坛、万泉河漂流、南湾猴岛、黎村苗寨、鹿回头公园。主题:椰城魅力·红色土地·世界博鳌·南海灵猴·海岛土著·浪漫三亚。

要点 3　线路 C

海口市区（万绿园、假日海滩旅游度假区或滨海公园/世纪公园/人民公园/白沙门公园）→海口海南野生动植物园或中国雷琼海口火山群世界地质公园/海口观澜湖旅游度假区/东寨港红树林自然保护区/海南热带森林博览园/琼州文化风情街/海南花卉大世界/海口骑楼建筑历史文化街区/海口骑楼小吃风情街）→琼海万泉河神鳌峡谷风景区→琼海博鳌水城（博鳌西沙海洋馆）→兴隆热带雨林博物馆→万宁免税商城→陵水分界洲岛或陵水南湾猴岛→三亚大东海→三亚天涯海角或三亚西岛海上游乐世界→三亚南山文化旅游区→三亚亚龙湾→保亭呀诺达雨林文化旅游区或甘什岭槟榔谷原生态黎苗文化旅游区/七仙岭温泉国家森林公园→海南农垦万嘉果园→海南（定安）文笔峰盘古文化度假区或海南（定安）热带飞禽世界→海口市区。

小贴士　C 线路的品质因素以三亚天涯海角、三亚西岛、三亚亚龙湾、陵水分界洲岛等为代表的海洋文化为依托，突出的是博鳌水城（博鳌亚洲论坛）、兴隆热带雨林博物馆、陵水南湾猴岛、定安文笔峰道教文化苑或定安海南热带飞禽世界。主题：椰城魅力·世界博鳌·热带雨林·南海灵猴·海南道教文化（或南海飞禽）。

要点 4　线路 D

海口→儋州中和镇/南丰镇→昌江七叉镇/王下乡→乐东佛罗镇→三亚→保亭槟榔谷→五指山→白沙→屯昌→海口。

小贴士　2014 年，为了海南中西部旅游的振兴发展，海南旅游委和部分旅行社规划了主题旅游线路设计 5 天 4 晚的专线，但大多数具体景区（点）有待于在运作中进一步调整和设置。

8.3.2　海口进出 2~3 日游

（1）线路 A：海口观澜湖旅游度假区或东寨港红树林自然保护区/海南热带森林博览园/琼州文化风情街/海南花卉大世界→文昌登铜鼓岭→文昌航天基地→文昌东郊椰林（或文昌椰子大观园/铜鼓岭旅游区/木兰湾/冯家湾/高隆湾/八门湾）→海口；（2）线路 B：海南热带森林博览或海口观澜湖旅游度假区或东寨港红树林自然保护区/琼州文化风情街/海南花卉大世界→定安游览热带飞禽世界→定安南丽湖→海口；（3）线路 C：海口观澜湖旅游度假区（或东寨港红树林自然保护区/海南热带森林博览园/琼州文化风情街/海南花卉大世界）→儋州东坡书院→儋州白马井古迹（或儋州石花洞地质公园/两院热带植物园/云月湖旅游风景区/光村雪茄风情小镇）→海南热带植物园或中国雷琼海口火山群世界地质公园→儋州蓝洋温泉公园→儋州松涛天湖风景区（松涛水库）→海口；（4）线路 D：东寨港红树林自然保护区或海南热带森林博览园/琼州文化风情街/海口观澜湖旅游度假区或海南花卉大世界→琼海红色娘子军纪念园→万泉河出海口（博鳌镇）→琼海万泉河神鳌峡谷风景区→返回海口；（5）线路 F：海口观澜湖旅游度假区或东寨港红树林自然保护区/海南热带森林博览园/琼州文化风情街/海南花卉大世界→五指山革命纪念园（或琼崖公学纪念园）→五指山大峡谷漂流→返回海口；（6）线路 G：海口→乐东尖峰岭国家森林公园（或保亭七仙岭温泉森林公园）→返回海口；（7）线路 H：海口观澜湖旅游度假区（或中国雷琼海口火山群世界地质公园/东寨港红树林自然保护区/海南热带森林博览园/琼州文化风情街/海南花卉大世界）→车览万泉河风光→游览万宁石梅湾→万宁礼纪青皮林自然保护区→琼海博鳌水城

→返回海口。

> **小贴士** 在每一条海口进出2日或3日游线路的设计中,均凸现一个或人文资源、或自然资源、或两者结合的主题,基本形成"城乡结合、人文资源与自然资源相得益彰"的架构。

8.3.3 海口进出1日游

(1)线路A:万绿园→假日海滩旅游度假区或滨海公园/世纪公园/人民公园/白沙门公园→海瑞纪念园→海南热带野生动植物园→五公祠(或)琼台书院→海口骑楼建筑历史文化街区/海口骑楼小吃风情街→万绿园;(2)线路B:万绿园→假日海滩旅游度假区或滨海公园/世纪公园/人民公园/白沙门公园→海南热带野生动植物园→热带生态机场(海口美兰机场)→东寨港海底红树林(海底村庄)→演丰镇生态文明村(生蚝养殖场基地)→琼州世纪大桥→万绿园;(3)线路C:海口骑楼建筑历史文化街区或海口骑楼小吃风情街→万绿园→假日海滩旅游度假区→南大立交桥→海秀大道→海府路→龙昆北路→世纪大桥→海甸岛→滨海大道→万绿园;(4)线路D:万绿园→假日海滩旅游度假区→中国雷琼海口火山群世界地质公园→菠萝蜜村→火山森林游览区→天然火山石井→壅羊宫→火山民居区→万绿园或滨海公园/世纪公园/人民公园/白沙门公园;(5)线路E:海口市区→演丰镇(参观当地民居环境)→东寨港红树林自然保护区→"菠萝岛"→星辉村"乡村公园"→海口市区;(6)线路F:海口市区→中国雷琼海口火山群世界地质公园→海口市区;(7)线路G:儋州两院热带植物园→云月湖旅游风景区(或光村雪茄风情小镇)。

> **小贴士** 海口进出1日游线路,重点突出了海口人文景观价值和省会城市建设成就,凸显"城乡结合、人文资源丰厚"的架构。

8.4 三亚进出线路

8.4.1 三亚进出5~6日游

要点1 线路A

三亚市区→三亚南山文化旅游区→三亚天涯海角游览区或南天生态大观园/三亚兰花世界文化旅游区→三亚田园小鱼温泉(温泉鱼疗)→三亚亚龙湾国家旅游度假区或亚龙湾热带森林公园/亚龙湾海底世界亚龙湾爱立方滨海公园→陵水椰田古寨景区或甘什岭槟榔谷原生态黎苗文化旅游区→保亭呀诺达热带雨林文化旅游区或什进村布隆赛乡村文化旅游区/海棠湾度假区→兴隆温泉旅游度假区或保亭七仙岭温泉国家森林公园→琼海博鳌亚洲论坛永久会址景区(玉带滩)→陵水分界洲岛旅游区(或三亚西岛海洋文化旅游区/南湾猴岛生态旅游区)→三亚南海观光(出海垂钓)。

> **小贴士** A线路突出的是以三亚天涯海角、三亚亚龙湾、陵水分界洲岛(或三亚西岛)为代表的蓝色海洋文化的浩瀚、深邃和浪漫的品质,映衬热带雨林、热带温泉资源和博鳌论坛人文精神。主题:浪漫天涯·世界博鳌·热带雨林。

要点2 线路B

三亚市区→三亚大东海或三亚宋城旅游区/三亚海螺姑娘创意文化园→三亚亚龙湾国家旅游度假区(蝴蝶谷/贝壳馆/中心广场/亚龙湾沙滩)→兴隆热带植物园→陵水椰田古寨景区→琼海万泉河水上人家(竹筏漂流)→琼海博鳌亚洲永久会址景区(玉带滩)→陵水南

湾猴岛或陵水椰田古寨景区→三亚蜈支洲岛→保亭呀诺达雨林文化旅游区或甘什岭槟榔谷原生态黎苗文化旅游区→三亚凤凰岛→三亚天涯海角游览区或南天生态大观园→三亚南山文化旅游区→三亚南山大小洞天旅游区或三亚兰花世界文化旅游区。

小贴士 B线路综合性较强,目标市场广泛,对目前海南客源市场的大多数游客来讲,吸引力较大。其突出的以蓝色海洋为依托,集中显示浪漫的三亚、热带的动植物和万泉河的风土人情。主题:浪漫三亚·奥运圣火·热带动植物·温情万泉河·世界博鳌·南海灵猴。

要点3　线路C

三亚市区→天涯海角风景区(或三亚亚龙湾度假区/南天生态大观园/三亚兰花世界文化旅游区)→三亚鹿回头山顶公园或三亚南山大小洞天→三亚大东海旅游度假区(或三亚凤凰岛)→陵水椰田古寨景区→保亭呀诺达热带雨林风景区(或保亭七仙岭温泉国家森林公园/甘什岭槟榔谷原生态黎苗文化旅游区/琼海博鳌亚洲论坛永久会址)→兴隆热带植物园→兴隆高尔夫练习场→三亚蜈支洲岛→三亚南山文化旅游区(或南天生态大观园/三亚兰花世界文化旅游区)→三亚天涯海角游览区→三亚市区。

小贴士 C线路与B线路一样具有综合性较强、目标市场广泛的特点,其更多地集中三亚以天涯海角、大东海、蜈支洲岛、南山等为代表的海洋文化为主题的景区(点),把三亚的海洋特色和南山文化、保亭的热带雨林、兴隆的热带植物等要素糅合在一起,并加进高尔夫的元素,增强了几分情趣和吸引力。主题:浪漫三亚·热带海洋·热带动植物(或世界博鳌)·轻松高尔夫。

8.4.2　三亚进出2~3日

(1)线路A:三亚市区→南山文化苑→亚龙湾国家旅游度假→保亭呀诺达热带雨林风景区(或保亭七仙岭温泉国家森林公园/甘什岭槟榔谷原生态黎苗文化旅游区)→三亚市区;(2)线路B:三亚市区→南山文化苑→天涯海角→蜈支洲岛→亚龙湾中心广场(蝴蝶谷/贝壳馆)→亚龙湾国家旅游度假区(沙滩)→三亚市区;(3)线路C:三亚市区→南山文化苑→蜈支洲岛(或西岛)→大小洞天(或南田温泉或亚龙湾)→三亚市区;(4)线路D:三亚市区→南山文化苑→天涯海角→西岛(或蜈支洲岛或亚龙湾热带天堂或南田温泉或甘什岭槟榔谷原生态黎苗文化旅游区)→三亚市区;(5)线路E:三亚市区→南山文化苑→大小洞天→保亭呀诺达热带雨林(或亚龙湾热带天堂/甘什岭槟榔谷原生态黎苗文化旅游区)→三亚市区;(6)线路G:三亚市区→南山文化苑→南田温泉→大东海(或亚龙湾)→三亚市区。

小贴士 三亚进出2~3日游线路,强调南山文化苑的中心区域性,重点把握三亚及其周边地区人文资源和自然资源的合理搭配,同时在突出海洋(湾)色彩和蓝色主题的前提下,适度彰显了热带绿色山地文化。

8.4.3　三亚进出1日游

(1)线路A:三亚市区→西岛海上游乐世界→南山文化旅游区(或南天生态大观园/三亚兰花世界文化旅游区)→天涯海角风景区→亚龙湾→鹿回头→大小洞天→三亚市区;(2)线路B(专线之旅):三亚市区→蜈支洲岛或海棠湾(或大小洞天/南湾猴岛/五指山/吊罗山/琼海博鳌/亚龙湾热带天堂/陵水椰田古寨景区等)。

> **小贴士** 由于三亚周边的多数吸引力较大的景区(点)距离三亚市区以及彼此之间的距离较远,三亚进出 1 日游线路多为专线之旅。

8.5 主题线路

8.5.1 热带海岛婚恋之旅

要点 1 线路 A/B

(1)线路 A:海口市区→假日海滩观景台(海誓)→中国雷琼海口火山群世界地质公园(山盟)→陵水分界洲岛→三亚鹿回头山顶公园→三亚天涯海角→三亚南山文化旅游区→三亚凤凰岭海誓山盟景区→三亚凤凰岛奥运主题公园→三亚亚龙湾国家旅游度假区→琼海官塘温泉附近的白石岭(或琼海万泉河神鳌峡谷风景区)→琼海官塘温泉度假区→琼海博鳌亚洲论坛永久会址景区→海口市区;(2)线路 B:海口机场→琼海博鳌水城(玉带滩)→游览博鳌亚洲论坛永久会址景区(东屿岛)→博鳌 10 球/人高尔夫场(挥杆)→保亭七仙岭温泉国家森林公园→三亚大东海旅游区(潜水)→三亚亚龙湾风景区(亚龙湾中心广场/贝壳馆/蝴蝶谷)→甘什岭槟榔谷原生态黎苗文化旅游区→三亚天涯海角风景区→三亚鹿回头公园→三亚蜈支洲岛(或三亚兰花世界文化旅游区)→海口市区。

要点 2 线路 C/D

(1)线路 C:海口市区→琼海博鳌亚洲论坛永久会址景区→琼海万泉河竹筏漂流→万宁兴隆热带植物园→保亭七仙岭温泉国家森林公园(或甘什岭槟榔谷原生态黎苗文化旅游区)→陵水南湾猴岛→三亚亚龙湾沙滩→三亚凤凰岭海誓山盟景区(或三亚大东海景区)→三亚天涯海角→三亚火炬国内首站传递纪念雕像→三亚凤凰岛(出海观光+海上垂钓+出海拉网)→三亚南山大小洞天或南山佛教文化苑→三亚蜈支洲岛→海口市区;(2)线路 D:海口→琼海博鳌玉带滩→三亚蜈支洲岛→三亚凤凰岭海誓山盟景区(或三亚大东海)→三亚天涯海角(或三亚兰花世界文化旅游区)→三亚南山文化苑→三亚鹿回头山顶公园→三亚亚龙湾中心广场→甘什岭槟榔谷原生态黎苗文化旅游区→保亭七仙岭温泉国家森林公园→海口市区。

> **小贴士** "海誓山盟""海岛风情""休闲浪漫"等元素的融入以及"看白浪银沙,听椰风海韵"及"收藏一份值得用一生来回味的美好体验",是海南热带海岛婚恋之旅线路遵循的风格。

8.5.2 热带海岛温泉养生之旅

(1)线路 A:海口观澜湖温泉→儋州(东坡书院、千年古盐田)→儋州蓝洋温泉(或澄迈西达温泉)→乐东尖峰岭热带雨林风景区(天池/鸣凤谷)→三亚水晶博览中心→三亚鹿回头风情园→三亚南田温泉(或保亭七仙岭温泉)→海南博鳌乐城国际医疗旅游先行区→海口观澜湖温泉(或琼海官塘温泉/九曲江温泉);(2)线路 B:三亚机场(市区)→三亚南山风景区→三亚蜈支洲岛→海南博鳌乐城国际医疗旅游先行区→保亭七仙岭温泉(或万宁兴隆温泉)→三亚机场(市区)。

> **小贴士** 温泉养生线路除了突出温泉这一主导产品外,还考虑到了以沐浴温泉、旅游医疗为目的达到健身、养生、休闲、度假效果的温泉旅游、医疗旅游的其他元素。

8.5.3 热带海岛逍遥自驾之旅

要点1　线路 A/B

(1)线路 A：海口市区→海口东线高速公路路线出入口→海口琼山区龙泉→海口琼山区新坡→定安仙沟→定安龙湖→定安雷鸣→定安黄竹→定安龙门→琼海万泉河→琼海温泉→琼海中原→琼海博鳌→万宁龙滚→万宁山根→万宁和乐→万宁长丰→万宁礼纪→万宁石梅湾→万宁兴隆→万宁日月湾→万宁牛岭→陵水香水湾→陵水光坡→陵水英州→三亚南田→三亚海棠湾→三亚市区；(2)线路 B：海口市区→海口西线高速公路路线出入口→环岛高速公路→海榆西线公路→澄迈大丰→澄迈红光农场→澄迈福山→澄迈县城→临高加来→儋州光村→儋州南宝→儋州洋浦→儋州市区→儋州白马井→儋州王五→白沙海头→白沙荣邦→昌江邦溪→昌江市区→昌江十月田→东方八所(县城)→东方新龙→东方板桥→东方感城→乐东尖峰岭→乐东莺歌海→乐东黄流→乐东九所→三亚崖城→三亚南山→三亚冲会→三亚市区。

要点2　线路 C/D/E

(1)海口市内公路→西线高速公路→老城镇→福山镇→多文镇→加来镇→和舍镇→儋州市→雅星镇→邦溪镇→昌江黎族自治县→东方市→新龙镇→感城镇→佛罗镇→梅山镇→崖城镇→天涯镇→三亚市区；(2)线路 D：海口市区(万绿园、假日海滩)→西线高速公路→儋州(海南千年古盐田/东坡书院)→儋州蓝洋温泉旅游度假区(泡温泉/游泳)→儋州华南热带植物园→儋州松涛天湖→乐东尖峰岭国家森林公园→三亚南山佛教文化苑→三亚天涯海角风景区→三亚亚龙湾国家旅游度假区→三亚蜈支洲岛→保亭七仙岭温泉国家森林公园→琼海博鳌亚洲论坛永久会址景区(或博鳌玉带滩/海南博鳌乐城国际医疗旅游先行区)→海口市区；(3)线路 E：三亚市区→三亚大东海(或南天生态大观园/三亚兰花世界文化旅游区)→三亚西岛→三亚天涯海角(或三亚南山佛教文化苑/)→保亭甘什岭槟榔谷原生态黎苗文化旅游区(或五指山民族文化馆)→三亚鹿回头公园→三亚蜈支洲岛→三亚南田小鱼温泉→三亚亚龙湾→三亚凤凰机场。

> **小贴士**　海南自驾旅游线路，中线以民族村寨、旅游小镇、民族文化馆等为载体，突出游客的民族风情、民俗体验；西线以沿途自然风光、历史遗迹、矿山溶洞、水库湖泊等资源为依托，开展自驾观光游；东线突出滨海度假、运动休闲、免税购物、商务会展、航天科技等元素，增强自驾游客的体验性。

8.5.4 海南高尔夫之旅

要点1　线路 A/B

(1)线路 A：海口观澜湖高尔夫俱乐部/海口美视高尔夫球友赛→车观万泉河风光→游览琼海博鳌亚洲论坛会址(玉带滩)→琼海博鳌乡村高尔夫→欣赏兴隆热带植物园热带珍稀植物→品赏兴隆咖啡→泡天然温泉→游览海南博鳌乐城国际医疗旅游先行区→游览三亚大小东海风景区→游览三亚天涯海角风景区(或南天生态大观园/三亚兰花世界文化旅游区)→亚龙湾红峡谷高尔夫球比赛→参观亚龙湾沙滩→参加三亚南田温泉鱼疗→游览三亚西岛→海口(或三亚)离岛；(2)线路 B：海口机场接机后送海口观澜湖高尔夫俱乐部或海口台达球会→文昌球会→琼海博鳌乡村球会→兴隆康乐园球会→三亚亚龙湾球会→保亭七仙岭球会→三亚送机。

要点 2 线路 C/D/E

(1)线路 C:海口→琼海博鳌亚洲论坛中心球会→三亚亚龙湾高尔夫球会;(2)线路 D:海口→琼海博鳌高尔夫乡村俱乐部→兴隆南燕湾高尔夫球会→兴隆康乐园高尔夫球会;(3)线路 E:海口市美视高尔夫球场或海口观澜湖高尔夫俱乐部→琼海博鳌国际高尔夫球会→万宁兴隆康乐园温泉高尔夫球场→三亚亚龙湾高尔夫球场→三亚鹿回头高尔夫球场。

> **小贴士** 海南独特自然环境不仅为高尔夫球场增添了美色,同时也为球场平添了天然的障碍和难度,也因此获得高尔夫球业的普遍好评,其旅游线路,也充分体现出"山海互补、休闲与体育结合、人天合一"的海南高尔夫运动理念。

8.5.5 海南探险拓训之旅

要点 1 线路 A:吊罗山原始森林探险游

海口→分界洲(远眺、用餐)→吊罗山热带雨林生态雨林展览馆→原始森林(山地雨林)生态实地考察(步行栈道)→吊罗山石晴林场(营地)野营技能训练→篝火晚会(夜宿吊罗山)→吊罗山石晴营地团队拓展训练→南喜河溪谷雨林生态考察→告别吊罗山→入住万宁市区→参观万宁青皮林自然保护区→参观万宁兴隆热带花园→返回海口。

要点 2 线路 B:白石岭热带原始森林探秘

海口→游览万泉河峡谷风景区→入住官塘温泉度假区→乘缆车或登山游白石岭最高峰→乘车返海口。

要点 3 线路 C:五指山原始森林探险游

三亚(或海口)→五指山脚下(参观原始黎村苗寨)→攀登五指山第一、第二峰→赏五指山兰花→揽五指山仙女潭、观音庙→返三亚(或海口)。

> **小贴士** 海口出发探险拓训之旅目的地多选择吊罗山、白石岭、黎母山七仙岭国家自然保护区等;从三亚出发的多选择尖峰岭、五指山、"呀诺达"等风景区。

8.5.6 西沙、港澳及越南之旅

(1)线路 A(西沙游):海口或三亚登船→鸭公岛→全富岛→银屿岛;(2)线路 B(越南游):海口登船→越南下龙湾(天宫洞/护山狗/香炉石/斗鸡石)→越南河内(巴亭广场/胡志明故居/胡志明陵墓/独柱寺/还剑湖/河内古街/军事博物馆/外观中国大使馆/西湖)→越南下龙(海滩漫步/水上木偶戏/越南民族表演);(3)线路 C(琼港及越南游):海口(或三亚)→琼海博鳌亚洲论坛永久会址(玉带滩)→三亚亚龙湾国家旅游度假区→三亚天涯海角风景区→三亚西岛海上游乐世界→三亚凤凰岛码头登船→越南下龙湾→香港→深圳;线路 D(琼港澳及越南游):海口→深圳→香港(海洋公园/浅水湾/太平山/紫荆花广场/青马大桥观景台/黄大仙庙/钟表世家/金至尊旅游展览馆/免税店)→澳门(三巴/大炮台/主教山/妈祖阁/赛马场/四面佛/珠宝工艺商场/葡京娱乐城)→珠海→深圳(拱北口岸/机场)→海口。

> **小贴士** 西沙、港澳及越南旅游线路主要考虑时间安排,一般以4至6天为多。

模块 9　海南特色旅游商品

9.1　传统工艺品与纪念品

9.1.1　椰雕/贝雕

要点 1　**椰雕雕刻手法与花色品种**

(1)海南椰雕是用椰子壳、椰棕、椰树木等材料进行艺术加工,距今已有300年的历史;(2)其雕刻手法有平面浮雕、立体浮雕、通花浮雕、带棕立体雕刻和贝壳镶嵌雕刻等许多类型;(3)海南椰雕工艺品的花色品种已经发展到300多种,其中有餐具、茶具、酒具、烟具、花瓶以及各种类型的挂屏、座屏等,其样式新颖,画面雅致,造型古朴,质地轻巧,美观实用。

小贴士　海南椰雕有各种具有欣赏性的摆件、吊件和兼具艺术性、实用性的生活用品,近年又产生了椰雕画,其古朴之风,构思之巧,造型之趣,为传统的椰雕又添春色。海南椰雕是国家级的非物质文化遗产项目,目前,其产品已出口到美国、以色列等许多国家。

要点 2　**椰雕工艺类型**

(1)椰壳雕:用椰子壳的天然形态,把椰壳和贝壳嵌镶结合,按设计造型拼接成工艺品。产品有椰碗、茶叶盒、牙签筒、烟灰缸、花瓶、拼贴工艺画等;(2)椰棕雕:用椰棕自然肌理效果,采用切、割、烫等方法加工成椰猴、椰猪、椰妹等各种人物、动物造型的工艺品;(3)椰木雕:20世纪80年代后,工艺厂开始用椰木加工成筷子、发夹等产品。

要点 3　**椰雕工艺品获奖情况**

(1)1984年,获全国旅游优秀作品奖;(2)1987年,椰棕雕四件套获优秀旅游纪念品一等奖;(3)1990年,椰棕系列工艺品获中国旅游产品购物节旅游商品天马奖银奖;(4)1990年,五件套茶叶瓶、烟灰缸等获全国工艺旅游产品奖;(5)1994年,椰雕嵌贝《舞蹈》花瓶,获国家旅游局、贸易部、轻工总会、纺织总会颁发的天马奖银奖;(6)1999年12月,为祝贺澳门回归祖国,海南省人民政府向澳门特别行政区赠送了一件具有海南特色的礼品——椰雕嵌贝花瓶《椰树传说》和《天涯欢歌》(这对花瓶最大直径0.8米,高1.999米,每只重80公斤,用12 000块形状合适的椰壳拼合而成,体现了海南省较高的椰雕工艺水平,堪称椰雕中的精品);(7)2010年,实用性椰雕工艺品获得中国旅游商品大赛铜奖;(8)2015年,椰雕作品《喜得佳偶》和《三月三的赞歌》荣获中国(深圳)国际文化产业博览交易会"中国工艺美术文化创意奖"金奖。

小贴士　早在唐代就有人开始用椰子壳制作酒杯,晚唐诗人陆龟蒙已有"酒满椰杯消毒雾"的诗。在明清时代椰雕已作为"天南贡品"进贡朝廷。

要点 4　**贝雕工艺特色**

(1)海南贝雕工艺在明代就有很高水平,并且逐渐和古老的椰雕工艺结合起来,形成了独特的艺术风格;(2)大凡精制的海南贝雕,都与椰雕拼合、镶嵌而成,或者用椰雕作座架;

(3)明丽的贝壳雕与古朴的椰雕对比强烈,色调古典雅致,构思精巧细腻,具有独特的艺术风格和浓郁的海南色彩;(4)近年,以椰林风光、天涯海角、五公祠、马鞍岭火山口等海南名胜古迹为题制成的各种小件贝雕画以及用海南最大的贝壳——砗磲制作的"佛雕""白菜""手链"等工艺品,很受旅游者欢迎。

要点5　贝雕影响与价值

(1)近年来,砗磲制作的摆件或饰品逐渐成为收藏热点,促进民间贝雕发展的同时,也推动海南工艺品走向高端化;(2)海南贝雕以其天然性、精细性、珍稀性,越来越收到高素质群体的关注与喜爱,渐成世界工艺园地的一枝奇葩异卉,而在国内行业中,海南贝雕,更是一枝独秀;(3)海南贝艺在博鳌亚洲论坛年会以及澳门、沈阳、广州、深圳、北京、上海一些工艺博览会上频频亮相,更成为政府、企业乃至个人馈赠的首选珍品;(4)"2014 老庙·九天名玉第六届上海玉龙奖珠宝玉器评选活动"上,海南砗磲贝雕首次亮相该项活动并夺得最佳工艺奖、银奖、铜奖等奖项。

小贴士　香港回归祖国,海南赠送的礼品就是巨型砗磲整体雕刻的大型贝雕,加上底座共有2米多高。

9.1.2　牛角雕/木雕/根雕

要点1　牛角雕工艺

(1)海南牛角雕刻工艺品采用海南的黄牛角和水牛角雕刻、拼接而成,有动物、刀鞘、刀把、顶针、火柴盒、烟盒、茶叶桶和梳子等不同造型,在国内外深受好评;(2)海南牛角雕以动物造型为长,其中海鱼、鹰、孔雀等造型气韵生动,曲线优美,具有较高的审美价值;(3)海南牛角雕刻工艺品质地坚硬而细密,有纯黑色、有纯黄色的,也有黑色中带黄色纹理或黄色中带黑色纹理(有的纹理宛如龙、山水、日月星辰等状,但大多呈鱼子或小米状);(4)现海南牛角雕工艺品已达100多个品种,其精美程度常常让游客惊叹;(5)海南省政府也会经常用海南牛角雕作礼品赠送国际友人。

小贴士　保亭县甘什岭槟榔谷原生态黎苗文化旅游区,有专门的牛角工艺制作坊和牛角工艺展销中心,有各式各样的牛角工艺品,也可以现场定做。

要点2　木雕/根雕的特点

(1)采用菠萝蜜格制作的作品占绝大部分,这是海南木雕、根雕用材的一大特点;(2)民间作品大量选用的是当地出产的木材,如榉木、樟木、龙眼木、荔枝木、鸡翅木等;(3)作品一般被创作成佛像、人物、花鸟、山水、动植物、茶(餐)具、佛珠、手链、衣架、枕头等;(4)以祥禽、瑞兽、松梅、花卉组图的木雕为海南木雕的常见主题,被广泛运用于建筑构件装饰和其他木质结构物品上;(5)海南岛独产黄花梨虽属珍稀木材,但其雕件在海南的传统家具装饰、宗教用品上常见,存世相对较多,这是海南木雕用材的地域优势;(6)海南传统木雕、根雕作品集中在海口、定安、琼海、文昌、儋州等地。

要点3　木雕/根雕的价值

(1)海南万宁市万城镇南岛村有一户木雕世家,创作的木雕作品远销海外;(2)2012年11月,海南一批黄花梨木雕艺术品出征中国木雕之乡浙江东阳,标志着海南省以海南黄花梨木雕工艺为代表的民间手工艺水平已具备与国内顶级水平同台竞技的资格;(3)海南木雕虽不乏精品存在,存世量也很可观,但由于海南岛的特殊地理位置和人文历史文化发展等原因,尚没有形成自己的规模与流派,无法与中原木雕相提并论,但从传世的木雕风格、材质和题材内容看,又极具地方特色;(4)近年来,海南木雕艺术品在国内备受关注,在海内外收藏界广受欢迎,甚至形成了一股影响行业的海南力量。

> **小贴士** 最著名的海南黄花梨根雕作品是标价1 280万元的名字为"中国功夫"的精品,它以54个精选的人物武术动作为主,是海南花梨界一位艺术家花了2年时间雕刻而成的,其艺术成就令人叹为观止。

9.1.3 木片画/木块画/蝶翅画

要点1 木片画/木块画

(1)海南木片画是利用热带原始森林中的天然质变木材的花纹拼贴而成,构思奇特、妙趣天成、贴近自然、质朴可爱;(2)海南木块画是用高档木材琢磨拼成,造型抽象,有现代气息和浮雕感,特别是对女性人体有独到而奇妙的表现。

要点2 蝶翅画

(1)蝶翅画,也称蝴蝶画,是以蝴蝶翅膀为主要材料,利用其独特的花纹,采用特殊工艺拼贴成的有油画、国画、水粉画效果的工艺画;(2)蝶翅画纯手工制作,原料珍贵,是高档艺术品,有较高的观赏价值和收藏价值,曾被故宫博物院收存馆藏;(3)目前海南制作的蝴蝶画有200多种规格和品种;(4)海南森林覆盖率52.3%,有500多种不在国家保护品种之列的蝴蝶资源,为海南蝶翅画的生产提供了得天独厚的条件。

> **小贴士** 中国有蝴蝶1 200多种,除国家保护品种和珍稀种不能用于制作蝶画外,约有500多种普通蝴蝶可以利用。蝶画手工制作工序达30多道,以蝶翅组成块面,强调原有外形和斑纹的表现,突出不同品种蝶翅的肌理、图案和金属光泽。另外,海南省的沙画、磨漆画、丝网绣、龙塘艺术陶瓷、墨陶和唐三彩画等工艺品典雅华美,是近年发展起来的非常有特点的工艺品。

9.1.4 黎锦/筒裙/蜡染/针绣

要点1 黎锦

(1)《峒溪纤志》载:"黎人取中国彩帛,拆取色丝和吉贝,织之成锦。"因木棉又名吉贝,故黎锦也叫"吉贝布""崖州被""棉布",远在春秋时期就盛行,是中国最早的棉纺织品;(2)黎锦是用天然植物色素作颜料,染成红、黄、蓝、黑、绿五色的自纺棉纱,用简单的竹、木构成的"踞织机"织成;(3)黎锦包括筒裙、头巾、花带、包带、床单、被子等,有纺、织、染、绣四大工艺;(4)黎锦的图案有马、鹿、鸡、蛇、斑鸠、青蛙、孔雀以及竹、稻、花卉、水、云彩和星辰等120多种,大多由简单的直线、平行线和方形、三角形、菱形等几何图形构成;(5)黎锦以织绣、织染、织花为主,刺绣较少;(6)白沙县有一种两面加工的黎族彩绣,制作精良,有苏州"双面绣"之美,东方、昌江地区黎族创造了扎染与织造相结合的织锦工艺;(7)2006年,黎锦入选第一批国家级非物质文化遗产保护项目名录,2009年10月被联合国教科文组织批准列入首批急需保护的世界非物质文化遗产。

> **小贴士** 黎锦堪称中国纺织史上的"活化石",历史已经超过3 000年,是中国最早的棉纺织品。早在春秋战国时期,其纺织技艺领先于中原1 000多年。宋朝以前,黎族人的棉纺织技术远远领先于中原汉族,元朝黄道婆将黎族的纺纱、织布等技术加以改进传播到内地,迅速推动了长江下游棉纺业的发展,海南岛因黎锦而成为中国棉纺织业的发祥地。

要点 2　黎族筒裙

(1)筒裙是黎族妇女的特有服饰之一,在海南中南部五指山一带黎族聚集区处处都可见;(2)筒裙有长、短之分,其底色为黑、蓝2种,另用各种彩色线织成花、鸟、虫、兽、人物花纹或几何图案,色彩艳丽;(3)短裙按色彩和花纹图案样式,一般可分为四个层序:上端一般用较浅淡或黑、蓝色,花纹图案较纤细,中部至下部,花纹图案粗大显眼;(4)中裙的色彩基调,有较艳丽者,也有整体色彩浅淡或蓝、黑基色为主者;(5)长裙则多数以古朴端庄为主,用扎染布料制作的筒裙多为长裙;(6)用黎族织锦和单、双面绣布料制作的筒裙,黎族妇女还要在上面镶嵌上诸如云母片、贝壳片、银片、琉璃珠;(7)筒裙规格上也有一定差别,哈方言的"哈应"和聚居在东方市和昌江黎族自治县境内的美孚方言妇女筒裙为"长式筒裙",白沙县润方言黎族妇女筒裙,则是所有支系的筒裙中最小最短的。

> **小贴士**　筒裙是黎族妇女最喜爱的服装,民族特色浓郁。制作筒裙的布料,除极少数用扎染布料外,主要是采用自织的黎锦布料和单面或双面绣布料。据调查,扎染布料仅东方、昌江的一些地区使用。单面绣、双面绣则在白沙较多使用,而黎锦则在黎族地区普遍使用。

要点 3　苗族蜡染和针绣

(1)海南苗族蜡染有悠久历史,代代相传,在海南每一个普通苗族家庭里都可以看到精致的蜡染工艺品;(2)其原料为棉布、蜂蜡、大叶青(苗语叫"甘卢",一种含蓝靛的树叶),制作工具主要有铜刀、小竹刀、点笔和划笔等,图案较古朴、简单,通常是树叶、动物等造型;(3)苗族妇女将从山上采回的特定植物,捣烂后配上其他颜料,经过发酵后制成色素染料,借助简陋的工具,经过几次反复的漂染和晾干,再用白蜡点缀,用土纺机织成土布后蜡染成不同颜色的布料;(4)苗族妇女还在蜡染过的布料和蜡染布所裁制成的衣裙、头巾、腰布等服饰品上以变形夸张的手法,用鲜明的色彩线条进行针绣;(5)针绣细致精巧,图案美观大方,题材多样,反映当地自然风光、飞禽走兽和奇花异木。

> **小贴士**　蜡染和针绣是苗族古老悠久的民间传统工艺,也是苗族同胞们最喜爱的装饰品。虽然印染过程并不复杂,使用的工具和操作方法也都很简单,但海南苗族人民从不断的劳动中积累了丰富的经验,充分利用和发挥了原材料的特点,通过精心的设计和制作,使得这一蜡染工艺和其他各民族优秀的工艺品一样,受到游客的欢迎。

9.1.5　金银饰品/珠宝饰品

要点 1　金饰品

(1)金饰品加工是海南建省后新兴的工业,目前有先进的设备,工艺精美,有几百种不同款式,产品销往香港和国内其他20多个省市;(2)在海南,金店珠宝房甚多,游客可尽情选购;(3)自2005年前后,多采用先进设备加工成各种首饰,典雅而高贵。

要点 2　黎苗银饰品

(1)在海南,银饰品特色最鲜明的当属黎苗族的装饰品;(2)海南黎族银饰物分为面饰、胸饰、腰饰以及手足饰品4大类;(3)黎族银饰的纹饰内容极其丰富,大都体现吉祥的寓意,如凤尾纹饰象征和谐、幸福,云纹、龙纹代表喜庆,缠枝纹寄意团结;(4)至今为止,鎏金银质梳子尚是独属于海南黎族的一种极为特别的银饰梳子;(5)黎族银饰的工艺粗犷简单,但很实用,几乎件件都与生活息息相关;(6)海南苗族银饰主要用于妇女的装饰,品种多样,从头到脚,无处不饰,包括头饰、面饰、颈饰、肩饰、胸饰、腰饰、臂饰、脚饰、手饰等,彼此配合,体现出完美的整体装饰效果;(7)苗族儿童爱戴银饰帽,年轻姑娘爱戴银质耳环、插花、手镯,妇女着盛装时必佩银饰,昂贵且繁多;(8)每逢民族节日,苗族姑娘的头上、颈上、胸前、后背都戴满了银饰品,跳起芦笙,踩起铜鼓,银佩叮当,银光闪闪,饶有一番情趣。

小贴士 黎族银饰与黎锦被誉为一对"姐妹花",黎族民族银饰在收藏领域具有非常重要的一席之地,它反映了海南黎族艺术的繁盛及独具特色的民族风情。海南苗族的银饰,多数是由本民族的银匠制作,富有民族传统特色和民族风格,图案优美、巧夺天工。苗族用银的观念一是审美,二是表示富有和避邪。

要点3 珍珠制品

(1)海南岛周边海域海水温度适宜、毫无污染,海洋生物丰富,为珍珠贝的生长提供了良好的条件;(2)海南的珍珠粒大质优,最大的"珍珠王"直径达15.5毫米;(3)海南所产珍珠制品质量优良,专家评价在缅、泰之上;(4)珍珠制品主产地在三亚市和陵水县,所产的白蝶珍珠母贝为我国南海特有。

要点4 天然水晶

(1)海南天然水晶主要产地在屯昌县;(2)自2004年前后,海南引进了国外加工设备,将优质天然水晶加工成多种多样的项链、手链、胸饰、耳坠、眼镜和玲珑剔透的水晶工艺品;(3)海南水晶矿众多,最有名的是屯昌的羊角岭水晶矿,其水晶矿质地优良,纯净莹润,水晶饰品远销海内外,供不应求;(4)屯昌羊角岭海拔200多米,是我国最大型、最富集的水晶矿区,也是当今世界上超大型水晶矿床的所在地;(5)在三亚市凤凰镇开发区,有目前国内最专业、档次最高、品种最全的一家集水晶原石展示、加工、销售为一体的民营高新科技企业。

小贴士 羊角岭水晶矿在1939年被日军进行掠夺性挖采,解放后由我国有关部门进行开采。羊角岭天池位于屯昌县城南4千米处的羊角岭顶端。天池为采矿挖掘而成,宽约30米,长约70米,深约200米,水清澈透明,夏凉冬暖,常年有游泳爱好者到此尽情畅游。天池附近为701矿部和天然水晶加工厂、商场。

要点5 贝壳制品

(1)海南的贝壳制品,多种多样,其形状奇特,色彩斑斓;(2)海南的虎斑贝、白玉贝、夜光贝、唐冠螺、五爪螺、猪母螺、猪耳壳、马蹄螺等,都是深受游客欢迎的天然工艺品;(3)近年,海南贝壳又被制成多种多样的实用工艺品,如酒具、摆件、挂件、项链、胸饰等,精美华贵不亚玉石;(4)1999年,由海南一家工艺品公司率先在全国研制并推出的原贝工艺画,一改中国传统的贝雕工艺画模式,采用精美原贝作为艺术构图主题,以欧美流行的画框进行装饰,从而赋予原贝一种全新的艺术生命力;(5)原贝工艺画一经研制和推出后,很快在全国叫响,最好的销售空间便是礼品市场;(6)如今,海南又出现多家开发原贝工艺画的公司,其产品销往到北京、上海、重庆、成都、深圳等大城市,甚至远销欧美。

小贴士 在海南琼海市潭门镇,有目前我国最大的原贝交易市场,这是我国两家原贝交易市场之一,另一家在广东茂名水东,后者的规模和贝壳种类,比起潭门来,要略逊一筹。

要点 6　海南佛珠

（1）海南产的各种佛珠已成为游客们喜爱的工艺品之一，主要有金刚珠、琼珠、条纹珠、星月珠和黄花梨珠；（2）海南岛特产金刚珠，采用金刚子加工而成，珠身自然凸凹，状如镂花雕刻，色金黄，有大粒、小粒两种，小粒珠为上品；（3）琼珠，用桄榔加工而成，珠面光润；（4）条纹珠，用椰子木加工而成，珠面有椰子特有的条纹，在市场上较为畅销；（5）星月珠，采用海南岛特产的"红藤子"加工而成，珠面有均匀的点，中间有一下凹的圆圈，状如繁星托月，颜色有白、黄、浅绿、暗红等多种，色白者为上品，被列为世界"四大名珠"；（6）黄花梨珠，选用上等海南黄花梨精制而成，鬼脸纹理清晰，细腻多变，品相上乘，是难得的修行使用、收藏和把玩佳品；（7）世界"四大名珠"为玉珠、象牙珠、星月珠和金刚珠，海南产的佛珠占有两席，其中，海南星月珠自打进国际市场后便供不应求。

> **小贴士**　因生产一种名为"星月菩提"的串珠，近年来串珠加工产业在海南省文昌市会文镇逐步兴起。目前，整个小镇一半以上的商铺都在经营销售串珠产品，被人们称为"佛珠小镇"，每天都有全国各地的经销商来到此地淘货，镇上很多厂家也通过电脑网络线上交易将产品销至北京、广州、义乌等地。会文佛珠交易市场于2014年10月正式营业。

要点 7　海南岛服

（1）海南省最流行的旅游衫，人们习惯称之为"岛服"；（2）岛服以鲜红、明黄、宝蓝、翠绿、橘红各为主色，图案以热带植物与海洋生物为蓝本，进行了各种或抽象或具象的变形，其花样全部取材于海南岛的人文风情和自然物产；（3）该服用料考究，主要用纯棉进口丝光布所制，其主要特点是手感柔软、透气、吸汗、折皱性好、不脱色；（4）款式也很多，有短裤、中裤、男上衣、女上衣、九分裤、七分裤、男长裤、男短裤等；（5）海南岛服起源于海南旅游企业，起初作为营造独特文化的工作服；（6）海南省旅游局借助"岛服"弘扬海南旅游文化，设计一种"岛服"作为海南"导游服"，订制"岛服"作为促销人员服，还将"岛服"作为礼品赠送给外地来宾；（7）海南省外事部门将"岛服"作为省领导会见外宾的礼服，并通过博鳌亚洲论坛推向世界；（8）2004年时，"岛服"曾获得海南省旅游局组织的"十大旅游商品评选"第一名。

> **小贴士**　"岛服"是海南的自然风光与人类自身相亲相融的一种外在表现形式，散发着热情似火与清凉宜人相互交织的奇妙气息。多方面的示范效应，加上宽松的"岛服"适合热带海岛度假休闲，其花样体现出独特的地域文化，因此引起较大的市场需求。最终，"岛服"成为海南最热门的旅游纪念品。

要点 8　其他纪念品和工艺品

（1）珊瑚是海中奇葩，产于热带海洋，人称"海石花"，是无数珊瑚虫的遗骸集缩而成的化石，在海中天然生成，奇形怪状，美妙绝伦，珊瑚经过加工，配上海贝、海柳和精致的底盘，便成了各种各样美丽的珊瑚盆景；（2）藤器用海南红藤、白藤编制而成，坚韧、光滑、美观大方，结实耐用，主要品种有提篮、夜箩、藤椅、花盆架、字画屏风等；（3）海南红豆粒圆质硬，色泽鲜红，上面还有一黑点，状似相思泪滴，除直接装盒销售外，还被串成项链、手链等首饰，是用以表达爱情和友谊的特色纪念品；（4）用椰、棕、剑麻、芝草、竹等材料制成的地毯、篮子、壁挂、斗笠质朴自然，价廉物美。

9.2 特色名食与佳肴

9.2.1 海鲜名品

要点1　和乐蟹

(1)产于万宁市和乐镇一带海中,因其产地而得名;(2)其膏满肉肥为其他蟹种罕见,特别是其脂膏,金黄油亮,犹如咸鸭蛋黄,香味扑鼻,营养丰富;(3)与内地河蟹相比,和乐蟹具有"脂膏几乎覆于整个后盖且膏质坚挺"和"肉质优而量多"两大特点。

要点2　曲口青蟹

(1)曲口湾位于海口东寨港,所出产的海鲜以青蟹、血蚶、蚝、对虾为最佳;(2)所产青蟹一般每只重达0.5千克,似和乐蟹;(3)曲口除8~9月因母蟹排卵期而少见外,其余10个月均产蟹,尤以清明和冬至前后为最好。

要点3　海南花蟹

(1)花蟹因外壳有花纹而得名,海南各地均产花蟹;(2)花蟹有时专指兰花蟹(远海梭子蟹的雄性个体),但因地域之差异,也有称红花蟹(锈斑蟳)为花蟹的;(3)红花蟹的重量从150克至750克不等,口感紧致鲜美,因为它是地地道道的海蟹;(4)人工育苗存在一定困难,故上市出售的个体以野生居多。

> **小贴士**　海南蟹类海鲜,做法多采用传统作法——清蒸,和内地略有不同的是海南蟹类海鲜在用清水煮熟后还要清洁蟹身然后用明火稍烤干,做出来的蟹相对内地香味较浓,膏脂有肉感。加上独特的蘸料,与清蒸大闸蟹相比,其美味有过之而无不及。

要点4　光村沙虫

(1)沙虫,又称"海肠子",动物学名称为"方格星虫",产于沿海滩涂泥沙之中,外观长两寸左右,状若芦芽;(2)海南儋州光村滩涂资源丰富,盛产沙虫,出产的沙虫以个体适中、肉质肥厚脆嫩而闻名;(3)沙虫做法通常有三种,即爆炒、煮汤和熬粥,其中"三色沙虫"已经成为海南的知名菜肴;(4)沙虫肉质脆嫩,味道鲜美,营养丰富,富含蛋白质、脂肪和钙、磷、铁等多种营养成分,特别是味道,胜过海参、鱼翅。

> **小贴士**　三色沙虫是海南临高知名的小吃:把青红菜椒和沙虫放在一起爆炒,炒出的菜品红、青、白三色鲜明清雅,嫩滑脆爽,微辣,口感上佳。沙虫也可晒干加工,沙虫干是送礼上品。

要点5　三亚梅花参

(1)海南省特有的海珍,国内主要产在南海诸岛海域,三亚"三绝"之一;(2)因背面有肥大的肉刺花,有点像梅花瓣状而得名,又因其外貌有点像凤梨(菠萝),也被称为"凤梨参";(3)生长于热带海洋的珊瑚堡礁和珊瑚泻湖带,水深几米至几十米的海底,最长可达1.2米,重12~13千克,故称"海参之王";(4)经济价值很高,既是滋补品,又可治病抗癌,有一定的防衰老作用;(5)可用鸡汤清炖,也可切片加辅料清炒,还可以甜吃,即用海参、鸡蛋、桂圆加冰糖清炖。

> **小贴士**　海参为"海产八珍"之首,尤以梅花参为最珍贵。清代赵学敏《本草纲目拾遗》一书则作了如下的记载:"《百草镜》云,南海泥涂亦产海参,色黄而无大刺。肉亦硬,不中食品。土人曰海瓜皮,言其如瓜皮粗韧也。以其充庖猪肉,食可健脾。"

要点 6　西沙鲍鱼

(1)鲍鱼,又名"镜面鱼""九孔螺""明目鱼""将军帽";(2)鲍鱼名为鱼,实则不是鱼,它是属于鲍科的单壳海生贝类,属海洋软体动物,其只有半面外壳,壳坚厚,扁而宽,是传统的名贵食材(石决明、千里光);(3)渤海海湾产皱纹盘鲍个体较大,东南沿海产的杂色鲍个体较小,西沙群岛产的半纹鲍、羊鲍,是著名食用鲍,由于天然产量很少,因此价格昂贵;(4)每年3~9月是采鲍季节,7~8月是鲍鱼的繁殖期,其时鲍鱼性腺发达,肉又厚又肥;(5)三亚海域、文昌龙楼镇一带也盛产鲍鱼。

> **小贴士**　鲍鱼,被人们称为"海洋的耳朵",我国沿海都有分布,共有鲍鱼的8个种,其中,较重要的经济种类有3个:皱纹盘鲍、杂色鲍和九孔鲍;另有5种非经济鲍,即耳鲍、羊鲍、多变鲍、平鲍和格鲍。直至现今,在人民大会堂举行的多次国宴及大型宴会中,鲍鱼经常榜上有名,成为我国经典国宴菜之一。

要点 7　龙楼海胆

(1)又叫海刺猬,是生活在海洋浅水区的无脊椎动物,主要特征为体呈球形、盘形或心脏形,无腕;(2)分布在从潮间带到几千米深的海底,多集中在滨海带的岩质海底或沙质海底,繁殖季节在6~7月中旬;(3)海胆一般都是较深色的,如有绿色、橄榄色、棕色、紫色及黑色;(4)其生殖腺即海胆膏是一种味道极鲜美的食物,营养价值很高,它可生食,也可加工成酒精海胆、盐渍海胆、冰鲜海胆或蒸熟食用;(5)文昌市龙楼所产的海胆比较有名。

> **小贴士**　我国早在清朝已利用海胆膏加工成"云丹",列为风格别致的宴席佳品;海胆膏加上瘦猪肉同煮,吃起来鲜美可口,别有风味。

要点 8　海南龙虾

(1)龙虾分布于世界各大洲,品种繁多,一般栖息于热带、亚热带浅水海域;(2)我国产的龙虾至少在8种以上,海南主要有波纹龙虾和密毛龙虾两种,分别产于南海近岸区和西沙群岛;(3)龙虾喜栖息于水草、树枝、石隙等隐蔽物中,昼伏夜出,不喜强光;(4)龙虾有很强的趋水流性,且喜集群生活,好斗,并且善于掘洞;(5)在海南,多是生吃龙虾(蘸上芥末和调料),并以虾头、尾、足等熬粥,也有油炸、爆炒、清蒸的吃法。

> **小贴士**　龙虾、对虾(墨吉对虾和斑节对虾)、基围虾(海水养殖)构成海南海鲜美食中主菜一族。

要点 9　其他常见贝螺类佳肴

(1)血蚶:生长在我国沿海及东南亚各地近陆的浅海泥沙中,其介壳形状,心脏形,两壳质厚而隆起,左右同形,表面有垄沟,如瓦屋棱,肉柱紫赤色、多血,味极鲜美,嗜好之者,把它视作廉价的补品、下酒的佳肴;(2)蚝:在温暖的海域、岛屿周围的海床及岩石上制造、形成礁状物,每年冬春是蚝的收获季节,民间有"冬至到清明,蚝肉肥晶晶"的俗谚,鲜蚝肉通常有清蒸、鲜炸、生灼、炒蛋、煎蚝饼、串鲜蚝肉和煮汤等多种;(3)其他常见的还有:扇贝、芒果螺、指甲螺、青口螺、鸡腿螺、剪刀螺、浪花螺、寄居螺、花螺等。

9.2.2　特色鱼类

要点 1　后安鲻鱼

(1)鲻鱼,为近海中上层鱼类,喜栖息于浅海或河口咸淡水交界处;(2)万宁市特产之一,盛产于后安小海,分为乌头鲻、白宜鲻、赤鱼鲻、青鲻、硬磷鲻5种;(3)后安鲻鱼,体长稍扁,头部平扁,下颌前端有一突起,上颌中央有一凹陷,背鳍2个,臀鳍有8根鳍条,尾鳍深叉形,体、背、头部呈青灰色,腹部白色,外形与梭鱼相似;(4)小的长约10厘米,大的长约50厘米;(5)后安鲻鱼四季均可捕获,秋冬为旺季,它是高档鱼种,海鲜补品,特别是冬至前的鲻鱼,鱼体最为丰满,腹背皆腴,特别肥美,常被作为宾馆酒楼的海鲜佳肴;(6)鲻鱼吃法多种多样,可清蒸、煎炸、油浸,也可用来烹调为鱼片汤,或做鱼生。

> **小贴士** 鲻科鱼类是常见的海产鱼类,分布极广,遍及热带、亚热带、温带水域。全世界鲻科鱼类有70多种,我国沿海已发现20多种。根据文献记载,养鲻业始于明代,在珠江三角洲至少有200多年历史。

要点2 万泉鲤鱼

(1)万泉鲤因盛产于琼海境内的万泉河中而得名;(2)由于万泉河水质优良,河中鲤鱼成群,且体大肉肥味美,营养价值极为丰富,是当地人招待贵宾的宴上佳肴;(3)万泉鲤嘴小,唇向前突出,如圆筒状,身短壮大,形似纺锤,全身披覆有大而圆的鳞片,前部苍黑色,肚部银白色或金黄色,鳍的边缘略带褚红色,尾巴较短;(4)夏秋时节,琼海市嘉积镇的餐厅饭馆中,几乎是少不了万泉鲤下酒进餐的;(5)其食法多样,以姜葱清焖鲤鱼为上品,味道鲜美可口,同嘉积鸭一样,享有盛名。

> **小贴士** 至于外地游人,素有"不吃万泉鲤,枉为琼海行"之说。

要点3 儋州红鱼粽

(1)红鱼粽又称红鱼筒,作为海南儋州著名的风味腌制品,深受当地人及游客的喜欢;(2)红鱼粽制作工艺精巧,一般选每条4千克以内的新鲜红鱼,海水洗净,用小木棍从鱼口直插到内脏加盐,至鱼肚饱胀止,再将红鱼平排放在鱼池或鱼桶里,层层码盐,最上层以大石堆压;(3)"淡口红鱼粽"腌制5~7天,"咸口红鱼粽"腌制9~10天后取鱼,抽出鱼鳃和内脏,去鱼鳞,用清水洗三次,将草纸塞进鱼口中,用白纸将鱼头包扎好,采用特殊方法晒干即可。

要点4 天湖鳙鱼

(1)鳙鱼又叫花鲢、胖头鱼、包头鱼、大头鱼、黑鲢、麻鲢、雄鱼,是淡水鱼的一种;(2)其外形似鲢鱼,体型侧扁,头部较大而且宽,口也很宽大,且稍微上翘;(3)距儋州15千米外的松涛水库素有"天湖"美称,水质纯净,周围群山万谷溪流冲下的微生物,适宜鳙鱼、鲤鱼和白骨鱼生长,肉特嫩,无塘水俗味。

> **小贴士** 据了解,儋州天湖鱼宴由剁椒鱼头、脆炸鱼块、五彩鱼丝、鱼丸汤等11道美食组成,原料全部采用松涛水库生产的鳙鱼。

要点5 海南罗非鱼

(1)罗非鱼俗名南洋鲫、非洲仔、福寿鱼,原产于非洲的坦噶尼喀湖,外形类似鲫鱼,鳍条多棘,形似鳜鱼;(2)罗非鱼在我国大陆的养殖主要集中在广东、广西和海南等地区,其中海南地区约占全国总产量的20%;(3)海南年平均气温23~26 ℃,雨量充沛,光照充足,罗非鱼全年都可以生长,并可自然越冬;(4)罗非鱼肉质鲜美、无肌间刺、营养丰富、性价比高。

> **小贴士** 从产业发展上看,罗非鱼是海南省主要出口产品,海南罗非鱼及其制品出口量在全国稳居前两名。从促进就业上看,目前在海南从事罗非鱼养殖、加工、运输和销售等的人员达10余万。

要点6　海南石斑鱼

(1)属鳍科、石斑鱼属,是暖水性近海底层名贵鱼类;(2)鱼体椭圆形,侧扁,头大,吻短而钝圆,口大,有发达的铺上骨,体披细小栉鳞,背鳍强大,成鱼体长通常在20～30厘米;(3)周身布满红、黄、紫、褐、白等色的斑点和不同走向的条纹,体色可随环境变化而改变;(4)烹饪时,主要以天然野生石斑鱼为主,越大肉越嫩,肉细嫩厚实,无肌间刺,味鲜美,常用烧、爆、清蒸、炖汤等方法成菜,也可制肉丸、肉馅等;(5)东线沿海的文昌、琼海、万宁的水产养殖以池塘养殖为主,浅海鱼排养殖则主要集中在陵水(陵水有全国最大规模的石斑鱼养殖基地)、临高、三亚及洋浦等地。

小贴士　海南石斑鱼种苗生产在国内地位重要。无论是华南地区均有养殖的青斑,还是主要在海南养殖的老虎斑,其种苗生产都主要集中在海南,优势比较明显。

9.2.3　特色禽兽类

要点1　文昌鸡

(1)文昌鸡是海南最负盛名的传统名菜,号称"海南四大名菜"之首,是每一位到海南旅游的人必尝的美味;(2)其特点是个体不大(重约1.5千克左右),毛色鲜艳,翅短脚矮,身圆股平,皮薄滑爽,肉质肥美;(3)其传统的吃法是白斩(也叫"白切"),最能体现文昌鸡鲜美嫩滑的原汁原味,同时配以鸡油鸡汤精煮的米饭,俗称"鸡饭";(4)文昌鸡摆盘美观,色泽淡黄光亮,皮脆肉嫩味鲜,醮佐料而吃,入口喷香,爽滑异常。

小贴士　据传,文昌鸡最早出自该县潭牛镇天赐村,此村盛长榕树,树籽富含营养,家鸡啄食,体质极佳。白斩文昌鸡在海南不论筵席、便餐或家庭菜皆派用场。在香港及东南亚一带备受推崇,名气颇盛。

要点2　霸王山鸡

(1)霸王山鸡也称山栏鸡或原鸡,原产于昌江县霸王岭的深山老林里,由霸王岭野生红色山鸡经过长期驯化培育而成;(2)该鸡体型娇小近似家鸡,肉肥而不腻,高蛋白、低脂肪、低胆固醇,具有适应性和抗病力强、成活率高、粗放粗养、采食量少和价格高等特点;(3)霸王山鸡"身似黑珍珠,蛋如绿宝石",最大的特点是肉紧、脂肪低、药膳滋补、食之具有浓厚野香味;(4)霸王鸡不同于文昌鸡"白斩"的传统做法,更适合红烧、煲汤、香辣、干锅等。

小贴士　据悉,霸王山鸡原生长在四川,引进后生长在海南著名热带雨林——"霸王岭"山麓。霸王山鸡遗传资源已通过海南省畜禽遗传资源委员会专家鉴定,在海南已初步形成"东有文昌鸡,西有霸王鸡"的优势家禽品牌。

要点3　五指山野鸡

(1)五指山野鸡是海南省地方特优鸡品种和禽中极品,生长于五指山原始热带雨林山脉,常年为无疫山区生态散养;(2)该鸡自由觅食,吃虫子和绿叶较多,所产鸡蛋个头比普通的鸡蛋要小得多,蛋黄比重大且结实,高碘、高硒、高锌、胆固醇含量几乎为零;(3)国内外权威专家一致认为:五指山野鸡,具有肉质细嫩、营养丰富、味道鲜美、补肾益血、适应性和免疫力强等显著特征;(4)作为一种肉用特禽,该鸡具有较高的食用性、药用性、经济性和观赏性等多种价值。

小贴士　五指山野山鸡蛋经过权威机构检测,是有机健康产品,无抗生素和药物残留。五指山腹地特殊的热带雨林气候环境和独一无二的地理优势环境,决定了其成为"野生型"的有机健康食品。

要点4　琼海嘉积鸭

(1)海南四大名菜之一,俗称"番鸭",是琼籍华侨早年从国外引进的良种鸭;(2)该鸭最早在琼海市嘉积镇养殖繁衍,而又以该镇加祥街一户丁姓居民饲养的番鸭最为出名;(3)其养鸭方法特别讲究:先是给小鸭仔喂食淡水小鱼虾或蚯蚓、蟑螂,约2个月后,小鸭羽毛初长时,再以小圈圈养,缩小其活动范围,并用米饭、米糠掺和捏成小团块填喂,20天后便长成肉鸭;(4)其特点:鸭肉肥厚,皮白滑脆,皮肉之间夹一薄层脂肪,特别甘美;(5)一般嘉积鸭有白切、板鸭、烤鸭3种食法,本地人以白切为主,而且佐料特别讲究:用滚鸭汤冲入蒜茸、姜茸,挤入酸橘汁,加精盐、白糖,辣椒酱调成。

> **小贴士**　据测定,嘉积鸭肉含蛋白质34%,比鸡和猪、牛肉含量都高,脂肪则占12%左右,比北京鸭的含量少8%,比鹅和草鸭更少,而胸、腿的肌肉占全部肉量的6成左右。

要点5　黄流老鸭

(1)黄流老鸭是一道色香味俱全的海南菜,源于20世纪80年代的海南乐东黄流镇,到90年代后,黄流老鸭店已开始风靡全岛;(2)黄流老鸭最大特点体现在"老"字上,所选的鸭子,必须是下过蛋的一年以上的老鸭子;(3)黄流老鸭做法略有不同,一般有两吃:干煸和煲老鸭。

要点6　琼海温泉鹅

(1)琼海温泉鹅是万泉河沿岸农户饲养的本地杂交鹅;(2)该鹅从小被放养在万泉河边的沙滩上,靠食用生长在河边的鹅仔草、野草以及农户家中的碎米和萝卜苗长大,待到羽毛交叉,农户才会用家中的米饭、花生饼、番薯和米糠精心地混合填喂,10多天后就成了正宗的温泉鹅;(3)琼海温泉鹅食法大多以白切为主,也有烤鹅,具有营养丰富、肥而不腻、清淡原味、醇香可口的特点。

> **小贴士**　琼海的温泉鹅肉质很细,完全没有鹅肉的粗糙感,也没有城里吃到的饲料鹅鸭入口的"木"感,肉很香很鲜,蘸秘制的调料进食。

要点7　澄迈白莲鹅

(1)产于海南澄迈县;(2)因其多为散养,所以肉质上佳,营养丰富,肥而不腻,清淡原味,香醇爽口;(3)白莲鹅的血富含蛋白质及铁、钙、锌、铜等10余种对身体有益的微量元素,多食可提高人体免疫功能,防止疾病;(4)白莲鹅的食法大多以白切为主,也有以其为主角,制作出香芋白莲鹅、咖啡白莲鹅、蜜汁白莲鹅、多彩白莲鹅、孔雀开屏白莲鹅等特色美食。

> **小贴士**　2007年7月,海南省第一家"白莲鹅"产销专业合作社在澄迈诞生。2009年11月,在海南省农业厅举办的"海南无规定动物疫病区建设十年成就展"上,"澄迈白莲鹅"与"文昌鸡""嘉积鸭"同列为畜牧生产特色产业。

要点8　东山羊

(1)由于主产于海南万宁东山岭,所以被当地人称为"东山羊";(2)东山羊毛色乌黑,肉肥汤浓、腻而不膻,与加积鸭、和乐蟹、文昌鸡被人们并称为海南四大名菜;(3)当地盛产一种叫鹧鸪茶的野生植物,用这种植物制成的茶清香淳厚,是海南的名茶,东山羊就是长期食用鹧鸪茶的叶子,故肉质鲜嫩而没有膻味;(4)东山羊的食法多样,有红焖、清汤、椰汁、干煸及火锅涮等多种吃法。

小贴士 东山羊自宋朝以来就已享有盛名,并是"贡品";民国时期,政府也将其列入"总统府"膳单,而今更是名扬四海。2009年,东山羊被海南省农业厅列入第一批畜禽遗传资源保护品种名录。在海南全省均有分布,尤以万宁、海口、澄迈县等市县为最多。

要点9 石山壅羊

(1)产于海口市石山地区,因其长期被圈养在火山石垒起的羊宫里,终日不见太阳,故名壅羊;(2)当地农民砍多汁鲜嫩的灌木叶和藤草来喂养,用火山矿泉来饮羊,待长到10多公斤时出栏;(3)最佳品质的壅羊是出生半月至20日羊羔或是圈养2个月左右、重约15千克的中羊;(4)具有皮滑肉嫩,不腻不膻,低脂肪低胆固醇等特点;(5)其食法有汤涮、白切、红焖扣羊和药炖,以羊肉火锅最为有名;(6)火锅的佐料十分讲究,味道奇特,除用什锦酱为主外,还有姜泥、蒜泥、香油、味精、捣碎的炒芝麻或花生以及醋等,其味香甜中略有酸辣。

小贴士 香港著名武侠小说家梁羽生来海南游玩品尝壅羊后诗赞:混沌初开奇景在,天湖曾注古岩浆,更有佳肴与美味,东山羊与石山羊。目前,在海口火山口国家地质公园的荔枝林一带已形成一批羊餐馆。

要点10 临高乳猪

(1)产于临高县,其外观黑背白肚,前额有一白色倒三角形,躯体小、背脊直、长膘快,肉质细嫩,头小皮薄骨小,瘦肉多,是制作烧烤乳猪的上等品;(2)养到45天左右即可出栏,此时重量为5公斤;(3)其最佳屠宰重量为6至8公斤,小些则略嫌奶腥味,大些则稍有肥腻感;(4)烤、焖、炒、蒸皆可口,尤以烧烤为最佳,它以皮脆、肉细、骨酥、味香而闻名;(5)临高乳猪除了它的品种优良外,还得益于独特的饲料和饲养方式。

小贴士 临高农民养母猪时,皆以番薯藤、野菜、花生饼、米糠及米饭为饲料。平时喂粗些,产仔时喂精些。乳猪出生后一月余,就引其"入槽"喂食。初以大米煮稀饭,以小鱼拌之,而后渐加花生饼、细米糠等促其长膘;其间让母猪带乳猪到野外吃青草、嬉戏玩耍,使其具有野味。

要点11 定安黑猪

(1)指海南定安县本地母猪与杜洛克公猪杂交培育出杂交优势显著的商品肉猪,其具有耐粗饲、抗逆性强、生长快、肉质鲜美的特点,由于其全身皮毛呈黑色而被人们称为"定安黑猪";(2)该猪头大小适中,两耳向前上方直立或平伸,面微凹,额较宽,腹小,背肩结合良好,四肢健壮,腿臀较丰满,体质结实,结构匀称;(3)饲料以玉米、稻谷、番薯、木薯、豆粕、番薯叶等为主。

小贴士 定安黑猪自问世以来,深受饲养者和消费者的青睐,主要产于海南省定安县雷鸣、龙门、龙河等镇,分布全县各地。

要点12 五指山五脚猪

(1)五指山人对本地原种猪称"五脚猪",亦名香猪,是五指山地区未经改良的小种猪;(2)像野猪一样脚短小,嘴巴尖长,喜欢在野外到处拱土觅食,走起路来嘴巴贴着地,从后面看就像五只脚,故名;(3)其为家猪,但黎家人饲养过程中未加圈养,一日饲养二至三次后任其在外自由觅食和活动,因而其肉质结实,鲜嫩爽口,味道芳香,多吃不腻;(4)白切、烧烤或火锅味道俱佳,风味独特。

> **小贴士**　"五脚猪"多分布在海南岛交通不便、比较偏僻的山村,仅白沙县南开,东方市公爱、天安等地有少量种猪。

要点13　小海海鲜猪

(1)每年随着涨潮退潮,万宁小海边会涌上大量的海藻,沿海村民将海藻收回家,晒干后掺上地瓜干、木薯粉等喂猪,还会把从海里捕捞的小鱼小蟹同时也给猪吃,所以当地把这样养出来的猪,叫作"海鲜猪";(2)海鲜猪肥而不腻,上等做法是白灼猪肉,蘸少许酱油或盐巴,放入口中,猪肉的清香细腻,尽在口中。

> **小贴士**　有资料称:"海鲜猪"是汤加王国的一种叫法,又叫库克猪。其说法是——海鲜猪最早是欧洲探险者带到汤加的,经过对当地环境长期的适应,海鲜猪学会了在海水落潮时迅速涉入浅水捕食蟹类、蚌类、海藻和鱼等,其捕食技巧堪称一流,汤加人戏称海鲜猪为"库克船长猪"。

要点14　那大香肉

(1)海南所称香肉即狗肉,产于儋州市那大镇,此处狗肉加工方法和佐料与众不同,所烹之狗,肉美骨香;(2)吃法一般采用火锅:将熟狗肉切块,先用香油、酱油、盐、姜末、料酒腌一会儿后下到汤料中烫热,再将香味浓郁的狗肉蘸上酸辣适中蘸料食用,令人胃口大开,香味留齿,回味无穷;(3)其汤料有红枣、党参、枸杞、胡椒、熟芝麻等补药和南国独特调料10数种。

> **小贴士**　那大香肉是与海南四大名菜齐名的美味,因为传统认为"狗肉不上席",故"那大香肉"没能挤进名菜之列。

要点15　海南山牛肉

(1)主产于五指山市和保亭县;(2)此牛是一种黄牛,体形稍小,成群野放于热带山林之中,任其自由自在;(3)此牛在纯自然的环境中长大,近似野生,食用前往往需猎杀;(4)烹饪方法:牛肉切块,用热水氽一下捞出,在油锅中将葱姜爆香,再加入辣豆瓣酱,然后放入牛肉块翻炒并加入酱油、糖、胡椒粉、料酒、味精及八角,最后加水浸过牛肉,用小火慢慢煮至汁稠,肉酥香即可。

> **小贴士**　海南山牛肉肉质特佳,香鲜兼具,在海南有五指山、保亭山牛肉赛鹿肉之说。

要点16　大洲燕窝

(1)大洲岛又叫燕窝岛,位于海南万宁市东南部的海面上,有2岛3峰,是海南沿海最大的岛屿;(2)唐宋以来,大洲岛一直成为航海的标志,也是我国唯一的金丝燕产地,大洲燕窝就产于此;(3)这里出产的燕窝人们习惯上称为万州燕窝,色白透明,富有弹性,营养丰富,药用价值高,它既是宴席上的佳肴美食,又是治病补体的贵重药材。

> **小贴士**　海南省东南至西部沿海地区一些岛屿的悬崖绝壁上出产燕窝,但以大洲岛的最为著名。大洲燕窝享有"东方珍品"和"稀世名药"之盛誉,从明末清初起,就作为"贡品"进贡给皇帝享用。

9.2.4　特色野菜

要点1　海南野菜

(1)海南野菜资源十分丰富,目前已发现的就有马齿苋、树仔菜、雷公笋、雷公根、白菜花、黄鹌菜、车前草、蒲公英等上百种;(2)现在经营野菜的海南餐馆里,野菜少则十几种,多则二三十种;(3)在海南野菜最普遍的吃法是"打边炉",清炒野菜也是非常大众化的一种吃法;(4)还有的野菜用来熬粥、炒饭,味道鲜美更胜普通蔬菜一筹;(5)为了配合食客们的口感,海南商家还推出了野菜馒头、野菜蛋糕、野菜炒饭等主食,并开发了野菜月饼、野菜面条、野菜脆饼、野菜茶等系列野菜产品。

小贴士 海南有得天独厚的自然环境,为各种野菜的生长提供了广阔的空间;阳光充沛,雨露丰润,良好的气候条件使得大部分野菜可以一年四季采食,不受季节的限制。近年来,海南南药野菜膳食研究会已培育了海南本地及国内外的野菜品种 100 种左右,可食用品种达到五六十种,在市场上常年推广的已达到二三十种。

要点 2　五指山野菜

(1)海南野菜中种类最多的一种野菜是树仔菜,目前已开发出来的正宗五指山野菜有四棱豆、野生粉蕉、百花菜、野南瓜花、野空心菜、新娘菜等 20 余种;(2)此外,五指山野菜还有益母草、革命菜、人参叶、观音菜、野韭菜等一系列古老的名词;(3)"革命菜"又叫野茼蒿,是五指山区常年生的野菜,每年春、夏、秋三季,可摘其嫩茎叶、幼苗炒食,甜滑可口,味道极美;(4)野苋,是平地常见的苋科草本植物,株高 50 厘米左右,叶卵状菱形,花青白色,其茎叶柔软多汁,营养丰富,性味甘、淡、寒,具有清热利湿、凉血止血、解毒消肿的功效;(5)五指山麻竹笋,肉厚质幼滑,甘脆稚嫩,鲜美可口,营养丰富,是烹调宴客的美味佳肴,更是健康调理的佳膳珍品。

小贴士 海南野菜(五指山野菜)吃法总的说来与普通蔬菜无异,因为目前在海南常吃的野菜,大多没有怪味道,即使带一丝苦味的,也多在可接受之列。

9.2.5　风味小吃

要点 1　黎家酸菜

(1)黎族招待上宾的一种制作方法独特的菜叫"南杀";(2)居住山区的黎族群众,采集莉嫩(剥去叶子取幼嫩的茎条)、子温(取幼茎和叶子)等野菜,洗干净后盛入陶罐,倒入凉米汤后密封,保存 3 个月或更长时间,让其发酵,腌制出具有独特味道的酸菜;(3)五指山市一带以及白沙、乐东、东方等地的黎族,把牛的脊椎骨斩碎,加入少许食盐,放入坛子,封存一年,届时打开即食用;(4)经过长时间腌泡的野菜,酸味浓烈,俗语说:"一家吃'南杀',全村都闻到。"

小贴士 "南杀"是餐桌上的独特菜肴,常吃"南杀"可以清除体内毒素和身体内的杂质。特别是黎族砍山栏而收拾焚烬余杂的劳动时,灰尘冲天,吃了"南杀"可排除被吸进肺部的尘埃。

要点 2　黎族甜糟

(1)用黎族特产山兰糯米发酵而制成的一种甜品小吃;(2)黎家人将山兰糯米饭,拌以黎山特有的植物做成的酵母,再装到竹篮里用新鲜干净的芭蕉叶盖好,让其自行发酵几天后再密封进坛里,经过半个月时间便成为甜糟;(3)其营养价值很高,用来煮鸡蛋则更香美。

小贴士 如果将甜糟装在坛里深埋地下,经三五年挖出,则黎族甜糟已全部化为浆液而变成"山兰酒"。

要点 3　醉槟榔

(1)槟榔果有生吃(把槟榔果切成小片并将果核和果肉同时嚼吃)、晾干吃(把果子煮熟晾干并保存起来供长期食用)两种吃法;(2)吃槟榔不能直接食用其瓤肉,要与扶留叶(俗称"蒌")、灰浆(用蚌灰或石灰调制而成)一起嚼食,即所谓"一口槟榔一口灰";(3)具体食法是:先将槟榔果切成小片,取灰浆少许放在蒌叶里,然后裹住槟榔片放口中慢慢咀嚼,口沫变红时便把口沫吐掉而细唻其余汁,直至脸热潮红,此谓之"醉槟榔"。

要点 4　海南鸡饭

(1)起源于文昌市,是以鸡油和浸鸡水烹煮的米饭,所以在海南岛俗称为文昌鸡饭;(2)由于"文昌鸡"供不应求,一般鸡饭摊店会选用本地种刚成熟而尚未下蛋的杂色鸡;(3)其做法:清汤中烫熟鸡,皮色油黄,肉白且嫩,骨髓带血,然后在猛火热锅中下鸡油、蒜茸爆香,随后倒进洗净滤干的大米翻炒,加鸡汤调匀,加盖煮熟,再将蒜茸或葱条爆香的鸡油倒进普通方法煮熟的热饭中,加少许精盐和味精搅拌均匀即可。

> **小贴士**　海南鸡饭随琼籍侨民传到东南亚和世界许多国家,已成为西餐主食的一种选择。新加坡海南鸡饭是由早年逃荒到新加坡的海南文昌人稍做改良后创作出来的。由于当时在新加坡"文昌"这个地名没多少人知道,所以,"文昌鸡饭"更名为"海南鸡饭"。2004年,新加坡还拍了喜剧电影《海南鸡饭》,吸引了不少游客到该国品尝海南鸡饭。

要点 5　海南粉

(1)按制作方式有腌粉、汤粉和炒粉3种,按地区及特色有抱罗粉、澄迈粉、陵水酸粉、嘉积牛腩粉等多种,按其宽窄形状有粗粉和细粉2种;(2)粗粉的配料比较简单,只在滚热的酸菜牛肉汤中撒少许虾酱、嫩椒、葱花、爆花生米等即成,叫做"粗粉汤";(3)细粉则比较讲究,要用多种配料、味料和芡汁加以搅拌腌着吃,叫做"腌粉";(4)海南粉通常指的是"腌粉",其食法类似于北方人的"凉拌",即在制好的米粉上加上油炸花生米、炒芝麻、豆芽、葱花、肉丝、香油、酸菜、香菜等,最后再加一勺香醇浓郁的汁;(5)无论哪一种海南粉,吃时习惯加上一碗用海螺煮的清汤;(6)海南粉中,腌粉以陵水县酸粉为最好,汤粉以万宁市后安镇的汤粉为代表,炒粉以琼海市塔洋镇最为出色。

> **小贴士**　海南粉是海南最具特色的风味小吃,其多味浓香,柔润爽滑,历史久远。在海口市、定安县和澄迈县的市镇居民中食用比较普遍,而且是节日喜庆必备的、象征吉祥长寿的珍品。

要点 6　海南粽

(1)海南粽子与大陆粽子不太相同,它由柊叶包成方锥形,重约0.5千克左右,糯米中有咸蛋黄、叉烧肉、猪肉、猪蹄、咸鱼等,热粽剥开,先有柊叶和糯米的清香,后有肉、蛋的浓香;(2)海南虽也有碱水粽、白糖豆沙粽等粽子,但海南人最喜欢的、最推崇的还是用海南岛产的海南柊叶(民间一般俗称茄柊叶、冬叶或粽叶)包裹的蛋黄猪肉馅料的咸粽子;(3)海南岛各地端午节都会包粽子,而尤其以三大名粽,即儋州(洛基)粽、定安粽、澄迈(瑞溪)粽最为闻名。

> **小贴士**　在每年五月初五端午节当日,海南人有"洗龙水"、泡药水澡来净身后祭祖的习俗。炎热的海岛夏日,用艾草、薄荷等药草泡个热水澡后祭拜祖先,随后一家人团聚剥粽子、吃团圆饭的场景可谓海南岛的夏日风情。

要点 7　锦山煎堆

(1)煎堆又叫麻团、珍袋、麻球,汉族小吃,流行于全国各地大部分地区;(2)煎堆在海南俗称"珍袋",是一种油炸米制品,色泽金黄,外形浑圆中空,口感芳香酥脆,体积膨大滚圆,表皮薄脆清香而又柔软粘连,馅香甜可口;(3)海南煎堆以文昌锦山镇的鉴光珍袋店最为正宗,已四代传承逾百年历史;(4)文昌各地制作的珍袋主要有三种:珍袋块、珍袋球和珍袋粽(有柚子般大小,文城镇以南地区才有,且主要用于宗教祭祀)。

小贴士　在海南,元宵节时敬神祈福,老人贺寿,或是建房上梁,孩子满月招待客人,煎堆总是少不了的,久别家乡的海外侨胞归乡,也总忘不了尝一尝煎堆的美味。平常市面上卖的煎堆不过小拳头般大小,而在农历二月十五"军坡"节期间,煎堆做得格外大,有的像篮球似的。

要点 8　东山烙饼

(1)该饼是2010年前后发展起来的一种兼有海南特色和北方风味的面食,以万宁市东山岭宾馆特制的"东山烙饼"最负盛名;(2)东山烙饼是由精面粉、发酵粉、鸡蛋等主料和精盐、味精、胡椒粉、蒜茸等辅料做成的,其皮薄层多、外酥内软、咸淡适口、香味奇特的特点让很多游客及当地人回味悠久,所以当地也叫它"奇味千层饼",有人誉之为"海南第一饼""天下第一饼";(3)海南各地多家宾馆、酒店也有出品,均受欢迎。

要点 9　椰丝糯米粑

(1)椰丝糯米粑是海南省常见的风味小吃;(2)主料用糯米粉做皮,填以新鲜椰肉丝、芝麻、碾碎的炒花生、白糖等配成的馅,以椰子树叶包成5厘米左右的圆粑,蒸熟趁热吃;(3)其糯米皮柔软滑而不粘,内馅香甜,椰丝清香,风味独具特色。

要点 10　竹筒香饭

(1)海南黎族传统美食;(2)其做法:用山兰稻冲的"香米"并配肉类为原料,放进新鲜的粉竹或山竹锯成的竹筒中,加适量的水,再用香蕉叶将竹筒口堵严,炭火中绿竹烤焦即可,用餐时破开竹筒取出饭;(3)竹筒饭有四种:野味饭、肉香饭、黑豆饭、黄肉饭,其中最佳者数野味饭;(4)适合做野味饭的几种野味是鹧鸪肉、鹿肉、山鸡肉、山猪肉、蛇肉、黄肉(又称黄膘肉)等,以黄肉做出的饭味道最鲜美;(5)野味饭的特点:米香、豆香、肉香或野味香混合,满口清香,充满海南黎家风味。

小贴士　竹筒香饭,黎族同胞多于山区野外制作或在家里用木炭烤制;现经烹调师在传统基础上改进提高,使之摆上宴席餐桌,声誉甚高,成为海南著名风味美食。

要点 11　苗族五色饭

(1)海南中部山区苗族的传统小吃,在农历"三月三"民间节庆之时,几乎苗寨家家制作;(2)其红、黄、蓝、白、黑五色,皆用独特植物汁液作为天然色素拌在米中,并放进特制的木蒸笼中蒸成;(3)五色饭色彩鲜艳,清香可口,是开胃去火的清凉佳食;(4)如今苗家五色饭已改为三色饭,有红、黄、黑三色,分别取色于新鲜植物红葵、黄姜和三角枫,3种天然颜色相映成趣,有药味甘香,饭团甜滑,形态美观;(5)三色饭具有节令性,其馨香给苗家儿女带来几多欢愉,也给旅游者以独特的感受。

小贴士　五色饭的寓意源自阴阳五行相生相克的说法,五色意即使五行达到平衡,给人们精神上的鼓励,战胜夏天高温高湿的不利因素。

要点12　椰子船饭

(1)又名椰子船,是一种极为独特的食品,是由海南优质糯米、天然椰肉和椰汁一同蒸熟而成,是海南传统农家小吃;(2)其做法:取刚结满白瓤的鲜嫩椰子,剥除外衣及硬壳,取出整只肉瓤,在顶端切开小口留盖,倒掉椰子水,将糯米填入椰盅内,加入白糖及鲜椰汁,灌入淡鲜奶或沸水,用椰盖封口缚紧,放进盛有清水的锅中加盖,旺火煮沸,然后用慢火煮约3~4小时,糯米熟透胀满后取出,待煮熟的糯米椰盅自然冷却后,用刀顺直势解成若干块两头尖、中间宽的船形块件,装盘即成;(3)古传的椰子饭,是放在烧石灰的窑中焖制而成,制作流程繁琐;(4)在海南的民间食品中,椰子饭早在《本草纲目》及食补的民间偏方中都有记载,其具有补肾壮阳、温中理气等功效;(5)在文昌等地,食用此种以椰子肉为底的船形小食品,是当地人民祈求幸福的象征,也是宴请贵宾和亲朋好友的上等佳品。

小贴士　椰肉和糯米饭紧密结合,色泽白净,饭粒晶莹半透明,状如珍珠(故有"珍珠椰子船"之称);硬软相间,慢品细嚼,椰香浓郁,清甜爽口。

要点13　黄色饭

(1)黄色饭是古时黎族同胞招待舅舅或久别的亲戚或当地头人的美食,现在用来招待贵宾,素有"一家黄饭熟,百家口水流"的赞誉;(2)其制法:先将洗净的山兰米倒进锅里,加入适量的水,然后把从山上采来切成片的山黄姜、牛大力、土藤根叶等草药均匀地拌在一起煮熟后即可。

9.3　饮品与热带水果

9.3.1　特色饮品

要点1　山兰酒

(1)黎族的"茅台",称之为"biang",系采用黎族所居山区一种旱糯稻——山兰稻米和黎山特有的植物,运用自然发酵的办法制成;(2)制作时,将山兰米蒸熟揉散成粒,再把用黎山特定植物和米粉制成的"球饼"碾至粉状掺入其中,然后放置在垫满芭蕉叶的锥形竹筐内,上面也用芭蕉叶封盖,三天后,朝下的竹筐尖部开始往置于筐下的陶土罐子里滴出浆水(山兰纯液),呈乳白色;(3)待山兰纯液滴干后,竹筐内的酒渣还可再用黎族传统工艺酿造出山兰白酒;(4)山兰酒酒度不高,味道甘醇甜美,酒浆很稠,乳白色中微微泛黄,入口很有质感;(5)该酒消食去滞,数饮愈伤生肌,常饮驻颜长寿,营养价值很高,当地女人坐月子,往往用山兰酒煮鸡蛋来滋补。

小贴士　饮酒时,"席间置biang一坛,插小竹管两支",两旁宾客轮流吸饮,颇有兰亭"曲水流觞"之韵致,难怪古人用"竹竿一吸胜壶觞"来感叹这种情趣。

要点2　鹿龟酒/海马酒/坡马酒

(1)鹿龟酒:由海南著名的中医贡献秘方,以海南特产鹿和海龟为主要原料,加多种中药精制而成的低度补酒,其色泽红亮,味美醇香,在国内外多次获奖;(2)海马酒:用海南的海洋动物、名贵中药——海马和其他中药材同地瓜酒经特殊工艺精制而成,该酒补虚养颜抗衰老;(3)坡马补酒:用海南特有的动物、名贵中药——坡马和纯糯米酒、优质矿泉水经科学配方及特殊工艺精制而成,属低度高级补酒,含有人体必需的多种营养物质及生物活性物质及其他药物成分。

要点3　槟榔酒/咖啡酒/香兰酒

(1)槟榔酒:一种新型的低度保健酒,以优质槟榔、黎族特产山兰糯及人参等多味名贵中药、优质矿泉水,经科学方法酿制而成,其口味芳香醇厚,具有驱虫固齿、理经通脉、益精壮阳、行水下气等功能;(2)咖啡酒:是采用海南产优质咖啡生产的低度酒,呈咖啡色,兼具酒和咖啡双重香味,风味特别,可谓酒中奇品;(3)香兰酒:是以海南省产香荚兰为主要香源,以纯粮为原料研制而成的低度利口酒,香气纯正,风格独特,极具补肾壮阳和舒经活络之功,可作为餐前开胃酒、餐后爽口酒饮用。

要点4　热带果汁

(1)椰子汁:海南首创的天然饮料,具有多种营养成分,获国家专利,是海南的拳头产品,加工技术领先于世界各地,其奇妙之处是加工后的乳汁一样的果汁保持不沉淀,已发展成为系列产品;(2)西沙诺尼酵素:以诺尼果发酵而成的保健饮品,获得《海南省高新技术项目证书》和国家有机认证,2012至2015年连续4年获得博鳌亚洲论坛指定健康饮品称号,并多次由CCTV专题报道;(3)海南利用各种热带水果加工出的果汁还有芒果汁、番石榴汁、柠檬汁、菠萝汁、菠萝蜜汁、杨桃汁、鸡蛋果汁、木瓜汁、腰果梨汁、荔枝汁、香蕉汁、橙汁等,让来海南的游人目不暇接,口不暇饮。

> **小贴士**　诺尼,是一种热带野果,蕴含多种营养成分(维生素、矿物质等),能促进新陈代谢,帮助调节生理机。美国等西方国家利用诺尼果汁发酵成保健饮品,行销全球。2004年,中国热带科学院专家在西沙永兴岛考察,发现岛上生长着野生诺尼,采集其种子在三亚沿海一带试种成功。

要点5　海南矿泉水

(1)椰树火山岩天然矿泉水:取自琼北马鞍岭火山岩深层水脉上的泉水,为天然弱碱性水,能有效控制人体酸性化,造就了海南长寿老人众多,超过了国际自然医学会"世界长寿乡"标准,迄今为止已被国家用于接待世界100多个国家元首及政界要人;(2)金盘矿泉水:源自琼北火山岩深层水脉,经国家权威部门长期跟踪检测后,认定为稀有的重碳酸镁钙型饮用优质天然矿泉水,连续6年荣获"国家免检""绿色食品""海南名牌"称号。

> **小贴士**　海南生态环境优越,价值独特的火山地质,使海南的矿泉水无污染,海南全省许多市县已发现十几处可引用矿泉水。

9.3.2　特色茶品

要点1　白沙绿茶

(1)白沙黎族自治县境内的国有白沙农场特产,中国国家地理标志产品;(2)因海南中部适宜的气候与白沙陨石坑地区独特的土壤条件,品质优良,营养成分高;(3)该茶主要采摘海南和云南大叶、福鼎、水仙、福云6号等茶树;(4)该外形条索紧结、匀整、无梗杂、色泽绿润有光,香气清高持久,汤色黄绿明亮,叶底细嫩匀净,滋味浓醇鲜爽,饮后回甘留芳,连续冲泡品茗时具有"一开味淡二开吐,三开四开味正浓,五开六开味渐减"的耐冲泡性。

> **小贴士**　白沙绿茶市场反映良好,远销香港、台湾以及东南亚。

要点2　五指山茶叶

(1)属阿萨姆品系的大叶形品种,能与任何一种茶叶混合冲泡,味道独特;(2)其特点:

茶风味独特,条索紧结、乌亮,汤色清绿,口感苦中有甘,先苦后甘,回甘持久;(3)用其加工生产的五指山红茶,香气清爽,滋味芬芳浓郁,可与印度、锡兰的红茶媲美,誉海内外,畅销世界10多个国家和地区;(4)野生五指山茶,生长分散,零星分布在五指山区6个县境内,约有200多公顷,其中因产于五指山水满村而得名的水满茶,早在清朝就被定为贡品("水满"在黎语里是"古老、至高无上"之意);(5)现已开发出多种知名品牌的红茶、绿茶,如"金鼎牌"云雾绿茶参加香港国际茶叶协会在马来西亚举办的"21世纪国际茶叶/保健饮品成果博览会"并荣获优质金奖。

小贴士 据说当五指山茶样品在广州交易会上陈列展出时,使以名牌红茶著称的锡兰和印度的商人误认为该茶不是我国出产的。为了证实此事,海南曾专程将几株海南五指山茶树送北京有关部门验证。从此,海南的五指山茶叶名声大振,海南的茶叶生产从此走上了稳步发展的道路。在海南名茶中,若以民族特色和历史传承来论,除了火山岩苦丁茶外,当数"水满香绿茶"独具代表性。据专家研究,水满香茶属于特种高香型茶,其独特的质量,与当地独特的水土密不可分。

要点3 海南香兰茶

(1)香兰茶是海南岛最具特色的天然添香茶,它是我国添香茶类中一枝独秀的奇葩;(2)香兰红茶香气清甜纯正,滋味浓郁爽口,汤色红艳明亮,加入牛奶口感更好,冷饮效果尤佳;(3)香兰绿茶香气鲜纯隽永,汤色黄绿明亮,滋味醇厚回甘,加入冰块更为爽口。

小贴士 海南岛1993年以前没有香兰茶,1993年由海南香圣天然食品有限公司与西南农业大学食品科学学院合作创新发明,并于同年6月通过了由海南省科学技术厅主持的"海南省香兰茶成果鉴定会"的香兰茶科技成果暨国家级星火项目鉴定。

要点4 万宁鹧鸪茶

(1)又名山苦茶、毛茶、禾茶,属野生灌木,主产海南万宁东山岭;(2)茶叶香气浓烈,并有好闻的药香,冲泡后汤色清亮,饮后口味甘甜,余香无穷,是具有解油腻、助消化、利胆、降压、减肥、健脾、养胃之效的保健饮料;(3)鹧鸪茶树高一般可达1～3米以上,最高甚至有10米,叶片呈圆状卵形,叶片长5～15厘米,背面有少数透明脉点;(4)如今,海南鹧鸪茶已成为具有浓郁地方特色的旅游商品,受到了来自世界各地游客的欢迎。

小贴士 鹧鸪茶,被历代文人墨客誉为"灵芝草"。我国著名诗人、戏作家田汉当年登东山岭曾写下:"羊肥爱芝草,茶好伴名泉"的诗句。

要点5 海南野生苦丁茶

(1)主要分布于海南五指山区热带丛林中;(2)属冬青科的苦丁茶冬青种,不同于四川、贵州、云南等地出产的属于枸骨刺种的苦丁茶;(3)其体形十分高大,最大胸径竟达2.5米,高达50～60米,树龄近千年,其枝繁叶茂,华盖四蔽,叶面蜡味苦味淡而回甘浓,是一个开发价值极高的苦丁茶品种;(4)该茶具有良好的降血压、降血脂、降低胆固醇和清暑解毒、消炎杀菌、健胃消积等功效,对治疗高血压、肥胖症、炎症有帮助。

小贴士 苦丁茶一般加工成条状,质优者先苦后甘,一次仅用一条即可。由于许多人喜欢将苦丁茶加到其他茶中饮用,故又被称为"茶胆"。

要点6 其他常见保健茶

(1)槟榔果茶,含有多种氨基酸及碘、钙、铁、胡萝卜素等,具有消毒止咳、消食醒酒、提神利尿和促进新陈代谢的功能,其不仅是饮品,也是海南岛黎族、苗族自治州民间喜庆之礼物;(2)海南还有蜂蜜菊花茶、冬瓜茶等,也都清凉爽口,很有特色。

9.3.3 热带水果

小贴士 资料表明,海南岛栽培和野生的果树有29个科、53个属,400余个品种,为世界上其他果区所罕见。属本岛原产的果树品种有龙眼、荔枝、芭蕉、桃金娘、锥栗、橄榄、杨梅、酸豆、油甘子、野无花果等。从南洋群岛和外地引进的品种有榴莲、人心果、腰果、油梨、番石榴、甜蒲桃、菠萝蜜、芒果、山竹、红毛丹等。近年,海南又引进和栽培出火龙果、百香果、大青枣等。

要点1 椰子

(1)海南椰子遍布全岛,栽培已有2 000年以上历史,以东南沿海一带为多,其中文昌市享有"文昌椰子半海南"之美誉;(2)椰子是典型的热带经济作物,也是热带地区风景植物之一;(3)椰树四季花开花落,果实不断,一株树上同时有花朵、幼果、嫩果、老果,可谓"四世同堂"。

小贴士 椰子肉、汁都是嫩的比老的好吃,汁以喝当场采摘的鲜椰汁为美。椰子用途很广,椰肉可加工成多种食品,用以炖鸡,另有一番风味。

要点2 菠萝蜜

(1)也叫"树菠萝""木菠萝",还被称为热带"水果皇后",每年春天开花,夏秋间果熟,成熟时香气飘溢;(2)原产于印度、马来西亚,传入海南岛已有数百年历史,全岛普遍种植;(3)其果实结于树干或主枝上,硕大无比,重者有20~25公斤;(4)菠萝蜜有30多个品种,分为硬肉类和软肉类。

要点3 荔枝

(1)荔枝有"百果之王"美誉,在海南岛栽培历史悠久,主要分布在海口市琼山区的永兴、石山等多个乡镇;(2)品质较好的品种有海口市琼山区羊山镇的鹅蛋荔、无核荔、黄皮丁香、蟾蜍红等;(3)在海口市琼山区永兴镇一带,万亩荔枝连成一片绿海,十分壮观;(4)由于汲取火山地带土壤的多种矿物元素,永兴荔枝口感好,营养丰富,所产荔枝蜜尤其滋补。

要点4 龙眼

(1)龙眼又称桂圆,是海南岛著名的珍果之一;(2)它皮薄肉脆味甜,果形圆,大的如拇指,小的如食指;(3)海南龙眼品种繁多,产地主要在海口市琼山区的永兴地区。

小贴士 每年荔枝收毕,龙眼随即上市,有些迟熟的品种,要在桂花飘香时成熟,故称之为"桂圆"。

要点5 杨桃

(1)杨桃在海南的栽培历史已逾千年,主要产地有三亚、陵水、琼山、文昌、万宁、琼海等市县;(2)其品种有10多种,有甜杨桃和酸杨桃之分,是海南省名闻遐迩的佳果;(3)甜杨桃多作水果生吃,酸杨桃除用来煮鲜鱼汤,使其味道更加鲜美外,一般多用来制作蜜饯;(4)海南的杨桃脯、杨桃干等畅销海内外。

要点6 水蒲桃(莲雾)

(1)原产于印度和马来西亚地区,后移植于海南岛各地,在台湾和海南地区也被称作莲雾;(2)夏季果熟,浆果呈椭圆形、矩圆形、紫色或黑色,嚼后口腔及唾液皆染成紫色;(3)果肉味甜可食,吃时撒上少许细盐味道更佳。

> **小贴士** 生食水蒲桃,对慢性咳嗽和哮喘有治疗效果;干果研末、肉汤送服,还可治寒性哮喘和过敏性哮喘。

要点7 木瓜

(1)学名番木瓜,原产于美洲,流传到西印度群岛,得到广泛栽种,是海南人喜吃的果菜兼用的珍贵植物;(2)海南种植木瓜已经有200多年历史,其品质优良,皮薄肉厚,汁多味甜,清香沁人;(3)木瓜用途广泛,青木瓜可作蔬菜食用,成熟的木瓜果肉鲜红,并具有多种水果风味,其药用价值也很高。

> **小贴士** 据国外资料介绍,木瓜是最具防老抗衰功效的5种水果之一。香蕉、菠萝、木瓜是世界三大草本果树,被誉称为"万寿果"。

要点8 番石榴

(1)番石榴,枝繁叶茂,树态优美,花色鲜丽;(2)番石榴果皮黄中带白、白里透红,因品种而异;(3)其汁多味甜,营养丰富,有健胃、提神、补血、滋肾之效;(4)番石榴可供鲜食也可加工为高级饮料,还可入药。

要点9 榴莲

(1)20世纪50年代从东南亚引种,果实呈椭圆形,满身长着硬刺,呈黄色或黄绿色;(2)榴莲果一旦成熟就掉在地上,果肉暴露在空气中一段时间,气味臭,但味极甜美,营养价值很高;(3)若将其果肉拌大米饭用餐,别有风味(榴莲含火气,不可过量食用)。

要点10 红毛丹

(1)红毛丹,1960年从马来西亚引进海南,每年6~8月果实成熟;(2)果实呈球形、椭圆形或长卵形,并有软刺,成串生在果梗上,看似小刺猬;(3)果肉白色,脆爽而柔软,味道甜酸可口,清香胜过荔枝。

> **小贴士** 海南保亭县是我国唯一的红毛丹产地。

9.4 土特产与伴手礼品

9.4.1 土特产品

要点1 椰子系列食品

(1)独特的经纬度,湿温的海洋性气候,加之四面环海的地形环境,使得海南椰子饱汲大自然之精华,有种别具一格的风味和口感;(2)海南椰子食品主要有各种的椰子糖果、椰丝、椰蓉、椰糠(花卉)、椰子糖角、椰子糕、椰子酱、椰子油等。

要点2 热带水果干/果脯

(1)菠萝蜜干通常选用新鲜菠萝蜜果肉制成,在将鲜果制成干品的过程中,不添加任何色素、香精,并以特殊工艺保留果实的原有品质,保留了蔬果中原有天然成分,其口味酥脆爽口,香而不浊,是海南当地最时尚的休闲食品之一;(2)芒果干的制作方法有多种,有直接硬化干燥处理的,也有添加了蔗糖或淀粉糖浆的,消费者可根据自己的喜好选购;(3)椰子片、香蕉片、圣女果干、龙眼肉干、木瓜干等,也都是受欢迎的海南热带果干系列。

> **小贴士** 这些风干的美味,不仅保留了水果的营养价值、香甜的口感,还方便携带。需要注意的是,选购热带果干时,一定要仔细阅读包装上的标签,选择非油炸,没有额外添

加盐或糖的天然水果干。

要点3　海南咖啡系列产品

(1)力神咖啡:精选海南和云南优质咖啡豆精制而成,具有"浓而不苦,香而不烈"的独特品质,在世界咖啡品牌中具有独特的竞争优势,先后在国内外获得50多项大奖;(2)兴隆咖啡:以其精湛的烘焙工艺、芳香醇久的独特口味,曾招待了多位国家领导人以及大量的海内外游客,先后获得"海南省著名商标"等多项殊荣;(3)福山咖啡:曾多次参加省、国家级食品、饮料展销会,荣获优质产品、最佳产品称号,1988年在中国食品博览会上荣获银牌奖;(4)侯臣咖啡:正在逐渐被广大咖啡爱好者所青睐;(5)森谷咖啡:主要产品有森谷福山、森谷兴隆、森谷香醇、森谷水果咖啡等,特别是水果味咖啡,国内首创,供不应求。

要点4　海南胡椒

(1)海南胡椒碱含量一般在5%之间,基本上与世界胡椒主产国的胡椒碱含量一致;(2)海南胡椒有白胡椒、黑胡椒和野胡椒之分;(3)野胡椒比人们种植的胡椒粒要小,呈浅褐色,一般人认为野胡椒纯属天然,其香味更为浓烈;(4)海南作为国内主要的胡椒种植地,年产量达2.3万吨左右,占全国的90%以上。

> **小贴士**　我国自1973年就开始出口白胡椒,海南白胡椒因其质优、味辣在国际市场享有较高的声誉。

要点5　海南黄辣椒酱

(1)采用"黄帝椒"精制而成,"黄帝椒"在全世界只有海南南部生长;(2)椒色金黄,状似灯笼,故也称它为"黄灯笼";(3)黄帝椒辣度达15万辣度单位,在世界辣椒之中位于首位,是真正的"辣椒之王";(4)黄帝椒相对其他品种辣椒营养更为丰富,特别是钙、铁、胡萝卜素、纤维素、蛋白质的含量远远高于其他辣椒。

要点6　海南腰果

(1)海南特产,系50多年前从国外引种;(2)腰果仁是世界"四大干果仁"之一,盛产于东方市的八所镇、感城和乐东县的佛罗镇、九所镇(乐东县被称为腰果之乡);(3)腰果可炒食、油炸,亦可与鸡肉或猪肉同炒,均香酥可口。

> **小贴士**　腰果一年收获三次,它营养丰富,美味可口,在世界上有"十果之上"的称号。果壳可作工业原料,腰果木花纹美观,并散发香味,是制作家具的良材。

要点7　南药

(1)海南植物药材资源丰富,有"天然药库"之称;(2)海南4 000多种动物中可入药的约有2 000种,占全国的40%,药典收载的有500种,经过筛选的抗癌植物有137种;(3)海南动物药材和海产药材资源有鹿茸、海龙、海马、海蛇、珍珠、海参、珊瑚、哈壳、牡蛎、海龟板等近50种;(4)最著名的四大南药:槟榔、益智、砂仁、巴戟,其主产地在海南,产量占全国90%以上;(5)2012年建成的中国最大的南药园——琼中世界南药园,已建起珍稀濒危南药引种区和海南特色药、原生态药、进口南药等园区,成为我国收集保存南药资源最多的研究机构之一,南药品种已达1 800多种。

> **小贴士**　2007年1月,由中国医学科学院南药药用植物研究所海南分所编著的《南药园植物名录》显示,至2006年该所建所46年来,共引种、驯化成功的药用植物达1 598种,其中岛内药用植物958种,其他没有记载但民间使用的海南特有植物94种。

要点8　其他保健制品

(1)海南生态环境优越,多项生态指标在全国最佳,为自然品质优异的药品、保健品、化妆品等创造了良好的生产基础,近年也出现了许多质优价廉的各种制品;(2)国有海南省枫木鹿场开发研制鹿制食品、保健品、药品、化妆品4个系列20多个品种;(3)海南珍珠主要产在三亚市和陵水县,所生产加工的珍珠粉产品有好几种,有散包的、盒装的,也有由珍珠粉制成的单支洗面奶等,比较知名的品牌是"京润""海润""海之润"等;(4)在海南岛,芦荟制品也越来越受游客的欢迎,仅2012年出口就达100多吨;(5)海南蜂产品的蜂王浆、蜂蜜、蜂胶、蜂花粉以及深海鱼油产品,也越来越受游客的追捧。

> **小贴士**　2014年4月,一批4.2吨、价值13.89万美元的芦荟制品首次出口蒙古国。

9.4.2　伴手礼品

要点1　海南伴手礼品的分类

(1)海南目前所有能批量生产和经营的伴手礼,基本分为生活用品、消耗品、纪念品三大类;(2)生活用品:印制海南景色素描画的杯子、海南景点标志T恤、手绘地图等;(3)消耗品:茶叶、咖啡、椰子糖糕、手工肥皂、精油皂等;(4)纪念品:明信片、钥匙扣、手链、项链、小摆件、小把玩等。

要点2　海南伴手礼品的特色

(1)以"快闪"方式呈现:海口美兰国际机场候机楼B区的安检通道,有一充满"海南味"的店铺,是2015年7月引进的首批快闪店之一,各种商品均限时限量售卖,而且同城同价,不比海口市内的特产店、超市贵;(2)内容与形式越来越丰富、上档次:从早年贝壳、珍珠、热带水果、茶、咖啡、糖糕制品、椰雕,到贵重一点的黎锦、花梨木,还有火山石、火山灰、兰花、花梨木加工、创意贝壳手链、骑楼老街彩绘款马克杯、手绘海南明信片素描本、周游海南系列礼包等;(3)地域特色非常明显:"海南菠萝酥"和"椰香牛轧糖"等结合海南本地特色食材的各式美味糕点,"哆咪吧X号店"等用海南方言命名的店铺、内附一句"普通话+海南话"的礼包形式等,无不体现海南本土元素,彰显海南文化特色;(4)与游客互动后再售卖:不再是简单地在店里卖东西,而是通过互动让游客更了解海南的旅游商品,真正体验海南特色,并将其作为伴手礼带回去。

> **小贴士**　通过创新商业形式拉动游客的对海南伴手礼的消费,是海南涉旅企业的一种尝试。另据美兰机场的统计的实际销售数据显示,2016年春季海南特色食品、小件工艺品伴手礼品是最受旅客欢迎的产品,手礼日销量超过4 500件。

单元五
海南旅游区划主要景区(点)

【单元导读】

旅游区划的实质是遵循一定的原则和方法,找出比较合理的旅游区界线,确定各旅游区的性质、特征和地位,指出其今后发展的方向,分析确定区内各级旅游经济中心。按照行政区划来划分,目前海南全省辖4个地级市,8个市辖区、5个县级市、4个县、6个自治县。2010年6月8日,被视为海南国际旅游岛建设基本蓝图和行动纲领的《海南国际旅游岛建设发展规划纲要》获国家发改委正式批复,至此,海南旅游区划的构建被重视起来。该《纲要》基于上述理论依据,并根据海南国际旅游岛战略定位,统筹考虑环境容量、资源承载力、现有基础和发展潜力,遵循自然规律和经济规律,按照"整体设计、系统推进、滚动开发"的空间发展模式,将海南的行政区域划分为6个主要功能各有侧重的"组团",其目的就是为了科学确定国际旅游岛建设的功能组团和海岸带功能分区,加强对主要旅游景区和度假区的规划控制,并根据相似法、差异性和内部联系,重点考虑了区域内自然和人文条件。

本单元就是在此基础上,结合截止到2016年年初海南旅游的发展状况和发展前景,分6个模块分别对海南的150个景区(点)重新梳理,并从地理与气候、历史与人口、住宿与美食、旅游交通、主要景区(点)主要特点特色5个方面作了较为详细的介绍,而且包含了有联系的服务接待及交通等基础设施和相对完整的行政管理体系。

本单元涉及的6个功能组团150个景区(点)分布如下:北部组团2市2县共34个景区,其中,海口市17个,文昌市8个,定安县4个,澄迈县5个;南部组团1市3县共40个,其中,三亚市21个,陵水县6个,保亭县5个,乐东县8个;中部组团1市3县共18个,其中五指山市3个,琼中黎族苗族自治县4个,屯昌县5个,白沙县6个;东部组团2市共23个,其中琼海市15个,万宁市8个;西部组团2市、2县和1个经济开发区共27个,其中儋州市8个,东方市5个,临高县3个,昌江县9个,洋浦经济开发区2个;海洋组团1市1诸岛共10个,其中三沙市4个,南海诸岛6个。

【重要读点】

1. 各组团重点发展的方向与建设项目。
2. 各组团内每个市县(区)的历史沿革。
3. 各景区(点)的地理位置、气候特征、交通状况和特色美食。
4. 各景区(点)的属性、主要特点及其地位。

模块 10　北部组团

北部组团,以海口市为中心,包括文昌、定安、澄迈三市县,面积 7 965 平方千米,占海南岛面积 23.37%。重点发展文化娱乐、会议展览、商业餐饮、高尔夫休闲、金融保险、教育培训、房地产等现代服务业和汽车制造、生物制药、食品加工、高新技术等产业。根据条件适度集中布局特色旅游项目,培育发展一批定时定址的节庆、会展活动和体育赛事。海口市将发挥全省政治、经济、文化中心功能和旅游集散地的作用,加快工业化和城镇化步伐,增强综合经济实力,带动周边地区发展。文昌市将逐步建设成为集卫星发射、航天科普、度假旅游于一体的现代化航天城。

10.1　海口市

小贴士　海口,是国家"21世纪海上丝绸之路"战略支点城市,是海南省的政治、经济、文化、交通中心,是海南省委、省政府全方位支持的"首善之城"。

10.1.1　市情简况

要点 1　地理与气候

(1)海口市地处海南岛北部,北濒琼州海峡,隔18海里与广东省海安镇相望;(2)东面与文昌市相邻,南面与文昌市、定安县接壤,西面邻接澄迈县;(3)海口东西两端相距60.6千米,南北两端相距62.5千米;(4)海口陆地面积2 364.84平方千米,海域面积830平方千米,海岸线长131千米;(5)海口市地处低纬度热带北缘,属于热带海洋气候,春季温暖少雨多旱,夏季高温多雨,秋季多台风暴雨,冬季冷气流侵袭时有阵寒;(6)全年日照时间长,辐射能量大,年平均日照时数2 000小时以上;(7)年平均气温23.8 ℃,最高平均气温28 ℃左右,最低平均气温18 ℃左右,年平均降水量1 664毫米。

要点 2　历史与人口

(1)海口,古称白沙津、海口浦、海口都和海口镇等,因地处南渡江入海之口,故得名;(2)汉代即为珠崖郡玳瑁县一部分,宋元时期设水军镇,南宋曾设神应港和白沙街,明洪武二十八年(1395年)筑海口城,唐代已成为琼州城的外港,明清以后逐渐形成市镇;(3)1848年,第二次鸦片战争期间的《天津条约》,规定琼州海口为通商口岸,称"琼州口";(4)1926年12月9日正式设市,1931年撤市划归琼山县,1950年恢复设市,1956年被划为广东省的地级直辖市;(5)1988年4月海南建省,成为省会城市;(6)2002年10月以原琼山市和海口市原秀英、新华、振东的行政区域设立秀英、龙华、琼山、美兰4区,土地面积由原来的236.4平方千米扩大到2 364.84平方千米;(7)2014年年末海口市常住人口220.07万人,其中,秀英区37.25万人,龙华区64.88万人,琼山区49.83万人,美兰区68.11万人。

小贴士　海口自1992年以来,先后荣获中国人居环境奖、国家历史文化名城、国家园林城市、国家环境保护模范城市、全国卫生城市、中国优秀旅游城市、全国十佳城市、全国创建文明城市工作先进市、全国城市环境综合整治优秀城市、世界健康试点城市等美誉。

2013年,连续第二年荣获中国品牌会展城市奖及全国十佳会展城市、中国会展经济产业贡献奖和2013最受欢迎国际会奖旅游目的地。

要点3　住宿与美食

(1)住宿:各类星级酒店、度假精品酒店及家庭旅馆、公寓、青年旅舍、客栈、农家乐等遍布海口的大街小巷、市里市外,任由游客选择;(2)美食:曲口海鲜、曲口膏蟹、四宝琼山豆腐、碳烤生蚝、姜盐琵琶虾、海南鸡饭、石山扣羊肉、秀英蟹粥、永兴荔枝、碧绿龙虾球、荔枝花蜂蜜、沙律海鲜卷、东江盐焗鸡、海南椰奶鸡、云龙淮山、琼州椰子盅等。

要点4　旅游交通

(1)航空:美兰国际机场位于海口东南18千米处,是国内的干线机场,位列国内第17大航空港,机场大巴30分钟可到达;(2)轮船:海口有新港、秀英港、南港3个港口,每天开往大陆沿海及香港等地区客轮达40多艘,其中,海口港目前开通了海口—海安、海口—北海、海口—湛江、海口—深圳、海口—广州等地汽车、旅客滚装轮航班;(3)岛内交通:海口火车站、海口东站(火车)、海口汽车客运总站和海口汽车东站等,是往返于岛内外的主要交通集散地;(4)市内公交车:一般首末时间6:30~22:00,多数是无人售票;(5)旅游公交专线:1号线(白沙门—火山口公园)、2号线(万绿园—海南热带野生动植物园)、3号线(海南迎宾馆—观澜湖)、4号线(白沙门—东寨港红树林)、5号线(万绿园—冯白驹纪念馆)、6号线(省博物馆—盈滨半岛永庆寺)。

要点5　市内车站

(1)海口火车站:坐落于市中心西部20余千米的海滨,主要有往返三亚的动车以及到上海南、北京西、成都东等地的空调快速列车;(2)海口东站:已打造成环岛高铁(动车)与公交的枢纽站,是2010年底投入运营的新建火车站,位于市区南部,主要运营往返于三亚的动车,乘坐1路、4路、11路、44路等公交可到达;(3)海口汽车客运总站:毗邻环岛高铁海口东站,地处海口交通干道网密集区,10路、13路、15路、16路、19路、1路、22路、24路、28路、29路、2路、32路、34路、36路、38路、40路、41路、4路、50路、60路、夜1路、夜2路、旅游公交2线、旅游公交5线等可到达;(4)海口汽车东站:主要运营前往海南东线各县的班车,公交1路、4路、11路、14路、37路、38路、41路、44路、45路、夜班1路等公交车可到达。

小贴士　2015年全市接待国内外过夜游客1 225.2万人次,同比增长8.4%;实现旅游总收入160.06亿元,同比增长12.7%,完成年初同比增长12%目标。2015年美兰国际机场旅客吞吐量1 616.7万人次,同比增长16.7%,超额完成年初同比增长8%目标。

10.1.2　主要景区(点)

要点1　万绿园

(1)位于滨海大道中段,总面积71.33公顷,1994年兴建,1996年1月完工开放;(2)其北临琼州海峡,南倚金融贸易区,是海口市最大的开放性热带海滨生态园林风景区;(3)这片原本属填海区的土地,经过20多年的建设、养护,已呈现出绿草如茵、花木茂盛的景象;(4)现阶段主要以公共绿地为主,分16个区,即大门区、内湖区、儿童游乐、草坪区、热带观赏植物区、观海区、高尔夫球练习场等;(5)园中栽种了近万棵以椰子树为主的热带和南亚热带观赏植物数百种,呈现出一派热带园林风光;(6)该园有领导贵宾植树区、社会性团体植树区和公民个人植树区;(7)该园独具热带滨海特色和生态风景园林特色,与蓝天、碧水、现代化高楼融为一体,成为都市中的一道迷人风景线。

小贴士 万绿园建成后,便成了人们最爱去的地方。逢大节庆,更是游人如织。时下的万绿园不但改变了海口市的城市生态环境,同时也大大丰富了海口市民的文化生活。

要点2 滨海公园

(1)坐落于滨海大道泰华路口的西南,龙昆路口的西北,依傍大海,毗邻金融贸易区,因其前临滨海大道,背靠大海,故名;(2)该园在1991年开始建园前为一片海滩,唯一建筑物是一个古炮台,全区均为填海造园而成,1995年10月正式对外开放,1996年5月园内的梦幻乐园开始接待游客;(3)该园占地近50公顷,所有建筑均采用欧陆式风格,园内湖光水色,风景秀丽,提供反斗穿梭机、过山车、飞天潜水艇、婚纱摄影、购物、美食等服务,集园艺、旅游、娱乐为一体,是一座从设计到建造都非常完美的大型现代化综合性游乐公园。

要点3 世纪公园

(1)位于龙华区世纪广场路,是一个以大众休闲健身活动为主题的市级综合性运动休闲文化公园和对市民全面开放的康体、健身主题公园;(2)该园的规划结构为"一轴九区",一轴是指贯穿用地南北的世纪大桥空间景观轴,九区分别为文化休闲观光区、水上运动娱乐区、体育运动健身区、公共服务中心、青少年户外活动区、大型休闲健身馆、体育文化雕塑园、风情酒吧街和滨海休闲商业区;(3)位于其北部临海处的世纪公园休闲文化广场,2013年9月建成,占地约8.40公顷,配有临海绿地和配套公用设施,具有演艺功能,还设有座位、停车位等设施,是海口市目前最大面积市民休闲文化广场。

小贴士 海口市委2015年7月27日专题会透露:海口将实施共包含7个子项目的"海口城市风貌景观提升工程",旨在提升海口国际旅游岛中心城市形象,实现3年内海口城市风貌大变样的目标;其中,"三园一体"景观提升工程是将万绿园、滨海公园、世纪公园进行一体化建设,打造"智慧公园"。2016年1月30日,首届海南国际旅游岛三角梅花展举行之即,海口市人民政府宣布万绿园、世纪公园和滨海公园"三园合一"试开园。

要点4 人民公园

(1)即东湖公园,东湖位于市中心新华南路南端的大英山,呈椭圆形,总占地面积近30公顷;(2)公园顺着大英山山势而建,坐西朝东,是一个综合性、开放性公园;(3)全园按功能分区划分东西湖游览区、烈士纪念区、热带植物标本区、安静休息区、兰圃、动物区及生活区等;(4)公园正门前有东、西二湖,东湖呈椭圆形,西湖是短脖葫芦状;(5)14.5米高的海南解放纪念碑在公园正门入口处,为纪念长期坚持琼岛革命和渡海作战而英勇牺牲的烈士,1954年建成,朱德当年的题词铜牌嵌于碑上;(6)公园内建有冯白驹将军雕像和冯白驹纪念亭,雕像基座正面刻着邓小平书写的"冯白驹将军"5个金字;(7)公园内实有绿化面积17公顷,园内绿树成荫,花木繁茂,现有热带、亚热带植物167个科1 000余种,大小乔灌木5万多株,绿地面积占公园陆地面积的87.2%,也可谓是一个热带植物园;(8)此外还有影视场、歌舞厅、保健室、儿童游乐场等。

要点5 金牛岭公园

(1)位于市中心城区海秀大道中段南侧,占地105公顷;(2)内有金牛湖、动物园、白鸽园、蝴蝶园、竹园、槟榔园、烈士陵园、健身广场等,土地面积绿化率达96%,属大型园林景区;(3)进入门口,"金牛瀑布"的景点,象征海口人民勇敢开拓进取,奋发向上,振兴海口的精神风貌；(4)金牛瀑布左侧的山岭上，海南古树种、引进的亚热带各种树木葱葱郁郁，林荫下大小道路纵横交错；(5)从金牛湖往南和往西，是热带亚热带植物园，占地3.5公顷，参差种植人心果、荔枝、杨桃、菠萝蜜等著名果树；(6)白鸽园处于公园中心地带，饲养着1 000多只法国广场鸽；(7)烈士陵园位于公园中部绿树环抱之中，安葬着1950年为解放海南岛首批渡海登陆作战中光荣捐躯的人民解放军渡海先锋营官兵，建有烈士纪念堂、烈士事迹陈列室等；(8)动物园占地近7公顷，其建设具有欧亚园林风格，有猴山、象馆、熊馆、斑马馆、鹿馆、小型动物馆、世界名犬区、百鸟园等，共有动物9大类，500多种、3 000多头(只)，是海口市目前规模最大、档次最高、品种多的综合性动物园。

小贴士 金牛岭公园是海口人民保护、建设生态环境的一项杰作，自1996年开放以来，天天游人如潮，它以新鲜奇特、丰富多彩的观赏内容、特有的生态环境以及公园工作人员热情、周到的服务而闻名海南。

要点6　白沙门公园

(1)白沙门公园位于美兰区海甸岛北部，北临琼州海峡；(2)公园占地60公顷，是一个开放性的市级休闲娱乐公园，于2009年1月正式对外开放；(3)白沙门生态公园设计包括：海口年轮、欢乐海洋、夕畔海岸、城市驿站4大旅游主题片区及配套基础设施；(4)该公园挖掘海口地域、人文精神内核，展现海南历史文化，如白沙津、妈祖神庙、解放战争等，共同营造和谐统一、风情浓郁的海滨休闲大环境。

要点7　假日海滩旅游度假区

(1)该区距市中心11千米，于海口市西北面，东邻秀英港，南依新海林场，西靠粤海铁路通道码头，北临琼州海峡；(2)该区沿着滨海大道两侧呈带状伸展，北邻琼州海峡，包括西秀海滩和假日海滩，全长约11千米，面积达104.3公顷，绿地率达86％；(3)1995年7月，假日海滩景区建成，当年成功地举办了"95中秋十万市民沙滩赏月"活动，由此揭开了该区各种大型活动的序幕，这里便成为政府和企事业单位举办各种赛事和大型活动的首选场所；(4)假日海滩10景：碧海林涛、千帆竞秀、轮滑天堂、印象海南、温泉遐思、海滩晚霞、城郭远眺、沧海明月、假日情怀和野炊之梦，由彩砖铺设的观海人行小道将其串联起来；(5)这些景点除观看"印象海南岛"剧场表演时需凭票外，其他都是开放式的；(6)在帆船帆板训练基地，每天都有众多国内外帆船运动员和爱好者前来训练；(7)该区不仅有阳光、海水、沙滩、椰林和树影，还有国际水准的轮滑赛场、生态健康的步行木栈道、动感时尚的自行车、轮滑运动道，完善的配套服务设施，规范的景区管理，已成为动感、时尚的开放式运动主题公园。

小贴士 该区有美视五月花高尔夫球场、贵族游艇会、"印象海南岛"剧场、西秀海滩公园、假日海滩、粤海铁路南港码头、粤海铁路海口火车站以及数家高等级度假酒店，全长约13.5千米。这里是眺望市区建筑群和世纪大桥的最佳地点：游人驻足回首东望，只见高楼林立的海口市犹如浮在海面上的美国曼哈顿。

要点8　中国雷琼海口火山群世界地质公园

(1)位于海口西南石山镇，距市区仅15千米，主要景点有马鞍岭、双池岭、仙人洞、罗京盘等；(2)园区内火山群面积约108平方千米，分布着近40座环杯锥状火山口地貌遗址和30余条熔岩隧洞，其中马鞍岭火山口海拔222.8米(琼北最高峰)，内口直径130米，深90

米;(3)园内玛珥火山规模大,保存完整,弥足珍贵:双池岭为并列的两个孪生玛珥火山,火口垣为凝灰岩环,罗京盘玛珥火山,内径达1 000米,形态完美的圆形低平火口,呈放射状与环梯状田园映衬,景色十分怡人;(4)据地质学家考证,琼北火山最后一次喷发距今约1.3万年前,园区蕴藏丰富的优质饮用矿泉和疗养地热水,在火山锥、火山口及玄武岩台地上还发育热带雨林为代表生态群落,植物有1 200多种,果园与火山景观融为一体,为热带城市火山生态的杰出代表;(5)园区内保存有千百年来人们利用玄武岩所建的古村落、石屋、石塔和各种生产、生活器具,记载了人与石相伴的火山文化脉络,被称为中华火山文化之经典。

小贴士 该园1996年承办了"世界旅游日"主会场活动,受到20多个国家的专家和旅游界官员的高度称赞,先后被评为"海南省优秀旅游景点""海南省十佳景区"、国家4A级景区,2004年1月被国土资源部批准建立"国家地质公园"。它是我国唯一的热带海岛城市火山群地质公园,也是海南省第一家由联合国教科文组织确认具有突出和重要价值的世界级旅游景区。该公园已成为青少年科普教育基地、地球活动日的重要场所,也是香港生态旅游专业培训中心在境内的首家培训基地。

要点9 海南热带野生动植物园

(1)该园建于1995年,位于秀英区东山镇东山湖畔,距市中心27千米,是我国首家以热带野生动植物博览、科普为主题的社会公园,是全国科普教育基地、海南省旅游重点企业和知名景区;(2)园内分步行区和车行区,占地100余公顷(其中仅动物观赏区面积达86.68公顷),现有各种珍禽异兽200余种、4 000余只(条),珍稀植物有280科,700多品种,森林覆盖率高达99%;(3)园内特色景观有狮虎兽—快乐营、亚洲第一大狮谷、亚洲第一大猴山、黑熊寨、欢乐大象岛、海南坡鹿场、河马池、声乐世界—百鸟苑、热带果蔬圃、植物大观园、橡胶文化园、游客风情馆、休闲中心湖、绿色主题餐厅、风情香樟林、景区大道场等;(4)园内景观纯属自然天成,莽莽林海和茂密的植物为动物营造了良好的野生环境,而人工开辟的丛林小径和种植的各种奇花异草,又使游客犹如置身于生机盎然的大自然中。

小贴士 该园新区项目业已启动,计划建设年限2013至2018年。新规划区位于海口龙华区新坡、龙泉与遵谭三镇交界处的"南黎山"片区,总用地面积为533公顷,定位为集旅游、休闲、科普、娱乐、养生为一体的世界级动植物主题型公园和养生度假区。

要点10 海口观澜湖旅游度假区

(1)该区坐落于海口火山岩地貌之上,集旅游度假、休闲娱乐、环球美食和温泉水疗于一身,距离美兰机场20千米;(2)该区拥有丰富完备的配套设施,包括10个18洞高尔夫球场、丽思凯尔顿等4个五星级酒店、兰桂坊时尚街区以及会所、宴会厅、国际会议中心、水疗中心、世界各地风味美食餐厅和多间世界知名品牌专卖店等,成为海口旅游度假休闲的新地标;(3)这里,已成功举办2010年海口高尔夫与旅游主题论坛及观澜湖世界明星赛、2011年海口高尔夫与旅游论坛及有"高尔夫奥林匹克"之称的欧米伽观澜湖高尔夫世界杯、2012年世界职业明星赛、2013年观澜湖世界第一挑战赛、2014年观澜湖世界明星赛以及2012、2013、2014、2015年世界女子高尔夫锦标赛等世界级文化、体育交流活动;(4)该区内全球首个以导演个人命名的电影主题旅游项目——华谊冯小刚电影公社,在2015年在第十届全球人居环境论坛上获"全球文化旅游产业范例"荣誉,其包括1942民国街、老北京街和南洋街3个主题区,聚集了不同品牌和特色的美食、餐饮、娱乐、电影院、咖啡屋和精品店,并建有冯氏贺岁电影景观区、教堂广场区和全球最大的8 000平方米摄影棚及配套服务区、影人星光大道等;(5)该区不是单纯的高尔夫球场项目,而是世界级的综合休闲胜地,形成了海南体育、经贸、文化的国际交流平台。

> **小贴士** 2012年10月,吉尼斯世界纪录组织宣布海口观澜湖为世界第一大水疗温泉度假区。

要点11　东寨港红树林自然保护区/海口三江红树林湿地公园

(1)国家级自然保护区,距市中心约30千米处,风景区地域跨美兰区演丰镇、三江农场、三江镇,与文昌市的罗豆农场交界,海岸线总长84千米,距美兰国际机场12千米;(2)该区拥有红树林植物19科35种,占全国红树林植物品种的97%,鸟类204种、软体动物115种、鱼类119种、蟹类70多种、虾类40多种,是一处物种的基因和资源的宝库;(3)该区丛林茂密,形态奇特,游人可乘小舟深入林中,区内的野菠萝岛环境幽美,野菠萝林连天蔽日;(4)该区曾在2006年拟建"演丰热带乡村主题公园",现已兴建停车场、旅游码头、特色栈道、特色餐馆,完成了部分乡村酒店、乡村高尔夫球场、特色生态农庄、科研基地等配套项目建设;(5)2012年年底,海口出台了《海口市东寨港旅游区总体规划(2012—2030年)》,对该区的旅游开发进行了顶层设计,现红树林湿地森林小镇、红树林乡村旅游区、演丰风情小镇3个旅游项目已落地;(6)2014年3月,三江农场正式移交纳入海口市政府管理序列,同时移交的630公顷滩涂水产养殖区,将实施退养还林,规划建设为三江红树林湿地公园。

> **小贴士** 2014年11月《海口市三江湿地公园概念规划》出台。按照规划,海口将在生态修复基础上,以红树林为主题,兼具咸淡水湿地景观,适度保留场地文化记忆,布局生态旅游项目,以项目促进分区生态修复和景观环境建设,整体形成"海上田园"的形象目标。

要点12　海南热带森林博览园

(1)该园位于滨海西路黄金海岸花园对面,总用地面积为73公顷;(2)长99.99米的大门是海南最大、最具现代气魄的钢架结构建筑;(3)内设生物科技馆,建筑面积2 335平方米,利用声光电等现代科技手段,在一片片"热带森林"中,模拟鸟兽鸣叫,再配上栩栩如生的鸟兽标本,参观者仿佛走进了真正的热带雨林;(4)内设生态博物馆,建筑面积2 488.8平方米,分主展厅、动物展厅、植物展厅等;(5)内设音乐喷泉,占地2 200平方米,包括210平方米的旱地喷泉,是目前海南最大的音乐喷泉;(6)内有海南特有树种种植园、木棉种植园等10个种植园,园内不乏一些珍贵稀有国家级的保护树种,譬如直径2米多的千年油衫王、海南花梨、见血封喉等;(7)博览园从霸王岭、吊罗山和尖峰岭,移植了总计600多的种树;(8)另外,该园还有海南省林业植物组培中心等6个中心和一个兰花生产基地,有主要用于基因保存探研的兰花达200多种,其中海南的安若兰、象牙兰等占70多种。

> **小贴士** 该园是涵括海南热带珍奇植物种质资源保护与繁殖、热带林业生物技术科研与开发、热带森林生物多样性展示与生态科普教育、参观游览与休闲保健等多功能的热带滨海城市森林公园。

要点13　鹤舞九湖生态乡野骑行休闲片区

(1)位于美兰区三江镇苏寻三革命老区;(2)该片区以东坡湖、仙鹤、仙山、龙门、博布、东田6个特色精品文明生态村为基础,涵盖了13个自然村;(3)片区村庄已建设村道和巷道

20 千米长,其中包含长 5.7 千米、宽 2.5 米的绿色乡村休闲慢行道及总长 658 米的木栈道;(4)绿色慢行道与木栈道把片区内的村庄、湖泊、特色景区一一串联,共有 53 个景点,由红色追忆、绿道漫游、鹤湖仙境、农家乡味 4 条主题旅游线组成;(5)沿途设有 3 个慢行驿站,配备自行车等休闲娱乐设施,可为游人提供一站式服务。

小贴士 为了突出乡村旅游点的特色,美兰区还积极引进社会资金开发特色旅游项目,如片区内的乐群村就因地制宜,引进企业把 13 多公顷的废石坑改造成赛车场。据了解,这一场地建成开放后将开展汽车赛和摩托车赛等体育休闲运动项目。

要点14　琼洲文化风情街/海南花卉大世界

(1)该街区坐落琼山区新大洲大道南渡江旁花卉大世界,街长 500 米,处于美兰机场与海口市区连接的核心位置;(2)该街区兼具琼崖文化、生态文化、旅游文化、餐饮文化 4 大功能,内设海南旅游商品展示区、东盟旅游商品展示区、国际风味餐饮休闲区 3 个功能区;(3)重点以黎苗风情建筑风格的 30 座造型各异为核心,以"天涯织女"—黎锦馆、"海螺姑娘"—贝艺馆、沉香博物馆、海上丝绸之路博物馆、东盟旅游商品展馆等古朴生态的大型展馆为主体,依托园林景观、假山树石、小桥流水,形成海南最大的旅游商品展示基地及海口市非物质文化遗产和林业产品展示基地。

小贴士 琼洲文化风情街是集旅游、休闲、餐饮、购物、学术与文化传承、研究于一体的文化主题风情街,填补了海南省生态文化风情街的空白。2012年,"首届海南东盟国家旅游商品中国巡回展"曾在此举办,当年入驻境外商家约 30 户。

要点15　海口骑楼小吃风情街

(1)该风情街坐落于大同路 2 号,占地面积 8 666 平方米,能同时容纳 3 万多人就餐,于 2010 年 12 月 31 日正式开业;(2)2013 年 7 月,该风情街被授牌为国家 3A 级旅游景区,成为海口第 7 家 A 级景区以及海南省第一家以特色餐饮为主题的 A 级景区;(3)该小吃街为展现海南黄花梨文化,打造"一棵千年花梨打造一条小吃街"的理念,在正门广场横卧一个千年花梨木的树干,其长达 30 米,直径 2.16 米,需 5 人方能环抱;(4)该小吃街融合"骑楼""黄花梨""琼剧""黎锦""海捞""海南小吃"等海南独特文化元素,已成为海口市民和各地游客了解海南饮食文化和品尝海南美食的好去处;(5)目前,骑楼小吃街汇集 2 000 余种特色小吃,日均客流量达到万人次,春节、国庆等长假日接待量最高达 3 万人次。

小贴士 为全面提升景区旅游设施档次、品位和服务功能,海口市旅游委于 2012 年开始大力推动 A 级旅游景区创建工作,制定并下发《关于推进 A 级旅游景区创建工作实施方案》,鼓励、支持并指导全市具备条件的景区积极创 A,并成功创建琼洲文化风情街。

要点16　海口骑楼建筑历史文化街区

(1)该街区位于海甸溪南岸,长堤路以南,龙华路以东,和平路以西,解放西路、文明中路以北,地处旧城区中心地带,主要是得胜沙路、博爱北路、中山路、新华路、长堤路等 5 条老街,是海口城市的重要发源地;(2)1924 年,海口拆墙扩城,城区面积由原来所城内的不到 1 平方千米扩大了许多,"商贾络绎、烟火稠密",城市马路的形成、沿海贸易业的繁荣、城市功能的不断完善使这一带成为海口的闹市区;(3)骑楼老街积淀了大量的历史文化遗迹,历史人文色彩丰富多样:有历史上的 13 个国家的领事馆、教堂、邮局、银行、商会,中国共产党琼崖一大会址、中山纪念堂、西天庙、天后宫、武胜庙和冼太夫人庙,还有当时衣锦还乡的华侨富商为家乡建起的家族式连排骑楼等;(4)如今,沿着5条街漫步蹓溜,会感受到浓郁的欧亚混交文化特征,这些地方白色骑楼建筑虽然十分欧化,可墙面上细致的雕刻全都是中国民间特色的吉祥图案,一座骑楼就是一幅风景画,一条街就是一个文化景区。

小贴士 清末至民国初年,海口籍海外富商陆续集资在海口海甸溪两岸建设了得胜沙路、新华路、中山路、博爱路、长堤路等5条以南洋骑楼建筑为主的街道,构成了现代海口城区的雏形。

要点17 海口周边主要农业休闲区

(1)田心村农家乐:位于琼山区大坡镇田心村,此处绿树成荫,鹭鸟成群,生态环境良好,被誉为"鹭鸟天堂";(2)羊山休闲公园:位于龙华区,拥有自行车客服中心、会议餐饮等设施,是休闲旅游度假胜地;(3)开心农场:位于火山口地质公园南麓儒黄村,提供手工酿酒、手工制豆腐、包粽子等活动项目;(4)香世界庄园:位于琼山区龙塘镇,业务涵盖芳香植物种植、芳香主题餐厅、特种养殖等,是目前国内独一无二的芳香主题庄园;(5)南海休闲农庄:位于秀英区南海大道往澄迈老城方向4~5千米处,是集会议中心、娱乐会馆、垂钓泛舟、旅游观光为一体的大型休闲农庄;(6)铭投拓展主题山庄:位于秀英区椰海大道靠近绿色长廊处,是集水上娱乐、拓展培训、真人CS镭战等为一体的体验式培训主题山庄;(7)火山泉休闲农庄:位于南海大道绿色长廊入口处,主要经营弯弓射箭、户外露营、激情卡丁车和儿童乐园等项目;(8)泮边村休闲农庄:位于琼山区红旗镇泮边村,建有农家别墅客房、特色菜餐厅、垂钓亭榭、运动场等;(9)誉城9号休闲农庄:位于火山口风景度假区,有生态木屋别墅,活动项目有绿道骑行、湖中泛舟、水边垂钓等;(10)海南世外桃源养生区:位于琼山区旧州镇墩插村,拥有21栋"湖畔别墅",活动项目有水上平台的晚会和婚宴、冷泉游泳池等;(11)年丰休闲农业观光园:处于椰海大道、迎宾大道、绕城高速和丘海大道围绕的中心地带,提供自行车慢道骑行、轮滑场、咖啡厅等项目;(12)绿枫庄园:位于秀英区康安村,游客可自行采摘瓜果蔬菜;(13)加乐湖村:是琼山区三门坡镇的自然村,环境优美,可提供垂钓、球类、餐宿等活动场所;(14)龙鳞村:位于琼山区三门坡镇,琼山区文明生态样板村,已成为海口市民农业观光、生态养生的好去处;(15)冯塘绿园:位于秀英区永兴镇冯塘村,园区以橄榄园为核心,在166.67公顷的范围里,围绕茂密的热带火山雨林和橄榄林,开辟出龙栖谷、橄榄园、景观大道、古村、荷花塘5大主题景观。

10.2 文昌市

10.2.1 市情简况

要点1 地理与气候

(1)文昌位于海南岛东北部,东、南、北三面临海,南北长99千米,东西宽65千米;(2)土地总面积2 347.48平方千米,海岸线长278.5千米,海域面积4 600平方千米;(3)市区文城镇分为老城和清澜两城区;(4)文昌市属热带北缘沿海地带,属热带季风岛屿型气候,光、水、湿、热条件优越,年平均温度23.9 ℃,年平均湿度为87%,最小湿度为34%,年平均降雨量1 529.8~1 948.6毫米。

要点2 历史与人口

(1)西汉元封元年(公元前110年)为紫贝县;(2)隋大业三年(607年),在紫贝县故墟上置武德县;(3)唐武德五年(622年)改名为平昌县,贞观元年(627年)取"偃武修文""修明文教"之意更名文昌县;(4)1995年11月7日,国务院批准撤销文昌县,设立文昌市(县级),其管辖范围不变,属海南省直接管辖;(5)2014年年末,全市户籍总人口53.74万人,其中非农业人口约11.975 5人。

小贴士 文昌市是海南省乃至全国有名的文化之乡、华侨之乡、排球之乡、椰子之乡、书法之乡、航天之乡、将军之乡和宋氏三姐妹故里。文昌市是中国第四座航天之城、中国特色魅力城市、全国科技进步示范市、全国文化先进市、海南省拥有海岸线最长的城市。文昌市还是南中国海重要港口枢纽,为三沙市后勤补给基地,琼北重要的经济、文化、交通、旅游区域中心之一。

要点3 住宿与美食

(1)住宿:文昌鲁能希尔顿酒店、文昌温德姆至尊豪廷大酒店、海南白金海岸度假酒店(文昌)酒店、维嘉大酒店、文昌椰林荷泰海景酒店、天福云龙湾度假村、凤凰城大酒店、永青大酒店、椰林万国度假酒店、大龙宾馆、富南宾馆、航科商务酒店、安泰宾馆、佳达宾馆、文琼宾馆、京都大酒店、日海福生宾馆、文昌文城南开宾馆、龙园酒店、文昌高隆湾金融度假中心、冠恒大酒家等;(2)美食:文昌鸡、文昌龙虾、文昌椰子、文昌菠萝、文昌菠萝蜜干、锦山空心珍袋、椰香粘软、锦山牛肉干、文昌抱罗粉等。

要点4 旅游交通

(1)截止到2015年年底,文昌市境内国道公路里程达26.638千米,省道公路里程达252.457千米,县道公路里程达228.18千米,已硬化的乡村道路里程达1 581.15千米,高速公路里程21千米,基本建成较为完整通达的公路交通网络;(2)水上运输主要有清澜港和铺前港两大港口,是海南东部的水上门户,海上交通可直达全国各港口和东南亚各国;(3)到海口有海文高速公路和高铁,市区可乘坐1路、2路、3路、4路公交车到达文昌汽车站,可乘坐5路、6路公交车到达文昌高铁站。

10.2.2 主要景区(点)

要点1 东郊椰林

(1)位于文昌东郊镇海滨,距文城镇17千米,从清澜港乘船过渡即到;(2)此处占地26.5平方千米,椰树成片,椰姿百态,有红椰、青椰、良种矮椰、高椰、水椰等品种,共50多万株,属典型的热带海滨椰林风光;(3)该区环境优美,海水清澈,是天然海水浴场,可开展各种沙滩运动和水上活动;(4)区内建有旅游码头、海滨度假村、渔家乐、海鲜坊多处,浅海盛产龙虾、对虾、石斑鱼、鲍鱼等名贵海鲜;(5)主要景点:椰林长廊、"椰子王"树、椰林里风情小木楼、椰园小村、红树林、水尾圣娘庙、革命烈士纪念亭、椰子工艺厂及椰子系列产品加工厂、椰子产品一条街等。

小贴士 中国和古巴联合发行一套邮票,东郊椰林作为中国的风景被印在邮票这一"国际名片"之上。1989年,东郊椰林作为海南第一个开发起来的旅游胜地,十分走俏,1995至1997年为鼎盛期。

要点2 椰子大观园

(1)毗邻东郊椰林风景区,1980年农业部中国热带农业科学院椰子研究所在原有椰子种子资源库的基础上改建而成;(2)该园占地面积54.4公顷,是以椰林为主体背景,集科学研究、科普教育、旅游观光、休闲娱乐为一体的具有浓郁椰子文化特色的生态景区;(3)园区内分为解说中心区、椰林观赏区、棕榈观赏区、湖滨休闲区、产品开发区和科技研发区等7大功能区;(4)该园汇集200多种棕榈植物和130多种海南特色的树种,是我国目前棕榈植物品种保存最多的植物园区;(5)该园内共收集了国内外椰子品种17个,各品种椰子或高或矮,或红或绿,形态各异,极具观赏价值;(6)该园区已收集国内外的棕榈科植物176个品种,是我国目前品种最齐全的、最有特色的棕榈科植物王国。

小贴士 椰子大观园,以园区为平台,承担着国家、农业部、科技部、海南省及国际合作等数十项科研项目,并获得多项科技成果,为我国椰子产业的发展和椰区农民脱贫致富做出了积极的贡献。

要点3 铜鼓岭旅游区

(1)位于文昌市龙楼镇,距文昌市区40千米,以铜鼓岭为中心,包括淇水湾、月亮湾、石头公园、宝陵河、云龙湾、大澳湾等组成铜鼓岭国家级自然保护区;(2)铜鼓岭绵亘20多千米,是海南的最东角;(3)此处三面环海,地貌奇特,植被繁茂,山美石奇,传说动人;(4)铜鼓岭主峰海拔338米,素有"琼东第一峰"之美称,伴有18座大小不同的山峰,群峰竞秀,层峦叠翠,风光旖旎;(5)该景区有神庙、和尚屋、尼姑庵等古迹,有仙殿、仙洞、风动石、银蛇石、海龟石等奇岩异石;(6)铜鼓岭月亮湾、淇水湾、云龙湾沙滩如银、海水湛蓝、波平浪静、没有污染,是理想的天然海水泳场;(7)岭上顶峰可观日出,可看云海、晚霞,距铜鼓岭17海里的蓬莱仙境般的七洲列岛,时隐时现,蔚为奇观。

小贴士 《铜鼓岭国际生态旅游区总体规划》2007年就已获得海南省政府(琼府函〔2007〕8号)审批通过,并向社会公布。该规划自2015至2020年,形成"一核、两翼、两纵、六横"的空间格局,由淇水湾片区、海石滩片区、宝陵河片区、月亮湾南片区4大片区组成,并按照"航天引领、产业驱动、绿色崛起"的发展策略,将建设铜鼓景区、神话世界、环球乐园、三教福地、海石天地、主题酒店6大特色主题智慧游览景区,形成由铜鼓岭滨海绿色长廊环绕的铜鼓岭风情镇、北美风情镇、欧洲风情镇、南洋风情镇、宝陵湖风情镇等特色旅游风情镇。

要点4 木兰湾

(1)位于文昌北端铺前镇,海岸线长25千米,与七星岭相连,与海口市海上直线距离49千米,陆路距离90千米;(2)该湾年平均日照2 000小时以上,年平均气温23 ℃,森林覆盖率为80%;(3)该湾水深浪平,岸边海底基础为石质,可停万吨巨轮,距国际航线3海里,条件成熟时,可辟为深水港;(4)木兰湾腹地开阔平缓,保持着良好的生态环境。自然风景如诗如画,绿色草坪犹如天然高尔夫球场;(5)距木兰湾3千米处是木兰头,由7个具有独立性的月牙形沙滩、怪石区和约6平方千米的尖三角形陆地组成;(6)岭下西侧为巨石滩,银白色沙滩上散卧着奇形怪状的巨石,光滑浑圆,千姿百态;(7)岭下东侧有绵延的沙滩,白沙疏松,海水清澈,是天然的海滨浴场;(8)木兰港所处的地区是锥形半岛状向琼州海峡凸出,三面环海,自然形成一个相对独立的半封闭式区域,其东南面,是沙质细柔的沙滩带;(9)该湾已开发为以综合游乐运动为主要特色,集旅游、度假多种功能于一体的旅游度假区。

小贴士 木兰湾之南角有海拔97.2米高的航标灯塔,堪称亚洲第一。灯塔建筑高度74.2米,沿海24海里范围内均可看到。2006年5月22日,国家邮政局发行《现代灯塔》

特种邮票一套,其中一枚主图为文昌市铺前镇木兰头灯塔。

要点5　冯家湾

(1)位于文昌市会文镇冯家湾海滨,距文城镇30千米,海岸线长2千米;(2)湾内海水清碧,海滩坡度平缓,200米以内海水深度不超过2米;(3)滩上的石头颇具特色,大的如屋,小的如拳,形态多样,错落有致;(4)石头间波平浪静,湾外绿树环抱,西边是毛陆岭巨石突起,仪态万千;(5)其间的三更峙从海中突兀隆起,登上峙顶可尽览湾内秀色;(6)目前,冯家湾已兴建一些基础设施和旅游设施。

小贴士　碧海、银波、平沙、椰林、巨岩、小石构成冯家湾特有的迷人景观,这里历来是文昌人民和外来游客观海游泳的好去处,特别是在端阳节、中秋节等节日期间,海湾内人山人海,游泳弄潮者众多。

要点6　高隆湾

(1)位于清澜港西南侧,离文城12千米,是一个优良的热带天然泳场;(2)海湾状如弯月,海湾沿岸椰树绿林环抱,湾里波平浪静,海岸沙质松细洁白,海滩平缓,水面宽阔,每逢节假日,前来海浴者成千上万;(3)附近海域海草丰茂,是海南海藻最多的地方之一,被誉为"海底草原";(4)高隆湾旅游风景区现已建成休闲区、海边浴场、海上娱乐区、酒店群、安置区等,可进行游泳、划船、帆板、潜水、摩托艇等活动,是观光、旅游、健身娱乐的好去处。

小贴士　每年冬季,高隆湾会云集参加冬训的国内各省市的沙滩排球队。

要点7　八门湾绿道

(1)八门湾绿道跨越文城、东阁、文教及东郊四镇,一期建设总长54千米,其中主线为45千米,支线为9千米,途经22个行政村;(2)绿道按照沿途景点特色划分为一带五区,设置一级服务点11个,二级服务点19个(一带即沿八门湾的休闲慢行道带,五区为文城红树林生态休闲区、东阁农家乐娱乐区、文教田野风光休闲区、东郊渔村风情区、东郊椰风海韵休闲区);(3)绿道串联湾区特色景观资源,以红树林景观绿道、沿湾生态休闲绿道、农家人文休闲绿道、史迹文化体验绿道、乡村郊野景观绿道、渔村风情体验绿道、椰海风情绿道为7大主题的八门湾绿道,引人入胜,令人流连忘返;(4)该绿道体现了自身特有的"海、河、港、湾、林"自然资源和以"侨乡风情"为主体的人文旅游资源特色。

小贴士　为助推国际旅游岛建设,2011年8月,文昌市政府宣布将在建设八门湾绿道的基础上,打造建设5A级八门湾红树林国家湿地公园,与航天主题公园、宋氏祖居文化园、孔庙等文昌市一批重点旅游景区相互辉映、相互拉动,必将极大地提升文昌市的旅游品牌,成为文昌市新的旅游经济增长点。

要点8　海南航天主题公园

(1)该园是海南航天发射场配套区的核心项目,位于文昌市东郊镇滨海地区;(2)2010年12月5日,海南航天主题公园奠基仪式在文昌市东郊镇隆重举行,标志着海南航天主题公园正式进入实施阶段;(3)该园主要功能:航天科普和科技展示、航天主题娱乐、发射场参观、实时观看火箭发射;(4)其主要设施和游乐项目包括:4D动感影院、IMAX球幕影院、发射模拟器、中国航天展示馆、航天名人馆、中心发射塔(中心标志塔)、月球前哨、月球高尔夫、月球之旅、流星冲击波、嫦娥奔月之旅、吴刚伐木、月球探险影院、太阳之旅、银河推进器、空中湍流、重力摇臂、太阳之梦、火星洞穴、火星采矿车、火星前哨、红色火星幽灵等,以及夜间表演和太空巡游等。

> **小贴士** 海南航天发射场配套区由三大基本功能区组成,分别为海南航天主题公园区、航天商务服务区和航天生活配套区。海南航天主题公园将建设成为集科学、启迪和教育性于一体的航天爱国主义教育基地。

10.3 定安县

10.3.1 县情简况

要点1 地理与气候

(1)定安县位于海南岛的中部偏东北的丘陵地带,南渡江中游,东临文昌市,西接澄迈县,东南与琼海市毗邻,西南与屯昌县接壤,北隔南渡江与海口市琼山区相望,县城北距省会海口市中心28千米;(2)定安东西宽45.50千米,南北长68千米,疆界长251.50千米,全县面积1 177.70平方千米;(3)海洋性热带季风气候,阳光充足,雨量充沛,年均气温24 ℃,年均日照1 880小时,年均降水1 953毫米。

要点2 历史与人口

(1)定安县西汉时属珠崖郡,唐代为琼山县地域,元世祖在位期间置定安县,县名取"境地安定、黎庶安宁"之意;(2)天历二年(1329年),升为南建州,明洪武二年(1369年)知州王官的儿子王廷金叛乱,后被平息,从此废南州,置定安县,"定安"之名,取其"平定叛乱,获得安定"之意;(3)民国元年(1912年),属琼崖绥靖委员会公署,县政府驻定城;(4)1958年12月,定安、屯昌合并为定昌县,县政府驻在原屯昌县城;(5)1961年5月撤销定昌县,恢复原定安县,县政府驻在定城至今;(6)至2014年,全县28.46万人,农业人口占总人口的71.12%,住有汉、苗、黎、回、白、布依、满、侗、瑶、土家等族居民,汉、苗族为世居民族,分别占总人口97.93%、0.81%。

> **小贴士** 定安县具有临空型、临海型地理位置,具有发展热带高效农业、高科技产业、仓储业、商住业和贸易项目的优势,是琼剧的发源地,名伶辈出,素有"无定安不成剧团"的民间流传,被誉为海南"琼剧之乡",2011年11月文化部授予定安"中国民间文化(琼剧)艺术之乡"称号。定安被誉为海口的后花园。

要点3 住宿与美食

(1)住宿:海南鸿扬钓鱼台宾馆、定安丽园宾馆、定安延昌宾馆、定安悉时宾馆、定安清心宾馆、凤凰宾馆、中瑞农场招待所、金鸡岭农场招待所及各家庭旅馆等;(2)美食:富硒大米、定安黑猪、定安骨头汤、新泰来粽子、菜包饭、坡寨羊火锅、红烧仙沟小黄牛、清蒸南丽湖沙蚌鱼、翰林焖猪蹄、定安鸭饭、定安农家红豆煲、槟榔花茶、槟榔花酒等。

要点4 旅游交通

(1)环岛东线高速公路在定安县境内通过,北距海口市33千米,属海南经济发展布局中海口经济区;(2)沿途开设三个分道口与县内各公路、南丽湖风景名胜区和塔岭工业开发区相连;(3)乘坐飞机可到海口美兰机场,乘坐火车可到海口火车站,海口火车站现已开通了到达广州、佛山等地的旅客列车。

10.3.2 主要景区(点)

要点1 南丽湖

(1)位于定安县中部偏东,距省会海口61千米,湖面约12平方千米,大小岛屿16个,湖湾长达138千米,修建南扶水库形成的南丽湖,是海南琼北地区最大的淡水湖;(2)南丽湖景色之美比台湾的日月潭有过之而无不及,而且南丽湖面积达到了12平方千米,比日月潭还大3平方千米,号称"海南岛的掌上明珠、日月潭的姐妹之湖";(3)湖区周围森林覆盖率81.5%,沿湖有高尔夫球场、度假酒店、钓鱼俱乐部等度假休闲设施,可乘船观湖。

小贴士　南丽湖水域,原来是低谷、高山、岩岭,1958年,定安人民在这里修起南扶水库,于是低谷积水成湖。南丽湖于1988年被列为海南省重点旅游开发区,2010年,被国家林业局规划为国家湿地公园,规划区面积2 410公顷,其中集水面积759公顷,建设期限为2010年至2019年。

要点2 海南文笔峰盘古文化旅游区

(1)该区坐落于定安县文笔峰山麓,于2006年成立,其前身为海南文笔峰道家文化苑,是集观光、休闲、娱乐、文化研究为一体的大型文化景区;(2)景区占地面积千余亩,以南宋建筑风格为基调,环文笔峰而建,众多仿古建筑阁殿错落有致地分布于山体周围,壮观古朴、气韵万千;(3)景区内玉蟾宫是道教在海南唯一的合法庙宇,也是道教南宗实际创始人白玉蟾的最终归隐之地;(4)玉蟾宫建筑群拥有玉蟾阁、慈航殿、月老殿、元辰殿、药王殿、财神殿和文昌阁等殿堂10余座,建筑结构完整、风格鲜明,系统、完整地突出了道教主题文化特色,其中主殿堂玉蟾阁敬奉南宗五祖白玉蟾,基本造型为八角形楼阁,其建筑风格为玉蟾宫主体建筑的特色代表。

小贴士　文笔峰与南丽湖山水相依、形意相生,自古被视为"龙首龟背"的风水宝地,是海南历史上唯一被封为"皇家园囿"的禁地。千百年来这里沉淀了丰富的文化内涵,诞育了许多闻名遐迩的贤德雅士,美丽神话传说、民间故事广为流传。

要点3 定安黄竹万嘉热带植物园

(1)位于东线高速公路62千米出口处,占地面积33.33公顷,是以热带果树生产、农垦系统特色产品销售和果园观光旅游为主的观光型主题果园;(2)果园内种有多种热带果树和观赏花卉及观赏树木,具有极高的生产价值和观赏价值,其中包括"热带果王"榴莲、"热带果后"山竹、极其珍贵和神秘的见血封喉树等;(3)园内还建有各种样式的休闲娱乐设施,如歌舞厅、咖啡厅、钓鱼台、假山、兰花棚、南海观音庙、动物园等。

要点4 海南热带飞禽世界

(1)地处定安县塔岭开发区,是目前国内最大的鸟文化主题公园,占地面积30多公顷;(2)该区展示着300余种30 000余只各式热带飞禽,涵盖了海南鸟类的绝大多数,其中有50余种鸟类,属于海南独有的鸟类或亚种,一般游客难得一见;(3)园区分成6大鸟类观赏区和3个专项鸟类表演场:世界名鸽广场、鹩哥语廊、鹦鹉广场、鸟雨林(采用声、光、电、色等手段模拟热带雨林的地形特征及热带雷雨)、沙漠鸟园(采用情景模拟方式展示沙漠鸟的沙漠鸟园)、浴龙潭(海南最大的人工瀑布)以及飞禽明星剧场、猛禽表演场、斗鸡表演场等。

小贴士　海南热带飞禽世界自2005年2月1日正式营业以来,以其强调人与自然和谐统一的独特的生态展现方式,别出心裁地推出飞禽王国奥运会、孔雀东南飞和鸡王争霸赛等令人耳目一新的节目,深受游客的好评。

10.4 澄迈县

10.4.1 县情简况

要点1　地理与气候

(1)澄迈县位于海南岛的西北部,毗邻省会海口市,东接琼山市、定安县,南与屯昌县、琼中黎族苗族自治县相连,西与临高县、儋州市接壤,北临琼州海峡;(2)东西宽56.25千米,南北长70千米,陆地总面积2 067.6平方千米,海域面积1 100平方千米;(3)该县属热带季风气候,年平均气温23.8 ℃,年平均日照时数2 059小时,年均降雨量1 786.1毫米,且热雨同季,终年基本无霜。

要点2　历史与人口

(1)澄迈县前身为苟中县,西汉元封元年(公元前110年)设立,隶珠崖郡,县治那舍都(今美亭乡东北隅);(2)西汉初元三年(公元前46年)废苟中县,隋大业三年(607年),在原苟中县地设立澄迈县,县治设在澄迈村,后移至澄江坡(今老城墟);(3)清光绪二十一年(1895年),县治迁至金江镇至今;(4)1958年12月1日,澄迈和临高两县合并,初称金江县,1959年3月22日,正式改称澄迈县;(5)因古县治老城有"澄江""迈岭",故取山水名之首定县名为"澄迈";(6)至2014年境内人口46.71万人,其中农业人口占65%,有10个民族,汉族人口占99.5%。

小贴士　据2010年第六次人口普查结果,澄迈全县人均预期寿命高达75.79岁,百岁老人216人。2009年6月,澄迈县成为海南省第一个、全国第十个"中国长寿之乡",2012年11月获"世界长寿之乡"称号。

要点3　住宿与美食

(1)住宿:澄迈凯蘭福都精品酒店、澄迈海之梦大酒店、澄迈云峰宾馆、澄迈钰泽园旅馆、澄迈金莱阁宾馆、澄迈嘉年华宾馆、澄迈金大威宾馆、澄迈天福假日酒店、澄迈望海宾馆、澄迈金盛商务酒店、海南熙康云舍、澄迈老城荣辉商务宾馆等;(2)特色美食:无核荔枝、福橙、福山咖啡、瑞溪粽子、新吴糯米馍、老城清补凉、金江甜糟面团、瑞溪腊肠、金江年糕、金江基糖粿、金江粿卷、侯臣清凉糕、侯臣翻砂芋头、福山咖啡糕、长安米饼、瑞溪牛肉干、福山烤乳猪、桥头沙土富硒地瓜等。

要点4　旅游交通

(1)澄迈县交通以公路为主,海榆西线公路从本县北部横贯而过,北部近海地区又有新建成的环岛西线高速公路和高铁洋浦至海口段,成为东西快速干道;(2)境内地方公路网发达,各乡镇均通车;(3)如果需要乘坐飞机和火车,可到海口美兰国际机场和海口火车站乘坐,往来方便。

10.4.2 主要景区(点)

要点1　福山咖啡文化风情镇

(1)位于澄迈县福山镇环岛高速公路南侧,是环岛高速公路与福桥路的交汇点,距省会海口市约45千米;(2)该镇建筑风格采用古朴的地中海式与浓郁的咖啡风情相结合,外观装修以浅米黄色和浅米白色为主色调,配以国际流行的浅咖啡色饰纹砂浆,局部采用本地火山岩体现地方特色;(3)福山咖啡文化风情镇面积76平方千米,是集世界咖啡种植文化观赏、咖啡交易中心、世界咖啡口岸、咖啡制作观摩品尝区、陶艺制作创意体验区、休闲娱乐度假于一体的特色风情小镇。

小贴士 该镇中心区是国家AAA级景区,2010年(第十一届)中国海南岛欢乐节主会场,2012年12月被授予海南首个"旅游刷卡无障碍优秀示范景区"。

要点2 海南永庆文化旅游景区

(1)位于澄迈县盈滨半岛核心区,三面环海,距海口市中心18千米;(2)该区内的永庆禅林、永庆广场、禅意酒店、鸟语林公园、高星级度假酒店、高尔夫球场和足球训练基地等基础设施别具特色;(3)区内的永庆寺以其高品质定位,影响力越来越大,为古"澄迈八景"之一,是海南历史上有名的禅林圣地,也是琼北地区最大的佛教寺院;(4)永庆寺的大雄宝殿建筑面积1 200平方米,所供奉的42尊整块缅甸白玉精雕而成的佛像,乃全国首创,艺术价值和文化价值很高,得到社会各界相当高的评价。

小贴士 永庆寺,2009年9月被大世界基尼斯总部评为"供奉缅甸白玉佛像最多的寺院",在央视基尼斯颁奖晚会上获得"2010年第十二届大世界基尼斯最佳项目奖",至今已获得了13项"大世界基尼斯之最"的纪录。

要点3 澄迈红树林湿地保护公园

(1)位于澄迈县富力红树湾内,位于海口环岛高速西线573千米,距离海口市中心仅有30分钟车程;(2)该园利用得天独厚的内外双海湾与146.67公顷天然红树林,按照国家4A级标准进行建设,2014年8月23日开园;(3)该园以生态和谐为主题,适度结合旅游、科普等公共活动,保护和恢复湿地生态系统,形成一个集科普、环保、旅游、观光、度假于一体的休闲景区;(4)园内有海南岛目前最长的原木栈道,全长达到4.2千米,已开放了湿地体验馆,引进了水上画舫、绿地慢跑、绿野仙踪、嘟嘟乐园、火烈鸟特色餐厅、火烈鸟岛、红树林风情集市等游乐项目。

小贴士 澄迈红树林湿地保护公园,既是海南澄迈县推进生态现代化成果的重要体现,又是澄迈休闲生态旅游景区的重要代表,必将推动和加快澄迈生态旅游业和健康长寿产业的发展。

要点4 金山公园

(1)位于澄迈县金江镇公园路,占地面积28公顷;(2)园区主要设施内容由药师万佛长寿塔(高89米,地上13层、地下室2层)、长寿殿、财佛殿、弘法堂、禅修院、七宝莲池以及景观配套等组成;(3)位于该园区内的金山寺,背山面水,风景别致,是海南大型的佛教寺院之一;(4)金山寺为仿古建筑物,规模宏伟,建有钟楼、灵龟池、鼓楼、功德牌、天王殿、大雄宝殿、书画廊、各类佛教像等,整个寺院有金像42尊,雕刻工艺精美,各具特色,令游人香客大饱眼福、流连忘返。

小贴士 金山寺始建于明朝洪武年间,解放前夕毁于兵乱,1993年重建。

要点5 加笼坪热带季雨林公园/美合革命根据地

(1)位于澄迈县南端,总面积2 133公顷,东与屯昌县交界,西靠临高县、儋州市,南与琼中黎族苗族自治县为邻,距县城金江镇50千米;(2)该园为原始热带雨林区,拥有胭脂、坡垒、青梅、厚皮搞、榴果等珍稀树种及水鹿、猴子、藤狸、穿山甲、蟒蛇、原鸡、山鹅鸽、金钱龟等珍稀野生动物;(3)该园林海莽莽,还有山间瀑布,林间小溪,奇峰怪石,山顶天塘,加之鸟鸣兽跃,落英缤纷,构成一幅完美的生态图。

小贴士 这里还是当年琼崖纵队革命根据地、全琼抗战的总指挥部美合的原址。该园不仅有优越的生态旅游价值和革命史教育意义,还是休闲度假的最佳去处。目前,正按国家森林公园5A级旅游景区标准进行规范和建设。

模块 11　南部组团

南部组团,以三亚市为中心,包括陵水、保亭、乐东三县,面积 6 955 平方千米,占海南岛面积 20.41%。重点发展酒店住宿业、文体娱乐、疗养休闲、商业餐饮等产业。根据市场需求,适度布局建设特色旅游项目,培育一批文化节庆、会展活动和体育赛事。建设好三亚热带海滨风景名胜区,将三亚打造成为世界级热带滨海度假旅游城市。发挥三亚热带滨海旅游目的地的集聚、辐射作用,形成山海互补特色,带动周边发展。

11.1　三亚市

11.1.1　市情简况

要点1　地理与气候

(1)位于海南岛最南端,东邻陵水黎族自治县,西接乐东黎族自治县,北毗保亭黎族苗族自治县,南临南海及三沙市;(2)陆地总面积 1 919.58 平方千米,海域总面积 6 000 平方千米,是黎、苗、回、汉等多民族聚居的地区;(3)三亚市东西长 91.6 千米,南北宽 51 千米,全境北靠高山,南临大海,地势自北向南逐渐倾斜,形成一个狭长状的多角形;(4)境内海岸线长 209.1 千米,有大小港湾 19 个,有大小岛屿 40 个,主要岛屿 10 个;(5)地处低纬度,属热带海洋性季风气候区,年平均气温 25.7 ℃,气温最高月为 6 月,平均 28.7 ℃;气温最低月为 1 月,平均 21.4 ℃,年平均降水量 1 347.5 毫米,素有"天然温室"之称。

> **小贴士**　三亚市名由来:因三亚河在靠近入海口处时分成东河、西河,其流入大海处形状呈"丫"字形,本地方言"丫"与"亚"同音,故得名"三亚"。

要点2　历史与人口

(1)西汉元封元年(公元前110年),序列于中国版图;(2)清光绪三十一年(1905年),升崖州为直隶州,1912年废直隶州设崖县,1950年4月崖县解放,成立县人民政府;(3)1984年5月设立三亚市(县级),1987年9月升格为地级市;(4)1988年5月成立河东、河西区,2014年2月撤6镇新设4区,分别为吉阳区、天涯区、海棠区、崖州区;(5)三亚市 68.54 万人,聚居了汉、黎、苗、回等20多个民族。

> **小贴士**　三亚是海南接待人数最多、度假酒店及旅游景区最为集中的城市,也是首批中国优秀旅游城市、首批国家生态示范区、国家园林城市、全国卫生先进城市、全国城市环境综合整治优秀城市、中国最佳特色魅力城市、全国双拥模范城市、第三届中国十大休闲城市,还获得过中国最佳人居环境奖等奖项。

要点3　住宿与美食

(1)三亚有布满整个旅游区的五星级酒店50多家、四星及三星级各30多家、二星级200多家以及不胜统计的家庭旅馆、度假小屋、公寓、客栈等,任由不同需求的游客选择;(2)美食:红烧梅花参、槟榔花鸡、三亚米花糖、羊栏酸鱼汤、南山素斋、各式生猛海鲜、回民鲜鱼汤、豆酱陆仔鱼、三亚鲍鱼、三亚海蛇、荔枝沟鹅肉、雅亮老鼠猪、南大辣椒蟹、三亚海鲜火锅、港门粉、港门酸粉、酸芒果片、糯米粽子、酸糕、椰挞、地瓜馍(糕)、水果炒冰、三亚火龙果等。

要点 4　旅游交通

(1)机场交通:三亚凤凰国际机场位于三亚市西北 11 千米处,已开通至上海、北京、广州、港澳、西安、乌鲁木齐、成都、贵阳、桂林、哈尔滨等地的航线,并与境内外 60 多个城市通航,有机场大巴可到大东海、亚龙湾,也可乘坐 8 路公交车到市区;(2)火车交通:三亚火车站由三亚始发至海口,经由海口琼州海峡轮渡与内陆各省已实现铁路全线贯通,目前已开通三亚至北京、广州、长沙等地的直达班次,三亚站—海口站或海口东站每天往返有十几趟动车,市内 4 路、10 路、15 路、29 路等公交车可到三亚火车站;(3)长途汽车:三亚汽车总站位于三亚市中心,每天有三亚发往全省各地的长途班车,还有发往广东、湖南、江西等省份的长途客车,省内每天有多趟发往海口的专线巴士;(4)市内公交:三亚的公交车很多,各个景点均有公交可以到达。另外,不少酒店(度假村)还有开往市区和景点的免费观光车,非常方便;(5)游船/轮渡:三亚很多岛屿上都有一日游的户外活动,需要到不同的码头坐船或快艇前往;(6)租车:三亚有许多租车服务公司、酒店提供汽车租车服务,许多酒店、家庭旅馆和旅游公司均设有自行车出租服务。

11.1.2　主要景区(点)

要点 1　天涯海角游览区

(1)位于三亚西南 23 千米处,陆地面积 10.4 平方千米,海域面积 6 平方千米,背靠马岭山,面向南海;(2)该区在体现人文历史基础上,主要呈现三重自然景色之美:南天海景(百川归海、烟波浩渺)、沙滩石景(奇石磊磊、沧海泛波)和滨海林景(海水澄碧、椰林婆娑);(3)区内海湾沙滩上大小百块奇石耸立,其中,"日月石(爱情石)""天涯石(平安石)""海角石(幸运石)""南天一柱石(财富石)"和"进步石"突兀其间,最为有名;(4)该区除了摩崖石刻群外,还有黎族风情园、历史名人雕塑园、苞篱凝霞景区、海天自然景区和"天涯路"等几大游览区,均以原始、自然、古朴为主要特色;(5)天涯海角游览区各种奇石异木、高山流水、百川归海等园林景观营造的生态氛围和文化意境令人流连忘返。

> **小贴士**　"海判南天"(天涯海角最早的石刻),是清康熙五十三年(1714 年)钦差官员们(苗受、绰尔代、汤尚贤)勒石镌字而成,也是为绘制《皇舆全览图》而测量该区时留下的地标。"天涯"二字,为清雍正年间(1727 年)崖州知州程哲题刻。"海角"二字,据说是清末文人题写(另一说为民国抗战时期琼崖守备司令王毅题写)。高约 7 米的圆锥形巨石"南天一柱",其字是清代宣统元年(1909 年)崖州知州范云梯题刻。"天涯海角游览区"七个大字,是现代诗人郭沫若 1961 年所题写。

要点 2　南山文化旅游区

(1)南山文化旅游区位于三亚南山,距市区 40 千米,游览区以北有 255 国道和海南环岛高速公路通过;(2)该区是依托南山独特的山海天然形胜和丰富的历史文化渊源开发建设的全国罕见的超大型生态和文化景区;(3)该区共分为 3 大主题公园:南山佛教文化园、中国福寿文化园和南海风情文化园;(4)南山佛教文化园是一座展示中国佛教传统文化,富有深刻哲理寓意,能够启迪心智、教化人生的园区,其主要建筑有南山寺、南海观音佛像、观音文化苑、天竺圣迹、佛名胜景观苑、十方塔林与归根园、佛教文化交流中心、素斋购物一条街等;(5)中国福寿文化园是一座集中华民族文化精髓,突出表现和平、安宁、幸福、祥和之气氛的园区;(6)南海风情文化园,是一个利用南山一带蓝天碧海、阳光沙滩、山林海礁等景观的独特魅力,突出展现中国南海之滨的自然风光和黎村苗寨的文化风情,同时兼容一些西方现代化文明的园区,主要建筑有滑草场、滑沙场、黎苗民族风情苑、神话漫游世界、黄道婆纪念馆、海洋公园、花鸟天堂等。

> **小贴士** 南山文化旅游区是建国以来中央政府批准兴建的最大的佛教文化主题旅游区,其最受欢迎的景点:不二法门、心经石刻、八宝莲池、福寿文化园、吉祥如意园、海上观音圣像、三十三观音堂、鳌山、长寿谷(鳌山寿谷)、南山寺院、南山文宝院、大钟楼、敕建极乐寺、梵钟苑、慈航普渡园等。

要点3 大小洞天旅游区

(1)三亚大小洞天旅游区位于三亚市以西40千米处的南山西南隅,总面积为22.5平方千米,与南山佛教文化苑相比邻,面临崖州湾,背靠鳌山,为崖州古城之南面屏障;(2)自宋代吉阳军的知军周康发现以来,至今已有800多年,自古因其奇特秀丽的海景、山景、石景与洞景被誉为"琼崖八百年第一山水名胜";(3)大小洞天旅游区以道家文化为主题,分为洞天福地、南极寿谷、南海龙宫、摩崖题咏、山海奇观以及自然博物馆6大游览区域;(4)区内建有大型花岗岩群雕,其中"鉴真欲海"叙说的是唐代高僧鉴真率众僧5次东渡日本时遭遇台风漂流至此并修建大云寺,传播佛教文化的历史;(5)区内至今仍有"小洞天""钓台""海山奇观""仙人足""试剑峰"等历代诗文摩崖石刻;(6)区内建有沿海环山石径,以及"还金寮""岩瞻亭""独占鳌头""古寿碑""海龙王塑像"等景点,另有6 000年的南山不老松(龙血树);(7)该区还建有小月亮湾休息区,沙滩吧、木屋别墅、野营帐篷、海上娱乐设备等度假游览设施,是度假住宿、婚纱摄影、婚庆蜜月的浪漫之地。

> **小贴士** 1962年,诗人郭沫若游至大小洞天,在诗中赞誉此地为"南溟奇甸";1993年,国家主席江泽民视察海南至此,赠诗两句:碧海连天远,琼崖尽是春;1994年,中国佛教协会会长赵朴初为大小洞天景区题词:福如东海,寿比南山。

要点4 大东海旅游区

(1)位于距三亚市中心3千米的兔子尾和鹿回头两山之间,是个月牙形的海湾;(2)大东海三面环山,海湾长约2.9千米,四季如春,阳光、蓝天、碧水、白沙滩、绿树构成美丽的热带海滨风光,博得海内外游客的赞叹;(3)海湾冬季水温在18~22 ℃,是冬泳避寒胜地和度假休闲者进行海水浴、阳光浴的理想之地;(4)该区1985年对外开放,1988年海南建省办特区后迅速建起一批档次不同、形式各异的度假酒店和度假公寓;(5)该区海滨度假旅游设施集中而配套,有嬉水乐园、旅游潜艇码头、潜水和跳水基地等,可常年进行多种水上活动、沙滩活动;(6)滨海开放式的度假休闲长廊有各式餐馆、排档、酒吧,提供海鲜和多种美食,体现出浓郁的热带滨海风情。

> **小贴士** 三亚大东海旅游景区是三亚首家零收费、开放式景区,也是三亚的一处标志,被国家旅游局评为"中国四十佳景"之一。

要点5 亚龙湾国家旅游度假区

(1)位于三亚市东南28千米处,是海南岛最南端的一个半月形海湾,全长约7.5千米,是海南名景之一;(2)沙滩绵延7 000米且平缓宽阔,浅海区宽达50~60米,沙粒洁白细软,海水清澈洁莹,能见度7～9米;(3)年平均气温25.5 ℃,海水温度22～25.1 ℃,终年可游泳,海水浴场绝佳,被誉为"天下第一湾";(4)度假区面积18.6平方千米,是一个拥有滨海公园、豪华别墅、会议中心、高星级宾馆、度假村、海底观光世界、海上运动中心、高尔夫球场、游艇俱乐部等国际一流水准的旅游度假区;(5)亚龙湾中心广场占地面积71 000平方米,具有观光、娱乐、集会、餐饮等多种功能。

小贴士　图腾柱是亚龙湾中心广场的最高点,也是亚龙湾的标志性建筑,高26.8米,由200多块巨大的花岗石和铝合金柱组成。上面刻有龙、凤、鸟、鱼以及风雨雷电四神的图案,图腾和雕塑群浑然一体,构成强烈的中国古天文意识和东方神秘色彩。

要点6　亚龙湾热带森林公园

(1)位于三亚东南方向25千米处,即亚龙湾国家旅游度假区两侧山体,总面积1 506公顷,分东园和西园;(2)其森林植被类型为热带常绿性雨林和热带半落叶季雨林,植物133科1 500余种,森林结构复杂,季相变化多姿多彩;(3)园区有哺乳类动物30余种,两栖类和爬行类动物60多种,鸟种100余种,主要有野猪、猕猴、蟒蛇、小灵猫、变色龙等,此处还分布着20多种色彩缤纷的蝴蝶;(4)特色景点:石阶、栈道、亭台楼阁、越野车俱乐部、"鸟巢"屋、山峦峰顶泳池、海景咖啡屋、山地度假村等;(5)公园拥有两条游览线路:登山探险游览线沿途可欣赏飞来石、百果园、兰花谷、雨林奇观、空山亭等数十处景观,观光车游览线沿途可欣赏逐鹿岭、烟波亭、过江龙索桥、千里亭、国家海岸、龙门石等。

小贴士　三亚向有"东龙西凤"之说。"东龙"即指亚龙岭、红霞岭的龙山龙脉、亚龙湾、大小龙潭共同构成的亚龙湾风景名胜区和国家旅游度假区。在亚龙湾森林公园中,中国传统龙文化演绎得更加突出而和谐,彰显三亚的"东龙西凤"文化。

要点7　亚龙湾海底世界

(1)位于亚龙湾国家旅游度假区,不仅拥有我国最迷人的海湾、沙滩,而且在其附近海域拥有世界上最大、最完整的软珊瑚族群以及丰富多彩的硬珊瑚、热带鱼类等海洋生物,是中国乃至世界开展海底观光旅游的最佳景区之一;(2)已有娱乐项目:海底世界半潜观光、美人礁水肺潜水、海底漫步、深海潜水摩托、香蕉船、拖曳伞、徒手潜水、玻璃观光船、快艇观光、摩托艇、冲浪飞车、沙滩摩托车、沙滩浴场等,还有与之配套的海上娱乐酒店。

小贴士　由日本进口的3 800吨大型客轮改装成的目前中国规模最大的海上娱乐酒店,为游客提供客房、餐饮、娱乐、游戏、购物等各种游乐服务设施。

要点8　亚龙湾爱立方滨海乐园

(1)位于三亚吉阳镇亚龙湾国家旅游度假区,是三亚亚龙湾开发股份有限公司投入巨资对亚龙湾原中心广场、贝壳馆、滨海公园、蝴蝶谷进行升级改造后的综合度假区;(2)景区按照5A级的建设标准建设,集休闲度假、海上娱乐、海底探幽、特色美食、冰上表演、欢乐大世界于一体;(3)目前已开放冰雪零度乐园主题公园、潜水基地、滑水运动以及天下第一湾、图腾水景广场、光阴流转隧道、海上婚纱摄影基地、百岁阶、蝴蝶谷、蝴蝶博物馆、蝶茧树屋、树梢行走等景点;(4)其海底餐厅被颜色艳丽的珊瑚暗礁环抱着,各种海洋生物在珊瑚礁间穿梭往来,顾客在餐厅品尝美味时可观赏缤纷绚丽的海洋世界。

小贴士　爱立方滨海乐园以滨海旅游为主题,不但补充和丰富了餐饮、娱乐等各项业态,而且拥享世界级热带海岸、雨林风光,汇集"山、海、湖"三大资源,成为亚龙湾旅游度假、海上娱乐、观光游览、冰上表演、特色美食、绿色农庄等多元化为一体的欢乐世界。该园于2016年元旦开业,是目前三亚海岸线上休闲项目最全的度假综合区。

要点9 海棠湾度假区

(1)海棠湾东北与陵水黎族自治县接壤,西北与保亭黎族苗族自治县毗邻,西南以仲田岭、回风岭、竹络岭、琼南岭群山为界,构成自然的海湾区域,总面积384.2平方千米,海岸线总长22千米;(2)其南面与亚龙湾国家旅游度假区相邻,集碧海、蓝天、青山、银沙、绿洲、奇岬、河流于一身;(3)湾内有南田温泉、铁炉港、伊斯兰古墓群、蜈支洲岛、椰子洲岛等美景、古迹、名胜;(4)截止到2015年年底,区内已建7个风情小镇,301解放军总医院海南分院已开业,蜈支洲岛珊瑚酒店、三亚御海棠豪华精选度假酒店和三亚海棠湾喜来登度假酒店等超过10家的国际品牌酒店已经入住;(5)海棠湾区域总体定位"国家海岸"——国际休闲度假区,核心功能是建设3大国家级和世界级品牌:国际顶级品牌滨海酒店带、世界级的游艇休闲社区和国家级医疗及健身疗养基地。

> **小贴士** 2004年三亚市委、市政府开始启动海棠湾规划,2007年5月,海南省政府批准海棠湾控制性详细规划,拉开了海棠湾开发建设的序幕。海棠湾规划总面积98.78平方千米,规划2020年期末人口总规划25万人。区域的产业结构将重点发展文化创意、医疗养生、体育娱乐、特色商贸物流、总部经济、会议会展、高新技术(IT)等现代服务产业。

要点10 鹿回头公园

(1)位于三亚市区南边3千米处的三面环海的海边小山,主峰海拔275.1米,这里山岬角与海浪辉映,站在山上可俯瞰浩瀚的大海,远眺起伏的山峦,三亚市全景尽收眼底;(2)根据传说在山上雕塑了一座高12米、长9米,宽4.9米的巨石雕像,三亚市也因此被人们称为"鹿城";(3)鹿回头公园曲径通幽,顺着山势建有哈雷彗星观测站、白色的听潮亭、红色的观海乾、情人岛,此外还有猴山、鹿苑、滑道、黎家寮房、龟鳖天堂、游鱼仙池等景点供观赏,使游人乐而忘归。

> **小贴士** 这里还是三亚市区森林植被自然保护区的核心地带,属常绿热带季雨林生态类型,植物种类丰富,有许多国家级和海南省特有物种。

要点11 凤凰岭海誓山盟景区

(1)位于三亚市区东部,东西宽约5千米,南北长约7千米,由凤凰岭、海螺岭、会岭等主要山峰组成,总体规划面积17平方千米,景区开发重点项目汇集在凤凰岭;(2)凤凰岭是三亚城市生态旅游核心,据三亚古籍《崖州志》记载,凤凰岭海拔394米,为三亚市区的最高峰;(3)景区由大门景观区(青龙潭风水池、凤凰树、槟榔园)与山顶景观"四湾八景观赏区""海誓山盟广场""水晶圣殿爱情主题森林景观区"组成;(4)"四湾八景观赏区"与"水晶圣殿爱情主题森林景观区"的红杉木栈道和九曲桥组成了长达3千米的观光栈道,踱步林中,猕猴嬉戏,鸟语花香,让游客在"都市森林"中回归自然,感受返璞归真的乐趣。

> **小贴士** 四湾即亚龙湾、榆林湾、大东海湾、三亚湾,八景即三亚八景。"四湾八景观赏区"是凤凰岭景区领略三亚全貌的绝佳之处。"水晶圣殿爱情主题森林景观区"是以植物间相互缠绕的生存关系展示人生爱情轨迹。位于该区最高点的"水晶圣殿"是该区的点睛之作,同时也是海南三亚最高、最具自然浪漫情调的山顶水晶殿堂。

要点12　蜈支洲岛旅游区

(1)位于三亚市北部的海棠湾内,距三亚市中心40千米、三亚凤凰国际机场38千米,紧邻海南东线高速公路;(2)岛上自然风光绮丽,已建各类度假别墅、木屋及酒吧、网球场、海鲜餐厅等配套设施;(3)已有海上和沙滩娱乐项目:潜水、半潜观光、海钓、滑水、帆船、帆板、摩托艇、香蕉船、独木舟、拖曳伞、蹦跳船、沙滩摩托车、水上降落伞、沙滩排球、沙滩足球等30余项;(4)岛东、南、西三面漫山叠翠,85科2 700多种原生植物郁郁葱葱,临海山石嶙峋陡峭,直插海底,惊涛拍岸,蔚为壮观;(5)中部山林草地起伏逶迤,绿影婆娑,北部滩平浪静,沙质洁白细腻,恍若玉带天成;(6)四周海域清澈透明,海水能见度6~27米,水域中盛产夜光螺、海参、龙虾、马鲛鱼、海胆、鲳鱼及五颜六色的热带鱼。

小贴士　蜈支洲岛南部水域海底有着保护很好的珊瑚礁,是世界上为数不多的没有礁石或者鹅卵石混杂的海岛,是国内最佳潜水基地。

要点13　西岛海洋文化旅游区

(1)位于三亚湾国家自然保护区内,面积2.8平方千米,距三亚市区8千米;(2)该区是主要依托西岛旖旎的自然风光、独特的生态资源和浓郁的岛屿风情开发建设的大型海岛休闲度假胜地和观光景区;(3)西岛全岛被绿色覆盖,植被多为台湾相思树、小叶桉及少量的麻黄、椰树等热带乔木以及相思豆、三角梅、草海桐、仙人掌等灌木林;(4)西岛南部山上,有野生猕猴几十只,以食虾蟹为生,有省级保护动物金丝燕,盛产海岛珍品——燕窝;(5)该区自2001年开业迎宾,历经多年打造初具规模,总体空间构成和核心吸引物大致可以概括为"一港两岛,五部十景";(6)"一港两岛"是该区的总体空间构成,即肖旗港客运码头、西岛海上游乐世界、牛王岛(与西岛几近相连的袖珍小岛)游览区;(7)"五部十景"是该区的核心吸引物,即潜水、海上运动、拖伞、海钓、沙滩5大休闲运动俱乐部以及海角金沙、金牛望海、海誓山盟、开天辟地、灵龟奇石等10大核心景观。

小贴士　1952年10月,西岛开始驻军,隶属中国人民解放军海南军区榆林指挥部管辖。著名的西岛女民兵连创建于1959年,曾受刘少奇、叶剑英等党和国家领导人的检阅,"八姐妹炮班"一度名扬全国。

要点14　南天生态大观园

(1)位于三亚天涯镇塔岭,东邻天涯海角,西壤南山寺,园区规划总面积171.68公顷,集农林科普教育、园林生态旅游和休闲度假观光为一体;(2)景区现已开放的主要景点有:兰花大世界、奇瓜异果园、仙人植物园、热带百果园、无土栽培园、海洋馆、儒学文化园、道家文化园、海螺博物馆、佛教文化园、种子博物馆、"南天瀑""不老松""天缘树"等,还有南天香茶坊、兰花工艺坊、植物克隆室、品茗园以及黎、苗风情歌舞表演的"民俗风苑"等。

小贴士　园区景观填补了海南的多项空白,被三亚市列为高科技示范园。气势磅礴的立体式植物大门及用植物塑造的生态传统文化均堪称世界首创;仙人植物园、奇瓜异果园都是海南省绝无仅有的景观,多项景观获得国家专利。

要点15　三亚兰花世界文化旅游区

(1)地处三亚西部的天涯镇,距离三亚市中心30多千米,位于南山风景区、大小洞天、天涯海角等著名旅游风景区的中心;(2)占地面积近27公顷,已开发8.33公顷,内有国内外各种兰花品种3 000多种,200多万株,其中有300多种世界珍稀的野生兰花品种;(3)分为兰花博览中心、岩生兰花、地生兰花、兰花种植、野生兰谷、兰花文化长廊、树生兰花等多个景观区,使游客在不同的景区可以观赏到不同品种的兰花。

> **小贴士** 该区是全球最大的兰花主题公园,我国唯一的国家级热带兰花示范基地,集中外园林建造思想,先进园林技术运用,通过上千种中外名贵热带兰花品种进行艺术点缀组合,令人感受到"芝兰生于深林""绿玉丛中紫玉条"的兰花生态古典意境。

要点16　京润珍珠博物馆

(1)位于三亚市凤凰机场路口,占地2.5万平方米,总建筑面积4 472平方米;(2)该馆成立于1999年12月,是我国第一家大型珍珠博物馆;(3)该馆配有大型珍珠展销厅,销售由京润珍珠自主设计、开发研制的珍珠饰品、珍珠保健品、珍珠化妆品,也是我国最大的销售高档珍珠的商场;(4)该馆共分6大部分:设计草图的原件、珍珠养殖场模型、珍珠名人墙、珍珠交响曲、现代珍珠饰品、珍珠化妆品;(5)无论是文字说明、图画展示,还是实物或标本陈列、场景缩微模拟,或是声光电等高科技手段,该馆都生动翔实地再现了珍珠的形成、养殖与加工,珍珠悠远的文化,珍珠的识别与鉴赏,珍珠时尚与珍珠饰品的演变,珍珠的药用、养生与保健作用等,让参观者身临其境。

> **小贴士** 该馆珍珠墙,是我国唯一由42万粒直径12毫米的工艺珍珠灌制而成的;"海南京润珍珠博物馆"九个字,由来自新西兰的深海鲍鱼贝拼制而成。2008年,中央电视台《财富故事会》播出了海南京润珍珠博物馆的专题采访《珍珠别恋》。

要点17　凤凰岛

(1)位于三亚湾度假区"阳光海岸"的核心,是在大海礁盘之中吹填出的人工岛;(2)该岛四面临海,由一座长394米,宽17米的跨海观光大桥与三亚湾路及光明路相连,南侧临鹿回头公园,东南侧临三亚河入海口,西侧为东、西玳瑁岛,北侧濒临17千米长三亚湾海滩;(3)凤凰岛一岛全长1 250米,宽约350米,占地面积36.5万平方米,规划总建筑面积48万平方米,二岛(期)工程已于2014年4月开工,新建4个邮轮码头,其中10万吨泊位1个、15万吨泊位2个和22.5万吨泊位1个;(4)凤凰岛一岛、二岛整体共计80万平方米,12米深度海域,相较于海岸边,海水清透醇美;(5)该岛主要包括7大项目,超星级酒店(含酒店及国际会议中心)、国际养生度假中心、别墅商务会所、热带风情商业街、国际游艇会、奥运主题公园和凤凰岛国际邮轮港。

> **小贴士** 2013年4月10日,习近平总书记曾来到三亚市凤凰岛视察。凤凰岛一岛、二岛连接带打造滨海公园,引入私人沙滩俱乐部,沙滩足球、沙滩排球、沙滩音乐节等尽享私属沙滩狂欢。引入海上娱乐体验,海上飞机、海上滑翔机、海上摩托艇、海上高尔夫、帆船、游艇、冲浪等,打造全方位的海上娱乐之旅。

要点18　三亚宋城旅游区

(1)三亚宋城旅游区位于三亚市迎宾路333号,建有三亚千古情景区、三亚宋城彩色动物园、三亚宋城冰雪世界、三亚宋城浪浪浪水公园等主题公园;(2)千古情景区有大型歌舞《三亚千古情》、南海女神广场、图腾大道、崖州古城、爱情谷、清明上河图、戏水区、小吃广场、宋城六间房广场、鬼蜮惊魂等数十个主题区;(3)冰雪世界主要由北欧乡村小镇、冰原魅影、滑冰道、滑雪场、冰雕观赏区、戏雪区等主题区和配套项目构成;(4)彩色动物园内有羊驼、浣熊、亚达伯拉象龟、袋鼠、火烈鸟、红嘴巨嘴鸟、红绿金刚鹦鹉等热带动物,是集动物观赏互动、科普教育、动物保护等多种特色和功能为一体的综合园林动物园;(5)浪浪浪水公园内有浪迹天涯、三亚号角、山涧穿越、鸳鸯滑道、彩虹滑道、丛林漂流、弄潮儿等数十项风靡全球的水上游乐设备及其项目。

> **小贴士** 大型歌舞《三亚千古情》是获得海南省"五个一工程"奖的旅游演艺作品,300位演员、360度全景演出、上万套舞台机械、4 700位观众互动,综合舞蹈、杂技、声光电等高科技,用炫目的特技、上天入地的空间创意,完全打破了艺术类型的界限,让每个角落都充满艺术的张力,撼动观众的视觉和听觉神经。

要点19 槟榔河乡村旅游区

(1)位于三亚市凤凰路以北1 000米处,南抵西线铁路,北达水源池水库,地处水源池水库下游,槟榔河两岸;(2)该区总规划面积9平方千米,分布有15个纯黎族自然村,人口达5 000余人,属海南黎族五大方言中哈方言一支,槟榔是该地的主要象征,也是主要的经济来源;(3)槟榔河一直致力于打造"没有围墙的黎家自然村落",通过黎家自然景观、民族博物馆、织锦表演、休闲果园等吸引世界各地游客;(4)根据"一廊七区"的规划格局,槟榔河规划区内还将建设亲水休闲长廊(即黎人大道)、黎族文化体验区、国际乡村养生度假区、槟榔河登山乐园、现代农业观光区、农家乐体验区、槟榔河山地运动区。

> **小贴士** 三亚槟榔河乡村旅游区着力开发农业旅游和黎族民俗文化,以"槟榔河之夜"为突破点,打造具有独特乡村风光、鲜明民俗特色的农业乡村旅游区。整个旅游区实现了农民零迁出,社区居民可最大化地参与旅游,这与"以保护环境为名,行开发建设之实"而搬迁居民的风景区有明显区别。

要点20 三亚海螺姑娘创意文化园

(1)坐落在三亚市吉阳大道219号,该项目总占地3.5万平方米,总投资1.2亿元,分两期建设完成;(2)一期为"海南省螺贝科技馆",占地近1.5万平方米,建筑面积约4 500平方米,是国内首个濒危保护动物、室内驯养与研究基地,设有螺贝馆、淘贝馆、螺贝宴餐厅和海螺姑娘雕塑广场4个功能区域;(3)二期为"海螺姑娘国际艺术家公社",占地近2.1万平方米,设有艺术家会馆、艺术家创作室、艺术画廊和海洋艺术酒店4个功能区域,是集文化艺术创作、交流交易、观光休闲为一体的艺术家交流平台。

> **小贴士** "海螺姑娘"是海南首家海洋螺贝文化创意产业园,是围绕三亚当地流传的《南海海螺姑娘传说》而精心打造的文化景区。

11.2 陵水黎族自治县

11.2.1 县情简况

要点1 地理与气候

(1)陵水黎族自治县位于海南岛的东南部,东北连万宁市,北部与琼中黎族苗族自治县交界,西北与保亭黎族苗族自治县接壤,西南与三亚市毗邻,东南濒临南海;(2)海岸线长57.5千米,东西宽32千米,南北长40千米,总面积1 128平方千米;(3)由于地处北回归线以南,气候属热带岛屿性季风气候,高温多雨,冬天严寒,干湿季分明,夏秋多雨,冬春干燥。年平均气温25.2 ℃,年平均雨量为1 500~2 500毫米,主要集中在每年的8~

10月份。

要点2　历史与人口

(1)西汉武帝元封元年(公元前110年),陵水属珠崖郡山南县;(2)唐武德五年(622年),属振州,宋高宗绍兴六年(1136年),改属琼州,绍兴十三年(1143年),还属万安军,元因之;(3)明洪武三年(1370年),升琼州为府,陵水县属琼崖安靖处,国民二年(1913年),陵水县属琼州镇守府;(4)1950年4月,陵水解放,1951年8月成立陵水县人民政府;(5)1961年6月,恢复陵水县建制,1987年12月,陵水县改称陵水黎族自治县;(6)陵水县是个以黎族、汉族、苗族人口居多的"大杂居,小聚居"的市县,2014年年末人口30.05万人。

小贴士　改革开放30多年来,在历届县委、县政府的带领下,陵水各族人民"立足于主导产业,各业竞秀"的指导思想,转变观念,实施科教兴县战略,形成了发展海洋渔业、冬季瓜菜、热带水果的农业发展三大特色。

要点3　住宿与美食

(1)住宿:海逸通酒店、伯明顿酒店、世知度假酒店、海南天朗度假酒店、香水湾君澜度假酒店、金缔度假酒店等;(2)美食:陵水酸粉、野苋菜、紫菜、江蓠菜、马尾藻、麒麟菜、马鲛鱼、金枪鱼、乌鲳、三点蟹(红星梭子蟹)、琵琶蟹(蛙形蟹)、鸡腿螺、扇贝、白蝶贝、雷公笋、陵水圣女果、连雾(紫蒲桃)等。

要点4　旅游交通

(1)海榆东线公路和东线高速公路均从陵水县境内穿过,北距海口197千米,南距三亚65千米,从县城南到三亚凤凰国际机场72千米,均有高速公路相连;(2)陵保高等级公路使其成为万宁、琼海、文昌至中部市县的交通枢纽;(3)陵城交通主要以当地特色的"风采车"为主,各个乡镇均有公交车经过。

11.2.2　主要景区(点)

要点1　南湾猴岛生态旅游区

(1)位于陵水县南约14千米的南湾半岛,是我国也是世界上唯一的岛屿型猕猴自然保护区;(2)岛上有近400种热带植物,近百种动物,尤其2 500多只国家二类保护动物猕猴十分珍贵;(3)该岛还具备优质的阳光、海水及滨海沙滩旅游资源,同时拥有独特的新村渔港和水上疍家等特色民俗风情旅游资源;(4)在新村与猴岛之间架设的一条2 138米的跨海观光索道,将南湾猴岛、热带港湾、"疍家民俗"、渔港风情等串成一线,使游客可饱览海上风光和绿岛美景;(5)岛上猴子的表演项目有走钢丝、吊环、群猴赛车等,尤其是超长距离的猴子高空骑单车、过跷板表演,更是国内首创;(6)南湾半岛南端新开"浪漫天缘"景区主要以观光和表演为主,游客乘坐观光电瓶车欣赏几十米落差悬崖峭壁下的大海、小岛(白排礁)、沙滩和大型水上摩托艇特技、花样滑水表演、水上飞碟等;(7)这里还提供了一些其他水上游乐餐饮项目,有自驾摩托艇、香蕉船等,附近新村港疍家人的"海上鱼排"是吃海鲜大餐的极佳之处,其独特文化吸引众多游客。

小贴士　疍家人水居,以船为室,每艘船住着一家人或一个小家族,或采珠,或捕鱼;疍家世代相传的是口头文学,并较多地保持了古代北越人的风俗;其图腾崇拜为蛇,称蛇为龙种……这些都构成了疍家特有的社会与民俗文化。南湾猴岛的"疍家"来自福建泉州和广东顺德、南海等地,有鱼排458个,从事海水养殖和捕捞业。

要点2　分界洲岛旅游区

(1)分界洲岛,中国首个海岛型国家5A级旅游景区,位于东线高速公路牛岭出入口,是陵水县与万宁市的行政分界线;(2)因特殊的地理位置、气候特征、海岛地形、地域文化等,该岛有"美女岛""观音岛""睡佛岛"等美誉;(3)该岛最高处海拔近百米,东、北和南部怪石嶙峋,悬崖壁立,其近海平均水深约15米,岛的西部是洁净平缓的沙滩,退潮时宽约85米;(4)岛上灌木丛生,也有高大乔木,木棉、刺桐、三角梅和走马藤花竞相绽放,四季鸟语花香;(5)岛上辟有鬼斧神工、大洞天、刺桐花艳、世界钱币博览路等20多处自然和人文景观,并有峭壁潜水、沉船潜水、海底漫步、珊瑚观赏船、海上拖曳伞、海上摩托艇、香蕉船等娱乐项目和海钓、户外拓展等休闲活动;(6)该岛有美到极致的大海,拥有我国唯一自然海域驯养海洋动物的海豚湾和中国最大的珊瑚馆等,是我国"海底婚礼"的首创地,还是三亚、海口及周边市县婚纱摄影机构推荐的婚纱拍摄基地,是海南特色婚庆浪漫型景区。

> **小贴士**　关于分界洲的最早史料记载为乾隆五十七年瞿云纂《陵水县志》,其中记载:"加摄屿,在城东四十里。加摄屿涧外为大海,中一岛,高三十余丈。""加摄屿"指的就是现在的分界洲。分界洲在古代是兵家要塞,也是商人行船避风地方。

要点3　吊罗山国家森林公园

(1)位于海南东南部,地跨陵水、保亭、琼中、五指山、万宁5个市县,总面积3.8万公顷,大部分在陵水境内,是我国珍稀的原始热带雨林区之一;(2)1994年10月被批准建立省级吊罗山森林公园,1999年5月经国家林业局批准建立国家森林公园,是海南省东部规模最大的森林公园;(3)公园内拥有热带雨林6大植物奇观和高质量的生态环境;有湖光山色、峰峦叠嶂、飞瀑溪潭、巨树古木、奇花异草、岩洞怪石等众多集原生性、科考性、多样性、趣味性为一体的高品位的森林景观资源;(4)吊罗山三角峰海拔1 499.8米,园中瀑布百余个,海南第一瀑——落差达350米的枫果树瀑布群分布其中;(5)公园内动植物资源极为丰富,种群植物3 500多种,是名副其实的"植物宝库"。

> **小贴士**　该区年均降雨量在2 400毫米左右,长年气候凉爽,年平均气温仅为20 ℃,是一个冬暖夏凉、四时花开的观光、休闲、度假旅游的胜地,也是人们理想的修身养性、康体保健的"天然氧吧"和"自然康复中心"。

要点4　香水湾

(1)位于陵水黎族自治县东部光坡镇,距县城18千米,与万宁县的石梅湾相接,因香水岭流来的泉水注入海湾而得名;(2)香水湾的顶端是牛岭,与分界洲遥遥相望,其铜岭脚下有"擎天石"、供人观赏日出的"石亭"、海滩上屹立着一座"龙王椅";(3)银色沙滩,低处若毯,高处成丘,酷似沙漠景观;(4)海边怪石嶙峋,海水清澈见底,巨浪拍岸,飞珠溅玉,渔帆点点,海鸟嬉翔;(5)香水湾景区总体规划面积467公顷,长达12千米的原生态海岸线上有6家酒店,并拥有2座高尔夫球场,平均海岸景观线占有率为海南首位。

> **小贴士**　香水湾边有口"仙人井"非常奇特,距海边仅几步之遥,石缝间冒出甘甜的泉水。即使天干地旱,泉水永不干涸。当地农民中流传一句谚语:饮了仙人井的泉,能"香三年,白三年,平平安安过三年"。

要点5　椰田古寨景区

(1)位于陵水县境内东线高速英州出口处,距三亚市20多千米,占地面积上百亩;与蜈支洲岛、南湾猴岛等风景区隔海相望、交映生辉;(2)景区现已建成古老文化、奇特风情、椰风飘香、神秘傩盎、小锤叮当五大游览区,并常年演出一台"欢乐苗家歌舞";(3)文化区:以图文实物、造景的不同方式展示海南苗族迁徙路线、服饰、食宿、农耕、狩猎、医药、工艺美术、岁时节令等古老文化;(4)风情区:通过百年谷仓、晒谷场、吊脚楼、图腾广场等,使游客感受苗家青年男女待客的热情和宗教信仰等习俗;(5)傩盎区:表现苗家万物有灵,相生相克的自然崇拜观念;(6)小锤叮当区:展示苗家手工银器的加工方法和技艺。

小贴士 该景区是海南省新兴的展示苗家文化风情的窗口,展示了海南苗家原生态的生活场景。另外据查,傩神就是傩(音 Nuo)神;傩神一指"神农炎帝",二指祝融。放蛊,相传为我国一种古老的神秘巫术,有关蛊的传说和知识至今仍然带有迷信色彩。

要点6 清水湾

(1)位于陵水县东部沿海,跨越英州、新村两个乡镇,涂北滩狭长,海岸线长约 12 千米;(2)该湾是 1993 年 3 月海南省政府批准的《陵水海滨风景名胜区总体规划》中"一城两区"赤岭景区中的滨海旅游景区,是陵水近几年新崛起的一个旅游、休闲、度假新城,有 12 千米的清水湾景观大道,规划建设 6 家五星至七星级国际品牌酒店、滨海高尔夫球场、海洋体验展览馆以及世界风情商业街等度假配套设施;(3)景区东邻南湾猴岛及新村港,也是大游艇俱乐部和户外俱乐部;(4)清水湾的海水质量达到国家一类海洋水质标准,能见度高达 25 米,沙滩平缓涉水 200 米远,水深也不过 2 米,是世界顶级的天然海滨浴场。

小贴士 由于海沙极细腻,走在沙滩上发出银铃般清脆的"唱歌声",故清水湾的沙滩被誉为"会唱歌的沙滩"。一位外籍专家称,世界上只有三个地方拥有这样的沙滩:美国的夏威夷,澳洲的黄金海岸,还有就是中国的海南清水湾。

11.3 保亭黎族苗族自治县

11.3.1 县情简况

要点1 地理与气候

(1)位于五指山南麓,南接三亚市(76 千米),北连五指山市(39 千米);(2)县境东西宽 49 千米,南北长 54 千米,总面积 1 166.6 平方千米,占海南省陆地面积的 3.42%;(3)该县属热带季风气候区,具有热量丰富、雨量充沛、蒸发量大、季风变化明显的特点;(4)全年日照约 1 900～2 000 小时,日照百分率达 45%,年平均气温在 20.7～24.5 ℃之间,年平均降雨量 2 000 毫米。

要点2 历史与人口

(1)保亭其名来源明代"宝停司",清代改称"宝停营";(2)民国二十四年(1935 年)正式设立行政县;(3)因清朝曾设"宝亭营、汛"而得名,另一说是清末冯资材(宫保)征黎时带兵驻此,建亭一座,后人称为"冯官保亭",日久简称"保亭",县以亭名;(4)2014 年年末,人口 14.67 万人,其中黎族占 56.2%,苗族占 3.8%,其他民族 40%。

要点3 住宿与美食

(1)住宿:七岭仙境雨林温泉度假酒店、七仙岭希尔顿逸林温泉度假酒店、七仙岭龙湾珺唐酒店、七仙岭君澜度假酒店、华人国际七仙温泉酒店、保亭神玉文化园、呀诺达雨林一号度假酒店、黎家印象主题酒店等;(2)美食:山兰酒、红毛丹、南药、槟榔花煲猪肚、木薯椰子丝、椰子丝炒南瓜、四棱豆、酒糟鱼汤、保亭蜂蜜、苗家三色饭、黎家山兰酒、六荣椰子鸭、黎歌天手撕牛肉、六荣捞叶牛肉丸、隆滨西红柿原汁牛肉丸等。

要点 4　旅游交通

(1)交通以公路为主,纵贯全境的海榆中线是本县交通的命脉,地方公路网以保城镇为中心,成辐射状向四周展开;(2)保城镇每日有客车通往省内各县,北至海口市 261 千米,南抵三亚市 76 千米,往东沿保陵线直达陵水,接东线高速公路和海榆东线公路。

> **小贴士**　保亭获得国家卫生县城、国家园林县城、全国文明县城、中国最佳文化生态旅游目的地、中国最佳绿色旅游名县、中国最具民俗文化特色旅游目的地、中国最美休闲旅游城市、全国休闲农业与乡村旅游示范县等荣誉,是全国唯一以少数民族交流为特色的海峡两岸交流基地,也是中国民间文化艺术之乡,拥有世界最大面积(40 公顷以上)热带喀斯特地貌——仙安石林,我国唯一能出产红毛丹水果的宝地。

11.3.2　主要景区(点)

要点 1　呀诺达热带雨林文化旅游区

(1)位于三道镇,海榆中线三亚至保亭方向 18 千米处,距三亚市区 35 千米;(2)景区集热带雨林、峡谷奇观、流泉叠瀑、黎峒风情、热带瓜果、南药、温泉多种旅游资源于一身;(3)景区的观景台可眺望海棠湾、蜈支洲岛、南湾猴岛,形成了与众不同的区位优势;(4)雨林谷景观,以展现原生态的热带雨林景观为核心,汇集百年古藤、"活化石"黑桫椤、巨型仙草灵芝、野生桄榔以及"高板根""根抱石""藤本攀附"等热带雨林奇观,其游览通道由木栈道、野趣石阶、吊桥组成,长达 3.5 千米,分为大、中、小 3 个环行线路;(5)景观梦幻谷,是热带雨林中沟谷瀑布的极品代表,在纵深 1.2 千米、落差 200 米的热带雨林沟谷内,迎宾瀑布、天门瀑布、连恩瀑布 3 个水位,落差各不相同的瀑布在沟谷中穿越,与巨树、怪石、溪流等构成一个探奇地带;(6)著名景点有五榕迎宾、藤龙闹海、兰花溪、桐亭、千年根吊石、野生桄榔林、八榕观景台和千年夫妻榕等,主要活动项目有雨林野战——真人 CS、雨林翱翔——高空滑索、踏瀑戏水拓展等。

> **小贴士**　呀诺达热带雨林景区是我国唯一地处北纬 18°的真正热带雨林,是海南岛五大热带雨林精品的浓缩,是最具观赏价值的热带雨林资源博览馆。"呀诺达"是形声词,在海南本土方言中表示一、二、三;景区赋予它新的内涵,"呀"表示创新,"诺"表示承诺,"达"表示践行,同时"呀诺达"又被意为欢迎、你好,表示友好和祝福。

要点 2　甘什岭槟榔谷原生态黎苗文化旅游区

(1)位于三亚市与保亭县交界处甘什岭自然保护区境内,距三亚市区 28 千米;(2)由于景区位处甘什岭自然保护区,两边森林峻峭,中间是一条连绵数千米的槟榔谷地,故称槟榔谷;(3)该区占地面积 24.6 公顷,由原甘什黎村、原始雨林谷和原蚩尤苗寨三大板块构成,是集观光游览、休闲娱乐、文化展示为一体的多元型复合式旅游风景区;(4)该区挖掘、保护以及弘扬海南原住民文化,海南省国家级非物质文化遗产保护的 20 个项目,槟榔谷就展示了其中 10 项;(5)谷内的黎族传统文化博物馆里,珍藏着整个海南岛最齐全、最珍贵的黎族各种民间文物、见证黎族发展历程的种种器皿和图片,是一部生动恢宏的"黎族人历史教科书"。

> **小贴士**　槟榔谷不仅以其宏大的规模、优秀的服务和丰富多彩的民间娱乐项目赢得

了八方游客的口碑,更以其独具韵味的原住民风情、神秘迷人的原始雨林风光风靡整个海南岛乃至全国、全世界,被评为海南省游客满意十佳景区及十大最佳特色魅力旅游风景区之一。

要点3　七仙岭温泉国家森林公园

(1)距保亭县城7千米,1998经国务院和国家林业局联合批准为国家级森林公园;(2)境内温泉温度最高可达95 ℃,含有多种微量元素,属硅酸碳酸氢钠型医疗用温泉水,日出水量3 860多吨,是海南岛探明的出水量最大、温度最高的温泉;(3)七仙岭又名七指岭,以七个状似手指的山峰而得名,七峰险峻、天然绝壁,是攀岩的好去处;(4)现该园建有登山石板栈道2 300米,共有3 770级台阶,木质观光栈道850米,在石板栈道的终点处有一处长约80米的攀岩石壁,设有辅助铁索,坡度约为75度;(5)七仙岭的最高山峰海拔约为1 126米,登上峰顶,可尽享"一观、二看、三瞻、四望、五拜"的境界,即一观——观日出,二看——看黎村苗寨,三瞻——北瞻五指山、东瞻吊罗山、西瞻毛公山,四望——可望南海、林海、云海、雾海,五拜——三峰和四峰之间有一尖状巨石,面向四峰,神似朝拜四峰,即"童子拜观音"。

小贴士　七仙岭奇峰由七座峭立的花岗岩组成,突兀于山峰之上,远看挺拔隽雅。该景区地貌景观壮观生动,水文、植物、气候旅游资源俱全,还有众多的人文旅游资源等,是一处集奇峰、温泉、风情、田园、气候、森林为一体的大型生态旅游区。

要点4　什进村布隆赛乡村文化旅游区

(1)该区距离呀诺达热带雨林景区仅500米,是个全新旅游开发区;(2)该区开发项目涉及三道镇110平方千米,49个传统农业村的旅游综合改造和一批集度假酒店、体育休闲、旅游小镇、主题景区于一体的复合型社区建设;(3)该区内一栋栋两层别墅别具特色,楼内宽敞明亮,楼顶是黎族特色的"船形屋"构造;(4)该旅游区现包含了度假别墅、商业街、插秧、种菜、垂钓和烧烤的等休闲度假项目。

小贴士　由于三道镇具有旅游区位优势,什进村等49个村庄正在逐步开发成旅游区,农民其实生活在景区里,同时又是景区的重要组成部分,其独特的生产、生活方式均是景区的"立体式道具"。"布隆"是黎族语"槟榔"的意思,槟榔在黎族文化中代表着吉祥、丰顺,"赛"是黎族五大方言之一,意思为"美好、幸福"。

要点5　毛感仙安石林

(1)位于保亭黎族苗族自治县西部毛感乡与三亚市接壤的仙安山岭上,南去县城约40千米处,是典型的热带"喀斯特地貌",1992年发现并命名;(2)该石林占地约39公顷,其溶沟似刀劈斧砍,一般深5~10米,最深达25米;(3)此处石芽一般高3~4米,有些高达10~15米,最高的达到35米,百余尊大小石芽形态各异,仙女、骆驼、雄鹰、恐龙、虎豹、乌龟、海马等栩栩如生;(4)该石林丛中有小千龙洞、仙女洞和蟠龙洞,各洞大小不等,形态各异,洞中有洞,洞中之河可行木舟;(5)该石林海拔700米,四周悬崖峭壁,有古树相围,与周围相对高差达150多米,天然植被覆盖率70%,呈现出热带低山雨林景观,填补了我国热带岩溶石林地貌的空白,富有重要的科研及观光价值。

小贴士　仙安石林集山、石、洞、崖、林、溪为一体,是热带风雨溪流镂雕的艺术精品。2000年4月,云南石路石林向联合国申报世界自然资产,在申报附件的录像中,仙安石林成为附件中介绍的重点。这表明,仙安石林在发现不久之后,其在我国石林中的地位,已仅次于阿诗玛故乡的云南石林。

11.4 乐东黎族自治县

11.4.1 县情简况

要点1 位置与气候

(1)位于海南西南部,靠山临海,面积2 765.5平方千米,海域面积1 726.8平方千米,海岸线长84.3千米,由东至西分布有龙沐湾、龙腾湾、龙栖湾3个天然港湾;(2)西南部为滨海平原,中部、北部、东南部为山区,海拔千米以上的山峰有23座,森林覆盖率达62.95%;(3)乐东年平均温度23~25 ℃,年降水量1 400~1 800毫米,光照充足,热量丰富,雨量充沛,轻风无霜,农作物一年可三熟,发展香蕉、反季节瓜菜种植和"南繁育种"事业的条件得天独厚。

要点2 历史与人口

(1)据乐东出土文物汉代银印"朱庐执"鉴证,早在两千多年前,黎族先民就在乐东土地上劳动生息;(2)隋大业三年(607年)隶属崖州,明朝万历四十四年(1616年),曾在抱由峒瑞仙芝山营建乐安城,并屯兵戍守;(3)清朝康熙二十八年(1689年)在抱由峒设立崖州乐安城军事据点;(4)民国二十四年(1935年)三月始建乐安县,九月改名为乐东县;(5)1948年6月,乐东县全境解放,建立县人民政府,县城设抱由镇(今址),隶属琼崖特委管辖;(6)1988年4月,改为乐东黎族自治县至今;(7)至2014年,总人口54万,其中汉族33万人,黎族、苗族21万人。

> **小贴士** 乐东是全省少数民族市县中土地面积最大、人口最多、文化较发达的县份,是"中国香蕉之乡""中国果菜无公害十强县""全国香蕉产业化十强县""香蕉生产国家农业标准化示范县""中国香蕉无公害科技示范县"。

要点3 住宿与美食

(1)住宿:嘉华商务酒店、金城假日大酒店、明珠康乐酒店、米兰春天商务酒店、昌发休闲商务酒店、金龙大酒店、中华大酒店、金江大酒店、康城大酒店、帝豪大酒店、安普顿酒店、鸿泰假日酒店等;(2)美食:黄流老鸭、天池白菜、天池鱼、五脚猪、天池野菜、天池野生茶、南药靓汤、山兰酒、灵芝酒、巴戟酒、蜂蜜、香蕉、芒果、菠萝、哈密瓜、龙眼、荔枝、腰果等。

要点4 旅游交通

(1)乐东的交通运输以公路为主,贯穿于乐东境内的海榆西线225国道、天新线、毛九线、海南西环乐东段高铁使进出乐东的旅游公路交通网络格局基本形成,沿海运输有莺歌海、望楼、岭头等渔港;(2)海榆西线公路在县境西南沿海贯穿,自九所镇向东北经抱由镇至五指山市毛阳镇的毛九公路,是联通海榆中西两条干线的纽带;(3)抱由镇沿海榆中线至海口市252千米,往南有公路直达三亚市天涯镇;(4)至2016年年初,正在筹建的乐东滨海旅游公路、抱由至尖峰旅游公路、田字形高速公路等前期规划、征地、拆迁、建设工作不断推进。

> **小贴士** 乐东黎族自治县旅游资源主要有"一江一山二岭三湾",即:昌化江、毛公山、尖峰岭热带原始雨林、西山岭、龙栖湾、龙腾湾、龙沐湾。人文资源主要有黎族织锦、崖

州民歌、大安剪纸和黄流花灯。对外开放的景区(点)有尖峰岭国家森林公园、保国毛公山景区、龙沐湾国际旅游度假区。2012年乐东政府征集评选出"八景",分别是尖峰入云、神山暮色、龙沐夕照、昌化江晓、天池秋月、莺歌银辉、佳西叠翠、青岭观海。

11.4.2 主要景区(点)

要点1　尖峰岭国家森林公园

(1)该园成立于1992年,地处海南岛西南部,跨东方、乐东两市县,距南山文化旅游区60千米,距三亚市90千米,粤海铁路、环岛高速公路横贯其中;(2)该园总面积447平方千米,森林覆盖率98%,拥有全国整片面积最大、保存最完好、生物多样性指数最高的原始热带雨林,是全球40个具有世界意义的生态单元之一,享有"海南之肺""热岛凉山"等美誉;(3)尖峰岭主峰1 412米,林区最低海拔仅200米,千余米高差的复杂地形,形成了7种植物生态体系,拥有维管植物2 800多种,动物4 300多种(含昆虫),被誉为"热带北缘的天然物种基因库";(4)该园有卧佛仙山、天池映月、尖峰观日、黑岭望海、银河飞瀑、古道幽洞、三海(云海、林海、大海)奇观、猴王弄观音、元军下马营等天然景观和人文古迹。

小贴士　联合国专家认为尖峰岭是联合国"人与生物圈"计划第一项研究最理想、最合适的地方。该园2005年入选《中国国家地理》中国最美十大森林,其服务设施齐全,能提供会议中心、宾馆别墅、养生中心等完善的优质服务,是开展休闲度假、探险猎奇、科研科普、商务会议、教育培训、森林养生、军事野营等活动的胜地。

要点2　天池旅游区

(1)南天池:位于尖峰岭国家森林公园海拔800米的高山盆地,与北部湾相隔25千米,年均气温19.7 ℃,四周雨林常青,涧水带蓝,有18座绿浪接天的千米奇峰环抱,40公顷高山生态湖碧波荡漾;(2)鸣凤谷:位于尖峰岭国家森林公园天池核心景区,属典型的热带山地雨林植被,全长1.96千米,因孔雀雉、凤头鹰、黄嘴白鹭、原鸡等众多鸟类祥集此地而得名,荟萃了雨林奇观,有逍遥桥、听泉、鸣凤石、鸟语林、石洞等多处奇景;(3)虎啸龙吟:位于天池河中段,植被属沟谷雨林,溪潭怪石林立,林木茂密,水质清澈,有硅石、龟石、虎石、龙石等天然石雕;(4)紫荆瀑布:瀑布从密林深处飞泻而下,形成深潭,幅宽和落差近10米。

小贴士　紫荆瀑布区空气负氧离子每立方厘米高达80 000个(是一般城市的100倍),有良好的森林保健功能,最适宜品氧洗肺,是天然森林浴场。

要点3　保国毛公山自然景观

(1)位于保国农场东侧,距三亚市62千米,距乐东县城26千米,均与省道相连;(2)毛公山因特殊自然景观,酷似已故领袖毛主席仰卧苍穹之下而得名;(3)毛公山原名保国山,1989年,这一特殊景观被发现,1992年经有关专家学者评议确认,改称为"毛公山";(4)毛公山为坚硬的岩石组成,形似毛泽东的山峰"头部"长185米,宽56米,"面部"为草皮覆盖,"头发"为1米多高的灌木丛,"眼""眉""下巴"为露出地面的岩石;(5)景区内先后建起了"观望台""敬拜堂""毛公山仙境""毛泽东光辉一生壁画"等景物;(6)该区年平均气温23.8 ℃,自然环境绚丽多姿,除了伟人自然景观外,还有雅亮河床、通天洞、神女峰、英雄石、南文瀑布、韶山第二冲、保国八达岭等诸多景观。

小贴士　神奇的山更有奇妙的巧合:在毛公山的东面有一黎寨名"东方红"村,西北面有"解放"村,东南面有"从共"村,南面有"抗美"村。毛公山连着宝塔山,海拔高度为

834.1米,与毛主席组建的警卫部队番号8341相同。

要点4　西山岭景区

(1)西山岭原名白石岭,因位于海南岛西部,与东山岭、南山相对应,故称西山岭;(2)西山岭位于九所新区东北方向,距西线高速公路9千米,距九乐二级公路3千米,距乐东县城41千米;(3)景区开发范围约10平方千米,主要由3座石山组成,自然景观奇特,有求雨石屋、求寿石屋、仙居洞、大龙门、小洞天、增寿门、一线天、将军岩、侧身隙、坐石奇榕、神龟石、骆驼石、鲤鱼石、猕猴石、蛇王石、飞来石等;(4)山中林郁苍茏,藤蔓交织,凉气爽人;(5)附近还有古海遗迹、抵石中流景观、地下温泉、木棉树景观和纯黎族村寨民族风情等。

要点5　佳西岭自然保护区

(1)该区东连莺歌岭省级自然保护区,西与尖峰岭国家森林公园一江相隔,北接霸王岭国家级黑冠长臂猿自然保护区,南距乐东县城13千米;(2)土地总面积8 327公顷,其中热带原始雨林6 053公顷;(3)该保护区山势巍峨壮观,千米以上有名的山峰共10座,最高的猴猕岭海拔1 655米,年均温度20 ℃,年降雨量2 000毫米左右,高处常年云雾缭绕;(4)由于山高谷深,人迹罕见,森林植被仍保留着热带原始雨林特有的自然景观,森林中生物物种丰富,计有植被4 500多种,主要珍贵树种有坡垒、子京、花梨、乐东木兰、南亚松、竹叶松等,尤其是翠柏与五针松混交分布,是海南全岛绝无仅有的;(5)主要珍稀动物长臂猿、巨蜥、蟒蛇、水鹿、猴子、黑熊和孔雀雉等100多种。

小贴士　该区中的红水河谷,长不过1万米,落差高达1 500多米,两岸陡坡峭壁,长有雨林树木;河底遍布石头,石面平滑光洁,石间山泉潺流,多有池潭瀑布,景色优美,是森林探险、回归自然生态游的好去处。

要点6　海南琼脂沉香文化艺术馆

(1)位于尖峰镇尖峰岭国家森林公园旁,禾丰休闲农庄内;(2)馆内收藏了海南独特的沉香展品数百件以及国内有名的书画家作品,为沉香爱好者提供沉香品赏,为文化艺术爱好者提供文化艺术交流场所。

要点7　乐东滨海特别旅游区(建设中)

(1)该区含龙栖湾和龙腾湾,两港湾地势平坦,沙滩洁白,海水蔚蓝,一年四季风平浪静,是风景优美的自然港湾,集热带滨海旅游度假、水上竞技体育、养老抚幼、自然与人文生态交相辉映的多元化旅游胜地;(2)龙栖湾地处乐东黎族自治县东南海岸线,港湾全长30.1千米;(3)龙腾湾跨越乐东黎族自治县黄流、利国两镇,港湾全长20.5千米(即从望楼河出口至黄流镇尖界盐场出水口),属二级白沙,目前港湾可开发利用的沙滩有353公顷,是建设海水养殖基地发展海洋经济的处女地。

要点8　龙沐湾国际旅游度假区(建设中)

(1)龙沐湾地处乐东黎族自治县西南海岸线,港湾全长33.7千米,占地面积337公顷,建设地点在佛罗镇太阳城;(2)截止到2016年年初,已先后建成龙沐湾大道、度假公寓、海水运河、渔人码头商业街、温德姆至尊豪廷花园酒店、洲际酒店等;(3)目前可建项目:45洞连片高尔夫球场、八爪鱼超五星级酒店、华泰园五星级金融会所和社区、体育运动公园公寓、观霞海滨浴场及商业中心区、SPA城与康复医疗中心、文化演艺与高级商务培训中心、火车站、长途客运站、污水处理厂、燃气站、园林景观等基础设施。

小贴士 龙沐湾国际旅游度假区已于2009年11月动工,建设周期为10年左右。该项目依托龙沐湾落日海滩、尖峰岭热带雨林和黎苗族地域文化,拟建设以"山海互动、旅居合一"为特点的、具有浓郁地域特色的生态型、中低密度、国内领先、国际一流的旅游度假胜地。

模块 12　中部组团

中部组团,包括五指山、琼中、屯昌、白沙四市县,面积 7 184 平方千米,占海南岛面积 21.07%。处理好保护与开发的关系,在加强热带雨林和水源地保护的基础上,积极发展热带特色农业、林业经济、生态旅游、民族风情旅游、城镇服务业、民族工艺品制造等。重点建设国家森林公园和黎族苗族文化旅游项目。

海南中部民族地区以山地为主,境内有独具特色的温泉、奇峰、原始热带雨林,有丰富多彩的物种资源、千姿百态的奇洞怪石、形态各异的湖泊水库、奇特的流泉飞瀑、独特的凉爽气候条件、丰富的文化遗址和浓郁的民族风情,它们构成了充满神秘色彩和独具魅力的旅游资源。

12.1　五指山市

12.1.1　市情简况

要点 1　地理与气候

(1)五指山市为海南岛中部地区的中心城市和交通枢纽,市区海拔 328.5 米,是海南岛海拔最高的山城;(2)全市面积 1 169 平方千米,森林覆盖率达 75%,冬暖夏凉,有"天然别墅"和"翡翠城"之称;(3)气候温和,属热带山区气候,年平均气温 22.4 ℃,1 月份平均气温 17 ℃,7 月份平均气温 26 ℃,年平均降雨量为 1 690 毫米。

要点 2　历史与人口

(1)明清时属琼崖抚黎局,民国 37 年(1948 年),通什乡划归保亭县管辖;(2)1959 年 3 月,保亭县人民政府驻通什镇;(3)1986 年 6 月 12 日,国务院批准,设立通什市(县级),隶属广东省海南黎族苗族自治州;(4)1987 年 12 月,海南黎族苗族自治州撤销,通什市隶属海南行政区和建省筹备组;(5)1988 年 4 月,海南建省,该市隶属海南省管辖;(6)据 2010 第六次人口普查数据,五指山市常住人口 10.41 万人,汉族占总人口的 32.66%;各少数民族占总人口的 67.34%。其中,黎族占 60.02%;苗族占 5.42%。

> **小贴士**　五指山市原名通什市("什",音 zá,"通什"又名"冲山",黎族语言"山高水寒"意),2001 年 7 月改为现名。山城景色和民族风情是五指山市最主要的旅游内容,有"一山、一林、一情、一城、一路"之说。一山就是五指山,一林就是中部的热带雨林,一情就是中部的黎苗少数民族风情,一城就是五指山的城市旅游,一路就是通贯海南岛中部的公路。山、林、情、城、路紧密相连,融为一体,是典型的"绿色生态"旅游城市。

要点 3　食宿与美食

(1)住宿:五指山度假村、旅游山庄、海南华爵商务酒店、福德莱酒店、福安泰隆酒店、水晶国际酒店、翡翠谷酒店、怀特五指山大酒店、热带雨林度假酒店等;(2)美食:黎家炸(炖)鹿肉、黎家灵芝山蟹、黎家红蚂蚁卵、黎家蜂仔、黎家木蛆、淡水石鲮鱼、五指山福寿鱼、鳗鲡、五指山蚂蚁鸡、五脚猪、革命菜、山兰酒、五哥苦瓜茶、水满香绿茶(又名水满茶)等。

要点 4　旅游交通

(1)海榆中线贯穿全境,北上省会海口车程不足 3 小时,南下海滨城市三亚车程不足 1 小时;(2)海南中线高速公路正在加紧规划建设中,建成后将贯穿五指山市;(3)五指山通用民航机场正在规划中,机场通航后将建成五指山至国内各主要旅游景点和城市的航空网络;(4)五指山市汽车站位于海榆北路 50 号,已开通了到达海口、三亚、万宁、那大、文昌及海南中线各县的班线,其中五指山到海口、三亚的班线,流水发车,每天发车 10 班,交通便利。

12.1.2　主要景区(点)

要点 1　五指山热带雨林风景区

(1)位于五指山市五指山脚下的水满乡,距五指山市 28 千米,距三亚市区约 110 千米,距海口至三亚东线高速陵水路口约 100 千米;(2)景区内的雨林栈道起始于水满上村著名的景点千年古榕万年神龟,沿水满溪蜿蜒而上,到五指山最佳观山点桃花溪边结束,全长 2 000 米,其间溪流、河谷、山峰交替出现,桫椤、野兰花及各种生态奇观让人目不暇接;(3)景区内有五指山大峡谷漂流项目,并建有蝴蝶生态牧场和黎峒文化园;(4)其漂流河道全程 4 千米,落差 80 多米,河流地形复杂,两岸景观多变;(5)蝴蝶生态牧场建有蝴蝶博物馆,收藏了国内外蝴蝶万余只,其中仅产于海南的有 500 余种,另有其他昆虫 3 000 余只;(6)在黎峒文化园黎祖祭祀大殿安放着供奉神台,该神台的材质采用印度尼西亚产的菠萝格木,神台上雕刻有大力神图腾、甘工鸟、神鹿和神龟等具有黎族文化的图案;(7)水满乡属热带气候,冬无严寒,夏无酷暑,乡域森林覆盖率达 78%,有水满上、下黎族风情村和五指山观山点、热带雨林栈道、毛阳河漂流等旅游景点。

> **小贴士**　"水满"一名最早出现在清代的《海南方志》中,当时它是定安县规划图的六峒之一,这个黎语地名的汉语含义是"非常古老、至高无上",而水满的位置正如它名字的含意,根据海南地质专家李福的测定,水满乡是海南岛海拔最高的乡镇。

要点 2　阿陀岭森林公园

(1)五指山市翡翠城北郊的阿陀岭,距离市中心 1 000 米,在海榆中线 200 千米处;(2)其占地面积 8 066.7 公顷,天然林面积 7 866.7 公顷,其中南面有左右两条两南北走向的逶迤山脉,相距宽度大约 700 米至 1 000 米不等,从主岭峰上向南面俯瞰,整体阿陀岭山脉如英语字母"U"的形状,峡谷深度 200 米左右,整个山岭区域森林覆盖面积约有 1.07 万公顷;(3)该园生长着大量的热带天然林和人工林,具有常绿、多层混交、异龄等特点,主要类型有热带雨林、热带季雨林和常绿阔叶林等,森林的覆盖率达 90% 左右,已查明的野生植物共有 1 600 多种,400 科,有乔灌木 60 科,700 多种;(4)该园野生动物已查明的兽类有 3 目 30 多种,鸟类 7 目 30 科 120 种,两栖爬行类 3 目 40 种,被列入国家级保护的珍稀动物有:孔雀雉、海南山鹧鸪、巨蜥、蟒蛇等 6 种,此外还有列入国家二级保护动物的穿山甲等 16 种,省级保护野生动物 12 种。

> **小贴士**　公园内山水相依,风景秀丽,有原始森林、人工林、溪流、清泉和连绵起伏的群山、太平飞瀑、青春岭飞瀑等具有魅力的自然景观。

要点 3　中华民族文化村

(1)坐落于五指山市区,是一个集各民族民居建设、通俗风情、民间艺术于一体的大型民族文化游览区,占地40多公顷;(2)村里的建筑物完全按照各民族民居特色建造,有竹楼、船形屋、蒙古包、四合院等20多个民族民居群落,均按原景观1比1的比例造成;(3)各民族民居群落错落有致,布局巧妙,与自然山水融为一体,处处给人以新鲜又和谐的感觉。

小贴士 在村里,有打柴舞、孔雀舞、锅庄舞、鄂尔多斯舞等民族歌舞表演以及叮咚、艺锣、象脚舞、芦笙、冬不拉、木鼓、三弦等民族乐器演奏;有为游人举行的别开生面的泼水节、三月三、火把节等热闹的民间节日庆典和抛绣球、抬官人、拦门酒、丢包等古朴独特的民俗风情活动。

12.2 琼中黎族苗族自治县

12.2.1 县情简况

要点 1　地理与气候

(1)位于海南岛的中部,东连琼海市、万宁市,西接白沙黎族自治县,南与五指山市、保亭黎族苗族自治县、陵水黎族自治县毗邻,北和屯昌县、澄迈县、儋州市交界;(2)境内东西宽66.7千米,南北长76.75千米,总面积2 693.1平方千米,占海南岛陆地面积的8.33%;(3)琼中四周群山环抱,形成昼热夜凉的山区气候特征,平均气温22.8 ℃,最冷的1月份平均气温17 ℃,极端最低气温为0.1 ℃,最热的6、7月份平均气温27 ℃,极端最高温度38 ℃;(4)年均降雨量2 400毫米左右,以9、10月份为最多,多年平均的月降水量达400~500毫米。

要点 2　历史与人口

(1)明、清时期属定安、琼山县地;(2)1948年2月中共琼崖特委设置琼中黎族苗族自治县,隶属中共琼崖东区地委管辖,治所设于平南;(3)1949年3月并入琼崖少数民族自治区行政委员会;(4)1952年划入邻县部分黎境,恢复琼中黎族苗族自治县建置,成为毗邻四周九市县,位居五指山腹地、琼岛中部的县;(5)县名"琼中"就是由地理位置而得;(6)据2010第六次人口普查数据,该县有17.41万人,汉族占总人口的33.56%,各少数民族占总人口的66.44%,其中黎族占53.86%,苗族占8.11%。

小贴士 琼中是海南唯一大规模种桑养蚕和生产绿橙的市县,探索出"农+文+旅"创新旅游发展新模式,通过"文化搭台,旅游唱戏",推动了琼中旅游不断向前发展,丰富了琼中"海南之心、黎苗琼中"和"山水慢城、养心天堂"的内涵,打造了琼中四季有特色、四季皆宜游的"奔格内(黎族语:来这里、欢迎到这里)"旅游文化品牌。

要点 3　住宿与美食

(1)住宿:琼中宾馆、邮电招待所、农行招待所、观山楼、供销大厦、明珠宾馆等;(2)美食:琼中绿橙、琼中蜂蜜、琼中椰子鸡蛇煲、琼中小黄牛、木薯淀粉、琼中竹筒饭、长兴村槟榔、九层油糕等。

要点 4　旅游交通

(1)北距海口市136千米,南至三亚市165千米,东抵万城镇90千米,西离那大镇84千米;(2)海榆中线横贯全境,公路网成辐射状向四周展开,琼中黎族苗族自治县是海南岛公路南北、东西走向的交通枢纽,每日均有班车通达全岛各地。

12.2.2 主要景区(点)

要点1　百花岭旅游区

(1)位于县城营根镇西南方向6千米处,方圆3千米,素有"绿色宝库"的美称;(2)该区的将军榕、情侣秋千、连理树、古木逢春等植物生态景观千姿百态;(3)百花岭主峰海拔1 000余米,同东南面的五指山、西北部的黎母山形成三足鼎立之势,峰峦叠嶂,巍峨蜿蜒;(4)全省落差(300米)最高的百花岭瀑布的源头在海拔700米的第二峰上,含纳众汇,集水面积2平方千米,景色壮观迷人;(5)该区还拥有百花湖、百龙溪以及观音岭、芭蕉岭、马龙岭自然景观和百花一柱、聚仙台、鳄鱼觅食、象过平川、石豹、醉佛坠溪、百花猿人、洗象池、仙女浴池等水景、山景、石景。

> **小贴士**　百花岭旅游区还有丰富的人文景观和浓郁的民族风情,是海南的主要自然保护区之一。

要点2　黎母山森林公园

(1)位于琼中黎族苗族自治县境内西北部,山岭高大浑厚、山势险峻、林海茫茫、山高水长,既是海南的名山,又是黎族人民的始祖山;(2)该园有植物91科,477种以上,其中国家一级保护珍贵树种有:海南粗榧、坡垒、格木、海南紫荆木、猪血木等6种,还有能预测风向的"知风草"、被誉为"天下第一香"的墨兰、清香四溢的安乐兰等10种奇花异草;(3)园里繁衍生息着多种野生动物,较为珍贵的有太阳鸟、山椒鸟、白鹇、海南鹩哥、水鹿等,属于国家保护的珍稀动物有海南鹧鸪、孔雀雉、巨蜥、蟒、猕猴、海南大灵猫、凹甲陆龟、虎蚊蛙等15种;(4)该园黎姆婆石景区、吊灯岭景区、翠园景区、天河景区、鹦歌傲景区、天河瀑布景区6大景区互为衬托、相映生辉,最为著名的石山、石景有黎姆仙女石、金龟望月、蜗牛过岗、狮子玩球等,鬼斧神工,形象逼真,栩栩如生。

> **小贴士**　该园拥有丰富的热带天然林,山清水秀、风光旖旎,是一个热带植物王国,也是野生动物的乐园。另外,琼中素有"绿色宝库"之美称,有五指山、黎母山、吊罗山、鹦歌岭等国家级、省级林区、保护区。全县森林覆盖率居全省之冠。

要点3　鹦哥岭旅游区

(1)鹦哥岭位于琼中的西南部,是海南三大山脉之一黎母山的重要分脉,最高峰鹦咀峰海拔高1 811米,居海南第二高峰,因形似鹦嘴,气势磅礴而得名;(2)旅游区内山川溪谷纵横交错,天然湖泊星罗棋布,林木葱郁、禽兽出没;(3)山林深处保存完整的热带原始森林,生长与保存多样的植物群落,蕴藏多种自然资源;(4)该区也是海南的革命老区琼崖纵队司令部旧址所在地,曾涌现出许多可歌可泣的历史人物,留下许多具有革命传统教育意义的人文历史景观。

> **小贴士**　2016年1月,海南首家热带动植物博物馆——海南鹦哥岭动植物博物馆主馆主体完工。该馆选址琼中黎族苗族自治县什运乡鹦哥岭自然保护区鹦哥嘴分站,首期建设主馆建筑面积1 867平方米,二期工程包括访客中心、道路景观以及配套设施等。项目建成后将成为集科普宣传、动植物、种子标本、野生动物救护、科学研究、物种繁育等功能于一体的综合性基地,预计2017年年底对外开放。

要点4　五指山橙园

(1)位于国有加钗农场内,在琼中城区(营根镇)以西6千米;(2)加钗农场原来是以种植与经营橡胶为主的,1966年引进柑橙试种,目前橙树种植面积已经达到86.67公顷,年产鲜果100多万斤。

📖 **小贴士** 五指山橙园是海南岛最大的橙果生产基地,其以特有的风姿吸引四方来客,尤其在柑橙收获季节,种植区的座座橙山分外妖娆,满山黄果绿叶,妩媚动人。

12.3 屯昌县

12.3.1 县情简况

要点1 地理与气候

(1)屯昌县位于海南岛中部偏北,地处五指山北麓,南渡江南岸;(2)北距省会海口市中心85千米,东与定安、琼海接壤,南与琼中交界,西北与澄迈毗邻;(3)其南北长55千米,东西宽52千米,面积1 231.5平方千米,占海南省陆地面积的3.6%,多为低山丘陵地带;(4)屯昌县属热带季风气候,四季变化不大,长夏无冬,高温多雨,干湿季分明,年平均气温23.1~23.6 ℃。

要点2 历史与人口

(1)屯昌县是个新置县,其前身是1948年的新民县,1952年更名为"屯昌县";(2)1958年12月,屯昌县与定安县合并,成立定昌县,至1961年5月再度分县,复名屯昌县至今;(3)2010年年末户籍人口25万左右,主要有汉、黎、苗、壮等15个民族。

📖 **小贴士** 据传,屯昌原为荒地,明末清初战争频繁,我国东南沿海避荒逃难之民,纷纷南逃来此屯荒、垦殖,以图昌兴,故名"屯昌"。屯昌热带农业条件优越、资源多样,素有水晶之乡、南药之乡、沉香之乡、橡胶之乡、黑猪产业之乡及林业大县等美誉,屯昌黑猪、屯昌阉鸡、枫木苦瓜、罗非鱼等特色优质农产品在岛内外负有盛名。

要点3 住宿与美食

(1)住宿:紫京皇冠酒店、冠华大酒店、帝豪花园宾馆、康英大酒店、明艳大酒店、佳捷精品酒店、洪力商务酒店、乐都大酒店、大茂宾馆、汇丰农庄、如意假日酒店、雅美春天酒店、金海大厦、豪庄宾馆、新昌隆宾馆、金宝玉宾馆、雅苑宾馆、园林宾馆、锦龙园、金隆发宾馆等;
(2)美食:枫木苦瓜、屯昌阉鸡(黄鸡)、屯昌黑猪、炸猪大肠、原味猪脚、分层咸粿、麻辣鹿肉丝、枫木苦瓜汤圆、枫木腌粉、蒌芨饭、美果炒鹿丁、雪花香芋、红烧带皮鹿腩、特色排蛋卷、八字糖、萝卜糕、地瓜粉等。

要点4 旅游交通

(1)屯昌县位处海南中部交通枢纽,北距省会海口市仅56千米,境内交通四通八达,国道、省道贯穿全县;(2)境内乡镇公路有60条,全长419千米;(3)海榆中线公路从屯昌县境内南北纵贯,北至海口市93千米,南往琼中、五指山、三亚及各乡镇,交通便利,向东40余千米至定安县黄竹镇可上东线高速公路。

12.3.2 主要景区(点)

要点1 木色湖风景名胜区

(1)位于屯昌县西南部、海榆中线112千米处,距县城20多千米;(2)景区占地28平方千米,木色湖是海南岛中部有名的人工湖,湖面宽阔,青山起伏,湖畔水草丰盛,水鸟成群;

(3)在木色湖之上百米处的有雷公滩湖,两湖之间有一条瀑布,长年飞流直泻,响声如雷,雷公滩湖因而得名;(4)该区以这两个湖泊为中心展开,景区内还有诸多山峰,不少野生动物出没其间;(5)另外,景区内还有仙人洞、铜鼓石、东坡石、热带植物园、枫木鹿场等景观。

小贴士 海南省"八五"重点旅游区之一的木色湖风景名胜区,是著名的夏不热、冬不寒的旅游胜地。其中的枫木鹿场是镶嵌于木色湖半岛上的明珠,三面环水一面靠山,风光旖旎,是我国南方最大的集产、供、贸、旅为一体的综合性鹿场,现有海南坡鹿、水梅花鹿、马鹿、麋鹿等鹿种,供游人观赏;鹿场内观鹿园、鹿趣园、商场等旅游设施齐全。

要点2　羊角岭天池旅游区

(1)该区位于屯昌县城南4千米处的羊角岭顶端,其主要为羊角岭、羊角岭水晶矿和天池3个风景点组成;(2)羊角岭海拔200多米,为我国最大型、最富集的水晶矿床所在地,也是当今世界上超大型水晶矿床之一,矿床类型属矽卡岩中英脉型,主矿体长240米,宽90~130米,延深150米,主矿体周围尚有十几个金矿小砂卡岩体和大片砂矿分布;(3)羊角岭矿压电水晶探明储量近80吨,相当于40个大矿,熔炼水晶探明储量2 000多吨,相当于10个大矿;(4)羊角岭水晶矿也称为701矿,1939年日军进行掠夺性挖采,自1955年起,国家正式建矿生产,至20世纪70年代中期主要矿体开采完毕;(5)该区内天池为采矿挖掘而成,宽约30米,长约70米,深约200米,水清澈透明,夏凉冬暖,常年有游泳爱好者到此畅游。

小贴士 屯昌县在很早前就对羊角岭水晶矿遗址进行保护性开发,在2007年由海南地址综合勘察设计院树立"羊角岭水晶矿地质遗迹"碑石,目前景区保护得比较好。羊角岭这种特大型的水晶矿在国际上十分罕见。

要点3　青梯仔村

(1)隶属屯昌县乌坡镇青梯村委会,一条小河环村而过,形成三面环水的地势,该村盛产槟榔、橡胶、花生、黑豆等农作物;(2)海南田字形高速路网横线万宁至洋浦互通出口距青梯村仅2 000米;(3)该村毗邻青奥温泉、海南药材场,自然资源丰富,民风淳朴,是7 000年前新石器时期遗址所在地。

小贴士 青梯村是广大户外骑行健身者的中部首选驿站。目前已建成沿河露营沙滩、水上游船码头、观光索桥和温泉洗浴项目。农家民宿、风味小吃、汽车露营等服务已进入试营业阶段。

要点4　邀月岭高山草甸

(1)位于枫木、南坤两镇相交的邀月岭,海拔788.3米,为琼北第一峰,总面积约18平方千米,山顶有我国岭南地区罕见的连片草甸,面积近26万平方米,坡度大多在23°~27°;(2)岭东南山脚下有木色湖、雷公滩等水库,岭北可进行峡谷漂流,山顶有长年不干涸的泉溪,是开展高山滑草、高山露营、高山婚庆、高山祭祀、空中高尔夫球和低空动力伞飞行的绝佳场地。

要点5　其他景区(点)

(1)南坤民族风情旅游区:位于屯昌鸡咀岭北面山脚下,反映黎苗族斗牛、踩芦笙、游方等独具特色的风俗习惯;(2)伊甸园:位于海榆东线100千米处,是一处公园式农业山庄,园内楼台亭阁树间掩映,跑马场、人工湖、游乐场点缀其中;(3)深田湖避暑山庄:位于县城西北约5千米处,面积约10平方千米,享有"屯昌明珠"之美称;(4)南田起义旧址:在西昌镇南田村,为纪念1927年琼崖工农革命军总司令冯平担任总指挥的西路人民起义军而设,旧址古井老屋尚存、村庄旧貌较好。

12.4 白沙黎族自治县

12.4.1 县情简况

要点1 地理与气候

(1)该县位于海南岛中部偏西,坐落在黎母山脉中段山麓、南渡江上游;(2)全境南北长63千米,东西宽68千米,东邻琼中、南接乐东、西连昌江、北抵儋州,总面积为2 117.2平方千米;(3)全县由山地、丘陵和部分平原构成,海拔在200米以上的山地占73.1%,南渡江、昌化江、珠碧江源头均发源此地;(4)该县常年月平均气温22.7 ℃,年平均降雨量为1 940毫米,干、湿季节明显,具有热带山区气候特征。

要点2 历史与人口

(1)白沙县西汉属儋耳郡至来县,东汉属合浦郡珠崖县,从元朝到民国,白沙境地先后属琼山、定安、儋县、临高、昌感等县;(2)1958年11月并入乐东县,1961年恢复,1987年成立白沙黎族自治县;(3)全县总人口20.3万人(其中农垦5.9万人),主要民族有黎族和汉族,其中黎族人口占60.1%、汉族占36.7%、苗族占1%、壮族占1.5%、其他占0.7%,主要语言为黎语、苗话、普通话、儋州话。

> **小贴士** 据《清史稿地理志》记载:"儋州有薄沙巡司",因清康熙二十八年曾设"薄沙营"作为军事据点屯兵戍守而得名,之后,"薄沙"演变为"白沙"。白沙县的旅游资源以热带山地自然景观为主,素有"宝岛绿洲"之美誉,特别是原始森林景观与珍稀动植物资源更有特色,有红坎、青松、细水、京排、金波等地的热带自然风光,青松仙婆岭一带有罕见的热带原始森林和种类繁多的热带动植物群,邦溪地区与县东南山地有珍奇热带野生动物坡鹿、水鹿、金钱龟与野生植物。

要点3 住宿与美食

(1)住宿:金凯大酒店、雅登大酒店、福莱休闲旅馆、七星宾馆、积祥酒店、白沙佳旺休闲旅馆、海南白沙常兴休闲旅馆、白沙邮政宾馆、白沙星群宾馆、海南白沙县天缘宾馆、白沙芳文休闲旅馆等;(2)美食:清蒸松涛鳙鱼、野韭菜、蕨菜、野菜、南瓜饼、南瓜饭、五脚猪、雷公笋、雷公根、黎家山兰酒、黎家甜糟、黎家酸菜、黎家竹筒饭、白沙绿茶、白沙姜茶、白沙芒果、白沙胡椒、白沙鱼茶等。

要点4 旅游交通

(1)白沙黎族自治县境内交通以公路为主,海南环线高速、225国道、西环铁路在县西北穿过,310、315国道纵横境内是县内主要道路,另乘水上交通可通儋州的南丰;(2)白沙县政府所在地为牙叉镇,距海口255千米,距三亚172千米。

12.4.2 主要景区(点)

要点1 红坎瀑布景区

(1)位于该县元门乡东南部,距县城24千米处;(2)红坎瀑布总落差145米,源于海拔1 101米的红坎岭,两岸峰峦叠立,熔岩密布;(3)元门乡有元门洞,也是观光探奇的去处;

(4)每到假日,飞瀑和石洞吸引了许多游人。

> **小贴士** 站在红坎瀑布下仰望瀑布,只见一条银色的巨龙,宛如从天而降。山下水花四溅,璀璨晶莹。一到雨季,山洪暴发,红坎瀑布声若雷鸣,震撼群山,气势雄伟壮观。

要点2 陨石坑景区

(1)位于牙叉镇东南9千米白沙农场境内,直径3.7千米;(2)陨石坑周缘环形山脊连续较好,仅在西南缘受两条溪河冲刷而出现豁口;(3)置身于陨石坑内,举目四望,低缓山坡上,茶树密布,排列成行,绿意盎然;(4)白沙陨石坑是我国发现的第一个陨石坑,也是目前我国能认定的唯一较年轻的陨石坑,更是全世界十几个伴有陨石碎块的陨石坑之一。

> **小贴士** 科学家对撞击白沙大地的"天外来客"的大小进行了科学估算,认为是直径380米的陨石,撞击能量差不多相当于360颗投放在日本广岛上的原子弹。海南白沙陨石坑不但发现有陨石,而且坑形地貌以及撞击形成岩石变质与震裂构造十分明显,是一处珍稀的在地表显现的太空旅游资源。

要点3 邦溪坡鹿自然保护区

(1)位于该县邦溪镇,建立于1976年10月,面积357.8公顷,海拔127~170米之间;(2)距县城牙叉镇约53千米,距海南西线高速公路约2千米;(3)保护区东起浪那岭经供购岭、斗埋岭,折西经高岭、邦溪农场十队路转向南经望眉岭、什保曼,向北经珠碧江大湾与起点闭合;(4)该区为省级自然保护区,主要保护对象是海南坡鹿及其生态环境,保护区内主要动物有海南坡鹿、海南兔、蟒、穿山甲、原鸡、海南山鹧鸪等。

> **小贴士** 邦溪地区是海南坡鹿的原生地。

要点4 南开石壁

(1)位于该县什付村南开河的南开石壁,属石灰岩结构,它高约305米、长约410米,层层叠叠、类似砖块的石头块,大约有6层;(2)石壁山上长有少许的树木花草,部分石壁呈红土色;(3)石壁上洞穴众多,生活居住着野生蜜蜂、鸟类;(4)石壁的倒影映在南开河清澈的河水中犹如画卷。

> **小贴士** 南开石壁是目前白沙乃至海南最为壮观的石壁景观。

要点5 其他景区(点)

(1)九架岭风景区:位于九架的九架岭,是一条把白沙分割东南两边的分界岭,木棉漫山遍野,左右望去,东南边千山万壑的五指山区莽莽峰峦,西北部的平原与碧顷无垠的橡胶林;(2)南美岭:位于县城牙叉往西南方向大约8千米处,加勒比松的面积已达3 333公顷;(3)仙婆岭:又名卧美人,位于松涛水库上游,方圆5千米,海拔1 347米,形如安详怡然、仰天枕卧的仙女;(4)江排游览区:为松涛水库上游,位于白沙境内,此处青山屹立、清水环绕,水面透彻,流光溢彩,山体俏秀,林木葱翠;(5)什才村遗址:位于南开乡什才村西面约50米处,属于新石器时代晚期的聚落遗址;(6)印妹岭遗址,位于元门乡东面约2 000米处,属于汉代的聚落遗址;(7)薄沙营遗址:位于白沙镇道阜村西北面约八百米处,属清代聚落遗址。

模块 13 东部组团

东部组团,包括琼海、万宁两市,面积 3 576 平方千米,占海南岛面积 10.49%。重点发展壮大滨海旅游业、热带特色农业、海洋渔业、农产品加工业等。根据条件,适当布局特色旅游项目,打造文化产业集聚区,将博鳌建设成为世界级国际会议中心。

13.1 琼海市

13.1.1 市情简况

要点 1　地理与气候

(1)琼海市地处海南岛东部,南距万宁市 60 千米,西连定安、屯昌县,东濒文昌清澜港;(2)该市总面积 1 710 平方千米,现辖嘉积、中原、博鳌、潭门、长坡、万泉、塔洋、大路、阳江、龙江、会山、石壁 12 镇,嘉积城区为市府所在地;(3)该市属于热带季风及海洋湿润气候区,年平均气温为 24 ℃,年平均降雨量 2 072 毫米,年平均日照 2 155 小时,年平均辐射量为每平方 118.99 千卡,终年无霜雪。

要点 2　历史与人口

(1)琼海汉朝属珠崖郡之玳瑁县,三国时属珠崖郡的朱卢县,晋朝属合浦的玳瑁县,南北朝属越州、崖州、珠崖郡的朱卢、珠崖县;(2)隋朝属珠崖郡的颜卢县,唐高宗显庆五年(660年)设乐会县,五代时属琼州,宋后复归琼州管辖,元代成立会同县,明、清两代属琼州府;(3)民国三年(1914年)改为琼东县,1958 年琼东、乐会、万宁三县合并为琼海县,建治嘉积镇;(4)1992 年 11 月撤县设市;(5)2010 年第六次全国人口普查全市总人口为 48.32 万人,全市总人口中,汉族占 95.52%,各少数民族占 4.48%。

> **小贴士**　琼海市历史悠久,民风淳朴,风景秀丽,矿产丰富,温泉众多,港湾良好,海岸线长 43 千米,沿海有龙湾、潭门、博鳌、青葛 4 个港口,龙湾港正在加快建设成为岛东国际商贸中转港,潭门港被列为国家重点渔港。由嘉积、博鳌、官塘三大组团构成的大琼海,在 21 世纪初推进城市化进程中崛起为海南第三大城市。

要点 3　住宿与美食

(1)住宿:博鳌国宾馆、博鳌和悦海景度假酒店、博鳌亚洲论坛大酒店、四季春天酒店、博鳌金海岸温泉大酒店、天福源温泉大酒店、金日大酒店、博鳌玉带湾大酒店、博鳌华美达大酒店、椰庄度假酒店、琼海宾馆、红日酒店、企业家商厦、富德酒店、金太阳宾馆、泰和大酒店、昌隆酒店、华田酒店、宏达大厦等;(2)美食:鸡屎藤米果仔汤、风味艾草酥、姜香嘉积鸭、良昌养生龟汤、灌汤万泉鲤、鲍汁潭门公螺、鲍肥酿白、京果、文市胡椒籽、长坡琼脂、塔洋粑沙、鸡屎藤粑仔、箕粽、珍珠柳子船、温泉鹅等。

要点 4　旅游交通

(1)琼海市北距海口 78 千米,南距三亚 163 千米,是海南东部的交通枢纽,海榆东线、岛东高速公路和海南东环高速铁路贯穿全境,高速公路在境内有 3 个出入口,东环铁路在境内有两个站口和一个预留站口;(2)公路纵横交错,四通八达,全市自然村通公路率达98%以上;(3)博鳌机场已于2016年3月通航,琼文高速公路正在加快建设,一个立体便捷的交通网络正在形成。

> **小贴士** 近年来,琼海市紧紧围绕"打造田园城市、构建幸福琼海"的发展思路,加快推进特色城镇化建设步伐。根据各个镇的人文特点、产业特色和自然禀赋进行个性化的规划设计,逐步把12个镇打造成"一镇一特色、一镇一风情、一镇一产业",努力实现"城在园中、村在景中、人在画中",让市民感受乡村田园气息,让农民享受城市生活品质。

13.1.2 主要景区(点)

要点1　海南博鳌乐城国际医疗旅游先行区

(1)位于琼海市嘉积、博鳌、中原3个镇之间,规划范围20.14平方千米,总建设用地规模9.96平方千米;(2)该区是一个集康复养生、节能环保、休闲度假和绿色国际组织基地为一体的综合性低碳生态项目,以万泉河为生态廊道,形成"一河两岸、四区五组团"的整体空间结构,包括世界顶级医院、国际组织基地、高端购物中心、特色体验居住区四大功能区以及由5个医疗养生组团构成的健康长廊;(3)2016年博鳌亚洲论坛年会前,已完成康乐路、雅律路、苏莎路、人民南路、心怡路、雅园路和4号污水处理厂"六路一厂"基础设施的建设;(4)截止到2016年3月,有意向在先行区投资的55个项目,正式受理34个,通过评估22个,落地开工项目20个,共引入美国、英国、德国等国家以及中国台湾、香港等地区的30家顶级医疗合作机构,产业内容涉及肿瘤防治、整形美容、抗衰老、干细胞应用、生殖备孕、健康管理、康复疗养等,总投资额230亿元。

> **小贴士** 被李克强总理称为"博鳌亚洲论坛的第二乐章"的先行区,是国务院批复的国家级产业园区,它正在琼海这片热土扎根,将依托当地生态资源,试点发展医疗、养老、科研等国际医疗旅游相关产业,创建低碳低排放生态环境典范,丰富相关领域国内外合作交流平台,同时将为琼海及整个海南的经济社会发展带来深远的积极影响。

要点2　万泉河神鳌峡谷风景区

(1)位于万泉河上游,景区所辖河段21千米,其中漂流区15千米,峡谷区6千米;(2)万泉河沿河两岸典型的热带雨林景观和巧夺天工的地貌,令人叹为观止;(3)万泉河有两源:南支乐会水为干流,长109千米,发源于五指山林背村南岭,北支定安水,源出黎母岭南,两水在琼海市合口嘴会合称万泉河,经嘉积镇至博鳌镇入南海;(4)漂流区长约15千米,用时1.5~2小时,由激流勇进、雨林穿越、悬崖速降、峡谷溯溪、深潭跳水、高山瀑降等项目组成,其中有9个险滩:浅滩、清滩、水秧滩、长滩、白沙滩、玉芳滩、拉蓬滩、高镰滩、加秀滩;(5)该区内有13个自然景点:八戒石、猴壁、鹰壁、母亲岭、青蛙塘、虎门关、八仙湾、石狮、天泉瀑布、石龟卧河、石虎护河、琼崖纵队医院、苗寨;(6)该区除了漂流、探险、探秘项目外,还有垂钓、露营、篝火晚会、山野大餐等休闲项目。

> **小贴士** 万泉河风景名胜区清静无污染,万泉河两岸有原始、自然的热带丛林和淳朴、敦厚的民族风情。名歌《我爱五指山,我爱万泉河》《万泉河水清又清》、名剧《红色娘子军》使该区美名远扬,成为来琼中外游客必游之地。

要点3　万泉湖旅游度假区

(1)位于万泉河上游的牛路岭库区;(2)湖面宽阔,岛屿众多,两岸群峰叠起,怪石嶙峋,原始热带雨林茂密,鸟语花香,青山碧水;(3)度假区有中高档客房、会议室、餐厅、歌舞厅、健身俱乐部等;(4)湖区还有石片沟怪石群、乳泉谷瀑布、仙人峡、百岛群、十里峡谷、二龙潭、天池等景观。

小贴士 万泉湖旅游度假区景色迷人,空气清新,气候宜人,是一座天然氧吧。这里是老年人休闲度假,中、青年人观光探险,学生野炊寻秘的旅游胜地。

要点4 博鳌亚洲论坛永久会址景区

(1)坐落在东屿岛上,总面积3.7万平方米,共分3层;(2)该会场位于会议中心第2层,其主色调采用黄色,给人以规模宏大、金碧辉煌的印象;(3)景区的主要景点有:世界上保护最完好的河流入海口——万泉河入海口、海南首个可以近距离观赏一流高尔夫球场景观的景区、博鳌地区唯一收藏博鳌亚洲论坛各种珍贵纪念品和图片的展览馆——博鳌亚洲论坛展览馆、海南绝无仅有的神奇去处——龙颈穴、中国唯一定期定址的国际组织。

小贴士 博鳌亚洲论坛由菲律宾前总统拉莫斯、澳大利亚前总理霍克及日本前首相细川护熙于1998年发起,2001年2月宣告成立,它是第一个总部设在中国的国际会议组织。从2002年开始,论坛每年定期召开年会。作为一个非官方、非盈利、定期、定址、开放性的国际会议组织,博鳌亚洲论坛以平等、互惠、合作和共赢为主旨,立足亚洲,推动亚洲各国、地区间的经济交流、协调与合作;同时又面向世界,增强亚洲与世界其他地区的对话与经济联系。

要点5 博鳌亚洲论坛成立会址景区

(1)该景区位于博鳌水城中心位置,东临南海,空气清新,年平均气温约24℃;(2)交通非常便利,海口、三亚至博鳌都有高速公路,海口至博鳌约需1小时30分即可到达,三亚至博鳌需2个小时即可到达;(3)因为"博鳌亚洲论坛"在海南成功召开并永久落户于博鳌,使博鳌这个名不见经传的小渔村成为亚洲的博鳌,世界的博鳌,已承接博鳌亚洲论坛成立大会和首届年会的膜结构主会场,见证了博鳌亚洲论坛的成立和首届年会召开的历史性时刻;(4)景区先后被评为"海南省十佳旅游区""海南省优秀涉外旅游参观点""海南文明风景旅游示范点"。

小贴士 博鳌亚洲论坛成立会址建筑风格独特,通体乳白,锥形,挺拔而富有动感、会场内配有4种语言的同声传译、现场投影成像、音响系统、临时宽带系统等,会场顶部由8块钢膜材料拼接而成,是目前国际上广为流行的开放式、三面透风的澳大利亚风格。

要点6 博鳌东方文化苑

(1)位于"博鳌亚洲论坛"所在地——博鳌水城,与博鳌亚洲论坛永久会址隔水相望;(2)总建筑面积6万平方米,由博鳌禅寺、东方文化主题公园组成,注重游客的参与性和娱乐性;(3)苑内有禅寺素芳斋、莲花馆、七宝莲池、风调雨顺坛、天门、九九归一、万泉归海、独占鳌头等景点;(4)博鳌禅寺是一座体现明、清两代传统建筑特色的佛教禅宗寺庙,三面环水、一面靠山,莲花锦簇、绿树成荫,其方丈由中国佛教协会常务会长、福建南普陀寺方丈出任,寺内供奉着由尼泊尔国王赠送的佛祖释迦牟尼金身佛像及世界最大的铜制千手千眼观音;(5)公园有7个大小不一的莲花池和百米荷花长廊,莲花池里共种植培育了67种名贵荷花与睡莲,其中包括由两千多年前的古莲子培育出来的大贺莲、孙文莲和中日友谊莲;

(6)汉白玉石雕"独占鳌头",描述的是在海南民间脍炙人口的观音降鳌故事,直观演绎出"博览天下、独占鳌头"的博鳌精神内涵,成为现代博鳌的标志性人文景观。

> **小贴士** 博鳌东方文化苑总规划面积20公顷,地处海南博鳌特别规划区内中心地带,是一个综合性的、以弘扬和展示佛教文化内涵为主旨的大型旅游项目。

要点7 博鳌水城

(1)位于琼海博鳌水城金海岸大道1号;(2)该城自然风光优美,婆娑的椰林、洁净的白云、金色的沙滩、各具神韵的江、河、湖、海、泉,令游客陶醉;(3)东部的"玉带滩"被载入吉尼斯世界之最;(4)在山岭、田园的怀拥下有水面生态保护完美的沙美内海,万泉河、龙滚河、九曲江三河相汇;(5)此处东屿岛、沙坡岛、鸳鸯岛三岛相望,金牛岭、田涌岭、龙潭岭三岭环抱,椰林葱郁,潮起潮落,被国内外专家誉为世界河流入海口自然环境保存得最完美的地方之一。

要点8 玉带滩

(1)位于博鳌水城内,是一条自然形成的地形狭长的沙滩半岛,又名金沙滩,全长8.5千米,其沙十分粗大;(2)其外侧南海烟波浩渺一望无际,内侧万泉河、沙美内海湖光山色,内外相映,构成了一幅奇异的景观,滩上生活着国家二级保护动物玳瑁;(3)玉带滩地形地貌酷似澳大利亚的黄金海岸和墨西哥的坎昆,在亚洲区可谓仅此独有,其北部于1999年6月上海大世界基尼斯总部以"分隔海、河最狭窄的沙滩半岛"而认定为吉尼斯之最。

> **小贴士** 玉带滩前不远处,有一个多块黑色巨石组成的岸礁,屹立在南海波浪之中,状如累卵,突兀嵯峨,那便是"圣公石"。传说它是女娲补天时,不慎飘落的几颗砾石,此石乃有神灵,选中这块风水宝地落定于此。

要点9 "七星伴月"景区

(1)位于琼海东部的历史名镇、农业重镇——塔洋镇;(2)该区以一片天然水塘为中心,用一条2.5千米长的骑行栈道,把沿岸7个村庄、果园有机地串联起来,农业与旅游业相融合的新业态已经形成;(3)目前,景区内建有三环休闲骑行漫道、湖畔垂钓、农业体验、风情乡村、生态农家乐等多种娱乐休闲项目;(4)景区还成立了全民性的休闲合作社,负责管理和经营,从而不断发展乡村旅游新业态,促进全景区经济、生态协调发展。

> **小贴士** 2016年3月19日,CCTV新闻联播《海南:全域旅游"崭露头角"》的报道,就是以"七星伴月"景区为切入点,报道了海南省通过挖掘生态潜力和本土民俗文化,创建全国首个"全域旅游示范省",探索生态保护与新型城镇化相得益彰的发展模式。

要点10 白石岭

(1)位于琼海市西南12千米处,从岛东高速公路白石岭出口西行仅6千米,距海口市92千米;(2)总面积约16.24平方千米,由公子岭、衬布岭和登高岭3岭组成;(3)登高岭是最高峰,海拔328米,山形变化万端,移步换景。山下怪石嶙峋,千姿百态石洞幽深,神奇莫测;(4)岭有1 308级登山石阶贴崖而上,登之可观石柱擎天、金钟驾驰、青狮眺目、翠屏拥月、崆峒筛风、苍牛喷雾、花岗蔚彩、碧沼储云等"白石岭八景",饱览万泉河风貌;(5)此处已建森林公园,并建有"永结同心""巨星笑佛"等一批景点。

> **小贴士** 白石岭景区,由"神秘谷"(土人部落)、人文景区(共18处景观)、白石岭(龙头山)热带原始森林自然风景区(共20处)以及现代休闲游乐场——滑草场和绿色空中游索

道等板块组成。

要点11　龙寿洋农业公园
(1)该园核心区位于嘉博路(嘉积镇—博鳌镇)侧,距离琼海市区约2千米,距离博鳌镇约15千米处;(2)公园涵盖琼海市嘉积、塔洋、大路3个镇,面积404平方千米,覆盖2.4万人口;(3)重点打造"民俗体验""观光旅游""都市休闲""户外运动""康体健身""疗养度假""农业加工"这7大功能区;(4)片区内有龙舟广场、儒家文化广场、大棚瓜菜基地、兰花基地、草莓基地、千年稻田、东方红(毛泽东主席)纪念馆、经典牌匾、田野回阵、芳草地、农家旅馆、儿童游乐园等17个项目。

> **小贴士**　龙寿洋农业公园是琼海市"打造田园城市,构建幸福琼海"发展战略的重要载体。园内有黄、红两条观光路线,黄色路线是"龙之路",红色路线是"寿之道",可乘坐电瓶车、骑自行车或漫步游览。

要点12　官塘温泉度假区
(1)位于琼海西南部白石岭山脚下,距市区8千米,总面积20多平方千米;(2)区内环境优美,风光宜人,是以温泉文化为主的综合性国际性旅游度假康乐胜地;(3)目前,区内已建造了官塘温泉休闲中心、富海温泉度假村、官塘温泉度假山庄、财建温泉宾馆等数家温泉度假型酒店。

要点13　多河文化谷景区
(1)地处琼海市嘉积镇城区兴海南路勇敢村;(2)景区占地约10.7公顷,是一处大型文化类景区;(3)景区看点:万泉河农居博览馆、青梅广场、蓝色博物馆、民俗演绎中心、多河儿女广场。

> **小贴士**　"多河文化谷"景区是展示琼海万泉河流域本土、本真地方文化的景区,在多河文化的主题框架内,景区从绿色农耕生态文化、红色人文文化、蓝色海洋华侨文化3种文化色彩上诠释海南母亲河——万泉河文化。

要点14　春晖椰子加工观光基地
(1)创建于2005年,集生产、销售于一体,位于琼海市万石高速路口,占地2公顷,鸟语花香、椰树婆娑、环境优美;(2)其中厂房占地2 000平方米,封闭式全空调车间严格按国家的标准设计装修,全玻璃观摩流水生产线及一个装修豪华气派、占地2 000多平方米的展销中心;(3)该基地开发出200多种椰子加工产品,游客可在透明的车间外观看了解椰子去皮、定型、挤压等加工过程。

> **小贴士**　目前,该基地在全国首创利用椰子树根、椰子树桩等来做一些旅游工艺品,如用椰树头做成的椅子等,引起了一些媒体的关注,并促使该基地对系列产品进行包装整合,进而推向全国甚至全世界。

要点15　其他景区(点)
(1)聚奎塔:位于塔洋镇西约500米处,是塔体仿唐代建筑,造型古朴别致,也是海南保存最完整的古建筑之一;(2)杨善集纪念亭及故居:建于1958年,坐落在嘉积镇富海路,是为纪念是我党早期的革命活动家、琼崖党组织和武装斗争主要创始人杨善集而建;(3)海南第一橡胶园:位于东太农场坡塘作业区,是我国第一个橡胶种植园,至今已有78年的历史;(4)南强文明生态村:位于博鳌镇朝烈村委会,紧依博鳌水城,是一个以参观文明生态村与水上娱乐为一体的生态旅游景点;(5)汀州村:地处万泉河畔,是琼海侨乡之一,全村至今保留着多处百年以上既有海南传统、又融入了南洋特色的古民居。

13.2 万宁市

13.2.1 市情简况

要点1 地理与气候

(1)位于海南岛东南部沿海,东濒南海,西毗琼中,南邻陵水,北与琼海接壤。南距三亚市112千米,北离海口市139千米,处于东线高速公路中部;(2)总面积为4443.6平方千米,其中陆地面积1883.5平方千米,海域面积2550平方千米;(3)属热带季风气候,主要特征表现为:气候温和、温差小、积温高,年平均气温24 ℃,全年无霜冻,气候宜人。

要点2 历史与人口

(1)万宁,在汉代属珠崖郡紫贝县地,唐贞观五年(公元631年),以平昌县拆置"万安县",隶属琼州;(2)至南宋绍兴七年(1137年),始设"万宁县";(3)明洪武三年(1370年)改称万州,直到民国三年(1914年)复改为万宁县;(4)1996年8月撤县设市,政府驻地为万城镇;(5)全市总人口52.56万人,其中汉族47.61万人,有黎、苗等18个少数民族。

> **小贴士** 万宁素有长寿之乡、咖啡之乡、槟榔之乡、温泉之乡、书法之乡、华侨之乡、海南美食天堂、中国冲浪之都等美誉。

要点3 住宿与美食

(1)住宿:兴隆康乐园大酒店、兴隆温泉金日酒店、兴隆明月假日酒店、兴隆温泉宾馆、兴隆明阳山庄、兴隆明珠温泉酒店、万宁万都大酒店、兴隆温泉迎宾馆、万宁大酒店、兴隆冠煌酒店、兴隆天元温泉酒店、万宁兴隆乐金宵大酒店、兴隆南山温泉度假村、万宁绿春园大酒店、兴隆碧海温泉酒店、兴隆太阳岛度假酒店、海南兴隆老榕树酒店、兴隆天健花园酒店、兴隆新中水宾馆、万宁兴隆景天酒店等;(2)美食:大洲燕窝、兴隆咖啡、后安鲻鱼、港北对虾、东山羊、和乐蟹、乌场鱼干、万宁槟榔、万宁菠萝、边山豇豆、后安粉、兴隆柠檬鸭、木薯饼、黄皮鸡等。

要点4 旅游交通

(1)东线高速公路和海榆东线公路斜贯全境,是万宁市陆上交通运输的命脉;(2)全市境内国道2条共160千米,市(县)道14条共179千米,乡道239条共861千米,行政村通达率达100%,地方公路通达各乡镇和旅游区;(3)万宁汽车站位于万宁市万州大道,这里有发往海口、三亚、五指山、文昌等地的班车,车型分为普通型和快车;(4)万宁市30个公交站亭及其站牌已投入使用,至2015年,完成89个万宁市区候车亭建设;(5)万宁市环行火车站点公交线路全程13.2千米。

> **小贴士** 据了解,截止到2015年,万宁全市共有宾馆酒店200多家,其中,星级酒店26家;旅游景区7家,其中4A级3家、3A级4家;全市旅游直接就业人数10 900人。2015年与2010年对比,接待过夜游客共增长45.7%,年均增长9.4%;旅游总收入共增长90.8%,年均增长18.16%。旅游投入也在逐年增加,2015年市财政对旅游的投入是2010年的5倍。

13.2.2 主要景区(点)

要点 1　东山岭风景区

(1)位于万城镇以东 2 千米处,因 3 峰并峙,形似笔架,历史上又叫笔架山,最高海拔 184 米;(2)该区 1981 年开建,是海南开发较早的旅游景点之一,曾与五公祠、鹿回头、天涯海角等景点齐名,素有"海南第一山"之称;(3)该区大小石景 100 多处,处处神奇,石石苍劲,洞洞莫测,岭上最著名的佳景有 8 大处,分别是:七峡巢云、正笏凌霄、仙舟系缆、华封岩洞、海烟流丹、瑶台望海、碧水环龙、冠盖飞霞;(4)该区内现存多处古代建筑遗迹,堪称"洞天世界"的神奇 36 洞、方丈洞和七曲洞;(5)岭上有潮音寺、东灵寺等寺庙,还有高达 4.2 米的宋代名相李纲的花岗石雕像;(6)"华封仙岩"为一天然岩石洞,高、宽各 4.4 米,长 7.7 米,"华封岩"三字刻于宋代宣和四年(1122 年),乃岭上最早石刻;(7)区内设有东山宾馆、水上餐厅等,游客可饱尝万宁的东山羊、和乐蟹、鹧鸪茶,还有港北对虾、后安鲻鱼等佳肴。

> 小贴士　在东山岭脚下的永范村有一片千亩花海,蔚为壮观。有三角梅、菊花、荷花等上百种,微风过处,绿色的枝叶动如海波,紫色、黄色、粉红的花儿随风摇曳,花香遥送,沁人心脾。

要点 2　兴隆华侨旅游经济区

> 小贴士　2011 年 3 月,万宁市机构编制委员会决定成立万宁市兴隆华侨旅游经济区,设立万宁市兴隆华侨旅游经济区工作委员会,并于同年 12 月 28 日挂牌成立万宁市兴隆华侨农场,与前者实行"两块牌子,一套人马"。

(1)位于万宁东南部,东面与礼纪镇、东和农场接壤,西面与南桥镇、南林农场等以及琼中黎族苗族自治县的长沙、长兴等村庄交界,南面与礼纪镇新梅毗邻,北面和三更罗镇、长丰镇等地相依;(2)该区内硬化道路纵横便捷,主要有兴梅大道、莲兴大道、温泉大道、迎宾大道、康乐大道、惠康大道、工业大道和长春路、金新路、明珠路、剧场路以及太阳河大桥等;(3)该区内,已有一批具有热带风光、东南亚风情的景观、文化设施供游客观赏和娱乐,如温泉度假区、亚洲风情园、天涯雨林博物馆、热带植物园、热带花园、热带药用植物园、侨乡国家森林公园、国家绿道等景区景点;(4)兴隆温泉度假区:占地面积 10 平方千米,坐落在太阳河畔,以其独特的自然风光、东南亚归侨文化风情和水质一流的温泉疗养而闻名,拥有众多知名旅游景区以及高星级温泉度假酒店(该度假区内每个酒店都各有特色);(5)天涯雨林博物馆:是印尼归侨于 2003 年兴建的根雕、根艺展馆,其陈列的均为罕见的巨型根雕、根艺;(6)兴隆热带植物园:始建于 1957 年,占地面积 40 公顷,植物品种 1 200 个,是海南最早对外开放参观的热带植物园;(7)兴隆热带花园:由兴隆归侨港商出资和农场出土地合作兴建,占地 333.33 公顷,已种植热带观赏植物 34 万株、有"活化石"之称的海南苏铁 1 000 多株,另有种植了 25 万株、占地 40 公顷的热带珍贵果树人工培育群落;(8)兴隆侨乡国家森林公园(2013 年 11 月下旬设立):包括凤凰岭和热带花园两个景区,区内森林覆盖率达 85.10%,占地面积 2 815.31 公顷,海拔平均高度在 150 米以内,山上有原生态雨林植物种类 3 000 种之多,还有许多珍贵的野生药材及经济林木等;(9)兴隆国家绿道:被誉为国内"环境最好、景色最美、风情最特"的最优绿道,目前 30 千米示范段免费对外开放;(10)另外,该区还有由康乐园温泉高尔夫球会、太阳河高尔夫球会、橡树林高尔夫球会等构成占地 400 多公顷的 54 洞高尔夫球场等。

> **小贴士** 近年来,万宁市委、市政府把兴隆旅游区作为万宁"一带两区"发展战略中的一个重点发展区域,专门规划90多个建设项目来全面加强和改善经济区基础设施。如今,已有海航康乐园剧场、老榕树山顶温泉度假村、高尔夫公寓、木棉花五星级酒店、热带雨林养生谷、太阳新城太阳谷、吉林长春城、兴隆百果园、石梅山庄、吉森北纬18度温泉庄园等一批项目相继规划、动工建设。

要点3　石梅湾旅游度假区

(1)位于东线高速兴隆出口的万宁东部海滨,滨海沙滩长约7千米,近百米内水深不过3米;(2)该区由两个形如新月的海湾组成,三面环山,一面向海,山形秀美;(3)该湾海滩两端,各向海中伸出两座峰峦,湾内植被繁茂,有大片椰林、橡胶等热带作物,椰树槟榔,相映成趣;(4)沿海湾绵延数十千米的茂密青皮林带,是从清朝就立碑保护的目前世界上发现的第二个也是面积最大的海滩青皮林,至少已有4 000年历史,现列为省级自然保护区;(5)石梅湾水上活动中心提供众多海上运动,包括岛屿潜水、韩式潜水、海中漫步、海钓、海岛垂钓、船钓、冲浪、划艇、拖曳伞等项目;(6)其近海中的加井岛状如海龟,岛周边海底分布茂密的珊瑚群及品种繁多的水生物与色彩斑斓的热带鱼,形成蔚为壮观的海底花园,更是优良的潜水胜地;(7)此外,散落在景区内的农舍多为黎族村落,世代以耕作和捕鱼为生,民风纯朴,至今仍保持着海南特有的原始生活风貌。

> **小贴士** 据传,石梅湾中的"石",源自"乌石姆"(海南话,黑色的石头),"乌石姆"散落于石梅湾东侧的海域,常有海浪拍击礁石,浪花飞溅的美景;"青皮"又名"青梅",石梅湾中的"梅"源自于此。湾中青皮林带狭长蜿蜒,沿着海滩绵延几千米,呵护着两弯新月形的海滩,石梅湾由此得名。

要点4　南燕湾度假区

(1)位于万宁市礼纪镇南沿海,与石梅湾相连;(2)南燕湾旅游资源丰富,山峰石崖高耸,清泉飞瀑长流,巨洞阔大,沙滩洁白,绿树葱茏,天青海碧,水产丰富;(3)该湾内有南燕湾海滨高尔夫球会以及南燕湾高档度假酒店——华凯南燕湾酒店、华凯南燕湾悬崖别墅、金泰南燕湾暨JW万豪酒店等旅游度假设施;(4)球会所属设施包括国际标准的18洞高尔夫球场、练习场、高尔夫专卖店、欧美风格的高尔夫会所等,能够为来海岛打球的高尔夫球手提供称心服务;(5)18个球洞的设计各具特色和魅力,且前九洞葱郁幽静、鸟语花香、山峦起伏,给人无限的挑战,后九洞海风习习、碧浪撩人、视野开阔,给人一种粗犷的感觉;(6)该湾酒店位于两山夹角之间,背依青山,面朝大海,以生态型度假休闲旅游居住为特色,集高尔夫运动、山地休闲探险、滨海度假与居住为一体。

> **小贴士** 2015年9月开工的海南省重点项目——华凯南燕湾悬崖酒店(二期)占地33.3公顷,建筑面积12万平方米,容积率不足0.29,坐落于60~80米的悬崖之上,俯瞰浩瀚南燕湾,将周边高尔夫球景、海景、山景与建筑自然完美融合在一起,度假资源得天独厚。

要点5　日月湾渔村文化旅游区

(1)日月湾西连陵水,北面环山,南濒南海,从东线高速公路日月湾入口进入景区仅200米,是个半月形的海湾;(2)海湾沙滩细白绵延,海面风平浪静,海水碧蓝清澈,适宜游泳,是个天然海水浴场;(3)区内的茹新河和田头河在日月湾内出海,河海水相渗,咸淡互补,水质清净,咸度适中;(4)区内的人文景点有:观海长廊、南海龙王、渔家院子、海上丝绸之路博物馆、耕海牧渔文化馆、珊瑚馆、倭寇海盗船、海防长城、妈祖庙、渔人码头、海产品加工厂、渔民集市、非物质文化展示基地、南海珍宝馆、冲浪广场、海钓俱乐部、露营基地、海鲜餐厅、婚纱摄影基地等；(5)区内更有天天上演的国家非物质文化遗产"哩哩美"渔家歌舞及大型"祭海开渔"活动,有以南海渔家冲浪为主题的酒店。

小贴士 日月湾渔家文化旅游区是目前海南唯一以渔民和冲浪文化为主题按5A级标准打造的旅游景点。

要点6　神州半岛旅游区

(1)位于海南东线高速G98兴隆/神州半岛高速路口3千米,距海南兴隆华侨经济旅游区10千米；(2)该半岛三面环海,一面接陆,面积24平方千米,东南长8.7千米,西北宽2.7千米,东依牛标岭,南濒浩瀚南海,西靠老爷海港口,北临东澳港；(3)其南面,由东至西排列着5个美丽的海湾,东渥湾、沁宁湾、圆石湾、金沙湾、乐涛湾；(4)离海岸几十米远的石岛,是大自然鬼斧神工的杰作:公鸡石、钓鱼石、观鱼石、乌龟石等,随着潮涨潮落,变化万千；(5)半岛海湾碧波映照,轮廓柔和宜人,沙白滩阔,加之奇岩怪石的点缀,景色格外迷人；(6)半岛背部为风平浪静的内海,其海岸线曲折,宽窄不一,沿岸植物郁郁葱葱；(7)该区已建有我国首家复合式酒店、超五星级酒店、海南首家聘请国外顶级海上运动管理公司管理的沙滩俱乐部,内含逾4万平方米滨海商业街、41洞传统海滨式高尔夫球场以及3座天然内海游艇码头。

小贴士 神州半岛的海景秀柔,山景神奇壮观。牛标岭是半岛上最大的山岭,海拔820多米,像一条巨龙盘旋在半岛上。《万州志》记载"此岭形如覆釜,为儒学案山的刘知州改为龙标岭"。

要点7　日月湾南海渔村文化游览区

(1)位于万宁加新、田新二管区之间,西连陵水黎族自治县,以牛岭为界,是万宁市新开发建设的旅游度假胜地；(2)游览区分为海门公园和台海民俗文化游览区两部分；(3)海门公园主要景观和配套服务项目有:海门奇观、椰林休闲广场、龙王鼎、沙滩娱乐、海边骑马等；(4)台海民俗文化游览区内,在一条蜿蜒小河的主线的牵引下,将"天长地久"大拱门、清水造雾、外婆家、台海兰苑、盘古掌、人造瀑布、快活椰林、风情演艺、中华龙等景物有机地联动起来；(5)岸边浅滩上或水域中有礁石林立,景致壮观,海边筑有防潮堤坝,堤边建有淡水游泳池、观海亭和品茶室,游客可尽情地享受休闲之乐。

小贴士 日月湾是个半月形的海湾,素有"海南黄金海岸"之称。这里海水湛蓝清澈,沙滩洁白松软,海面风平浪静,适宜游泳,是个天然海水浴场。

要点8　万宁首创奥特莱斯文化旅游区

(1)地处万宁莲兴大道1号,位于环东线高速公路中部,项目建筑面积100 879平方米,分室内精品购物街区和室外休闲购物街区；(2)室内精品购物街区以奥特莱斯名品折扣店为主,分一期、二期；(3)室外休闲购物街区是极具东南亚风情的海韵街,以旅游配套品牌店为主；(4)其珠宝城、名品折扣店、餐饮、休闲娱乐等业态已于2014年开业；(5)户外美食步行街(海韵街),汇集了东南亚风情、意大利风味、纯正海南味道、北美风格等各地特色餐饮美食以及海南特色礼品专卖店、进口百货专营店等近20余家商铺；(6)名品折扣店,已引进近百家国内外一线品牌入驻,其中ZARA等国际知名品牌是首次进驻海南,NIKE更是华南地区最大的奥特莱斯折扣店,国际顶级奢侈品牌奥特莱斯折扣店也已在陆续进驻中;(7)目前,免税店、特色演艺、德州扑克项目已在积极推进中。

小贴士 万宁首创奥特莱斯是海南省规模最大、业态最丰富、知名品牌最多、最具价格竞争优势的旅游奥特莱斯。该区项目引进了 Armani、Prada、Gucci、Versace、Burberry、Max Mara、Coach、Hugo Boss、NIKE、S. T. DuPont、Polo Ralph Lauren、Tommy Hilfiger、CK、A&F、IT、GAP、GANT、ZARA、Samsonite、ECCO、Geox、Nine West、Jeep、ONLY、VERO MODA、Jack Jones、Selected 等百余家国际国内一线品牌。2014年8月,该区被评为国家AAA级旅游景区。

模块 14　西部组团

西部组团,包括儋州、临高、昌江、东方四市县和洋浦经济开发区,面积 8 407 平方千米,占海南岛面积 24.66%。依托洋浦经济开发区等工业园区,集中布局发展临港工业和高新技术产业,把儋州建设成为海南岛西部区域性中心城市。规划建设东坡文化园,积极发展生态旅游、探奇旅游、工业旅游、滨海旅游等。

14.1 儋州市

14.1.1 市情简况

要点 1　地理与气候

(1)儋州市地处海南西北部,濒临北部湾,北至省会海口市 130 多千米,南距三亚市 280 多千米;(2)土地面积 3 394 平方千米,约占全省 1/10,居全省第一位;(3)海岸线长 267.27 千米,港湾众多,浅海和滩涂面积达 2 万公顷,海洋资源丰富;(4)儋州热带季风气候,年平均气温 23.3 ℃,降雨量 1 800~2 000 毫米,适宜居住,是海南受台风影响最小的区域。

要点 2　历史与人口

(1)秦朝,象郡之外徼,又为离耳国,一名儋耳;(2)汉武帝元封元年(公元前 110 年),海南岛置珠崖、儋耳两郡,这是海南岛上最早同时出现的行政建制;(3)以后各朝代虽相继变更为昌化军、南宁军等,但唐高祖武德五年(622 年)改郡为州,将"儋耳郡"改为"儋州",明清仍沿用儋州;(4)1950 年海南解放至 1992 年,儋县建制没有改变,1993 年撤县设市(县级市),2015 年 2 月,设立地级市;(5)至 2015 年总人口 104 万人,仅次于海口市居全省第二位;(6)有汉族、黎族、苗族等 20 多个民族,其中汉族人口约占 93%,主要方言有儋州话、军话、客家话、临高话、黎话、广东话、海南话等。

> **小贴士**　据《汉书》云:"儋耳者,大耳种也。"《山海经·海内南经》注:"锓离其耳,分令下垂以为饰,即儋耳也。"《儋县志》说得干脆"其人耳长及肩。"郭沫若在《说儋耳》一文中说:"儋耳可省言为儋,则耳殆助语,有音无义,故儋耳并非垂大之耳。"

要点 3　住宿与美食

(1)住宿:豪威凯立商务酒店、荣兴大酒店、豪威麒麟大酒店、森林客栈、星园商务大酒店、福源大酒店、松涛明珠宾馆、凯豪银岛酒店、儋州迎宾馆、白云哈瓦那酒店、儋州蓝洋地质温泉度假酒店、中兴源国际酒店、嘉景国际酒店、海航新天地花园酒店等;(2)美食:洛基粽子(那大粽)、长坡米烂、松涛鳙鱼、光村沙虫、儋州珍鲍、儋阳带子、红树林葫芦鸭、东坡香糕、新英炒粉、千层白馍、儋州年糕、春梦婆干糕、木棠欧馍和双黄大补等。

要点 4　旅游交通

(1)儋州市拥有洋浦港、白马井港等天然深水良港,环岛西线高速公路、粤海铁路(在该市设有那大、八一两个站)贯穿境内,环岛高铁西段于 2015 年 12 月 30 日开通运营(在该市设有海头站、白马井站、银滩站),交通发达,已形成水陆交通网络,是海南西部的交通枢纽和连接内陆、通往东南亚地区的桥梁;(2)截至2015年3月,儋州市有国、省、县道公路干线网575.59千米,干线公路网是以"两纵两横"交成"井"字形结构骨架,成为本市对外主通道;(3)西部民用机场等项目正在筹建当中。

小贴士 儋州市是海南西部经济、交通、通信和文化中心,海南洋浦经济开发区和中国热带农业科学院、海南大学儋州校区(原华南热带农业大学)均在其境内。儋州市先后获得了全国双拥模范城、全国农业百强市、全国文明示范市、全国城市环境综合治理优秀市、全国诗词之乡、中国楹联之乡、全国民间艺术之乡、中国书法之乡、全国园林绿化先进市等荣誉称号,2014年,被列为首批国家新型城镇化综合试点市。

14.1.2 主要景区(点)

要点1 松涛天湖风景区

(1)位于儋州市区东南14千米处,南渡江上游,跨儋州、白沙和琼中3个市县,是海南人民的生命之源,全国十大水库之一,享有"宝岛明珠"之美誉;(2)该库区广阔,四周群山环抱,遍布莽莽苍苍的原始森林,它不仅兴农、渔、工之利,而且是海南岛消暑、度假、旅游观光的好地方;(3)松涛天湖云雾谷风景区是松涛天湖风景区组成部分,旅游资源十分丰富,著名的旅游景点有:凌云山、情人谷、抱子石、松涛云雾、松涛大坝、溢洪道、导流洞(八一洞)、三雅瀑布、番雅瀑布以及辽阔的水景、山景资源等;(4)其区位优势十分突出,交通十分便利,往西水路可达南丰旅游码头(28千米),往北16千米与蓝洋温泉度假村、莲花寺相邻,往东分别是鹿母湾、大华山生态雨林风景区以及琼中黎母山国家森林公园,往南40千米可到达白沙县城、红坎瀑布、鹦哥岭。

小贴士 1958年秋,被列入国家"二五"计划的大型建设项目松涛水库破土动工。1960年2月,周恩来总理题写了"松涛水库"4个苍劲有力的大字。到1969年,松涛水坝开始产生效益。

要点2 两院热带植物园

(1)位于儋州市那大镇西郊,是海南大学儋州校区(原华南热带农业大学)、中国热带农业科学研究院的植物标本园,占地150公顷,1958年建立;(2)整个园区设有经济林木区、棕榈植物区、热带果树区、香料植物区、药用植物区、观赏花木区、木本油料区、水生植物区以及南药园、创业纪念公园等10多个游览区;(3)园内荟萃了来自世界50多个国家和地区的2 000多种热带、亚热带珍贵植物,其中被列为国家保护的珍稀濒危植物有50多种;(4)该园还先后建立了中国热带农业科学院科技成果展览馆、热科院历史展览馆和热带植物科普展览馆等,并分别获得国家、海南省颁发的"全国青少年科技教育基地""全国科普教育基地"和"海南省青少年科技教育基地"等称号。

小贴士 该园是在周恩来、王震同志的关怀下建立起来的,建园至今,先后接待过我国历届国家领导人和许多国际友人以及众多游客。该园山水交错,空气清新,草木葱茏,鸟鸣啁啾,一派生机勃勃的景象。

要点3 蓝洋温泉国家森林公园

(1)位于儋州蓝洋农场境内,1999年建园,面积为5 660.3公顷;(2)公园四周由莲花岭等数十座形貌奇特的山峦环抱,峰岭起伏,层峦叠嶂,沟谷纵横,裸露的岩石无不奇形异状、千姿百态;(3)被称为"海南第一洞"的现音洞有上、中、下三层,总长500米,洞中有洞,幽深曲折、奥妙无穷；(4)公园境内森林覆盖率达90%以上，热带季雨林、次生阔叶林、各类经济林、果木林等植被景观丰富多彩，各类型的热带植物分布林间；(5)公园境内莲花山中溪泉密布、水潭众多，瀑布气势磅礴；(6)莲花山下的蓝洋温泉有10多处自然泉眼，日流量800万千克以上，水温40～93 ℃；(7)该公园由热带百果园、蕉排岭、莲花岭、观音岩、狩猎场和王帝殿等6个景区组成，内有景点60余处。

> **小贴士**　儋州蓝洋四季如春，具备光、温、湿、热等优越的生态资源。这里的泉有热泉与冷泉之分，前者可以泡洗产生养生效果，后者用于特色养殖而提升美味。

要点4　石花水洞地质公园

(1)位于儋州雅星镇八一农场的英岛山下，距市区28千米，北邻两院热带植物园景区，南邻著名热带雨林尖峰岭景区；(2)它由洞内景区、石林景区、热带果园观光景区组成，三大景区各具特色、相辅相成，构成一个集科学考察、旅游观光、科学教育于一体的综合性园林景观；(3)其内景区由旱洞和水洞组成，洞内有石钟乳、石笋、石柱、石旗、石瀑布、石舌、卷曲石、文石花、单晶方解石花等极具观赏和科学价值的景物，尤其卷曲石最具特色；(4)水洞曲折蜿蜒，光怪陆离，五彩斑斓，在水洞中轻舟漫游，宛如遨游龙宫，美不胜收。

> **小贴士**　该公园地处北纬18°，是目前我国成功开发的纬度最低的天然溶洞景区。1998年，八一农场进行石灰石采掘时，在英岛山意外发现了一个石花溶洞。次年，中国地质学会洞穴研究专家考察后认为，这是中国乃至世界上都十分罕见的石花溶洞，形成于140万年以前，并当即建议将其命名为"石花水洞"。

要点5　鹭鸶天堂景区

(1)位于儋州那大镇屋基村，距城区约15千米；(2)村中三四层楼高的3棵大榕树和茂林修竹，依托独特的资源和良好的生态环境，成为万只白鹭生活的"天堂"；(3)白鹭群栖于屋基村已有多年，每年临近清明成群结队飞来，12月以后分批离去，在此生活八九个月之久；(4)该景区绿荫环抱，山明水秀，绿树成荫，田园阡陌，为便于观鸟，村中修建了高达6层的观鸟楼。

> **小贴士**　随着人类环保意识的增强，面向绿色生态环境的生态旅游被越来越多的人所认同和推广，而鹭鸶天堂则是人鸟同乐、人与自然和谐共处的典范和缩影，成为了城市人摆脱喧嚣、回归大自然的理想场所，同时也是海南省唯一的人鸟共处的生态旅游景点。

要点6　云月湖旅游风景区

(1)位于儋州西南6千米处，毗邻洋浦开发区，紧靠儋州那大城，方圆15平方千米；(2)其四周青山环绕，林木叠翠，山川逶迤；(3)该区山脚陡斜，凹落成天然的低洼山谷大盆地，盆地湖水波光粼粼，湖畔有大片橡胶林、木麻黄林，山绿水绿；(4)该区兴建了歌舞厅、餐厅、亭台水榭、临水别墅、风情木屋和高尔夫球场等旅游度假别墅新村及各种娱乐设施，将"城、湖、山、园"联为一体。

> **小贴士**　2016年年初，针对海南省政协委员《建议把儋州云月湖景区打造成海南旅游超市》的提案，儋州市人民政府作出回复，已将云月湖景区开发建设项目作为"十三五"旅游建设项目申报省旅游委，争取把云月湖公园(景区)开发建设列为省重点旅游项目。

要点7　光村雪茄风情小镇

(1)光村雪茄风情镇位于儋州市光村镇，紧邻环岛西线高速公路光村立交和西环高铁，距离高铁光村站不足1千米,地理位置优越,交通便利;(2)该风情小镇分为养生度假区、鲜花风情区、雪茄博览区三大主题区,总占地面积133.33公顷;(3)目前已初具规模,设置了雪茄吧、雪茄作坊、雪茄文化展览、特色餐饮、特色住宿和商业场所等;(4)风情小镇主要为西班牙建筑风格形式,沿湖建筑采用混搭模式,造型各异,并加入本土建筑元素,展现出文化的开放性与包容性;(5)光村雪茄风情镇周边已建成海南首个大面积种植雪茄烟叶的基地,200多公顷雪茄烟叶已开始采摘。

小贴士 以雪茄文化和雪茄风情作为主题的光村雪茄风情小镇,是一个集养生休闲、旅游、购物为一体的中国首个"雪茄风情旅游小镇",为儋州旅游业发展注入新的活力,成为国际旅游岛的一张新名片。

要点8 镜湖生态公园

(1)位于儋州城区,北临园地路,东到交通路,是儋州斥巨资打造的4座综合性公园之一,为儋州市内第一座大型开放式的湖景生态公园;(2)该园占地6公顷,不仅建有雕塑、荷花池、凉亭、假山、石桥及演艺广场等设施,还建有一座小型棕榈岛;(3)该园是儋州市内唯一拥有6万平方米大湖景及2 000平方米驳岸沙滩的生态公园。

小贴士 目前,除镜湖公园外,儋州还将采用实地实树,依山就水打造综合性南茶公园、休闲性银河带状公园和纪念性忆林公园。

要点9 龙门激浪

(1)位于峨蔓港湾西北伸向大海的岩石周围,是儋州旧八景之一;(2)据史载:昔日有蛇伏期间,化龙而去,故名"龙门";(3)山岩的嶙峋怪石中,有通山的龙洞(元帅洞),通海的拱门(龙门),站在龙门之上,海天一色,碧波万顷,局势嶙峋,绵延数里;(4)龙门之南有悬崖,高约30丈,海潮涌来,触石澎湃,声如吼雷;(5)山顶上建有约50米高的灯塔一座。

小贴士 当地有一首古老的民歌是这样唱的:龙门瘦地生骒子,朝里闻听圣上音,正德乘船来到此,骑着骒子赶回朝。

14.2 临高县

14.2.1 县情简况

要点1 地理与气候

(1)临高位于海南西北部,距省会海口市56千米,东邻澄迈县,西南与儋州市接壤,北濒琼州海峡;(2)全境东西宽34千米,南北长47千米,陆地面积1 334平方千米;(3)该县地属琼北台地,地势平缓,自南向北缓慢倾斜;(4)该县境内高温多雨,光照充足。年平均气温23~24 ℃,年平均雨日为135.9天,降雨量为1 417.8毫米。

要点2 历史与人口

(1)临高,古称富罗,又名临机,早在秦时属象郡;(2)汉武帝平南越后的元封元年(公元前110年)立有珠崖、儋耳两郡,属儋耳郡;(3)之后,随着汉、吴(三国)、南北宋和隋朝的数次郡制改革,直至隋炀帝大业三年间(607年)才得以在临地建县,时称毗善县,属珠崖郡;(4)后经几次更改县名,到了唐玄宗开元元年(713年),始称临高县;(5)据2010年人口普查数据,临高县42.79万人,县政府驻地临城镇。

小贴士 临高县政府正着力打造"活力临高,休闲天堂",依托渔歌"哩哩美"、人偶戏、文庙广场、临高角风景名胜区、高山岭易经文化园、文澜文化公园等文化旅游资源,促进文化与旅游的深度融合,推出具有浓郁地方特色的金色港湾游、蓝色海洋游、绿色田园游、红色热土游和古色新香游等旅游产品,把临高打造成琼北地区的旅游度假、休闲体验、康体养生胜地。

要点3　住宿与美食

(1)住宿:碧桂园金沙滩温泉酒店、碧桂园小城之春假日酒店、佳捷连锁(临高文化公园店)、鸿运来大酒店、悦来登大酒店、静雅大酒店、溶林楼宾馆、泓合宾馆、喜来客宾馆、佳园宾馆、盛源宾馆、五行福泰宾馆、嘉丰宾馆、丽群商务宾馆、城南宾馆、宝钰宾馆、越丰宝宾馆、万里红时尚酒店、运来客宾馆等;(2)美食:烤临高乳猪、东江玉兔、南宝鸭、多文空心菜、牛眼螺(亦称太阳螺)、马袅膏蟹、新盈沙虫、腩肉萝卜干、清蒸南宝芋头、葱煮临高小芋头、油膏虾米韭菜饼、临高煎堆、临高粉、毛薯葱蒜油膏等。

要点4　旅游交通

(1)环岛西线高速公路和粤海铁路西环线贯穿境内,交通便捷;(2)临高汽车站经营临高至广州、深圳、龙岗等省际线路班车,临高至海口、三亚、那大、八所、金江等跨区线路班车以及临高至加来、马袅等乡镇线路区间班车,往海口、新港、三亚、八所、深圳龙岗、金江和县内各乡镇的客运班车。

小贴士　借西环高铁建成通车,临高县正积极规划建设时光小镇,作为对外全面展现临高的窗口,打造临高新名片。同时,利用高铁站辐射带动滨海地区房地产业、旅游服务业的发展来整体提升临高的产业品位。

14.2.2　主要景区(点)

要点1　临高角风景名胜区

(1)位于临高县北端,北临北部湾,与雷州半岛隔海相望,地处海口市和洋浦经济开发区之间,距县城10千米;(2)临高角是琼州海峡突出中的一岬角,三面环海,有7千米长的海岸线;(3)岬角顶端有250米长的天然拦潮礁石堤直伸大海,古有"仙人指路"之说;(4)岸边1千米长的沙滩东西两侧是天然游泳场,东边秋风起时波涛滚滚、白絮阵阵,煞是气势磅礴,素有"南海秋涛"之称;(5)岸上有古烽火台和清光绪十九年(1893年)琼海关建造的一座铁灯塔(高22米、宽1.88米、被国家邮政局印上邮票);(6)海岸上绿林成带,花草丛生;(7)该区已建起滨海文化长廊、解放海南热血丰碑瞻仰区、解放海南陈列馆和纪念馆区、解放海南广场、观海亭、会议中心、休闲度假中心等若干区域,并配套海上娱乐设施,开设滨海旅游项目;(8)该区是融教育、展览、观光、休闲为一体的爱国主义教育基地和红色旅游文化景区。

小贴士　1950年4月17日,中国人民解放军从临高角全线登陆,解放海南岛;1995年4月17日,"海南解放45周年纪念大会暨'解放海南纪念塑像'奠基仪式"在临高角隆重举行,为临高角增添了更加光辉的色彩。

要点2　高山岭

(1)古称毗耶山,海拔193米,位于县城西北部3.6千米处,是省级自然保护区;(2)岭上有神石、神湖、怪石、瞭望塔和奇花异草;(3)岭中的千镜湖、嗡昂湖和斑鸠池3处不大的水面,水清如镜,为火山爆发所致,常年不涸;(4)岭上还有先汉时印度婆罗门教的毗耶大师来此刻立的"毗耶梵文石碑"、汉代青州人王氏迁居此山而出现的"毗耶灵石"和公元1314年修建的高山神庙3处古迹,给海南省、临高县历史的研究提供了宝贵的实物资料,也给旅游观光增添了内容的趣味;(5)岭上的岩洞石孔和茂盛的树林里,栖息着山龟、穿山甲、蛙、蜥蜴、黄猄、狸猫、野兔、毛鸡、斑鸠、猫头鹰、鹧鸪、蛇等几十种野生动物;(6)登临岭顶,极目远眺,北部湾海面、文澜江、新盈港以及村庄屋宇尽收眼底。

小贴士 近年来,随着海南旅游业的发展,海南省临高县旅游部门在高山岭建起旅游服务设施,为前来参观游览的海内外游客提供多项旅游服务。

要点3 百仞滩

(1)位于文澜河下游,在县城东北约4千米处;(2)明代叫"百人头滩",滩中多奇岩乱石,千姿百态,远望像人头聚簇,故取此名;(3)此处自然风景有声有色,历代一些名人骚客常到此吟诗作对,岸边留下了许多诗文石刻,各种诗歌题词石刻达18处,吟诗咏词106篇;(4)现代诗人田汉于1962年夏访临高,也曾到此"一驻鞭",挥笔题诗记游。

小贴士 文澜河水,自南往北流经此滩,由于河床弯曲,水流湍急,遇到岩石的阻拦,形成急泻而下的百仞瀑布,其浪花泛白,涛声宏大,远在5千米外的临高县城都可以听到轰轰作响的滩声,这是"百仞滩声"的由来。

14.3 昌江黎族自治县

14.3.1 县情简况

要点1 地理与气候

(1)昌江位于海南岛西部,因昌化江流经境内而得名;(2)全县总面积1 617平方千米,土地面积16.17万公顷,海岸线长63.7千米,水域面积5 533.3公顷;(3)全县森林面积9.5万公顷,森林覆盖率达58.75%;(4)属于典型的热带海洋性气候,年平均降水量达1 800毫米,平均气温24.3 ℃,全年无冬,日照充足,四季如春。

要点2 历史与人口

(1)昌江古称至来,后称昌化,为汉武帝开拓之疆域;(2)西汉元封元年(公元前110年),置至来县,属儋耳郡地,东汉建武帝年间属崖州地;(3)隋大业三年(607年)改为昌化县,唐贞观年间撤昌化,置吉安县;(4)宋熙宁六年(1073年),废昌化并入藤桥镇,元丰年间复置昌化县,元、明、清因之;(5)民国三年(1914年),昌化县易名为昌江县,1961年6月,新置昌江县,1987年12月改名为昌江黎族自治县;(6)据2010年人口普查数据,全县总人口22.38万人,主要居住有汉、黎、苗等民族,其中黎族人口占总人口的1/3。

要点3 住宿与美食

(1)住宿:昌江迎宾馆、海矿迎宾馆、金润宾馆、春梅宾馆、银苑宾馆、昌运宾馆、运福宾馆、日月明酒店、富宇宾馆、兴源宾馆、鑫丰宾馆、霸王岭雨林老屋、霸王岭雅加度假中心等;(2)美食:霸王岭山鸡、乌烈乳羊、昌城乳羊、昌化海鲜、海尾海鲜、农家鸡(鸭/鹅/猪)、溜肉段、白斩乳羊、昌江芒果、海南柚子、菠萝蜜干和海南雪茄烟叶等。

要点4 旅游交通

(1)昌江旅游交通便利,海南西环铁路和西线高速从县城西北面经过,高速公路距县城中心大约10千米;(2)以县城石碌为中心划一条西北—东南走向的直线,就可以把昌江县主要旅游景观串起来。

小贴士 昌江具有丰富的矿产资源,素有海南的"矿产基地""水泥之都""钢铁之城""芒果之乡"美称。近年来,昌江县委、县政府加快推进旅游开发建设,大力实施"两区一带"发展战略。2015年以来,昌江旅游部门精心策划了九大活动及两条旅游观光路线,全力打造"山海黎乡,纯美昌江"的旅游品牌,努力建设海南国际旅游岛新兴旅游目的地。

14.3.2 主要景区(点)

要点1 棋子湾景区

(1)位于昌江县古昌化城的北部,西接昌化江入海口,东倚昌化岭风景区,距昌化县石碌镇50多千米;(2)该区海湾呈现S形状,湾长20多千米,水面平静,海水清澈见底,海沙细软且洁白如银;(3)该湾海岸奇峰林立、怪石嶙峋、色彩各异、林木苍翠、山花烂漫、清泉欢畅;(4)该湾沙滩雪白,与海天连成一片,有"万亩沙漠落海南"之美称;(5)该湾有天然景点20多处:鉴真坐禅、黄帝祭海、大(小)角石林、八戒背媳妇、帆船石、火焰石、情侣石、棋子篮、望郎滩、治癣沟、天然盆景园及野菠萝度假村等;(6)该景区现提供的娱乐项目:海水浴场、水上快艇、深海钓鱼、钓蟹、天然棋子蓝石子按摩、滑沙、沙漠风情娱乐、小角石林看落日和夜间篝火等活动。

小贴士 海南唯一保留着原始、天然景观的棋子湾旅游度假区,不仅景奇景美,而且流传着许多美丽而神奇的传说。慕名而至的名人有苏东坡、赵鼎、郭沫若等都被它美丽神奇的景色所吸引,留下了脍炙人口的诗篇。

要点2 昌化岭风景区

(1)位于石碌镇西50千米的海滨,西端延伸至棋子湾海滩;(2)岭高460米,奇峰兀立,林翠花艳,山泉长流,素以岩奇、山青、花香、泉甜而闻名;(3)十里九峰的昌化岭,山岩千姿百态,一石一景,其中皇帝石、卫士石、金鼓石、金龟石、雄狮石、仙女石、老虎石、夫妻石、蜈蚣石、渔船石和凤凰石等,石石耐人寻味;(4)岭上岩洞繁多且奇特,而首绝当推岭巅之洞天仙境,它由6块巨大的岩石垒成,巨石底面平整光洁,石层下有一深洞,四周奇花异草悬生,绿茵倒映,幽雅别致;(5)洞的中间有一圆井,深约6米,井水清甜,人们名之"玉液";(6)洞中又有一条20多米长的石缝通道,人称"一线天";(7)洞外峰奇石怪,绿树荫翳,山花争妍,野果挂枝,蝉鸣鸟歌,清新快爽。

小贴士 昌化岭与棋子湾山水相依,西北两千米是古昌化城,三个景点把奇峰异石、青山翠谷、碧水银浪、白滩奇礁、古迹文物等景观集为一体,观赏游乐内容十分丰富,加之旅游设施不断完善,游人常年络绎不绝,成为昌江县最热闹的旅游区之一。

要点3 海南霸王岭国家森林公园

(1)位于昌江东南部,地处海南西部旅游开发的中心位置,距昌江石碌镇26千米、海口214千米、三亚238千米;(2)该公园已铺设完成王道、钱道、情道、霸道和天道5条游览栈道,总长度约7千米,现已开发白石潭和雅加2个景区;(3)在雅加景区,主要分布着情道、霸道、天道三条游览栈道,并建有别具生态特色的雅加度假中心;(4)情道是雅加景区山、水、林、石结合得最好的景点之所在,可观赏到落差达150米,岩面宽30米的雅加情侣瀑布,有"不观雅加瀑,枉来霸王游"之说;(5)霸道是领略霸王岭之霸气的最佳去处,赏霸石,觅圣潭,览众林;(6)天道是"追求成功"之道,集长、高、陡于一身,是霸王岭目前长度最长,高差最大,坡度最陡的栈道;(7)白石潭景区位于离霸王岭林业局11千米的热带低山雨林中,其内部景观各异、特色鲜明、一步一景;(8)白石潭景区已建成的钱道两旁的藤树争艳、聚宝峰、元宝石、步步高等景点有如鬼斧神工,组成了一幅幅迷人的山水画卷。

> **小贴士** 随着雅加度假山庄和王道、钱道、情道等住宿和观光游项目不断升级,该公园已成为自然风光优美、生态环境良好、黎族风情浓郁、文化魅力独特的热带雨林文化休闲度假的综合旅游目的地。

要点 4　海南西海岸海尾湿地公园

(1)位于海尾镇石港塘湿地范围内,面积近300公顷,其地貌类型为平厚和海岸沙滩地貌;(2)湿地有沼泽湿地和滨海湿地等,湿地植被盖度大于等于30%,是海南少有的保护较好的湿地;(3)该区域范围内没有较大河流,地面水主要有田水沟,雨季可汇集周边数十平方千米的雨水,由于近海边,地下水极为丰富;(4)该园区内植物有维管束的255种79科,由自然植被和人工植被组成,其中有水生荷花、桉树林、木麻黄、沙立灌木林和水生植被;(5)该园区动物类型有泽蛙、沼蛙、饰纹姬蛙、花姬蛙,爬行类有游蛇、淡水龟等,鸟类14目36科69种;(6)目前该园已建好数栋风格各异的别墅、海边特色木屋和餐厅,错落分布在木麻黄林当中。

> **小贴士** 该园区是海南比较稀缺的内陆淡水沼泽湿地,区域内的旅游资源比较丰富,是生态旅游、观光、休闲、科普教育的理想去处。近年来,在昌江县委、县政府的大力支持下,该园得到了进一步的发展,已具备了基本的接待能力,许多游客流连忘返。

要点 5　梯田木棉红

(1)昌江的木棉花并不是每个乡镇都有,它主要生长在石碌、十月田、叉河、七叉和王下等乡镇,其特点:群山+梯田+木棉+村庄;(2)每年二三月份,是昌化江畔木棉花开最艳丽的季节,期间,木棉花开遍石碌、七叉等镇各个村子的田间地头;(3)从霸王岭至王下乡路段的七叉镇大章村一带的木棉花最为集中最为好看,其中在霸王岭至王下乡路段数里的路边可看到"梯田木棉";(4)翠绿的梯田层层叠落,田埂田边自然生长着无数棵木棉树,有宏伟壮观的、瘦小秀美的,其花有艳红的也有橙黄的,树上一片叶子都看不见,只有树干、树枝和木棉花。

> **小贴士** 木棉的生长地域不同,木棉景观在视觉上就形成了不同的风格。因此,有人将昌江木棉景观归纳为梯田木棉、昌化江畔木棉和火车铁路木棉3类景观。

要点 6　海南石碌铁矿

(1)位于石碌镇境内,北距省会海口市280多千米,西与八所港有铁路相通,相距仅52千米,是我国大型露天矿之一;(2)其矿体北起石碌河,南至羊角岭,西起石碌岭,东至红山头,方圆16平方千米,呈南北长、东西狭的长条形;(3)该矿不仅有丰富的铁、钴、铜资源,而且还有镍、硫、铝、金等多种矿产资源;(4)据探察,其铁矿储量达数亿吨,品位高达62%以上;(5)专家认为石碌铁矿资源之丰、品位之高,闻名亚洲,称著世界,被誉为"宝岛明珠,国家宝藏"。

> **小贴士** "石碌"一名的起源,据考可以追溯到清乾隆四十七年(1782年),其时在此大山地表发现了铜矿,呈孔雀石类型,故名"石绿岭"后改称"石碌岭"。

要点 7　皇帝洞

(1)位于王下乡,距县城石碌镇60千米,是海南最大的喀斯特地貌群;(2)洞内东南方有一90米长的天然"太师椅",椅上坐一石人,两侧站有"石卫士",酷似皇帝登居,故名皇帝洞;(3)该洞宽约60米,深约130米,高25米,面积约7 800平方米,可容纳上万人;(4)洞底东高西低,向南倾斜,洞厅呈拱形,平坦宽敞,洞内小径蜿蜒曲折;(5)洞内钟乳石多姿多彩,或如生活用品、动物,或如罗汉金刚、天将玉女,或如出水芙蓉、引颈竹桃;(6)洞内正方左面的半空中,悬挂一巨石,人称"金龙腾空";(7)厅后是"皇宫龙门"并有3片横石,门后一石柱支撑洞顶;(8)宫顶有一通天洞口,长2米,宽1.5米,光照夺目;(9)洞顶可观赏仙洞四周的群山、稻田和黎寨。

小贴士 随着海南旅游业的迅速发展,昌江政府计划用3年左右的时间将皇帝洞打造成"山水画卷、洞穴乐园"的5A级景区。2015年9月,皇帝洞十里画廊旅游项目破土动工,该项目包括十里画廊、黎族风情区、索道及蹦极等旅游娱乐景点。

要点8 七星燕窝岭

(1)位于石碌镇往南20多千米处,主峰海拔487米,岭前有昌化江,岭后有七星温泉,岭上群峰叠翠,山清水秀;(2)该岭南端直立云霄,是巨大的断崖,其下方有一圆形大洞口(燕洞),上万只燕子在石壁缝隙筑窝,燕窝岭因此得名;(3)燕洞里钟乳石比比皆是,千姿百态,蔚为壮观;(4)远观燕窝岭,东西南北各具风姿,峰顶有一酷似人形的巨型"望佛石";(5)岭上古木参天,绿荫铺盖,生长着多种热带植物,珍贵木材有花梨、坡垒、油杉和黑格等,观赏植物和花卉有兰花、红棉花和山凤花等,药物植物有鸡血藤、凉姜和益智等;(6)该岭西边脚下小黎村,低贴地面,而燕窝岭高耸入云;(7)岭后朝阳处有一温泉,泉眼7口,得名"七星泉",泉池长10来米,宽7米,池中水深1米多,池面有100多平方米,每天可容纳400多人沐浴。

小贴士 七星燕窝岭,绚丽多姿而奇特,加之温泉宜人观赏、沐浴。海南建省后,来此旅游观光的中外游人络绎不绝,其知名度与日俱增,一天比一天热闹、繁华。

要点9 斧头山自然保护区

(1)位于昌江东部距县城20千米处,属国家级重点自然保护区;(2)斧头山海拔1 200多米,雨水充沛,林木茂密,除了生长着鸡毛松、陆均松、油杉、苦梓、花梨等名贵树种外,还生长着大量的名贵中药,如益智、灵芝菌、凉姜、七叶一枝花等;(3)该区观赏植物更是不胜枚举,仅是幽香雅丽的兰花就有70多种,野生油料植物也较为繁多;(4)山间生长为野生动物提供主食的众多野果树,如馒头果、山石榴、山橄榄、山荔枝、红牡丹等;(5)该区森林层次较多,结构复杂,大型的蔓类植物和附生植物极为丰富,其相互缠绕攀附,好像"空中花园";(6)该区里栖息着多种珍贵野生动物,有长臂猿、云豹、黑熊、水鹿、穿山甲、巨松鼠、画眉、鹦鹉、喜鹊、太阳鸟等,故有"动物种储存库"的美称。

小贴士 该保护区内的动植物,有不少种类具有很高的观赏及研究价值,专程到这里观光旅游的人以及中外科研人员、学者、专家络绎不绝,使保护区日益热闹、繁华。

14.4 东方市

14.4.1 市情简况

要点1 地理与气候

(1)东方市地处海南省西南部,北距海口210千米,南距三亚180余千米,处于昌化江下游;(2)其南部及东南与乐东黎族自治县接壤,北至东北隔昌化江与昌江黎族自治县交界,西临北部湾,与越南隔海相望,北靠黎母山脉;(3)该市海岸线长84.4千米,滩涂面积1 125.3公顷,有8港7湾,7个天然渔场;(4)该市属热带季风海洋性气候区,旱湿两季分明,降雨量偏小,日照充足,年平均气温24～25 ℃,年蒸发量大于年降雨量,为海南全省之最。

要点 2　历史与人口

(1)该市始于西汉武帝元封元年,公元前110年始设九龙县,隋朝改称感恩县,解放后县城定址黎族东方峒,因而称谓东方黎族自治县,1997年撤县设市,土地面积2 256平方千米;(2)截至2010年11月,该市总人口为40.8万人,汉族占总人口的78.70%,各少数民族占总人口的21.30%,其中黎族占总人口的20.43%。

小贴士　东方市物华天宝,有大量奇珍异兽和酸豆青梅、沉香花梨等数百种珍奇林木,素有"世界花梨看中国,中国花梨在海南,海南花梨数东方"之美誉,是海南西南部的经济中心,海南岛第三大真正意义上的滨海城区、西南重镇。

要点 3　住宿与美食

(1)住宿:名豪度假宾馆、东方良智海景大酒店、云天大酒店、绿宝大酒店、富岛海湾大酒店、润泽园(原市委招待所)等;(2)美食:东方酸瓜、东方羔羊、东方市师鸡、四更小红椒、南海海龟、海鲜瓜盅、东方白斩羔羊、东方西瓜子、四更烤乳猪、鲨鱼炒砍瓜、奶汁焗凤尾虾、雪白菇炒猪颈肉、感城空心菜等。

要点 4　旅游交通

(1)沿海榆西线从海口市至八所镇262千米,海榆西线至八所镇东部向南,抵达三亚市169千米;(2)市内有著名港口八所港、海南粤海铁、海南高速、海南西环高铁均通过市内;(3)西环高铁东方段线路全长59.765千米,设立2个站点,其中东方站是西环高铁除了海口站、三亚站外唯一在市区设立的站点;(4)东方市交通运输部门已做好西环高铁站交通接驳服务,调整4条公交线路开通至高铁站,这4条线路覆盖市内的各个公交站点,确保旅客无缝换乘。

小贴士　东方城区依八所滨海而建,是海南省重要的能源基地和重化工基地。对越贸易历史久远,边民交往世代结下友谊,是海南唯一拥有边贸政策的城市口岸,蕴藏着无限商机。

14.4.2　主要景区(点)

要点 1　俄娘九峰山

(1)位于东方市广坝乡境内,昌化江中游的东北岸,距县城八所镇60千米;(2)此山属海南第三大山雅加大岭西南余脉,海拔1 162米,岭长约8千米,山形峻拔,气势雄伟,不乏幽深与秀丽;(3)该山因一个凄美的爱情传说而得名俄贤岭,后因西汉元封元年(公元前110年)设置九龙县又得名九龙山;(4)专家表示,暗流多,是俄娘九峰山水系的最大特点,该地区是大广坝水库水源涵养地之一;(5)该区山峦如斧劈,山峰上土壤很稀薄,几乎全是石灰岩,外表都是薄薄的石片,异常锋利;(6)科考报告显示,该山区记录到的陆栖脊椎动物256种,其中海南岛特有种7种、特有亚种59种;(7)山上有很多溶洞奇形怪状,则是由山岭上难以计数的暗流在岩石间不断流淌冲刷形成的;(8)俄娘洞(又称蝙蝠洞),洞口只有半米宽,几乎掩藏在灌木丛中,洞里满是钟乳石,地面上遍布了大小深浅不一的石碗,洞里错综复杂,分叉口众多,上下甚至分几层;(9)该山景点有娘母洞、南浪村、俄贤洞等;(10)目前,景区内有爬山、涉水、探洞、民俗体验、野外生存、篝火晚会等旅游活动。

> **小贴士** 俄娘九峰山是海南省现存面积最大、原生状态保存得最为完整的、从低海拔到高海拔的喀斯特地貌原始热带雨林。1988年该地区被海南省人民政府定为海南旅游风景保护区,2005年被列为国有重点公益林区。

要点2 大田坡鹿保护区

(1)位于东方市公路线上,距东方县城约20千米;(2)该区建于1976年,有坡鹿400多只和其他100多种野生动物;(3)登上保护区眺望塔,可观群鹿嬉游,偶尔还可看到山猪等野生动物出没;(4)坡鹿能跑善跳,受惊时5米山沟一跃而过,喜欢活动在灌木丛生、杂草茂密的山坡边缘,其视觉、听觉和嗅觉都很敏锐;(5)海南坡鹿属国家一级保护珍贵濒危动物,被海南省人民政府指定为首届椰子节吉祥物(丹丹),该区于1986年升格为国家级自然保护区。

> **小贴士** 据说,大田是三亚鹿回头的根源,那只化身变成美女的鹿就是从这跑出去的。所以大田坡鹿保护区里就有一块"鹿回头之源"的石刻。

要点3 鱼鳞洲

(1)又名鳞洲角,位于东方八所港海滨,清朝康熙年间就被列为海南八大风景区之一了;(2)其一面连着陆地,三面环海,地形是一座裸露着岩石的丘陵,由于岩石长得重重叠叠,阳光折射后,灿灿生辉状似鱼鳞,故名"鱼鳞洲";(3)其附近长满了仙人掌,别的植被很少,这一自然现象非常有趣;(4)突兀的小山上,建有一个航标灯塔——该塔是鱼鳞洲的标志,也是东方市的标志,是北部湾重要的航标;(5)鱼鳞洲面临大海,奇峰林立,岩石多姿,绿草灌木铺地,长年山花烂漫,海滩沙细如末,松软如棉,是理想的天然浴场;(6)在离鱼鳞洲不远处小路旁,有一座"日军侵琼八所死难劳工纪念碑",纪念日寇占领期间,为了建八所港和运铁矿石而死难的上万劳工,是海南省级爱国主义教育基地。

> **小贴士** 古人有诗云:鱼鳞洲耸接云天,策枚登临别有天。怪石回环看不厌,奇峰重叠翠相连。泉流一井清如许,浪击千层势欲颠。海上仙山何处觅?分明此景是神仙。

要点4 大广坝风景区

(1)大广坝旅游风景区位于东方市东河镇,距城区45千米;(2)水库湖面100平方千米,库区风景秀丽,湖光山色,碧波万顷,被誉为东方市的"天然公园";(3)这里有我国较早的小广坝水电站遗址,是日本侵华掠夺我国资源的历史见证;(4)库区东北面有一座酷似老虎的卧虎山,它头向东,尾朝西,向前伸长着爪子,头部的轮廓清晰可见;(5)大广坝旅游风景区已开发建设陆空观光、康体娱乐、休闲度假、探奇体验、科普教育等综合旅游项目,"恢宏长堤蓄风景,多少灵气缘其中",游客不禁有此感慨。

> **小贴士** 大广坝水电厂是海南省最大的水力发电厂,是一个具有发电、灌溉、供水和旅游等综合经济效益的大型综合性工程,是海南省第一个列入国家"八五"计划的重点建设项目,接待过许多中央领导和大量的国内外游客。1992年4月17日,朱镕基同志视察大广坝工地,并亲笔题写厂名。

要点5 其他较著名景区(点)

(1)雅龙民族风情旅游区:位于该市东部山区,是黎族传统节日"三月三"的最初发祥地,这里山清水秀,四季常绿,气候宜人,山、水、洞相互交融,自然景色十分迷人,有东方市"小桂林"美称;(2)猕猴洞:东方大广坝旅游风景区的景点,洞深百余丈,洞内面积2 000多平方米,石钟乳、石幔满目皆是,晶莹剔透,令人眼花缭乱,洞口周围山脊密密地长着油楠、子京、青梅等参天古木;(3)汉马伏波井:位于东方市西海岸,离八所镇南5千米的罗带乡,此井为汉光武帝时马援将军经过海南时所掘,距今已有1 950多年,井旁仍镶嵌清代乾隆二十六年(1761年)所立《汉马伏波之井碑》,被东方市人民政府列为重点保护的文物古迹。

14.5 洋浦经济开发区

14.5.1 区情简况

要点1 地理与气候

(1)洋浦经济开发区位于海南省西北部的洋浦半岛上,规划面积达120平方千米,三面环海,海岸线长度为24千米;(2)洋浦属热带季风气候,常年主导风向为东风和东北风,年均降雨量约为1 100毫米,年平均气温24.7 ℃。

要点2 历史与人口

(1)洋浦经济开发区是国务院1992年批准设立的享受保税区政策的国家级开发区;(2)1994年以后,国家实行宏观调控政策,洋浦优惠政策部分被相继取消,受其影响,开发商放慢了投资速度,并于1995年下半年起基本停止了投资;(3)此后,洋浦开发主体发生几次变化,自2004年开始,在国务院的支持下,省委、省政府对洋浦的开发主体实施了两次重组;(4)2007年,实现了政府主导开发的重大转变,国务院批准设立洋浦保税港区,面积9.20平方千米(其中,一期2.3平方千米已封关运作);(5)2010年3月,经海南省委、省政府批准,洋浦管理局更名为洋浦管理委员会,将控股公司成建制并入洋浦管委会,建立了集经济、社会、行政于一体的党政企联席机制;(6)2011年12月26日,海南省委五届十二次全会讨论通过《海南省委省政府关于全面加快洋浦开发建设的决定》,明确省政府授权开发区管委会行使省级行政管理权;(7)2013年10月,经省委省政府批准,儋州市三都镇整建制划归洋浦管辖;(8)截至2013年,洋浦人口有10万人,以汉族为主。

> **小贴士** 洋浦经济开发区地处泛北部湾中心区域,北与广西隔海相望,西与越南一衣带水,毗邻东盟自由贸易区,与周边20多个港口距离200海里左右,是北部湾距离国际主航线最近的深水良港,是我国距离南海石油天然气资源和中东石油最近的石油化工及油气储备基地,是中东、非洲油气进入中国的第一个节点。

要点3 住宿与美食

(1)住宿:洋浦迎宾馆、洋浦湾海景花园酒店、凯丰五月花大酒店、洋浦福盛海鲜城、星光商务大酒店、金泰大酒店、洋浦港招待所等;(2)美食:盐田谭家菜、庭园老盐鸡、洋浦鱼煲、洋浦桃等。

> **小贴士** 开发区内生活设施齐全,四大国有商业银行均设有分行,拥有从幼儿园到高中完整的基础教育体系,医院、影剧院、体育场、宾馆、酒楼、高尔夫、温泉等服务设施配套齐全。

要点4 旅游交通

(1)港口:洋浦半岛海岸线长50千米,深水近岸,避风少淤,目前,已建成集装箱泊位、成品油泊位、化工品泊位、LNG(液化天然气)专用泊位等共33个(其中万吨级以上泊位23个,最大为30万吨级原油码头),在建货运码头泊位14个(其中万吨级以上泊位11个,最大为30万吨级);(2)公路:洋浦距离海口130千米,距离三亚240千米,洋浦大桥已于2014年建成通车,洋浦至海口的时间缩短到1小时;(3)铁路:环岛高铁于2015年建成通车,大大缩短洋浦至海口、三亚的时间;(4)空运:洋浦距离海口美兰机场140千米,三亚凤凰机场280千米,上述两机场已开通到香港、澳门、曼谷、吉隆坡、莫斯科、圣彼得堡、曼彻斯特等地的固定国际航班。

小贴士 洋浦经济开发区自成立之时起,一直得到中央领导的亲切关怀,历任党和国家领导多次亲临洋浦视察指导并作出重要指示,为洋浦发展指明了方向。

——2008年4月8日,时任总书记胡锦涛同志亲临洋浦视察,并作出重要指示:"要积极参与中国—东盟自由贸易区建设和环北部湾的经济合作,以洋浦经济开发区为龙头,努力打造面向东南亚的航运枢纽、物流中心和出口加工基地。"

——2008年4月25日,时任国务院副总理李克强同志亲临洋浦视察,要求:"抓住洋浦经济开发区、保税港区等关键节点,突出其核心功能和辐射作用,不断更新、创新,努力形成对外开放新格局。"

——2010年4月12日,时任国家副主席习近平同志亲临洋浦视察,并指示:"要坚持走新型工业化道路,积极发展科技含量高、带动能力强、污染排放低、综合效益好的产业,实现工业跨越式发展。"

——2013年4月,习近平总书记在海南考察工作结束时的重要讲话中,多次提到洋浦,强调洋浦经济开发区是海南发展的一张独特的靓丽名片,蕴藏着深厚的发展潜力,孕育着重要的发展生机,可以做出一篇大文章、好文章,要在多年开发积累的基础上继续办好。

14.5.2 主要景区(点)

要点1 洋浦千年古盐田

(1)距今1 200多年的千年古盐田,位于洋浦经济开发区新英湾区办事处南面的盐田村,盐田总面积50公顷;(2)如今,该区尚有1 000多个形态各异的盐槽分布于田间,山坡上遍布野生的仙人掌丛;(3)成百上千、大小不等的平顶石头散乱地分布在海边的仙人掌丛中,活像一块块形状大小不一的砚台被人堆放在海岸上,这些砚台状的盐槽高低错落地排列在海边,总数达6 800多块;(4)盐田村的盐槽奇特,村民们晒盐的方法也别具一格:他们在涨潮时把海水引入盐槽边的泥沙地里,地势较高的地方用木桶挑水去浸泡,日晒蒸发,第二天就得到了沾满盐分的泥沙,然后把这些泥沙集中放进专门的深坑里用海水浸泡,海水把泥沙上的盐分洗下来,就形成了超浓度的卤水,再把这种卤水浇在盐槽中,经过一天的烈日暴晒,每一方盐槽上结晶出一层白白的盐粒,傍晚便可收获晶莹雪白的海盐。

小贴士 洋浦千年古盐田是我国最早的一个日晒制盐点,也是我国至今保留最完好的原始日晒制盐方式的古盐田。据说以前曾经有近千户人家靠晒制海盐为生,而现在只有寥寥30多户。

要点2 神头风景区

(1)被当地人称作"黑神头""人头礁"的巨石,坐落在洋浦经济开发区西北部的大海边,高约15米,直径约11.3米,均为玄武岩;(2)据中国地图出版社出版的《海南旅游地图册》上标注,这里名为神头风景区;(3)沿着海滩向"黑神头"前行,满地是浑圆、光滑的黑色岩石,此处被海水和风侵蚀的山体形成了海南少有的风蚀地貌。

小贴士 据传,古代有一对青年伴侣居住在洋浦西北部的海边,男的魁梧、憨厚、勤劳,以捕鱼为生;女的窈窕、善良、朴素,以耕织为业。有一天,丈夫出海打鱼,突然间,狂风怒号,浊浪滔天,把他连同舢板掀翻。一天一夜没有丈夫的消息,忐忑不安的妻子跑到大海边寻找,却被海浪吞噬了。而她丈夫出事后,忠厚的鲤鱼向天皇禀报,把他救上岸,醒来后,却再也找不到自己的爱妻了。年轻人痛不欲生,终日在海边哭泣,眼睛也哭瞎了,最后变成一块大石头。这就是人们所说黑神头。

模块 15　海洋组团

海洋组团,包括海南省授权管辖海域和西沙、南沙、中沙群岛。充分发挥海洋资源优势,巩固提升海洋渔业和海洋运输业,做大做强海洋油气资源勘探、开采和加工业,大力发展海洋旅游业,鼓励发展海洋新兴产业。在保护好海洋生态环境的前提下,高标准规划建设特色海洋旅游项目。

15.1　三沙市

15.1.1　市情简况

要点 1　地理与气候

(1)三沙市由 280 多个岛、沙洲、暗礁、暗沙和暗礁滩及其海域组成,陆地面积约 10 平方千米,海域面积约 200 万平方千米;(2)三沙市属热带海洋性季风气候,一年间受太阳 2 次直射,年太阳辐射值 140 千卡/平方厘米,全年为夏季天气,热量和气温均为全国之冠,但由于海洋的调节,少有酷暑。

小贴士　三沙的群岛散布于热带海洋之中,在自然因素的综合作用下,形成了得天独厚的热带海洋海岛自然景观,岛上陆地与附近海域非常洁净,热带海岛风光绮丽,完全具备"阳光、空气、沙滩、海水、绿色"五大旅游要素,是大陆和近海任何海岛无法替代和比拟的自然资源,发展热带海洋海岛旅游业潜力极大,是一块尚待开发的广阔的旅游处女地。

要点 2　历史与人口

(1)三沙市在海南省成立时被称为西南中沙工委,县级编制,所辖西沙、中沙、南沙诸岛;(2)三沙市于 2012 年 7 月 24 日正式成立,是中国地理位置最南、总面积最大(含海域面积)、陆地面积最小且人口最少的地级市,管辖西沙群岛、中沙群岛、南沙群岛的岛礁及其海域,市政府驻西沙永兴岛;(3)截止到 2015 年 12 月,常住人口 2 500 多人(不含驻市部队官兵)。

小贴士　2015 年,三沙市政权建设稳步推进,成立永乐群岛、七连屿等 4 个基层人民武装部;完成永兴岛综合码头一期工程等一批基础设施建设;建设岛礁电力系统、永兴学校、应急物资储备中心等公共设施;海水淡化、垃圾转运等生态环保设施建成使用。

要点 3　住宿与美食

(1)目前,在西沙群岛只有永兴岛有服务设施,有 3 个小超市,3 个酒店,1 个土特产商店,1 个邮局,1 个银行,另有几个类似物资局类的单位,但是一般不对外提供服务;(2)除三沙市政府招待所外,其他的都是军方招待所;(3)在三沙可以吃到各种海鲜,海龟是最有名的特产,新鲜的凤尾螺、海参、石斑鱼等大多用海水煮,很少用额外的调料和加工手段,煮好后直接吃。

要点4　旅游交通

(1)西沙群岛永兴岛机场于1991年建成,是一座军用机场,机场拥有一条长度为2 400米的跑道,可起降波音737型客机;(2)2016年三沙市一届人大七次会议的《政府工作报告》表示,将开通永兴机场等军民合用机场民航业务;(3)游客可定期从三亚凤凰国际机场、陵水、加来等军用机场乘坐飞机飞往永兴岛机场,但审查非常严格;(4)目前,乘指定邮轮游西沙是唯一为官方所认可的途径,西沙邮轮旅游航线以2013年4月"椰香公主"号邮轮正式运营为开通标志,2014年9月开始邮轮直接执行从三亚前往西沙的航线,2016年3月份,"北部湾之星"接替"椰香公主"每月4至5班航次,开启三亚——西沙群岛全富岛旅游航线;(5)据《海南日报》2015年11月3日报道,三沙市未来的交通运输,将重点发展空中运输网络,建立立体式的交通运输;(6)三沙未来的交通除了水上飞机,还将在各岛礁规划建立直升飞机停机坪,让空中交通成为未来三沙交通的重要力量。

小贴士　相比于"椰香公主号"邮轮,"北部湾之星"邮轮崭新洁白,总吨位9 960吨,高9层,全长135米,宽20.6米,额定载客量399人,在邮轮设备设施、载客量、娱乐性以及游客乘坐舒适度等方面更加先进完善。

15.1.2　主要景区(点)

小贴士　从三亚凤凰港码头出发,乘坐邮轮,一个晚上就到了永乐群岛海域。这片海域布满珊瑚礁,登陆这些岛礁全部需要换乘接驳快艇。出于对西沙海域环境及生态的保护,目前能够登陆的也仅有鸭公岛、全富岛和银屿岛3个岛礁。

要点1　3个岛礁

(1)鸭公岛:是一座只有0.01平方千米的珊瑚岛,有渔民常驻,有着最震撼人心的海水颜色,根据天气的不同海水会在蓝绿之间变化;(2)全富岛:与鸭公岛不同,它绝对是真正意义上的无人海岛,这座海岛不大但也不算小,全程走一圈需要半个多小时;(3)银屿岛:是一个小沙洲,有草无木,不时有海鸟栖息,海拔只有2米,所以涨潮时岛的大部分会被淹没,再加上沙洲的地形很容易被改变,可以说它是一座随时会"消失"的小岛。

要点2　1个海洋博物馆

(1)这是一座驻岛官兵自己动手创办的海洋博物馆,它既是我国最南端的海洋博物馆,也是我国唯一由军人创办的博物馆;(2)它是人们了解海洋、了解西沙、了解西沙官兵的重要场所,也是对官兵进行海洋知识教育的课堂。

要点3　1片将军林

(1)位于永兴岛西部,是一片绿影婆娑的椰林,这里的每一棵树上都写着栽种者的名字;(2)该林起种于1982年元月,当时任中国人民解放军总参谋长的杨得志上将来西沙部队视察时,为了勉励守岛官兵扎根西沙、爱岛建岛,同时也为改善西沙的自然条件、美化营区,亲手在西沙海军招待所院内种下了"将军林"中的第一棵椰子树;(3)此后,每位来西沙视察和看望驻岛官兵的党和国家领导人、共和国将军以及国务院有关部委、各有关省、自治区、市领导同志都在西沙部队营区种下椰子树以做纪念,天长日久,就形成了今日的西沙"将军林"。

要点4　2个纪念碑

(1)在永兴岛上有两座纪念碑亭,亭中各树立着一碑石,其一为"海军收复西沙群岛纪念碑",纪念碑说明中详尽地叙述了当时的情况;(2)另一碑是1991年4月由中国人民解放军立的"中国南海诸岛工程纪念碑",是一座淡灰色大理石碑,前面用白色的大字详尽地叙写了西沙、南沙、中沙、东沙群岛的历史沿革、疆域面积等,背面是一幅《中国南海岛图》。

> **小贴士** 三沙市副市长2016年1月14日在三沙市一届人大七次会议作《政府工作报告》时表示,今年三沙市将实施民生改善工程,开通永兴机场等军民合用机场民航业务,研究建设"三沙2号"船和两艘岛际交通补给船;推进有居民岛礁实用型码头全覆盖,启动无居民岛礁简易码头建设;推进三沙市海上医疗救助中心项目规划建设;完成海底光缆建设并投入使用,推广实现有居民岛礁无线WiFi全覆盖。

15.2 南海诸岛

15.2.1 西沙群岛

要点1 总览

(1)西沙群岛位于南海中部、海南岛东南方;(2)陆地面积约8平方千米,海域面积约50多万平方千米;(3)属热带海洋季风气候,炎热湿润,但无酷暑;(4)古称"九乳螺洲",是由珊瑚、礁构成的海洋岛屿;(5)海洋动植物十分丰富,主要有鱼类、甲壳类、软体类、爬行类动物,其中经济价值较高的鱼类约200多种;(6)海水透明度达20~30米,珊瑚礁连绵数千米,是海底潜水观光的最佳场所。

> **小贴士** 西沙群岛作为中国大陆到东南亚和印度洋海上航线的必经之路,千百年来满载陶瓷、丝绸、香料、胡椒等货物的商船经此驶过,这一航线又被冠以"海上丝绸之路""陶瓷之路""香料之路"和"香药之路"美称。

要点2 永兴岛

(1)属于西沙群岛里的宣德群岛,岛中心地处北纬16°50′,东经112°20′,呈椭圆形,东西长约1 950米,南北宽约1 350米;(2)2013—2014年填海造陆,与石岛连成一体;(3)平均海拔5米;(4)永兴岛年均气温26.4 ℃,1月份的平均气温23 ℃,6月份的平均气温29 ℃;(5)2015年7月24日,三沙市永兴码头配套设施主体工程竣工;(6)岛上的主要景点有西沙海洋博物馆、西沙将军林、收复西沙纪念碑、西沙军史馆等。

> **小贴士** 永兴岛属海南省三沙市管辖,是西沙、南沙、中沙三个群岛的军事、政治、文化中心,三沙市人民政府和众多上级派出机构、市级单位以及永兴工委管委驻地。

要点3 石岛

(1)石岛与永兴岛有一海堤相连,是南海诸岛中地势最高的岛(最高处海拔13.8米);(2)石岛由黑色的珊瑚礁石构成,海蚀现象明显,礁石形态奇特,具有较高的观赏价值。

要点4 东岛

(1)东岛距永兴岛约44千米,面积为1.6平方千米,是西沙群岛中自然生态保护最完好的岛屿;(2)岛上热带植物茂密,主要有天然乔木白避霜花(又称抗风桐);(3)东岛海鸟达40多种,10多万只,仅被国家列为珍稀动物的白腹红脚鲣鸟就达6万只之多。

> **小贴士** 1980年,国家在东岛建立了海鸟自然保护区。该岛为"海鸟天堂",万千海鸟俱不畏人。

15.2.2　南沙群岛

要点1　总览

(1)位于南海南部海域,是南海最南的一组群岛,也是岛屿滩礁最多、散布范围最广的一组群岛;(2)东西长约905千米,南北宽约887千米,共有230多个岛、沙洲、暗礁、暗沙和暗滩,陆地面积约2平方千米,海域面积约为88.6万平方千米;(3)地处低纬度,南部距离赤道更近,气候终年高温,四时皆夏,年平均气温27.9 ℃,年降雨量为1 842毫米,雨季达7个月。

小贴士　2016年1月6日,我国政府启用两架民航客机先后从海口美兰机场起飞,经过近2小时的飞行平稳降落南沙永暑礁新建机场并于当日下午返回海口,试飞成功。永暑礁新建机场位于我国南沙永暑礁上,是我国目前最南端的一座机场。

要点2　太平岛

(1)处南海海洋的中央,面积0.43平方千米;(2)我国渔民历来称此岛为"黄山马""黄山马峙";(3)岛上有很厚的岛粪层堆积,使得石质疏松,土壤肥沃,加上阳光充足,雨量丰富,植物极易生长;(4)太平岛林木四季常青,各类蔬菜和多种热带经济作物、粮食作物都能在岛上种植;(5)抗日战争胜利时,中国政府派出"太平号"军舰前往收复南沙群岛,为了纪念此艘军舰,遂将古称的"南沙马峙"重新命名为"太平岛"。

小贴士　太平岛自抗日战争胜利收复以来一直由我国台湾省派员驻守,沿袭至今。祖国大陆的渔民经常来往于岛上,海峡两岸军民亲同一家。

要点3　曾母暗沙

(1)在南沙群岛的最南端,也是我国领土的最南点,北距三亚榆林港约1 500千米;(2)我国渔民称之为"沙排";(3)曾母暗沙发育在南海南部大陆架上,是潜伏在水下离海面较浅的一个珊瑚礁滩,最浅处仅17.5米;(4)礁丘面积2.12平方千米;(5)礁体顶端稍窄,下部宽阔,整个礁体形态甚似海南岛出产的芒果,体匀丰满,比例适中。

小贴士　曾母暗沙自古以来就是我国的神圣领土。我国渔民世代相传航行到这个岛礁的航路,十分熟悉该岛礁的情况。我国海洋科研工作者长期出入该岛礁进行海洋调查、考察,著有大量翔实的研究资料,研究该岛礁及其附近海域。我国政府一直视曾母暗沙为重要的海防,派专人或军队巡视。海南建省后,省人民政府巡视慰问团曾到曾母暗沙巡视,并放置石碑以志本省之管辖。

15.2.3　中沙群岛

要点1　总览

(1)古称为"长沙""石塘",位于南海中部海域,西沙群岛东面偏南,距永兴岛200千米,西北距三亚榆林港570多千米,是南海诸岛中位置居中的一群;(2)地理位置在北纬13°57′~19°33′,东经113°02′~118°45′之间,南北跨纬度5°36′,东西跨经度5°43′,海域面积约为60多万平方千米;(3)由20多个暗礁、暗沙、暗滩和黄岩岛组成,除黄岩岛外,是一个几乎全部隐伏在水中尚未露出海面的群岛;(4)该群岛大部分海区位于热带中部,是我国南海台风的发源地;(5)该群岛渔场素以出产海参、龙虾等珍贵海产而著名,且产量极高。

小贴士　据不完全统计,中沙群岛小于20米水深的礁滩面积约350平方千米。每逢1~4月,海面风浪不兴,海温趋暖,海水清澈之时,渔民们几艘、几十艘渔船成群结队前往中沙群岛捕捞,主要是垂钓名贵鱼类和捕捞海参、龙虾等,往返一趟十天半个月,就可满载而归。

要点2　黄岩岛

(1)又名民主礁,是中沙群岛中唯一露出海面的岛礁;(2)它发育在3 500米深的海盆上,是屹立在深海平原上的一座巨大的海山;(3)海山一直伸展到海面附近,形成一个近等腰三角形的水下大环礁;(4)环礁面积约130平方千米(包括礁湖);(5)以北、南两端的礁块最为密集,北端者称为北岩,南端者称为南岩。

小贴士　环礁四周有星罗棋布的礁块露出,高于海面0.3~0.5米,礁块表面大小一般为1~4平方米;南岩是在礁盘上露出海面的巨大的礁石之一,形似大石柱,上部面积约3平方米,海拔1.8米。

单元六
海南旅游业发展现状与前景

【单元导读】

自建省办特区以来，海南省历届政府都十分重视发展旅游业，将其作为海南省最重要的产业发展战略之一而优先发展，努力把旅游资源的潜在优势转变为现实的产业优势。经过近30年的培育和发展，海南省旅游行业已拥有国内许多地方所不具备的资源、环境、政策和法律优势，形成了具有相当规模的"吃、住、行、游、购、娱"六大要素功能齐全、协调配套的产业体系。

2010年以来，海南旅游基础设施不断完善，东环高铁、海口绕城高速、三亚绕城高速等建成通车，琼海博鳌机场、游艇码头、旅游公路、休闲绿道、露营地正在加快建设中。海南婚庆旅游、森林旅游、文化旅游、低空飞行、邮轮游艇旅游等日益兴起，政策、资源、环境等优势正在国际旅游岛的建设中充分释放出来。旅行社企业集团化、链条化发展趋势明显。国际酒店集团纷纷登陆海南，酒店类型呈多样化趋势，地方级标志性及国家级优秀景区（点）不断产生。全岛娱乐"土洋"兼备，传统娱乐活动具有强烈的地方性和感染力，主题娱乐项目特色鲜明。旅游新业态、新产品不断出现，旅游产业结构得到优化。虽然旅游购物的盈利模式仍没有定论，但打造"环南海经济合作圈"和全域旅游建设的工作已全面展开。

本单元所有信息截点为2016年春季，分两个模块进行介绍和论述。第一模块简要介绍了海南旅游航空、铁路、公路、水运的基本情况，概括了旅行社和旅游酒店的数量及发展特征，简要论述了海南旅游娱乐、旅游购物以及旅游业态与产品的主要特征；第二模块节选了《海南国际旅游岛建设发展规划纲要（2010～2020）》的部分内容，并简述了"十三五"期间海南发展旅游的动向、海南搭建"环南海经济合作圈"的基本情况、"全域旅游"的内涵以及海南开展全域旅游试点创建工作的具体任务和目标。

【重要读点】

1. 海南旅游交通的线路情况。
2. 自1988—2015年海南旅行社和旅游酒店发展的主要特征。
3. 海南国家级旅游景区（点）产生的年代及其数量。
4. 海南国际旅游岛建设至2020年的总体发展目标。
5. "十三五"期间海南发展旅游的动向及海南开展"全域旅游"取得的初期成绩。

模块 16　发展现状

（截止到 2016 年年初）

16.1　旅游交通与旅行社

16.1.1　旅游交通

要点 1　航空

（1）飞机是国内外大部分游客到海南旅游最便捷、最常用的交通方式；（2）海南省现主要有北部海口美兰机场，南部三亚凤凰机场和东部的琼海博鳌机场三大国际机场；（3）美兰机场于 1999 年 5 月 25 日正式通航，2015 年美兰机场旅客吞吐量达到 1 616.7 万人次，吞吐量排名位居全国第 19 位；（4）凤凰机场于 1994 年 7 月 1 日正式通航，旅客吞吐量年平均增长率超过 20%，已开通航线 214 条，其中国内航线 160 条，国际航线 51 条，地区航线 3 条，与国内外 127 个城市通航，其中国内城市 73 个，3 个地区城市，国际城市 51 个；（5）博鳌机场于 2016 年 3 月 17 至 26 日试运行期间，海南航空、天津航空、首都航空、祥鹏航空、西部航空 5 家航空公司执飞博鳌飞往北京、广州、深圳、珠海、昆明、重庆、贵阳 7 个城市的航班。

小贴士　2016 年夏秋航季美兰机场共计划执行航班 84 332 架次，同比上个夏秋航季增长 26.9%；计划通航城市 82 个，同比上个夏秋航季增加了 12 个；共有 33 家航空公司计划在美兰机场运营 130 条航线，比 2015 年同期增加 26 条，开通了 46 条新航线。

要点 2　铁路

（1）海南省内石碌至八所、八所至三亚的铁路是我国最南的铁路线，主要用于工业运输；（2）2003 年 1 月 7 日正式通车的粤海铁路结束了海南与外界不通铁路的历史；（3）2010 年 12 月 30 日开通的东环高铁全长 308 千米，北起海口，途经站点有海口东、美兰、文昌、琼海、博鳌、万宁、神州、陵水、亚龙湾、三亚等；（4）2015 年 12 月开通的西环高铁路线，全长 345 千米，沿海南岛西部沿海经过澄迈、临高、儋州、昌江、东方、乐东等市县，全线共设海口、老城镇、福山镇、临高南、银滩、白马井、海头、棋子湾、东方、金月湾、尖峰、黄流、乐东、崖州、凤凰机场、三亚 16 个车站；（5）东西环闭环后，沿途经过海口、文昌、琼海、万宁、陵水、三亚、乐东、东方、昌江、儋州、临高、澄迈 12 市县。

小贴士　粤海铁路是中国第一条跨海铁路，北起粤西湛江市，与海南省西环铁路接轨，南达三亚市，现已开通北京西（Z201/Z202）、上海南（K511/512）、广州（Z385/Z386）至海口及三亚等地的列车。

要点 3　公路

（1）海南岛陆上交通以公路为主，通车里程达 1.4 万余千米，以"三纵四横"为骨架，有干线直通各港口、市、县，并有支线延伸到全岛 318 个乡镇和所有旅游景点，形成纵横交错、四通八达的环岛交通网络；（2）主要以环岛高速公路及东线 223 国道、中线 224 国道、西线 225

国道为主脉络,公路密度居全国第三。

小贴士 与其他国内省市不同的是,海南是一个公路不设卡、不用缴纳过路费的省份,高速路上没有一个收费站,全程免收过路过桥费。

要点4 水运

(1)海运是海南的一大交通重点;(2)全省共有港口50多个,以海口、三亚、八所、洋浦4个港口为最大,主要港口泊位60个;(3)客运港口以海口、三亚、清澜为主;(4)海口有新港、秀英港两个大型客运港口,每天开往周边地区客轮达40多艘;(5)三亚海港是客货两用港口,客运轮船直达越南、新加坡等国以及广州、香港等地;(6)海南东线的清澜港则是到达西沙群岛及附近岛屿的省内水路交通重要港口。

小贴士 20世纪90年代,海南就接待新加坡邮轮,并最早开通我国到越南的邮轮航线。2013年又开通海南岛至西沙的邮轮旅游航线。

16.1.2 旅行社

要点1 1998—1992年行业形成雏形

(1)1988年海南建省,有旅行社39家,至1992年,海南省旅行社行业形成雏形;(2)当时的旅行社大都是在酒店前厅或客房摆放一张桌子,安装一部电话和一部传真即可开展旅游业务了;(3)当时的旅行社管理人员和一般工作人员有不少不具备从业资格。

小贴士 当时海南旅游的主要客户是商务客、公务客和观光客,客源都下榻在酒店。

要点2 1993—2000年行业开始转型

(1)1993至2000年,随着旅游市场及其产品的丰富和扩大,海南旅行社行业开始转向重视度假休闲客源市场的开发;(2)"度假休闲在海南""冬季到海南来戏水"等旅行产品形象深入人心,旅行社业务范围也随之扩大;(3)截至1999年,海南省共有旅行社184家,其中,国际旅行社39家,国内旅行社145家。

要点3 2001—2005年运行环境得到净化

(1)2005年,海南共有旅行社201家,其中,国际旅行社22家,国内旅行社179家;(2)一系列的专项治理使得一部分违规经营的旅行社退出了市场,从而净化了产业运行环境,市场秩序逐渐向好的方面转化。

要点4 2006—2016年初,集团化、链条化发展趋势明显

(1)2010年,海南国际旅游岛上升为国家战略后,入驻海南的旅行社数量呈现快速增加趋势,其发展水平远高于其他地方;(2)截止到2010年10月1日,海南共有旅行社232家,其中,国际旅行社29家,国内旅行社203家;(3)2015年,海南共有旅行社393家,其中国际旅行社41家,国内旅行社352家;(4)截止到2016年年初,海南旅行社的集团化、链条化发展趋势日益明显。

小贴士 集团化有效地降低了海南旅游产品的采购成本,链条化则增强了海南旅行社抵御风险能力。海南过去5年吸引中外过夜游客超过1亿人次,是俄罗斯、韩国、泰国等国游客热衷的旅游目的地。

16.2 旅游酒店与旅游景区(点)

16.2.1 旅游酒店

要点1　星级酒店数量增加迅速

(1)1988年,海南旅游酒店39家,1992年,海南省政府提出"全社会共办大旅游"后,旅游酒店迅速增加;(2)2001年,海南星级酒店数量约为100家,合计客房逾2万间;(3)2007年年末全省共有星级宾馆266家,比2006年增加5家,其中,五星级宾馆14家,四星级宾馆53家,三星级宾馆118家;(4)2015年,全省共有星级酒店380家,其中五星级及按五星级标准建成并营业的酒店82家;(5)海南星级酒店主要分布在海口市和三亚市,其次是万宁市和琼海市,再次是儋州市和文昌市,五指山市和其他市县均不足10家。

小贴士　从2001年起,海南推行旅游酒店星级管理制度,旅游定点酒店由星级酒店取代。另据统计:截至2015年年底,海南全省各类酒店、宾馆等住宿机构达到3300家,客房18万间,床位30万张。

要点2　国际酒店集团纷纷登陆海南

(1)自2003年始,喜达屋、雅高、洲际等不少于13家国外顶级管理公司纷纷进入海南;主要分布在海口、三亚、万宁和琼海地区;(2)目前以"管理合同"模式进行运作的国际酒店品牌管理公司,在海南所有形式的酒店中占有压倒性的比例优势;(3)截至2009年,仅三亚地区共有31家国际品牌管理的旅游饭店,分别隶属于19家国际性旅游酒店管理公司,31家国际品牌管理的旅游酒店中有23家旅游酒店为五星级标准;(4)截至2016年年初,已有22家国际知名酒店管理集团、48个酒店品牌进驻海南。

小贴士　管理合同的经营是指通过合同的方式取得酒店的经营管理权,并明确酒店管理集团与业主(酒店真正持有方)的义务、权利及责任。通过这样的经营模式,各个酒店集团以"轻资产"的状态进行扩张。

要点3　酒店类型呈多样化趋势

(1)2011年,星级酒店和客房的数量分别达306家和6.7万间,其中三亚拥有3.2万间客房,占据市场领头羊地位;(2)随着市场竞争的加剧,酒店类型呈多样化趋势,按照酒店的位置、功能和顾客3个因素分类,海南酒店已出现商务型酒店、度假酒店、会议酒店、产权式酒店、经济型酒店、连锁酒店、快捷酒店、家庭旅馆等;(3)至2016年年末,海南已形成完整的旅游产业体系,全省共有3100多家旅游酒店、度假村和社会旅馆,五星级标准酒店超过100家,具备年接待5000多万游客的能力。

小贴士　海南的旅游酒店可满足国际国内不同档次、不同旅游团队和其他旅游者的多样化消费需求。度假酒店是海南最具特色的类型,尤其滨海度假酒店的档次处于全国领先的地位。海南度假酒店的出现丰富了我国旅游酒店产品的类型,并引导和形成了我国休闲度假的旅游方式。

16.2.2 旅游景区(点)

要点1　地方级标志性及优秀景区(点)的产生

(1)1988年,海南建省后不久,就出台了《海南省旅游发展战略级风景区域规划》,天涯海角、五指山、鹿回头、兴隆温泉等一批旅游景区迅速发展,并成为海南旅游的标志性景区景点;(2)1998年,联合《海南日报》《中国旅游报》,通过游客和全省旅游企业的参与,分别评选出20个优秀景区(点)和20条旅游线路,并将亚龙湾、三亚南山、兴隆热带花园、文昌铜鼓岭和琼海博鳌等5个项目确定为优先发展旅游项目。

要点2　国家级旅游景区(点)的产生

(1)2007年国家旅游局批准全国首批66家景区为国家5A级旅游景区,海南的三亚南山文化旅游区和大小洞天旅游区榜上有名;(2)2012年海南省国家级旅游景区达到35家。其中5A级旅游景区3家,4A级旅游景区12家,3A级旅游景区15家,2A级旅游景区5家;(3)2015年海南省国家级旅游景区达到52家,其中5A级旅游景区5家,4A级旅游景区17家,3A级旅游景区25家,2A级旅游景区5家。

小贴士　服务质量、环境质量、景观质量是景区评定5A级的最根本因素,其他因素包括旅游交通、游览安全、旅游购物、景区卫生、邮电服务、经营管理、游客满意率、资源和环境保护等。海南在深入挖掘文化旅游资源、提升景区品质方面又上了一个新台阶。

16.3 旅游娱乐与旅游购物

16.3.1 旅游娱乐

要点1　全岛娱乐"土洋"兼备

(1)在海南,春节、元宵节、端午节、重阳节等中国传统节日和"海南岛欢乐节""南山长寿文化节""冼夫人文化节""渔民节"等当地特色节庆娱乐活动均受重视,但西方的圣诞节、母亲节、情人节、父亲节、万圣节等娱乐活动也很流行,而且以年轻人为主力消费;(2)"中国好声音"两季学员、台湾歌手海南演唱会等,海南艺术节、万宁文灯节等中国(海南)文化娱乐项目,国际冲浪节、美丽之冠拉斯维加斯大型歌舞秀等国际化元素娱乐活动也十分受游客欢迎。

小贴士　"洋节"和中国传统节日是互补的关系,年轻人之所以热捧"洋节",跟人们渴望表达自我、注重个人的价值观有关,而中国传统节日更多的是团圆式、祭祖式的,虽然不可缺少,但相对来说,"洋节"更容易满足年轻人的心理需求,同时中国传统的节日在形式上过于含蓄,也缺少明确表达浪漫情怀的方式和载体。

要点2　传统娱乐活动具有强烈的地方性和感染力

(1)海南"换花节""军坡节""黎苗三月三""保亭嬉水节""文昌文灯节""昌江芒果节"等海南当地节日娱乐活动特色明显,深受瞩目;(2)平日,在海南的一些景区(点)、旅游度假休闲区或酒店等地,可欣赏到风情浓郁的民族歌舞以及富有吸引力的旅游娱乐和休闲项目,如沙滩和水上活动、温泉康乐、绿道骑行等;(3)海南各旅游景区(点)及其所在地区的"棋牌乐"、夜市行、品茶等活动,也为海南地方性的旅游娱乐活动平添了不少感染力。

要点3　主题娱乐项目特色鲜明

(1)截止到2016年春季,海南大型的旅游演艺产品主要是有4台,分别是三亚的"美丽之冠拉斯维加斯大型歌舞秀""三亚千古情""海棠秀"和海口的"印象海南岛";(2)"美丽之冠拉斯维加斯大型歌舞秀"走的是国际路线,由来自俄罗斯、美国、巴西等百位异国美女带来激情浪漫的视听盛宴,让观众仿佛亲临美丽之冠拉斯维加斯歌舞秀大舞台;(3)"海棠秀"

是基于海棠湾的传说,由国际知名导演创作的音乐制作秀,其中植入了黎苗元素;(4)"印象海南岛"是对海南近现代文化的发扬和传承,整体比较清新;(5)三亚千古情:该演出立足于三亚长达一万年的恢弘历史长卷,以其崭新的舞台设计使整场演出突破了传统空间与感觉的界限,呈现出诗画般令人目眩神迷的美学感受;(6)同时,三亚美丽之冠晚宴剧场目前不局限在旅游市场,已经拓展到商务宴请、会展、婚庆等市场,基于"顶级豪门盛宴""顶级时尚会展中心"和"顶级婚庆殿堂"的定位,利用场地优势进行多元化开发;(7)2015年下半年,三亚和琼海博鳌分别推出"凤凰传奇"和"博鳌传奇",黎苗风情的内容对海南现有的旅游演艺产品有了新补充。

小贴士 其他娱乐项目,如万宁的红艺人演出等,基本上走的是猎奇路线,故在市场中的影响力正逐渐淡化。

16.3.2 旅游购物

要点1 《旅游法》出台以前

(1)2013年《旅游法》出台以前,海南旅游购物基本上属于导游介绍或引导游客到指定购物点购物,且旅游商品同质化、单一化现象严重;(2)各家旅行社经营的产品大同小异,甚至行程单、指定购物点都一模一样;(3)已有的初具规模的旅游商品市场的旅游商品类型不够完善,开放型的旅游购物市场机制不够健全,并缺乏有效引导游客自觉前来购物的模式;(4)购物点地理位置偏僻,也正是先前虚高价格、高回扣等不合理盈利模式生存的原因。

要点2 《旅游法》出台以后

(1)截至2013年10月31日,《旅游法》实施满月,海南旅游购物的盈利模式仍没有定论;(2)因为导游不带去原先的指定购物点,而游客又有购物的需求,因此,景区(点)或其附近的旅游商品店反而"火"了一把;(3)三亚免税店、海口美兰机场和万宁免税店的旅游购物因不涉及给导游拿回扣,是游客自觉的购物行为,持续火爆;(4)一般旅游购物商场只接待散客,为了吸引顾客,商场已经对商品价格进行了大调整,并引进许多特色化和个性化极强的"海南伴手礼品",不但丰富了商品类型,价格比原来也低了很多。

小贴士 《旅游法》实施为旅游目的地购物行业带来了新的机遇和挑战。海南业内人士表示:走品质化、特色化、个性化的路子,深度开发本土特产纪念品,既可以赢得购物市场的认可,又能丰富旅游产品的内涵,进一步提升海南的旅游品牌形象。

16.4 旅游业态与旅游产品

要点1 旅游新业态、新产品

(1)至2015年,海南形成了三亚亚龙湾、海棠湾、三亚湾、大东海、万宁神州半岛、石梅湾、海口西海岸、陵水清水湾、琼海博鳌湾10个海湾度假区;(2)形成了一批婚庆策划公司、婚庆摄影企业、婚礼基地及20多条蜜月婚庆旅游线路;(3)出现了呀诺达热带雨林文化旅游区、亚龙湾热带天堂森林旅游区、南湾猴岛生态旅游区、尖峰岭国家森林公园等一批精品森林生态旅游景区;(4)至2015年,培育了全国休闲农业与乡村旅游示范县(点)10余处、省乡村旅游示范区10余家、省椰级乡村旅游点34家和乡村旅游示范点创建单位130余家;(5)2015年,建成12个游艇码头数千个泊位和三亚海天盛宴、清水湾国际游艇展等大型国际展会,将游艇、直升机体验等高端旅游业态带入海南旅游市场;(6)邮轮游艇旅游、房车露营旅游、婚庆旅游、低空旅游等新业态、新产品开始引领市场潮流;(7)曾在 2014 年受关注的海南乡村游和教育旅游,至 2015 年已开始成为游客的新选择;(8)免税购物旅游、会展旅游、康体旅游得到了极大发展。

> **小贴士** 另据不完全统计:至 2016 年年初,海南全省共有高尔夫球会 51 家,高尔夫球场 74 个,全省已形成海口观澜湖、琼海官塘、万宁兴隆、保亭七仙岭、三亚蓝田、儋州蓝洋 6 个温泉旅游度假区。

要点 2　旅游产业结构得到优化

(1)2015 年,三亚海棠湾、海口观澜湖、陵水清水湾等旅游度假区开始成为海南度假市场的主力军;(2)2015 年全省 70 个旅游重点项目预计完成投资 193.65 亿元,占年度投资计划的 100.8%;(3)三亚亚特兰蒂斯、三亚红树林、儋州海花岛、海口海航日月广场等旅游综合体项目进展顺利;(4)在 2015 中国国际投资贸易洽谈会上,海南省成功签约旅游重点项目 25 个,协议投资额 946 亿元,又一批旅游重点项目进入建设期。

> **小贴士** 海南西部的儋州海花岛、昌江棋子湾开始加快建设。

要点 3　休闲农业运行机制等的转变促进休闲旅游业发展

(1)在发展方式上,海南休闲农业已从农民自发发展向各级政府规划引导转变;(2)在经营规模上,逐渐从零星分布、分散经营向集群分布、集约经营转变;(3)在功能定位上,逐渐从单一餐饮功能向休闲、食宿、教育、体验等多产业一体化经营转变;(4)在空间布局上,正在从局限于景区周边和城市郊区向更多的适宜发展区域布局转变;(5)在经营主体上,逐渐从农户经营为主向农民合作社和社会资本共同投资经营发展转变。

> **小贴士** 休闲农业正在成为海南一些地方的特色产业和支柱产业,同时大大促进了当地休闲旅游业的快速发展。

要点 4　休闲旅游资源和产品已形成合力

(1)至 2016 年,海南已经制定完善《海南省休闲农庄建设标准》《海南省休闲农业观光果园建设标准》和《海南省乡村旅馆建设规范》等系列标准;(2)完善星级休闲农业企业划分与评定标准,对休闲农业示范点的运行机制、经营场所、接待设施、安全生产、环境保护、服务质量、应急处置等各个方面进行规范指导,提升经营管理和服务水平。

> **小贴士** 海南依托高速铁路、邮轮游船航线以及全省"多规合一"提出的"田"字形高速骨架和"三纵四横"的国省道主干线系统,结合休闲农业旅游产品的空间区位,以线串点,连通各市县优势景区,重点打造了 10 条休闲农业精品线路,形成资源和产品合力,提升了全省休闲农业和休闲旅游业的总体吸引力。

模块 17　发展前景

17.1 海南发展优势

要点 1　国家战略支撑

　　小贴士　海南位于全国首个全域旅游创建省及"一带一路"海洋强国战略共同的交汇点上,拥有着地缘及政策的优势。改革开放以来,海南得到极大的关注和重视,国家先后给予海南较多的支持。

　　(1)1983 年,国务院批转《加快海南岛开发建设问题纪要》,明确提出海南旅游业发展的远景目标和规划蓝图;(2)1986 年,在国家制定的旅游业"七五"计划中,将海南岛列为 7 个重点旅游区之一;(3)自 1993 年起,江泽民、习近平等来海南视察工作的国家领导人,对海南旅游的发展作了许多重要指示;(4)2001 年国家旅游局拟订的《中国旅游业发展"十二五"计划和 2015 年、2020 年远景目标纲要》中,再次将海南确定为全国 8 个旅游区之一,而且是全国唯一的单独一个省作为一个旅游区;(5)2009 年,国务院《关于推进海南国际旅游岛建设发展的若干意见》要求有关部门要认真贯彻落实国家提出的各项任务和政策措施,在规划编制、体制创新等方面给予积极支持;(6)2010 年,国家发改委批复了《海南国际旅游岛建设发展规划纲要》,推进海南建设发展成为全国区域经济发展战略布局的一项重大举措;(7)2013 年,海南省获准开展邮轮边境旅游异地办证,而且国务院印发《全国海洋经济发展"十二五"规划》要求规范中沙和西沙群岛旅游开发活动;(8)2013 年国务院批复海南博鳌乐城设立国际医疗旅游先行区并赋予现代化九大特殊政策,这是全国唯一的由国务院批准设立的医疗旅游特区;(9)2014 年 7 月,国家交通运输部批复同意境外游艇临时进出海南省 8 个海上游览景区;(10)2016 年 1 月,国家旅游局批准海南成首个全域旅游创建省,享受优先纳入中央和地方预算内投资支持对象等 8 项支持政策。

　　小贴士　另外,自 2000 年以来,国家为扶持海南发展,赋予海南航权开放、落地签证或免签证、轻税赋、免税购物、即开型彩票、先行实验以及外贸和土地优惠等一系列政策,使海南逐步走向投资国际化、旅游客源市场国际化、旅游企业管理国际化的发展道路。

要点 2　区位及旅游资源优势明显

　　(1)从区位上看,海南地处南海的国际要冲,背靠祖国大陆,面向东南亚,离香港和澳门两个国际门户很近,尤其靠近经济发达的珠江三角洲,可便捷高效地服务国际国内两个市场,又是 21 世纪海上丝绸之路规划发展的重要枢纽地带,区位优势得天独厚;(2)海南岛地处热带,拥有沿海沿边、山岳岛屿、热带雨林、地热温泉、喀斯特溶洞、热带农业、黎苗风情、地方戏曲、地方文化节庆、古城及古文化遗址、古代及现代建筑等资源,具有成为亚洲海岛旅游胜地的地缘优势和资源优势。

　　小贴士　2015 年 10 月,全国政协调研组专门来琼就海南自贸区建设这一课题进行了调研,调研发现,海南完全具备申报自贸区条件。

要点 3　自然生态环境优越

(1)海南生态环境冠居全国,是国家生态文明示范区;(2)2015年海南生态环境质量保持全国领先:环境空气质量优良天数比例为97.9%,全省94.2%的监测河流和83.3%的监测湖库水质符合或优于地表水三类标准,城市(镇)集中式饮用水水源地水质达标率100%,近岸海域一、二类海水占92.8%;(3)至2015年年底,海南省有70.56%村庄建成文明生态村,其共同特征是城镇环境基础设施比较完善,建有生活污水及生活垃圾处理设施、大型镇区居民文化体育休闲场所,人居生态环境优美,生态农业和生态旅游发展成效明显,群众生态文明意识较强等。

> **小贴士**　2014年9月,根据中共中央、国务院批准的海南省人民政府职能转变和机构改革方案,设立海南省生态环境保护厅,主管全省生态环境保护工作。

要点 4　基础设施建设突飞猛进

> **小贴士**　"十二五"期间,海南基础设施建设突飞猛进,城乡越来越有吸引力。海南省委、省政府着眼长远,把全面提升基础设施现代化水平作为建设国际旅游岛、实现绿色崛起的基本支撑,在交通、电力、水利建设等方面大手笔布局,启动西环高铁、"田"字形高速公路、昌江核电等一个个大项目,基础设施建设强劲发力,实现了重大突破。

(1)机场建设:海南一南一北两大国际机场(凤凰、美兰)空中航线逐年扩大,通达四方,仅凤凰机场就开通了295条航线,两机场旅客吞吐量现已分别突破1600万人次大关,除新建博鳌机场外,南北两大机场正加紧扩容;(2)高速公路建设:建成或开工建设三亚绕城及海口至屯昌、屯昌至琼中、琼中至乐东、文昌至博鳌、万宁至洋浦的高速公路,总里程约510千米,构建出"田"字形高速公路的主骨架;(3)水路建设:海口港新海港区汽车客货滚装码头、三亚凤凰岛国际邮轮港二期等港口设施相继建成或加紧建设中,"四方五港"格局逐步完善,提升了港航业核心竞争力;(4)铁路建设:西环高铁于2015年年底开通运营,与东环构成了全球唯一的环岛高铁,实现了新跨越;(5)海南投入200多亿元,建成了昌江核电和国电西南部电厂,其中昌江核电一期两台机组每年为海南提供100亿度电;(6)水利工程:兴建了农村集中饮水工程等一批惠民基础设施工程,还建成了库容6.62亿立方米的红岭水利枢纽工程,红岭灌区工程正加紧建设;(7)光纤网络建设:截至2016年4月,海南城市和行政村光纤网络覆盖率分别为91.5%和76.4%,城市和行政村4G覆盖率分别达到99.1%和87%,实现海南省513处一、二类重点公共场所WiFi覆盖率已达95%,4G信号覆盖率已达100%。

> **小贴士**　2015年9月,国家发展改革委等部委下拨中央预算投资合计近1.7亿元,用于支持海南省棚户区改造配套基础设施等方面的建设。

要点 5　体制优势保障海南快速发展

(1)"省直管市县"是海南从建省办经济特区之初便确立的行政体制,这是海南最引人注目的体制特色,一直在海南发展中发挥着重要作用,一直是体现海南"小政府、大社会"模式的重要标志;(2)这样的管理体制符合海南实际,有利于减少行政层次,提高行政效能,有利于统一规划全省经济社会发展,有利于整合利用重要资源,统筹城乡、区域协调发展,有力地促进了海南发展。

> **小贴士**　由率先推行"小政府、大社会"拉开改革开放序幕的海南,势如破竹地取得

了多项"全国第一"：全国第一个实现省级行政机构最小、公务员最少、农民负担最轻；全国第一个简化审批手续实行公司直接登记制；全国第一个实现"公路交通无关卡"；全国第一个实现综合性社会保障制度；全国第一个实行大型基础设施股份制等。随着改革的深入，具有鲜明"海南烙印"的省直管县体制，将为海南可持续发展提供重要的制度支撑，成为促进海南县域经济发展的重要保障。

要点6　新的市场体系促进海南发展

(1)海南在全国较早地放开价格，取消生产资料价格"双轨制"，基本形成了供求关系决定价格的市场机制；(2)从公路管理制度改革入手，将过桥费、过路费合并为车辆通行附加费，取消所有公路上的收费站卡，同时进行航运、航空、海关等方面的配套改革，基本理顺了市场通道；(3)商品市场和劳动力市场发育较早，货币市场也在国家政策允许的范围内进行了探索；(4)房地产、产权交易、技术信息等市场均有较快发展，律师、公证、会计、审计等各种中介组织成为活跃各类市场的重要因素。

> **小贴士**　另外，以公司为主体的现代企业制度、多层次的社会保障体系和以建立社会主义市场经济体制为基本框架的法规体系已形成，构成了促进海南特色发展的优势因素。

17.2　海南旅游发展主要目标(2016—2020年)摘要

> **小贴士**　2009年12月，《国务院关于推进海南国际旅游岛建设发展的若干意见》(以下简称《意见》)正式印发，标志着海南国际旅游岛建设上升为国家战略，海南发展面临新的历史机遇。为全面贯彻落实好《意见》精神，2010年，海南省委、省政府组织编制了《海南国际旅游岛建设发展规划纲要》，规划纲要按照《意见》明确的指导思想、战略定位、发展目标和重点任务，在全面分析海南国际旅游岛建设发展的内外部条件的基础上，从空间布局、基础建设、产业发展、保障措施、近期行动计划等方面提出了具体工作安排。

要点1　总体发展目标

(1)到2020年，旅游服务设施、经营管理和服务水平与国际通行的旅游服务标准全面接轨，海南旅游的国际知名度、美誉度大大提高，旅游产业的规模、质量、效益达到国际先进水平，初步建成世界一流的海岛休闲度假旅游胜地；(2)旅游业增加值占地区生产总值比重达到12%以上，第三产业增加值占地区生产总值比重达到60%，第三产业从业人数比重达到60%；(3)全省人均生产总值、城乡居民收入和生活质量力争达到国内先进水平，综合生态环境质量继续保持全国领先水平，可持续发展能力进一步增强。

要点2　旅游交通设施建设

(1)延伸沿海公路主干线，分期、分段建设沿海观光公路，配套完善观景点设施；(2)打通主干道、通往旅游景区的连接通道以及景区和景区之间的连接通道，提高景区的可进入性；(3)逐步建设完善登山道、自驾车服务基础设施、露营地设施，规范引导自发性旅游活动；(4)重点滨海旅游城市要逐步建设完善游艇基础设施，在主要内河预留旅游航运通道和游艇码头发展空间；(5)在主要旅游城市和大型旅游度假区，规划建设慢行交通系统及配套设施，满足自行车、轮滑、步行等休闲交通需求。

要点3　精品旅游线路

(1)环海南岛热带滨海观光体验游依托沿海陆地和海上交通网络,将城镇、度假区、景区等连点成线,开发观光游、自驾游、自助游等;(2)海南岛东线滨海度假休闲游完善度假设施和配套服务,突出滨海度假、运动休闲、康体养生、商务会展、航天科普等优势产品;(3)海南岛中线民俗风情文化体验游以民族村寨、旅游小镇、民族文化博物馆等为载体,突出民族风情、民俗体验,开展民族民俗游;(4)海南岛西线特色探奇体验游以西部特有的自然风光、历史遗迹、溶洞、库湖、矿山等资源为依托,开展观光游、自助游,增强游客的体验性;(5)热带原始雨林生态游打造以热带雨林为特征的国家森林公园和国家级自然保护区,发展热带雨林科学考察、热带动植物研究、生态观光、雨林科普教育旅游;(6)海洋探奇休闲游打造海洋国家公园品牌,开展海岛观光、海上休闲运动、邮轮游艇等旅游。

要点4　重点旅游景区和度假区

(1)海口国家地质公园:依托海口国家地质公园,建设融知识性、娱乐性、参与性、互动性于一体的旅游观光游乐景区;(2)海口国家湿地公园:规划建设集红树林沼泽、滨海湿地和湖泊湿地于一体的国家级湿地公园;(3)文昌航天科技主题公园;(4)文昌木兰头国际体育休闲园;(5)定安南丽湖/白玉蟾风景区:建设以湖泊为主题、以生态为基础、以文化为核心、以休闲为载体的融合居住、旅游、商务、养老、疗养多功能的休闲度假区;(6)琼海博鳌国际会展及文化产业园:依托博鳌亚洲论坛品牌优势,大力发展国际会展和文化创意产业,打造国际会展和文化产业品牌;(7)万宁石梅湾/神州半岛休闲度假区:建设集旅游度假、休闲疗养、现代服务于一体的国际旅游度假区;(8)万宁兴隆旅游度假区:进一步提升改造,打造成集温泉疗养、归侨文化、农业科普、演艺娱乐于一体的旅游综合度假区;(9)陵水黎安港旅游区:突出资源和区位优势,开发建设以体育、动漫、演艺等产业为主题的特色旅游项目群;(10)三亚海棠湾"国家海岸"休闲度假区:建设成为世界级的集滨海度假、休闲娱乐、疗养休闲等为一体的滨海度假区;(11)三亚亚龙湾国家旅游度假区:完善配套度假设施,提高配套服务水平;(12)乐东莺歌海度假旅游区:打造成为集滨海度假、国际会议、运动休闲、购物美食、高档地产、旅游小镇、低碳经济示范、信息产业于一体的旅游城镇;(13)昌江棋子湾度假养生区:发挥资源优势,把棋子湾建设成为国家级滨海旅游度假养生区;(14)昌江霸王岭旅游区:把霸王岭建设成为集生态旅游、休闲度假和科普教育为一体的旅游区;(15)儋州东坡文化园:依托东坡书院,深入挖掘、保护和提升东坡文化;(16)五指山民族风情园:深入挖掘、保护、提升黎族苗族文化,打造具有民族特色的旅游文化景区;(17)保亭七仙岭温泉旅游度假区:继续完善服务设施,建成以温泉疗养、森林旅游为特色的旅游度假区。

要点5　特色旅游乡镇

(1)按照"规划引导、企业参与、市场运作、群众受益"的原则举行建设;(2)推动海口演丰镇、云龙镇,文昌东郊镇,定安龙门镇,琼海博鳌镇、会山镇,万宁兴隆镇,陵水新村镇,三亚天涯镇,屯昌枫木镇,保亭三道镇,五指山水满乡,琼中营根镇,白沙牙叉镇,澄迈福山镇,临高新盈镇,乐东尖峰镇、莺歌海镇,昌江昌化镇,儋州蓝洋镇、中和镇,东方天安乡等一批特色旅游乡镇的建设。

要点6　乡村旅游和森林旅游

(1)促进热带特色农业与旅游相结合;(2)大力发展现代农业展示、田园观光、农业生产体验、瓜菜采摘、农家旅馆、特色餐饮、垂钓捕捞等休闲农业和乡村旅游产品;(3)结合生态文明村和旅游小镇建设,重点建设一批古村古镇型、民族村寨型、生态观光型等乡村旅游示范项目;(4)依托旅游城市和重点度假区、景区,积极发展乡村旅游休憩带。

要点7　住宿业

(1)逐步建立与市场需求相适应、具有海南特色的住宿服务体系;(2)旅游行政管理部门要定期发布《海南住宿业发展白皮书》,引导住宿业有序发展;(3)大力发展滨海度假酒店、温泉度假酒店,适度发展商务酒店、青年旅馆、乡村旅馆和汽车旅馆,鼓励发展家庭旅馆经营和房屋租赁经营;(4)突出本土文化,吸收异域文化,鼓励发展各类文化主题酒店;(5)继续引进国内外著名酒店管理品牌。培育形成本土酒店管理品牌;(6)推进经济型酒店连锁经营;(7)加强对产权式度假酒店开发建设、销售等环节的严格规范管理。

要点8　餐饮业

(1)深度开发、挖掘海南特色饮食文化,推进餐饮业连锁经营,大力培育海南餐饮品牌;(2)保护、弘扬海南传统特色餐饮美食;(3)引进国内外著名餐饮企业和餐饮品牌;(4)在旅游城市和大型度假区建设美食街、酒吧茶艺风情街、不夜城等餐饮服务集聚区,鼓励发展特色主题餐厅、主题酒吧、咖啡厅和茶艺馆。

要点9　旅游交通服务业

(1)对旅游交通要素进行国际化改造,逐步实现交通运输方式之间"零距离换乘"和旅游交通服务业的集团化、网络化发展;(2)鼓励航空公司增加进出海南岛空中航线,支持旅游企业开展包机业务,逐步开通海南与主要客源地之间的"空中快线";(3)推进低空空域开放,扶持建设民用航空器驾驶员学校,积极发展通用航空产业;(4)城市公交服务网络逐步延伸到周边主要景区、旅游小镇和乡村旅游点,开通观光巴士;(5)积极引进境外大型邮轮公司在海南注册设立经营性机构,开展国际航线邮轮服务业务,吸引国内大公司在海南设立邮轮公司;(6)完善游艇管理办法,适当扩大开放水域,做好经批准的境外游艇停泊海南的服务工作。

要点10　旅行服务业

(1)推进旅行社改革、重组和业务创新,完善散客旅游服务体系,建立健全旅游批发零售体系;(2)加快旅行服务业的信息化改造,推动旅行社开展在线服务、网络营销、网络预订等,全面提升旅行服务企业的信息化水平;(3)落实支持旅行社的配套政策,允许旅行社参与政府采购和服务外包;(4)旅行社按营业收入缴纳的各种收费,计征基数应扣除各类代收服务费,旅行社用于宣传促销的费用依法纳入企业经营成本。

要点11　旅游营销体系

(1)形象定位:根据海南的资源特点和旅游产品特色,海南国际旅游岛总体旅游形象定位为"阳光海南、度假天堂——世界一流的海岛休闲度假旅游目的地";(2)市场定位:坚持以国内旅游市场为重点,积极发展入境旅游,有序发展出境旅游,并实施市场多元化战略,在进一步巩固珠江三角洲、长江三角洲、环渤海湾、港澳台以及俄罗斯、韩国、日本等重点客源市场的基础上,大力开发国内大中城市以及中亚、北欧、西欧、澳洲等客源市场;(3)市场开发策略;建立健全市场营销渠道,逐步在境内外主要客源地设立海南旅游办事处,依托主要客源地的大型旅游机构建立旅游营销代理网络,并实施联合营销的市场战略,建立旅游行政管理部门、行业协会、重要媒体和航空公司、景区景点、度假区联动营销机制,成立旅游营销联盟;(4)设立旅游促销专项资金;(5)创新营销手段。

> **小贴士** 海南旅游营销体系,主要是健全政府引导、行业协会和企业为主体、营销代理机构为补充的旅游营销体系。

要点12 旅游公共服务体系

(1)在交通枢纽、景区景点、城市广场等游客较为集中的场所设立旅游咨询服务中心;(2)在机场码头、交通主干道、景区景点连接道路、旅游城镇、度假区、景区(点)等处设置规范的中英文旅游标志标牌;(3)实施旅游厕所改扩建工程,制定颁布旅游厕所的卫生质量标准,各类经营场所和公共场所的公用厕所要对游客和公众开放,用两年时间建成管理规范、清洁卫生、方便游客的旅游厕所体系;(4)建设具有宣传、促销、咨询、预订、投诉等功能的综合性旅游门户网站,加强旅游公共信息服务;(5)依托公共安全体系,建立健全预警和应急机制,完善应急救援、公共医疗、卫生检疫防疫等安全救助体系。

要点13 休闲疗养业建设

(1)完善休闲疗养服务网络,大力发展中医康复疗养、温泉康体疗养、森林氧吧康复等疗养服务项目;(2)积极引进境内外知名医疗和保健机构,争取开办中外合资医院,引入国际医疗卫生机构认证,满足境内外游客的休闲疗养服务需求;(3)做大做强养老服务产业。

要点14 加强旅游人才的教育和培养

(1)吸引国际知名旅游院校来海南合作举办旅游院校,引进优质旅游教育资源;(2)依托现有教育资源,组建"海南国际旅游职业学院",建设海南特色旅游人才培训基地;(3)设立"海南省旅游研究院",加强海南旅游发展基础理论、政策法规和规划研究等方面的能力建设;(4)出台落户、住房等优惠政策,吸引和留住高层次的各类经营管理和专业人才。

以上资料来源:《海南国际旅游岛建设发展规划纲要(2010—2020)》

17.3 "十三五"期间构建"环南海经济合作圈"

> **小贴士** 环南海经济圈包括整个环南海的国家和地区及腹地。包括越南、泰国、马来西亚、新加坡、印度尼西亚、文莱、菲律宾等国以及台湾、香港、澳门、海南、广东和闽南、湖南、广西部分地区。建立这样一个跨国家、跨地区、跨文化、跨产业的宏大经济圈,对于强化环南海区域整体的地位,迎接世界经济中心向亚太地区转移,扩大共同市场,减少区内矛盾与摩擦,谋求共同发展,对我国实现亚太经济战略都有重要意义。

要点1 海南打造"环南海经济合作圈"国际中转枢纽

(1)"十三五"期间,海南以海口、三亚、洋浦为平台整合全省港口、港航、港务资源,欲打造"21世纪海上丝绸之路"空港、海港、贸易物流枢纽,实现优进优出;(2)将利用好中国—东盟自贸区升级版协议的政策,积极推进面向东盟的货物贸易、服务贸易、投资、经济技术等领域合作;(3)同时,海南将推动构建"环南海经济合作圈",加强与环南海区域国家和地区的合作,建设南海国际航线中转补给站,吸引国际班轮在海南开展中转、装卸、搭载业务,大力发展国际中转物流;(4)海南将实施更加开放的投资、贸易、旅游政策;(5)拓展海口、三亚国际航线,将海口机场打造成为进出东南亚地区的航空中转枢纽,强化三亚机场区域枢纽功能,提升海南面向国际市场的服务能力,不断完善国际国内航线网络,力争增辟洲际直飞航线,完善国内干线,加快发展支线,构建支撑海南和"一带一路"沿线国家通达通畅的航线网络。

要点 2 海南搭建"环南海经济合作圈"交流互动共享平台

(1)"十三五"期间,海南将充分发挥博鳌亚洲论坛的带动力,全方位开展国际经贸文化交流海南主题活动,以海口、三亚、琼海(博鳌)、万宁为基点,建设好最美国家外事活动基地;(2)海南还将依托中非合作圆桌会议、世界海南乡团联谊会、世界华文传媒经济论坛等平台和中国南海研究院、中国(海南)改革发展研究院、海南文化传媒机构等机构,密切与"一带一路"沿线国家特别是东盟国家的人文往来、智库交流、民间文化艺术交流,搭建大型研究基础设施、科学数据和科技资源互联共享平台。

> **小贴士** 博鳌亚洲论坛如今已成为亚洲以及其他大洲有关国家政府、工商界和学术界领袖就亚洲以及全球重要事务进行对话的高层次平台。

要点 3 海南+泛珠三角"环南海旅游经济圈"

(1)2015年12月,泛珠三角区域合作行政首长联席会议确定,泛珠三角各省区将深化旅游合作,共同规划、开发南海旅游线路,打造"环南海旅游经济圈";(2)该会议议定的年度重点工作明确,泛珠各方将深化旅游合作,强化旅游项目合作,加强泛珠区域海峡之旅、邮轮之旅、苏区红色之旅、生态之旅等"一程多站"精品旅游线路的建设合作;(3)泛珠各方还将结合沿海省区优势旅游资源,共同规划、开发南海旅游线路,开辟"一程多站"的跨国邮轮环线,发展海洋观光、海岛休闲、海上运动等特色旅游项目,打造"环南海旅游经济圈",共同推进厦门、三亚凤凰岛国际邮轮母港建设,做大邮轮产业链。

> **小贴士** 泛珠各方将加强海上丝绸之路旅游推广联盟合作,开展"美丽中国——海上丝绸之路"旅游联合推广活动;以妈祖文化为纽带,设计福建—深圳—澳门—海南的旅游线路;着力打造经福建航线延伸至台湾本岛的黄金旅游通道;积极打造粤桂黔湘大景区。

要点 4 海南+东盟"环南海旅游经济圈"

(1)博鳌亚洲论坛2016年年会"中国—东盟省市长对话"分论坛称:海南实施"国际旅游岛+"计划,推动全域旅游,与东盟国家加强合作,打造"环南海旅游经济圈";(2)海南与东盟国家气候条件相似,热带农业特色鲜明,有相互合作的空间;(3)目前,海南正在筹划建设国际种子期货和现货交易中心、国家热带农业国际合作交流中心;(4)同时,利用中国—东盟自贸区升级机遇,与东盟各地区建立双向、多向的互利互惠合作关系,探索通过建立跨境电子商务试验区等新的方式,加强货物贸易、服务贸易、经济技术等领域合作,不断培育新的增长点。

> **小贴士** 目前,海南已经开通了到新加坡、泰国、越南、马来西亚4个国家的8条空中航线以及到越南的海上邮轮旅游航线。"十三五"期间将新建三亚新机场,强化国际门户机场功能,打造国家级临空经济示范区。

17.4 海南全域旅游建设概况

17.4.1 建设背景与要求

> **小贴士** 全域旅游是将特定区域作为完整旅游目的地进行整体规划布局、综合统筹

管理、一体化营销推广,促进旅游业全区域、全要素、全产业链发展,实现旅游业全域共建、全域共融、全域共享的发展模式。

要点1　全国首个全域旅游省的由来

(1)为深入贯彻党的十八大和十八届五中全会精神,促进旅游业转型升级,国家旅游局决定开展"国家全域旅游示范区"创建工作,推动旅游业由"景区旅游"向"全域旅游"发展模式转变;(2)2016年1月,经过地方人民政府自愿申报、省级旅游部门推荐、国家旅游局组织专家审核,262个市县成为首批国家全域旅游示范区创建单位;(3)2016年全国旅游工作会议期间,将海南作为第一个全域旅游创建试点省,为全国探索经验、作出示范。

要点2　全域旅游的内涵与实质

(1)全域旅游就是指各行业积极融入其中,各部门齐抓共管,全城居民共同参与,充分利用目的地全部的吸引物要素,为前来旅游的游客提供全过程、全时空的体验产品,从而全面地满足游客的全方位体验需求;(2)"全域旅游"所追求的,不再停留在旅游人次的增长上,而是旅游质量的提升,追求的是旅游对人们生活品质提升的意义,追求的是旅游在人们新财富革命中的价值。

要点3　实施全域旅游建设的总体要求

(1)开展全域旅游示范区创建工作,要加强旅游基础设施和公共服务体系建设,实现区域内旅游交通便捷、服务便利,旅游厕所数量充足、质量达标,旅游标志完备、公共信息完善;(2)要满足多样化旅游发展要求,因地制宜、突出特色;(3)要适应现代旅游综合产业、综合执法要求,加快旅游业管理体制和执法机制改革创新,鼓励有条件的创建单位率先推广设立综合性旅游管理机构和旅游警察、旅游法庭、旅游工商分局等"1+3"模式。

> **小贴士**　全域旅游是把一个行政区当做一个旅游景区,是旅游产业的全景化、全覆盖,是资源优化、空间有序、产品丰富、产业发达的科学的系统旅游。要求全社会参与、全民参与旅游业,通过消除城乡二元结构,实现城乡一体化,全面推动产业建设和经济提升。

要点4　全域旅游建设对旅游目的地的要求

(1)全域旅游目的地就是一个旅游相关要素配置完备、能够全面满足游客体验需求的综合性旅游目的地、开放式旅游目的地,是一个能够全面动员(资源)、立足全面创新(产品)、可以全面满足(需求)的旅游目的地;(2)从实践的角度,以城市(镇)为全域旅游目的地的空间尺度最为适宜。

要点5　创建全域旅游示范区的意义和作用

(1)开展国家全域旅游示范区创建工作,通过试点示范和引领带动,将有利于各地因地制宜、突出特色、塑造品牌,形成各具特色、开放包容、共建共享的旅游发展新生态;(2)有利于充分调动各方力量、整合资源、优化配置,开创大旅游发展新格局;(3)推进全域旅游是贯彻五大发展理念(创新、协调、绿色、开放、共享)的重要途径,是经济社会协调发展的客观要求,是旅游业提质增效可持续发展的必然选择,是旅游业改善民生、提升幸福指数、服务人民群众的有效方式;(4)符合世界旅游发展的共同规律和整体趋势,代表着现代旅游发展的方向。

> **小贴士**　全面推进全域旅游是一场具有深远意义的变革,是新时期我国旅游发展的总体战略。

要点6　从景区(点)旅游模式向全域旅游模式的7个转变

(1)从单一景点景区建设管理到综合目的地统筹发展转变:拆除景点景区管理围墙,实现多规合一,推进公共服务一体化,旅游监管全覆盖,实现产品营销与目的地推广的有效结合;(2)从门票经济向产业经济转变:实行分类改革,公益性景区要实行低价或免费开放,市场性投资开发的景区门票价格也要限高,改变我国旅游过度依赖门票收入的局面;(3)从导游必须由旅行社委派的封闭式管理体制向导游自由有序流动的开放式管理转变:实现导游执业的自由化和法制化;(4)从粗放低效旅游向精细高效旅游转变:加大供给侧结构性改革,增加有效供给,引导旅游需求,实现旅游供求的积极平衡;(5)从封闭的旅游自循环向开放的"旅游＋"融合发展方式转变:加大旅游与农业、林业、工业、商贸、金融、文化、体育、医药等产业的融合力度,形成综合新产能;(6)从旅游企业单打独享到社会共建共享转变:充分调动各方发展旅游的积极性,以旅游为导向整合资源,强化企业社会责任,推动建立旅游发展共建共享机制;(7)从部门行为向党政统筹推进转变:形成综合产业综合抓的局面,最终实现从小旅游格局向大旅游格局转变。

要点7　关于创建全域旅游示范区的验收

(1)首批国家全域旅游示范区创建工作,原则上为2～3年时间;(2)国家旅游局将制定国家全域旅游示范区创建工作指南,加大对创建工作的指导力度;(3)对旅游业率先实现当地经济贡献率15%和新增就业贡献率20%,率先实施"1+3"旅游综合管理和综合执法模式,旅游厕所建设率先达标,旅游数据中心率先建成的创建单位,国家旅游局将优先组织验收,通过验收的,正式列入"国家全域旅游示范区"名录。

小贴士　凡列入国家全域旅游示范区名录的,将优先享受8个国家优惠政策:优先纳入中央和地方预算内投资支持对象,优先支持旅游基础设施建设,优先纳入旅游投资优选项目名录,优先安排旅游外交和宣传重点推广活动并纳入国家旅游宣传推广重点范围,优先纳入国家旅游改革创新试点示范领域,优先支持A级景区等国家重点旅游品牌创建,优先安排旅游人才培训,优先列入国家旅游局重点联系区域。

17.4.2　海南区域旅游建设概论

要点1　海南作为首个全域旅游试点省的意义

(1)创建全域旅游示范省是推进海南国际旅游岛战略实施实现路径;(2)是海南省全面贯彻创新、协调、绿色、开放、共享发展理念,推进供给侧结构改革的有效载体;(3)是推进海南旅游转型升级、破解旅游发展难题的战略方向。

要点2　创建全域旅游试点省已具备的基本条件

(1)拥有得天独厚的良好生态环境;(2)有最大建设经济特区和国际旅游岛的优势;(3)海南的区位好而优,作为中国对外开放的重要窗口,海南凭借独特的区位优势成为"21世纪海上丝绸之路"的桥头堡,同时依托博鳌亚洲论坛、中非合作圆桌会议等平台成为中外联系的重要纽带,每年吸引着大批中外游客前来;(4)2015年6月,中央深改办确定在海南进行"多规合一"改革试点,是全国首个在全省区域内进行的"多规合一"改革,将全岛作为一个大城市来规划,海南全域统筹发展既整合了资源,又为全域旅游的开展提供了思路借鉴,具有典型性和示范性;(5)《海南省总体规划》中的旅游规划已融入"多规合一"范围,已为海南创建区域旅游打下良好基础;(6)《海南省旅游发展总体规划》和《海南省旅游发展

"十三五"规划》与国土、城建、林业、生态、用海等规划内容无缝对接,为海南发展区域旅游留足了空间和通道。

要点3　海南省进行全域旅游建设的必要性

(1)就海南省旅游发展现状来看,南山文化旅游区、呀诺达雨林文化旅游区、分界洲岛旅游区、槟榔谷黎苗文化旅游区等知名景区,已经形成了比较成熟的运营模式;(2)相比而言,海南省西部地区和广大乡村地区旅游发展相对薄弱,亟待迎头赶上;(3)全域旅游不限一地一隅、不在一景一区,而重在统筹规划、协调发展,如何让乡村旅游优势足、潜力大,已成为了海南发展全域旅游无法回避的问题。

小贴士　海南全域旅游,通俗来说,就是将全省作为一个大景区来规划;而这个大景区如何规划,关键在补齐旅游发展短板。海南推进全域旅游的过程,也正是一个补齐区域旅游发展短板,为乡村旅游发展添活力、增动力的过程。

要点4　创建全域旅游试点省的总体设想

(1)关于"四化":海南要用2~3年的时间,全省实现全域景观化、景区内外环境一体化、市场秩序规范化、旅游服务精细化,构建起富有海南特色的旅游产品体系;(2)全省到2020年要建成1 000个美丽乡村示范村,每年要打造200个美丽乡村,平均每个市县(区)每年打造不少于10个,每个乡镇每年要建设不少于1个美丽乡村;(3)要通过挖掘利用现有的优势生态资源、环岛滨海、中部山地、地域文化、历史文化、民俗文化等,在全省打造"一圈、三纵、三横、多带"的美丽乡村旅游格局;(4)关于贡献率:旅游业对全省经济的贡献率达到18%以上,对新增就业的贡献率达到20%以上。

小贴士　重点推进以滨海海洋资源为依托的"美丽乡村环岛旅游圈"、以海南岛交通干线为主骨架的"三纵三横"("三纵"即G223/G224/G225国道沿线;"三横"即文昌—定安—澄迈线、琼海—琼中—白沙—昌江线、陵水—保亭—五指山—乐东线)美丽乡村旅游带以及沿"三江三河"两岸建设的美丽乡村旅游带。

要点5　已确定的创建全域旅游试点省的推动方式

(1)要以"点、线、面"结合的方式推动全域旅游建设;(2)"点"的建设要集中打造一批旅游景区景点、乡村旅游点、美丽城镇观光点、休闲度假康养点、民族民俗体验点、新业态承载点,推出一大批星罗棋布的旅游点;(3)"线"的建设要建设全省旅游交通网,推动陆海空旅游客运无缝衔接,也要做好交通沿线的景观建设;(4)"面"的建设包括硬环境和软环境两个方面,既要加强基础设施建设又要全面提升旅游从业人员综合素质。

小贴士　全国全域旅游创建指南和标准课题专家认为:海南的全域旅游发展重在全域推进,要遵循城市旅游化、全域景区化、生活休闲化、发展生态化、设施体验化的理念。

要点6　政府"向产业聚集区和休闲度假目的地转型"的要求

(1)在全域旅游背景下,海南省政府要求景区(点)要抓住三大要点实现转型;(2)要向产业聚集区和休闲度假目的地转型,提高景区内的要素综合配套系统,形成景区(点)边界范围内的产业聚集区;(3)要提高景区(点)与周边环境要素的协同分工,形成与社区相融合的产业聚集区;(4)通过业态跨界融合,实现景区(点)功能再造。

小贴士　海南全域旅游是空间全景化的系统旅游,跳出传统旅游谋划现代旅游、跳出小旅游谋划大旅游。景区可以通过成为区域性的文化聚集地、特色旅游商品的集散地、管理服务的输出点等方式,成为全域旅游的领头羊。

要点 7　海南推进全域旅游创建重视的三个体系建设与创新

(1)创新旅游产品和业态体系,大力推动旅游产品由观光型向度假休闲型转变,大力发展适于全域旅游发展的新产品新业态;(2)创新完善快行漫游的自驾车、自行车、自助游服务体系,并完善旅游集散体系,构建"公交＋慢行"的一体化交通出行模式;(3)完善旅游公共服务设施体系,以提升旅游公共服务国际化水平为目标,继续在全岛大力推进旅游厕所革命,推进所有公共场所免费 WiFi 全覆盖等。

17.4.3　海南开展全域旅游试点创建工作的具体任务和目标

要点 1　加强顶层设计

(1)统筹推进全域旅游、产业小镇、美丽乡村建设;(2)加强全域旅游顶层设计,构建国家旅游局与海南省以及省级各部门合作机制,明确国家旅游局所支持的海南省各相关部门的工作重点,形成务实推进创建全域旅游省工作的系列计划和实施方案;(3)在"多规合一"引领约束下,按照"全省一盘棋"的要求,自觉把产业小镇、美丽乡村建设融入到全域旅游发展当中,统筹安排、统筹推进。

要点 2　深化旅游管理体制改革

(1)深化旅游管理体制改革,创新考核评价与督办方法;(2)按照五大发展理念创新相关统计监测和评价体系,将发展旅游作为区域内各级政府和相关部门的重要发展目标和重要考核内容,形成明确的任务分工,形成推进全域旅游发展的合力;(3)要按照旅游发展的新业态、新特点、新趋势设置评价指标,充分利用大数据,与旅游电商企业合作,探索建立适应全域旅游特点的旅游服务质量评价体系。

要点 3　构建富有海南特色的旅游产品

(1)积极发展海洋旅游、康养旅游、文体旅游、会展旅游、乡村旅游、森林生态旅游、特色城镇旅游、购物旅游、产业旅游等旅游业态;(2)大力开发专项旅游,统筹规划设计一批新的旅游精品线路。

要点 4　为旅游注入海南文化的灵魂

(1)打造一批文化旅游精品,在城乡建设中植入文化元素;(2)打造高品质文化旅游演艺产品,赋予节庆赛事活动文化意义,深入实施文化惠民工程。

要点 5　加强旅游基础设施、服务设施建设

(1)推进全省旅游道路服务体系工程、旅游便民服务工程、旅游厕所建设工程、旅游集散中心工程、旅游信息咨询工程等 5 大工程的建设;(2)逐步完善旅游基础设施和服务设施,加快高速公路、环岛滨海旅游公路及通往景区、小镇、乡村旅游点等的路网建设和旅游化改造,建设全省无障碍旅游交通网络;(3)推进旅游公共设施、公共游览服务、标志牌、医疗卫生等旅游便民服务工程的建设。

要点 6　加强全域旅游宣传促销,做好社会宣传引导

(1)要创新宣传和促销活动的方式和方法,举办或参加各种形式的旅游推介会、促销会、展览会;(2)通过电视、网络、报纸等开设全域旅游专栏,有计划、有步骤、有重点地做好我省全域化旅游工作及成果的宣传推广,不断提升其知名度,提高我省旅游业的整体吸引力。

要点 7　加强旅游市场监督管理

(1)加快完善地方旅游标准体系,推进省级旅游标准化试点项目建设工作;(2)开展旅游企业质量等级和诚信等级评定,强化旅游服务质量控制,强化市场监管长效机制,加强旅游市场监管,优化旅游消费环境。

要点 8　加强数字化建设,打造全域智慧旅游岛

(1)加快改善旅游区互联网基础条件,积极运用大数据技术,支持在线旅游创业创新及宣传推介;(2)打造智慧旅游城市、智慧景区、智慧酒店和智慧旅游乡村,建设全域智慧旅游岛,提升旅游信息化水平。

要点 9　加强人才培养教育

(1)加强对旅游行业管理和服务人员国际习惯、国际标准和国际礼仪培训,提高接待入境游客的能力和水平;(2)设立专题班,有针对性地对各市县、乡镇、重点旅游区、旅游院校、旅游企业负责人进行全域旅游专题轮训;(3)支持和引导大中专毕业生、专业技术人员、进城务工人员等自主创业,发挥好候鸟人才的作用。

小贴士　2016年3月30日,海南省举行全域旅游"美丽海南百千工程"现场会,对发展区域旅游、建设百个产业小镇、千个美丽乡村工作进行了具体部署,明确了任务和目标。会议提出,海南要用2～3年时间,基本建成"全域旅游"示范省。

附 录

附录1 海南省部分A级旅行社名录
（2014年首批）

序号	旅行社名称	等级	电话	地　　址	邮编
1	海南康泰国际旅行社（L-HAN-CJ 00011）	5A	66551600	海口市海德路5号昌茂花园首领公馆2001室	570206
2	海口民间旅行社（L-HAN00102）	5A	66190007	海口市海甸四东路环岛广场紫东阁九楼	570208
3	中国国旅（海南）国际旅行社（L-HAN-CJ 00014）	4A	31982737	海口市国贸大道26号汇通酒店大厦四楼	570125
4	海南牵手国际旅行社（L-HAN 00079）	4A	66512100	海口市国贸大道19号城市精英A505	570125
5	海南金椰风国际旅行社（L-HAN-CJ 00037）	4A	66743077	海口市海甸海达路32号大龙花园D-4栋	570208

附录2 海南省高星级酒店名录

序号	名　　称	星级	电话	地　　址	邮编
1	海南君华海逸酒店	五星	68548888	海口市文华路18号	570105
2	海南新国宾馆	五星	68715666	海口市滨海西路111号	570206
3	海口大佑大酒店	五星	31688855	海口市滨海大道239号	570311
4	海口喜来登温泉度假酒店	五星	68708888	海口市滨海大道199号	570311
5	海南华源皇冠滨海温泉酒店	五星	65966888	海口市江东新区琼山大道1号	571100
6	海口明光国际大酒店	五星	36638888	海口市南海大道9号	570216
7	海口观澜湖酒店	五星	68683888	海口观澜湖大道1号海南观澜湖假区	570203
8	三亚山海天万豪大酒店	五星	88211688	三亚市鹿岭路	572021
9	三亚喜来登度假酒店	五星	88558855	三亚市亚龙湾国家旅游度假区	572016
10	三亚湘投银泰度假酒店	五星	88210888	三亚市大东海	572021

(续表)

序号	名称	星级	电话	地址	邮编
11	三亚家化万豪度假酒店	五星	88568888	三亚亚龙湾国家旅游度假区	572016
12	金茂三亚希尔顿大酒店	五星	88588888	三亚亚龙湾国家旅游度假区	572016
13	海南天域度假酒店	五星	88567888	三亚亚龙湾国家旅游度假区	572016
14	亚龙湾红树林度假酒店	五星	88558888	三亚亚龙湾国家旅游度假区	572016
15	三亚阳光大酒店	五星	88599999	三亚市三亚湾路196号	572023
16	金茂三亚丽思卡尔顿酒店	五星	88998888	三亚亚龙湾国家旅游度假区	572016
17	三亚君澜度假酒店	五星	38898888	三亚三亚湾路236号	572023
18	三亚维景国际度假酒店	五星	88598888	三亚市亚龙湾国际旅游度假区	572016
19	三亚天通国际酒店	五星	88656776	三亚市三亚湾路199号	572023
20	三亚国光豪生度假酒店	五星	38888888	三亚市三亚湾路188号	572023
21	三亚财富海湾大酒店	五星	88899900	三亚三亚湾路196号	572023
22	文昌维嘉国际大酒店	五星	63288888	文昌文城镇文建路166号	571300
23	博鳌金海岸温泉大酒店	五星	62778888	琼海市博鳌镇金海岸大道8号	571434
24	博鳌亚洲论坛大酒店	五星	62966888	琼海市博鳌旅游区	571434
25	兴隆康乐园大酒店	五星	62568888	万宁兴隆温泉旅游城	571533
26	石梅湾艾美度假酒店	五星	62528888	万宁市石梅湾旅游度假区	571529
27	海南宝华海景大酒店	四星	68536699	海口市滨海大道69号	570105
28	海口国商海航商务酒店	四星	66796999	海口市大同路38号	570102
29	海口黄金海景大酒店	四星	68519988	海口市滨海大道67号	570105
30	海南金银岛大酒店	四星	66763388	海口市蓝天路16号	570203
31	海口湖楠大酒店	四星	66711111	海口市龙昆北路9-1号	570105
32	海南鑫源温泉大酒店	四星	66735111	海口市海秀东路18—8号	570206
33	海南太阳城大酒店	四星	66206666	海口市龙华路16甲号	570102
34	海南椰海大酒店	四星	68598888	海口市金融贸易区玉沙路46号	570125
35	海南凯威大酒店	四星	68628288	海口市海港路20号	570311
36	海南万利隆商务酒店	四星	68569666	海口市金龙路51号	570125
37	海南新奥斯罗克酒店	四星	66530666	海口市海秀路12号	570206
38	海南赛仑吉地大酒店	四星	66778888	海口市海秀路52号	570106
39	海南鸿运大酒店	四星	36669988	海口市海秀大道15号	570206
40	海口宝驹大酒店	四星	36618999	海口市南海大道55号	570216
41	琼海博鳌芙蓉度假村	四星	62777888	琼海市博鳌旅游区	571400
42	琼海官塘温泉休闲中心	四星	62802888	琼海市官塘温泉旅游区	571436
43	兴隆明珠温泉酒店	四星	62555999	万宁兴隆明珠大道	571533
44	兴隆金叶桃源温泉度假村	四星	62565999	万宁兴隆温泉旅游城	571533
45	兴隆银湖温泉假日酒店	四星	62573888	万宁兴隆温泉旅游城	571533
46	兴隆明阳山庄	四星	62553777	万宁兴隆温泉旅游城	571533
47	兴隆明月假日酒店	四星	62556888	万宁兴隆温泉旅游城	571533
48	兴隆正昊温泉度假大酒店	四星	62555666	万宁兴隆温泉旅游城	571533
49	兴隆鑫桥温泉度假酒店	四星	36229999	万宁兴隆温泉旅游城	571533
50	兴隆温泉宾馆	四星	62563333	万宁兴隆温泉旅游城	571533
51	兴隆温泉金日酒店	四星	62566888	万宁兴隆温泉旅游城	571533
52	三亚南中国大酒店	四星	88219888	三亚市大东海	572021

(续表)

序号	名称	星级	电话	地址	邮编
53	三亚东方海景大酒店	四星	88663293	三亚市解放四路13号	572000
54	三亚珠江花园酒店	四星	88211888	三亚市大东海	572021
55	三亚海天大酒店	四星	88211666	三亚市榆亚大道	572021
56	三亚果喜大酒店	四星	88254888	三亚市解放四路13号	572000
57	三亚丽景海湾酒店	四星	88228666	三亚市大东海	572021
58	三亚金凤凰粤海海景酒店	四星	88661888	三亚市滨海大道海月广场	572000
59	三亚豪威麒麟大酒店	四星	88988999	三亚市河东一路26号	572000
60	三亚华源海景温泉度假酒店	四星	88333999	三亚市海坡旅游区	572000
61	三亚林达海景酒店	四星	31808888	三亚市榆亚大道	572000
62	三亚半山锦江海景度假酒店	四星	88228888	三亚市大东海鹿岭路	572021
63	三亚豪威海景大酒店	四星	88285888	三亚市解放三路8号	572000
64	三亚新兴花园大酒店	四星	88681888	三亚市月川一环路	572000
65	三亚南山休闲会馆	四星	88837888	三亚市南山文化旅游区	572025
66	三亚海悦湾度假酒店	四星	88337888	三亚市海坡开发区	572000
67	三亚海虹大酒店	四星	88286555	三亚市榆亚大道	572019
68	五指山华爵商务酒店	四星	86666668	五指山市越丰路18号	572200
69	三亚夏威夷大酒店	四星	88227688	三亚市榆亚大道	572021
70	海口国宾大酒店	三星	66537777	海口市海秀东路38号	570206
71	海口嘉正海外国际酒店	三星	65365999	海口市五指山路11号	570105
72	海口华苑铁道温泉酒店	三星	36612111	海口市海府路165号	570203
73	海南龙泉大酒店	三星	66751117	海口市大同路22号	570203
74	海南龙泉花园酒店	三星	66786111	海口市海秀路3号	570206
75	海南龙泉宾馆	三星	66775111	海口市龙昆南路18号	570206
76	海南鑫海港大酒店	三星	66211288	海口市新港路35号	570105
77	海口美京海景大酒店	三星	66206888	海口市滨海大道16号	570105
78	海南兵工大酒店	三星	68629996	海口市海秀路180号	570311
79	海南华盈酒店	三星	65385888	海口市白龙路38号	570203
80	海口花开四季温泉度假村	三星	66296999	海口市海甸岛海景9号	570208
81	海南山海度假村	三星	65859222	海口桂林洋经济区	570105
82	海口琼山宗恒楼	三星	65871133	海口市琼州大道53号	571100
83	海口新标榜休闲度假酒店	三星	68523333	海口市国贸三横路	571025
84	海口民航宾馆	三星	66506888	海口市海秀大道9号	570206
85	锦江之星海口店	三星	65361388	海口市文明东路36号	570203
86	海口龙泉人之星白龙酒店	三星	65313888	海口市白龙路58号	570203
87	海南腾鹏大酒店	三星	36320888	海口市国兴大道兴丹二横路	570000
88	文昌东郊百莱玛度假村	三星	63538223	文昌市东郊椰林	571334

(续表)

序号	名　　　称	星级	电话	地　　址	邮编
89	文昌高隆金融度假中心	三星	63329681	文昌市清澜镇高隆湾	571339
90	文昌龙园酒店	三星	63236666	文昌市文昌镇文新路86号	571300
91	琼海源源居酒店	三星	62806833	琼海市爱华西路29号	571400
92	琼海宾馆	三星	62824205	琼海市加积镇人民路	571400
93	琼海宏达大厦	三星	62836666	琼海市银海路	571400
94	琼海金银岛大酒店	三星	62931111	琼海市银海路	571400
95	琼海椰庄度假酒店	三星	62833628	琼海市爱华路	571400
96	琼海金日大酒店	三星	62838888	琼海市金海路	571400
97	琼海文泰大酒店	三星	62811888	琼海市东风路6号	571400
98	琼海泰和大酒店	三星	62826253	琼海市加积镇富海路	571400
99	琼海银海金宝莱宾馆	三星	62629866	琼海市银海路	571400
100	琼海爱华金宝莱宾馆	三星	62931133	琼海市爱华东路	571400
101	兴隆太阳岛度假酒店	三星	62554888	万宁兴隆温泉旅游城	571533
102	万宁大酒店	三星	62229999	万宁市万城文明北路	571500
103	兴隆天健威斯特酒店	三星	62562888	万宁兴隆温泉旅游城	571533
104	兴隆新慧康假日酒店	三星	62555868	万宁兴隆温泉旅游城	571533
105	万宁万都大酒店	三星	62228888	万宁市红专西街	571500
106	兴隆安富旅游度假村	三星	62571330	万宁兴隆华侨农场51队	571533
107	万宁绿春园大酒店	三星	62238274	万宁市万州大道西侧	571500
108	兴隆南山温泉度假村	三星	62565888	万宁市兴隆旅游城	571533
109	兴隆温泉迎宾馆	三星	62577421	万宁市兴隆旅游城	571533
110	兴隆忆云山水温泉度假酒店	三星	62568187	万宁兴隆温泉旅游城	571533
111	兴隆冠煌酒店	三星	62556688	万宁兴隆温泉旅游城	571533
112	兴隆乐金宵大酒店	三星	62576666	万宁兴隆温泉旅游城	571533
113	兴隆碧海温泉酒店	三星	62567999	万宁兴隆温泉旅游城	571533
114	万宁兴隆温泉鑫兴假日酒店	三星	62568668	万宁兴隆温泉旅游城	571533
115	兴隆温泉云祥酒店	三星	62568333	万宁兴隆温泉旅游城	571533
116	兴隆天元温泉酒店	三星	62579888	万宁兴隆温泉旅游城	571533
117	兴隆东方花园大酒店	三星	62551188	万宁兴隆温泉旅游城	571533
118	三亚度假村	三星	88331328	三亚市三亚湾海滨	572000
119	三亚经纬大酒店	三星	88290788	三亚市滨海路四更园	572000
120	三亚海底世界酒店	三星	88565588	三亚市亚龙湾	572016
121	三亚湾银苑度假村	三星	88331301	三亚市海波开发区	572000
122	三亚新兴海景大酒店	三星	88895888	三亚市解放一路	572000
123	三亚椰海大酒店	三星	88298088	三亚市三亚湾路	572000
124	三亚鸿芳中洋酒店	三星	38224999	三亚市榆亚大道135号	572000

(续表)

序号	名称	星级	电话	地址	邮编
125	三亚新好景大酒店	三星	88360888	三亚市河西路	572000
126	三亚东港海景酒店	三星	31898888	三亚市胜利路	572000
127	三亚凤凰大酒店	三星	88392777	三亚市机场路8号	572000
128	三亚榆海海景大酒店	三星	38226666	三亚市大东海	572021
129	三亚水业海景大酒店	三星	88815888	三亚市榆亚大道30号	572000
130	五指山旅游山庄	三星	86623188	五指山市山庄路8号	572000
131	五指山宾馆	三星	86622981	五指山市奥雅路	572200
132	五指山翡翠山城假日酒店	三星	86630888	五指山市河北西路	572200
133	儋州海南蓝洋温泉度假村	三星	23354078	儋州市蓝洋农场	571722
134	儋州荣兴大酒店	三星	23331188	儋州市中兴大道中段	571700
135	东方云天大酒店	三星	25538666	东方市东海路4号	572600
136	东方绿宝大酒店	三星	25522690	东方市八所东海路	572600
137	庆隆达酒店	三星	83311111	陵水黎族自治县陵城镇	572400
138	琼中宾馆	三星	86222840	琼中黎族苗族自治县营根街95号	572900
139	临高鸿运来大酒店	三星	28263210	临高县文明东路县委旁	571800

附录3 海南高星级旅游景区(点)名录

序号	景区(点)名称	等级	电话	地址	邮编
1	三亚南山文化旅游区	5A	88837888	三亚市南山文化旅游区	572025
2	三亚大小洞天旅游区	5A	88830188	三亚市崖城南山大小洞天旅游区	572025
3	保亭呀诺达雨林文化旅游区	5A	38665066	保亭黎族苗族自治县三道农场	572316
4	陵水分界洲岛旅游区	5A	83347033	海口——三亚东线高速公路牛岭出口处	572400
5	保亭槟榔谷黎苗文化旅游区	5A	38660888	保亭黎族苗族自治县三道镇甘什岭	572316
6	三亚天涯海角游览区	4A	88910131	三亚市天涯镇天涯海角游览区	572029
7	三亚蜈支洲岛旅游区	4A	88751257	三亚市海棠湾镇蜈支洲岛	572000
8	三亚大东海旅游区	4A	88212189	三亚市鹿岭路	572099
9	三亚西岛海洋文化旅游区	4A	88910888	三亚市三亚湾肖旗港	572029
10	亚龙湾热带天堂森林旅游区	4A	38219999	三亚市亚龙湾国家旅游度假区	572000
11	中国雷琼海口火山群世界地质公园	4A	65469666	海口市秀英区石山镇	571157
12	海口观澜湖旅游度假区	4A	68683888	海口市观澜湖大道一号	570100
13	海南热带野生动植物园	4A	68529999	海口秀英区东山镇	571154
14	博鳌亚洲论坛永久会址	4A	62691509	琼海市博鳌镇东屿岛	571434

(续表)

序号	景区(点)名称	等级	电话	地址	邮编
15	兴隆热带植物园	4A	62554410	万宁市兴隆镇南部223国道	571533
16	东山岭文化旅游区	4A	62222269	万宁市东山岭景区	571500
17	兴隆热带花园	4A	62571666	万宁市兴隆温泉度假区境内	571533
18	陵水南湾猴岛生态旅游区	4A	83360896	陵水黎族自治县新村镇	572426
19	文笔峰盘古文化旅游区	4A	63733252	定安县文笔峰盘古文化旅游区	571200
20	海口假日海滩旅游区	4A	68713521	海口市滨海西路	570100
21	亚龙湾国家旅游度假区	4A	88568150	三亚市吉阳区亚龙湾	572000
22	海口骑楼建筑历史文化街区	3A	66762050	海口市长堤路	570100
23	三亚鹿回头公园	3A	88213740	三亚市鹿岭路鹿回头海景大道	572000
24	三亚南天生态大观园	3A	88827188	三亚市天涯镇塔岭那亲村	572029
25	亚龙湾海底世界	3A	88565588	亚龙湾国家旅游度假区	572016
26	三亚兰花世界文化旅游区	3A	38888688	三亚天涯镇红塘高速路口	572029
27	海口骑楼小吃风情街	3A	66109021	海口龙华区大同路2-1	571156
28	文昌椰子大观园	3A	63331310	文城镇文清大道502号	571399
29	红色娘子军纪念园	3A	62802191	琼海市温泉镇(G98高速公路官塘出口处)	571499
30	博鳌东方文化苑	3A	62775909	琼海市博鳌镇博文路13号	571434
31	日月湾南海渔村文化旅游区	3A	62585235	万宁市日月湾旅游区	571500
32	兴隆南国热带雨林游览区	3A	62551688	万宁市兴隆华侨农场	571533
33	松涛天湖风景区	3A	23712186	儋州市南丰镇	571724
34	儋州石花水洞地质公园	3A	23330402	儋州市八一农场	571727
35	东坡书院	3A	23571206	儋州市中和镇	571747
36	五指山热带雨林风景区	3A	86550401	五指山市水满乡	572215
37	澄迈咖啡风情小镇中心区	3A	67609033	澄迈县福山镇	571921
38	海南永庆文化旅游景区	3A	6753260	澄迈县老城经济开发区盈滨半岛永庆寺	571924
39	五公祠	3A	65358029	海口市海府大道169号	570203
40	琼洲文化风情街	3A	36652002	海口市琼山区新大洲大道南渡江旁花卉大世界	571199
41	海口白沙门公园	3A	66161129	海口市美兰区海甸岛海景路	570208
42	定安黄竹万嘉热带植物园	3A	63753718	东线高速路62千米出口处	571224
43	春晖椰子加工观光基地	3A	62809228	海榆东线高速公路琼海市万石出口	571499
44	兴隆热带药用植物园	3A	62552929	万宁市兴隆华侨农场	571533

附录5 我国唯一或国内之最的海南旅游资源

在海南岛3.4万平方千米范围内,几乎聚集了我国所有旅游资源种类。无论是碧海蓝天的自然美景,还是黎苗风情的人文风俗等等,都显得独具一格。海南旅游资源之丰富,类型之全,实属罕见,其具有密集性、珍稀性乃至唯一性,有许多是我国唯一的或国内之最的旅游资源。如下表所列:

序号	生态自然旅游资源	社会人文旅游资源
1	唯一的热带海岛省份	最大的旅游经济特区
2	最优的海水、沙滩、阳光	唯一的黎族聚居区
3	唯一的国家级珊瑚礁保护区	最大的天然橡胶产地
4	唯一的黑冠长臂猿保护区	最大的椰子产地(海南岛/文昌)
5	唯一的海岛型猕猴保护区	最大的椰子汁饮料生产基地
6	我国最长的火山隧洞	最大的天然气化肥基地
7	品位最高的露天铁矿	最大的胡椒产地
8	最大的海上天然气田	最大的咖啡产地
9	唯一国家认定的陨石坑	最大的腰果产地
10	分隔河海最长的自然沙堤	唯一的跨海铁路
11	唯一的青皮林自然保护区	最大的砚台
12	最大的红树林保护区	最高的南海观音塑像
13	唯一的金丝燕自然保护区	最长的水库大坝
14	唯一的海龟、玳瑁栖息地	最早的水电站遗址
15	唯一的坡鹿自然保护区	最长的跨海索道
16	唯一的麒麟菜保护区	亚洲最大的航海灯塔
17	保存最完好的江河山海口	唯一的人偶同台演出戏剧
18	唯一的白蝶贝保护区	唯一的红毛丹产地
19	最高的火山口密度区	唯一的热带海岛城市火山群地质公园
20	最大面积国宝级奇品卷曲石发现地	唯一保存古老原貌特色的黎族村落
21	最南最长的溶洞	最大的南药园(琼中世界南药园)
22	面积最大、保存最完好的热带原始雨林	唯一自然海域驯养海洋动物的海豚湾、最大的珊瑚馆

(续表)

序号	生态自然旅游资源	社会人文旅游资源
23	生物多样性指数最高的热带原始雨林	唯一既拥有热带雨林城市又具备诺丽种植条件的省份
24	唯一山海相连的国家森林公园	中国第一个设施完善的自然与人工巧妙结合的，集展览、科教、旅游、购物为一体的蝴蝶文化公园
25	唯一白蝶珍珠母贝产地	最大型露天温泉游泳池
26	最大型、最富集的水晶矿区	最早"雪茄风情旅游小镇"
27	唯一的金丝燕产地	唯一的由军人创办的、最南端的海洋博物馆
28		唯一的国际医疗旅游先行区
29		全国最早全面放开粮食价格的省份
30		最大规模的石斑鱼养殖基地
31		最早的棉纺织品——黎锦
32		最专业、档次最高、品种最全的集水晶原石展示及其工艺品加工和销售为一体的民营高新科技企业集中之地

附录5 海南省高星级休闲农业与乡村旅游示范点名录

序号	示范点名称	星级	电话	地址	邮编
1	三亚小鱼温泉（2011年）	五星级/国级	88340000	三亚市天涯区水蛟村	572100
2	三亚南天生态大观园（2012年）	五星级/国级	88853333	三亚市天涯区塔岭那亲村	572100
3	三亚兰花世界（2012年）	五星级/国级	38888788	三亚市天涯区塔岭村	572100
4	三亚槟榔河国际乡村文化旅游区	五星级/国级	88639092	三亚市凤凰镇槟榔村	572011
5	三亚亚龙湾国际玫瑰谷（2014年）	五星级/国级	88567783	三亚市亚龙湾	572016
6	文昌龙泉乡园（2011年）	五星级/国级	31618999	文昌市东路镇葫芦村	571348
7	兴隆热带植物园（2011年）	五星级/国级	62554410	万宁市兴隆镇	571533
8	兴隆热带花园（2014年）	五星级/国级	62571666	万宁市兴隆镇	571533
9	甘什岭槟榔谷原生态黎苗文化旅游区（2011年）	五星级/国级	38660999	保亭县三道镇甘什岭	572315
10	保亭呀诺达雨林文化旅游区（2012年）	五星级/国级	83883363	保亭县三道镇呀诺达景区	572316
11	海口兰花产业园（2015年）	五星级/国级	4000426566	海口市龙华区新坡镇和琼山区旧州镇二地	571151
12	琼海博鳌美雅乡村公园（2014年）	五星级/国级	/	琼海市博鳌镇美雅村	571434
13	海口开心农场	五星级/省级	68612345	海口秀英区石山镇	571157
14	世外桃源休闲农业养生区	五星级/省级	32871033	海口市琼山区旧州镇墩插村	571146

(续表)

序号	示范点名称	星级	电话	地址	邮编
15	白沙罗帅休闲驿站	五星级/省级	4008558992	白沙县元门乡罗帅村	572813
16	三亚鹿宝休闲山庄	四星级/省级	38205566	三亚市河东区海螺农场	570216
17	海口龙浩生态农业示范园	四星级/省级	65342496	海口市龙华区龙泉镇大叠村	571156
18	香世界庄园	四星级/省级	65856785	海口市琼山区龙塘镇永朗村	571149
19	田心生态农业园	四星级/省级	36625818	海口市琼山区大坡镇田心村	571142
20	三亚农垦家园	四星级/省级	88885598	三亚市吉阳镇亚龙湾区1号	572000
21	保亭保城七仙农乐乐酒庄	四星级/省级	31838882	保亭县保城镇温泉路	572300
22	澄迈金源花园	四星级/省级	67622299	澄迈县金江镇金马大道	571900
23	羊山休闲公园	三星级/省级	4000075757	海口市龙华区龙桥镇观澜湖冯小刚电影公社北门对面	571155
24	三亚尧诚驿站休闲农业观光园	三星级/省级	/	三亚市吉阳镇	572006
25	丰业红龙果休闲农业观光果园	三星级/省级	62939522	琼海市阳江镇利试考村	571441
26	万泉河峡谷生态文化旅游区	三星级/省级	66796799	琼海市会山镇	571441
27	兴隆崇光槟榔园	三星级/省级	62569688	万宁市万城镇车头村	571500
28	"万绿椰园"日月湾椰子种植园	三星级/省级	65312068	万宁市礼纪镇日月湾	571500
29	东山羊旅游文化观光园	三星级/省级	62237456	万宁市东山岭脚下	571500
30	保亭响水菠萝岛休闲农庄	三星级/省级	83826820	保亭县响水镇金江农场22队	572318
31	保亭加茂隆滨黎苗农乐乐	三星级/省级	/	保亭县南茂农场胜利队	572123
32	保亭什玲周道农乐乐酒家	三星级/省级	83606041	保亭县什玲镇	572312
33	儋州好日子家园	三星级/省级	/	儋州市那大镇清平村	571700
34	棕王园休闲农庄	三星级/省级	67532238	澄迈县金江镇金马大道	571934
35	红田山水缘农庄	三星级/省级	26588998	昌江县叉河镇红田农场	572724

参 考 文 献

[1] 毛江海.海南旅游·基础知识[M].南京:东南大学出版社,2009.
[2] 海南省统计局,国家统计局海南调查总队.海南统计年鉴:2015[M].北京:中国统计出版社,2015.
[3] 中经产业研究所课题组.中国海南旅游行业整体竞争分析及十三五运营前景预测[R].北京:中经产业研究所,2015.
[4] 陈耀.海南旅游概览[M].海口:南海出版社,2002.
[5] 刘朝霞.海南旅游发展现状及对策研究[J].科技信息,2013(6):54.
[6] 袁凤英.海南旅游发展分析[D].天津:天津大学,2012.
[7] 文坛,陈昱钰.海南军坡节对海南旅游的功能研究[J].文学教育:下,2012(10):54-58.
[8] 黄景贵,毛江海,傅君利.国际旅游岛新版海南梦:海南国际旅游岛内涵建设与发展模式国际比较[M].海口:海南出版社,2011.
[9] 海口旅游局.海口市旅游发展总体规划纲要[EB/OL].(2010-08-05)[2010-08-10].http://haikoutour.gov.cn/gov/New-view.asp? GovID=905.
[10] 符国基.海南自然旅游资源调查、分类与评价[J].海南大学学报(自然科学版),2010,28(1):52-58.
[11] 钟业昌.历史的海南[M].海口:海南出版社,2010.
[12] 杨葵,等.海南自然旅游资源的空间差异及区域功能定位[J].新东方,2010(4):28-32.
[13] 周洪晋.国家战略:海南国际旅游岛建设[M].海口:南海出版社,2010.
[14] 赖志明,李维欢.海南旅游产业转型升级研究[J].中国商贸,2010(29):180-181.
[15] 孙德明.国际旅游岛建设与舆论引导[M].海口:南方出版社,2012.
[16] 黄景贵.海南产业发展战略研究[M].海口:海南出版社,2009.

后　记

经过五年多的努力，《海南旅游知识读本》的书稿终于和大家见面了，本人备感欣慰。

起初，东南大学出版社副编审张丽萍女士的悉心指导，使我萌生了对2009年出版的《海南旅游·基础知识》修订的愿望。后来，相关院校和社会用书量的增加和海南上上下下投身于将海南建成"世人青睐的休闲天堂、人居天堂、购物天堂、美食天堂、医疗天堂、养生天堂、娱乐天堂、特色文化天堂"的巨大热情以及不断取得的一系列成就，成为我修订旧作的动力。

期间，海南省旅游发展委员会巡视员陈耀、中国（海南）改革发展研究院苗树彬和夏锋、海南经贸职业学院黄景贵和陈晓鹏、海南省委党校彭京宜和张扬、海南师范大学王明初等一批专家教授有关海南旅游发展的理论研究取得多方面重大进展；海南省旅游协会会长张会发、海南省景区协会会长张涛、海南省旅行社协会会长李繁华、三亚游艇帆船协会秘书长刘立民、儋州市东坡书院办公室主任王圣阳等一大批海南乃至中国旅游品牌战略的开创者、守卫者致力于海南旅游事业的奉献精神，从侧面坚定了我修订旧作的信心。

另外，《海南日报》和海南省旅游委联合推出的《海南日报·旅游周刊》的创刊以及《海口晚报》《海口日报》《南国都市报》《国际旅游岛商报》和新华旅游网、海南省旅游发展委员会网、第一旅游网、海南史志网、南海网等媒体对海南本土文化、民俗文化、雨林文化等的深度挖掘，为我修改旧作提供了许多宝贵的新资料。

总之，至2016年年初，海南明确旅游业等九大行业将向外资和社会资本平等开放，并要求推动各产业、各行业与旅游业深度融合，深化旅游供给侧结构性改革，全面实施"国际旅游岛+"计划。我有理由相信：面对"十三五"建设，海南积极抢抓"一带一路"建设和全域旅游省建设的重大机遇，使海南成为镶嵌在"海上丝绸之路"上一颗明珠的愿望终将实现；作为一名从事职业教育与培训工作25年的高校教师，我也有责任为热爱海南旅游事业的人们和研究海南旅游发展的机构贡献一份微薄的力量。

再次感谢有助、有恩于我的所有人，并以此纪念我一生钟爱的女儿毛一舒实现了大学梦。

毛江海

2016年8月·海口